中国职工状况研究报告

（2020）

ANNUAL REPORT ON THE STATUS OF CHINESE WORKERS (2020)

顾　问／刘向兵　傅德印　彭恒军
主　编／燕晓飞
副主编／信卫平

SSAP 社会科学文献出版社
SOCIAL SCIENCES ACADEMIC PRESS (CHINA)

《中国职工状况研究报告（2020）》
编写委员会

顾　　问　刘向兵　傅德印　彭恒军

主　　编　燕晓飞

副 主 编　信卫平

编写组成员　王彬彬　叶鹏飞　纪雯雯　李洪坚　张佳楠
张艳华　吴建平　吴　麟　汪　鑫　孟宪红
信卫平　柯希嘉　郭宇强　郭　鹏　原会建
高雪原　唱　斗　颜　峻　燕晓飞

前　言

2020年初我国突然暴发新冠肺炎疫情，对国民经济与社会发展产生了巨大的冲击。面对新形势与新挑战，中国职工积极行动起来，在党中央的统一领导下，在全国范围内打响了一场防范新冠肺炎疫情的总体战和阻击战，仅仅用3个月左右的时间就取得了疫情防控阻击战的决定性成果，经济社会秩序逐步恢复到正常状态。在战胜疫情、复工复产的过程中，中国职工队伍作出了巨大的贡献，同时新冠肺炎疫情也对中国职工队伍的就业、收入、生活产生了一系列相关影响。

习近平总书记在关于《中共中央关于制定国民经济和社会发展第十四个五年规划和二〇三五年远景目标的建议》的说明中明确指出："当前，我国社会主要矛盾已经转化为人民日益增长的美好生活需要和不平衡不充分的发展之间的矛盾，发展中的矛盾和问题集中体现在发展质量上。这就要求我们必须把发展质量问题摆在更为突出的位置，着力提升发展质量和效益。使发展成果更好惠及全体人民，不断实现人民对美好生活的向往。"

在开启全面建设社会主义现代化国家新征程中，全面、准确认识中国职工队伍的现状，把握中国职工状况发展变化趋势，对于中国职工队伍建设改革，构建和谐劳动关系，推动经济社会高质量可持续发展，具有重要的理论意义和实践意义。《中国职工状况研究报告》的出版就是适应了这个伟大时代的需要。《中国职工状况研究报告（2020）》通过构建中国职工状况指数，从职工就业、职工收入分配、职工养老保险、职工安全生产、职工职业卫生、职工集体劳动争议、职工话语权等方面对新时代中国职工状况进行深入的分析研究，同时结合多视角的深度专题调查研究，力求全面、准确、立体、生动地反映新时代中国职工的整体状况。

《中国职工状况研究报告（2020）》是继《中国职工状况研究报告（2017）》《中国职工状况研究报告（2018）》《中国职工状况研究报告（2019）》出版面世后推出的又一新的年度研究报告。《中国职工状况研究报告》自 2017 年首次出版以来，一直受到社会各界的广泛关注，国内各大门户网站都从不同的视角进行了详细的报道；学界专家充分肯定《中国职工状况研究报告》系列化研究成果的学术价值和社会价值，一致认为报告的研究成果在印证党的十九大报告中提出的社会主要矛盾转换的判断，改革开放以来中国职工队伍两次结构性变革以及进入新时代正在面临又一次结构性变革的分析与判断等方面都具有重要的社会意义，也为进一步深入研究中国职工状况奠定了扎实基础。

《中国职工状况研究报告（2020）》在以往研究报告框架的基础上，在内容和结构上做了补充与调整，以便更准确、全面地反映新时代中国职工队伍的基本特征。《中国职工状况研究报告（2020）》全书分为四个部分。

第一部分为总报告，阐述了中国职工队伍面对突然袭来的新冠肺炎疫情，积极响应党中央的号召，在各级政府的统一领导下，全面组织动员，投身疫情防控和复工复产工作，为取得促经济、保民生、抗疫情的阻击战的全面胜利作出了巨大的历史性贡献。同时，课题组继续测算了 2005 ~ 2018 年“中国职工状况指数”，通过研究分析发现中国职工状况的均衡性指标已连续两年出现了积极性变化。

第二部分是与中国职工状况相关的职工收入分配、就业、养老保险、职业安全、职业卫生、集体劳动争议、职工话语权等年度专题报告，力求更加全面地反映 2019 年度中国职工的整体状况。

第三部分是课题组在 2019 年度围绕中国职工状况出现的新问题而进行的专题调研，由《2020 年新冠肺炎疫情背景下职工工作与生活状况调查》《非公企业职工状况与工会工作研究》《论农民工劳动权益的工会效应》《京津冀地区农民工群体就业质量现状调查》《关于建立职工劳动安全权益定期协商制度的思考》《数字经济背景下新就业发展与职工队伍建设》6 篇调研报告组成，这一部分应该说是对当前职工状况方面热点问题的深入研究。

第四部分为 2019 年中国职工状况大事记，对 2019 年国内发生的有关中国职工状况方面的大事做了简要的记述。

《中国职工状况研究报告》是中国劳动关系学院的重点攻关项目。由于《中国职工状况研究报告》为每年连续编写，各年度的报告、数据均可用于连续观察、研究比较，用以判断中国职工状况的发展趋势，既可以为政府部门决策、各级工会开展维权服务提供参考依据，又能为社会机构研究人员、工会工作者、高校教师、研究生等在研究、教学及学习时提供多角度信息和分析资料。

本书在写作过程中，中国劳动关系学院党委书记刘向兵、校长傅德印，中华全国总工会网络工作部副部长彭恒军作为课题顾问对课题组的工作给予了全面指导和鼎力支持，中国劳动关系学院科研处张楠、陈邓海协助主编做了大量的组织协调工作，在此一并表示衷心感谢！

感谢社会科学文献出版社的编辑和相关工作人员的大力支持及其为本书的出版付出的努力！

由于编者水平和资料有限，本书在编写和组织中难免会有一些缺憾和不足，一些研究结论和观点也需要进一步论证，恳请广大同人、读者给予批评指正，以便我们在今后的研究中加以总结和改进。

《中国职工状况研究报告》编写委员会

2020 年 11 月 7 日

目　录

Ⅰ　总报告

Ⅱ　专题报告

Ⅲ　调研报告

Ⅳ　大事记

附　录

总 报 告

General Report

2019年中国职工总体状况

燕晓飞　柯希嘉*

摘　要： 新一期中国职工状况指数反映的中国职工状况较上一年度有了进一步的改善，其中职工状况总体性指标和增长性指标与上一年度基本持平，而均衡性指标有较为明显的提升。这一情况已经连续两年出现，显著改变了均衡性指标十年来连续走低的情况。这说明中国职工状况正在从快速增长和总体提升向公平和均衡方面转变。而这一转变既是劳动关系学界和相关部门努力争取的结果，也对学界和相关部门在面对经济新常态和新冠肺炎疫情的情况下，在公平和均衡方面进一步改善中国职工状况提出了更高的要求。

关键词： 职工状况指数　职业安全　中国职工

* 燕晓飞，中国劳动关系学院科研处处长兼劳动关系与工会研究院院长，教授，主要研究领域为劳动收入、劳动就业和劳动者教育培训；柯希嘉，中国劳动关系学院副教授，主要研究领域为公司治理、劳动经济学。

一　中国职工状况指数及相关性分析

中国职工状况指数能够全面和系统地反映中国职工的总体状况，不仅可以反映中国职工队伍整体性和结构性变化情况，同时也可以对未来的趋势进行判断，并且对影响中国职工状况进一步改善的困难和问题进行分析和总结，从而寻找相关的解决途径和方法。中国职工状况指数的构建不是一般意义上的量化分析，而是从一个多元化的角度对中国职工状况进行综合分析，为深入研究中国职工状况提供系统性的分析方法。

（一）中国职工状况指数整体情况

中国职工状况指数采用的统计方法为逐级等权法。结合历史数据，测算出 2005 ~2018 年中国职工状况指数（见表 1）。

表 1　2005 ~2018 年中国职工状况指数及总体性指标、增长性指标和均衡性指标

年份	中国职工状况指数	总体性指标	增长性指标	均衡性指标
2005	100.00	100.00	100.00	100.00
2006	106.57	101.88	107.97	109.88
2007	102.47	101.72	106.36	99.34
2008	102.06	100.94	106.07	99.18
2009	100.01	101.57	101.90	96.56
2010	102.23	101.43	108.29	96.96
2011	100.82	100.99	107.39	94.09
2012	102.03	101.88	107.83	96.39
2013	102.00	103.95	107.37	94.66
2014	102.47	104.14	108.63	94.63
2015	102.01	104.36	108.59	93.09
2016	101.21	104.93	106.39	92.31
2017	102.89	105.94	107.78	94.97
2018	104.32	106.18	107.66	99.11

2005～2018年中国职工状况指数显示，自2005年以来的14年间中国职工状况呈现总体平稳、小幅波动的走势（见图1）。

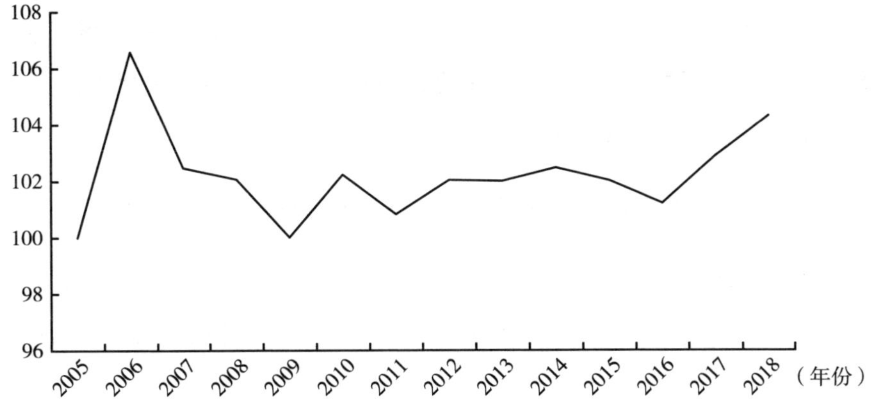

图1　2005～2018年中国职工状况指数

与上一年度相比，2018年中国职工状况指数从102.89提高到104.32，这是中国职工状况指数自2016年以来连续两年提高。总体性指标、增长性指标和均衡性指标在2005～2018年的运行走势如图2所示。

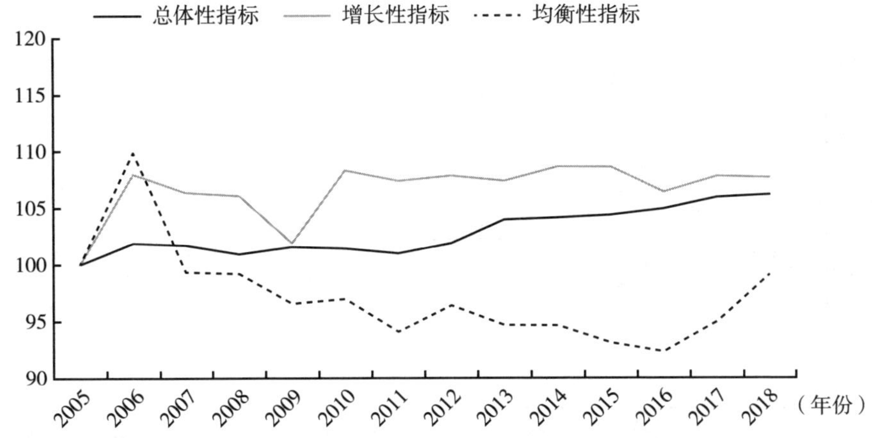

图2　2005～2018年中国职工状况指数中总体性、增长性和均衡性指标

具体来看，2018 年增长性指标与 2017 年基本持平，总体性指标和均衡性指标均有上升。其中总体性指标从 2017 年的 105.94 增长到 2018 年的 106.18，增长性指标从 2017 年的 107.78 稍稍下降到 2018 年的 107.66，均衡性指标从 2017 年的 94.97 上升到 2018 年的 99.11。通过比对数据发现，导致中国职工状况指数 2018 年上升的原因除了总体性指标小幅上涨和增长性指标基本持平外，主要得益于均衡性指标的连续上涨。

（二）中国职工状况指数的各个具体指标情况

中国职工状况指数由总体性指标、增长性指标和均衡性指标三个维度构成，每个维度指标又包含若干具体指标，这些指标综合反映了中国职工状况。

1. 总体性指标

中国职工状况指数总体性指标由登记失业率、就业率、企业部门劳动报酬增加值占比、职工恩格尔系数、职业病累积患病率、基本养老保险人均养老金占城镇居民人均可支配收入比率、城镇职工基本养老保险制度赡养率 7 项指标构成。7 项指标在 2005 ~ 2018 年的运行走势如图 3 至图 9 所示。

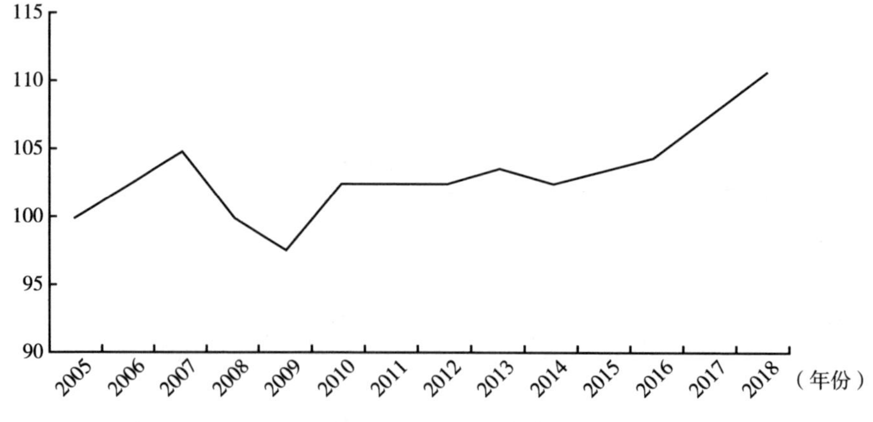

图 3　2005 ~ 2018 年登记失业率指数

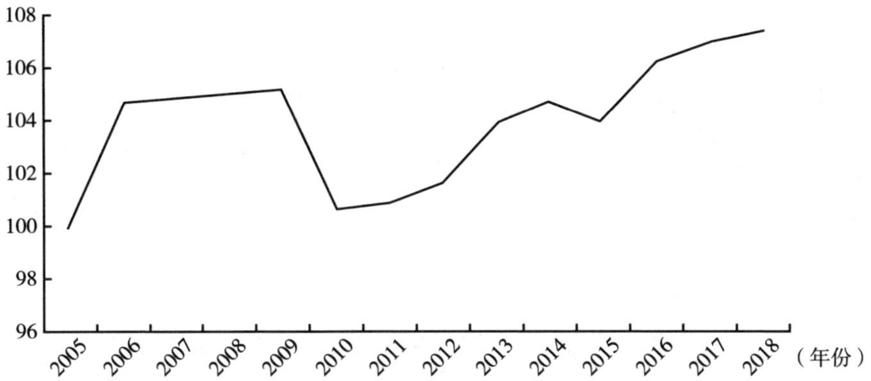

图4　2005～2018年就业率指数

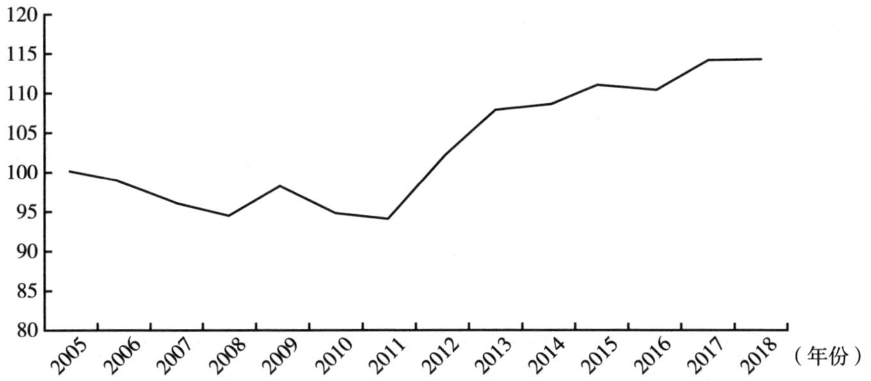

图5　2005～2018年企业部门劳动报酬增加值占比指数

图6　2005～2018年职工恩格尔系数指数

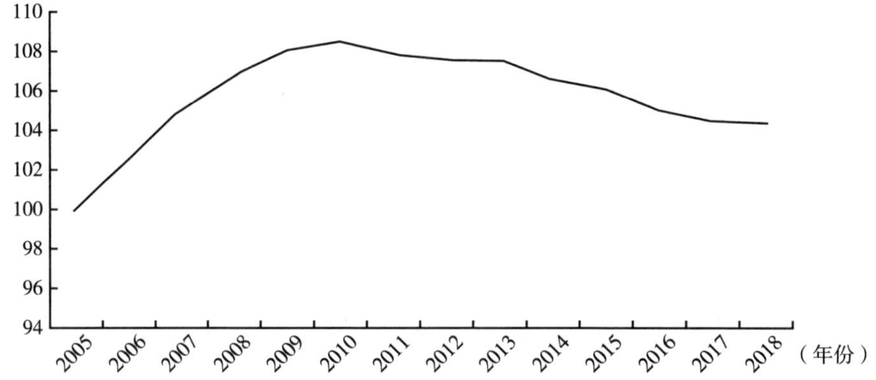

图7　2005～2018年职业病累积患病率指数

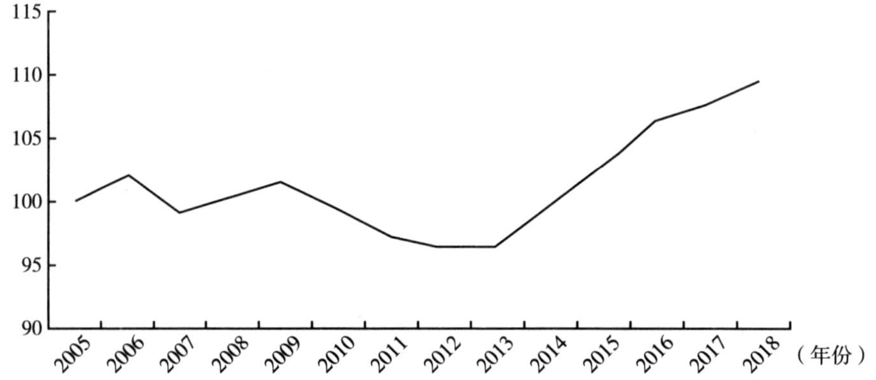

图8　2005～2018年基本养老保险人均养老金占城镇居民人均可支配收入比率指数

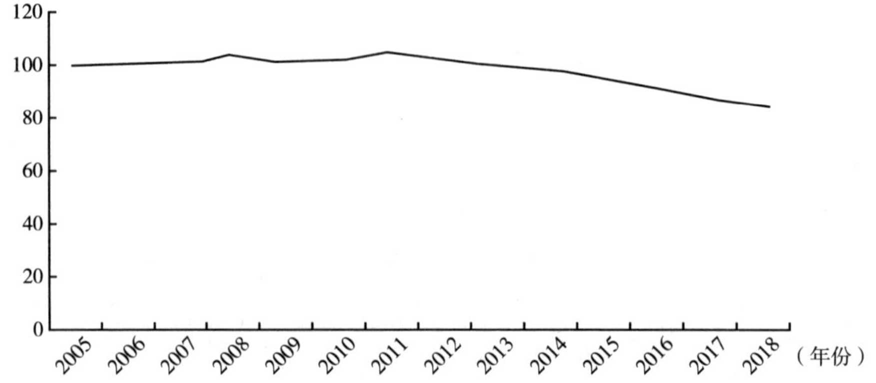

图9　2005～2018年城镇职工基本养老保险制度赡养率指数

从总体性指标看，2005～2018年，中国职工状况基本保持稳定向上的趋势，总体性指标从2005年的100升至2018年的106.18，14年间虽有波动，但整体波动不大，特别是近5年来，基本保持稳定且略有上升。

2018年的数据显示，登记失业率、就业率、基本养老保险人均养老金占城镇居民人均可支配收入比率3项指标的指数化评分有所提高，企业部门劳动报酬增加值、职工恩格尔系数2项指标的指数化评分基本持平。而职业病累积患病率、城镇职工基本养老保险制度赡养率2项指标的指数化评分有所下降，这一情况与2017年一致。

2. 增长性指标

中国职工状况指数增长性指标由就业人员增长情况、城镇新增就业人数情况、职工平均工资、职工最低工资、人均养老金增长率5项指标构成。5项指标在2005～2018年的运行走势如图10至图14所示。

从增长性指标看，2005～2018年增长性指标呈波动上升状态，从2005年的100上升到2018年的107.66。

2018年的数据显示，城镇新增就业人数情况、职工平均工资、人均养老金增长率3项指标指数化评分比2017年有所上升。而就业人员增长情况、职工最低工资2项指标指数化评分比2017年有所下降。

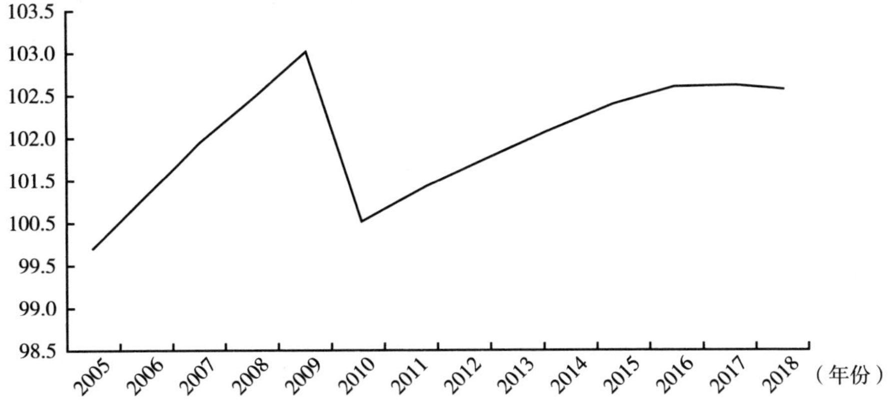

图10　2005～2018年就业人员增长情况指数

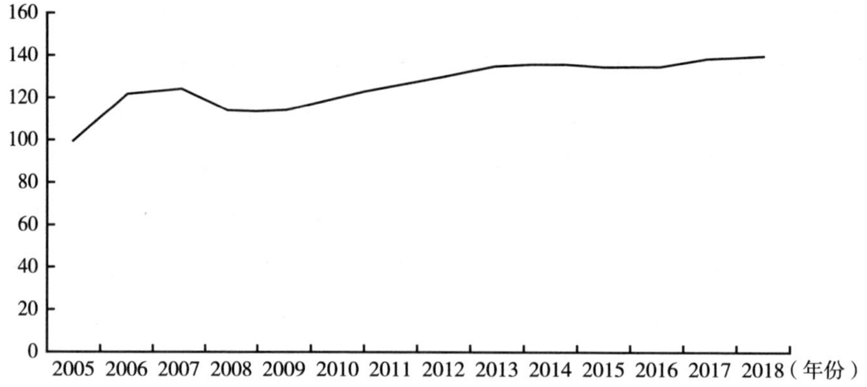

图 11　2005～2018 年城镇新增就业人数情况指数

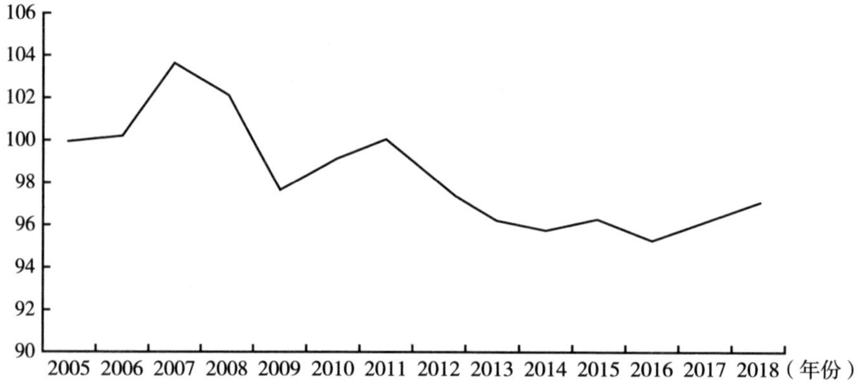

图 12　2005～2018 年职工平均工资指数

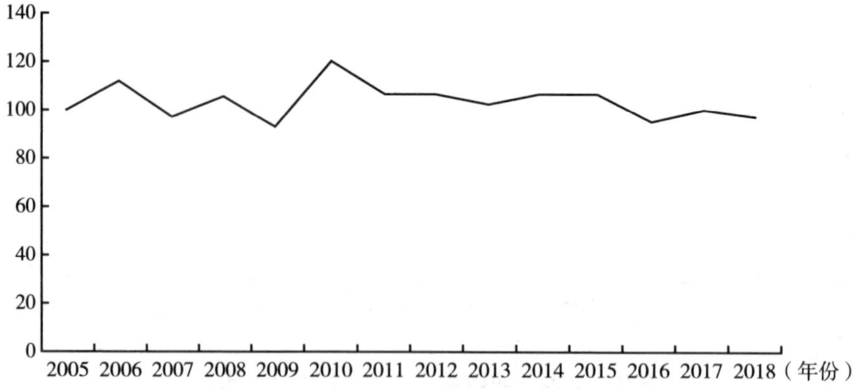

图 13　2005～2018 年职工最低工资指数

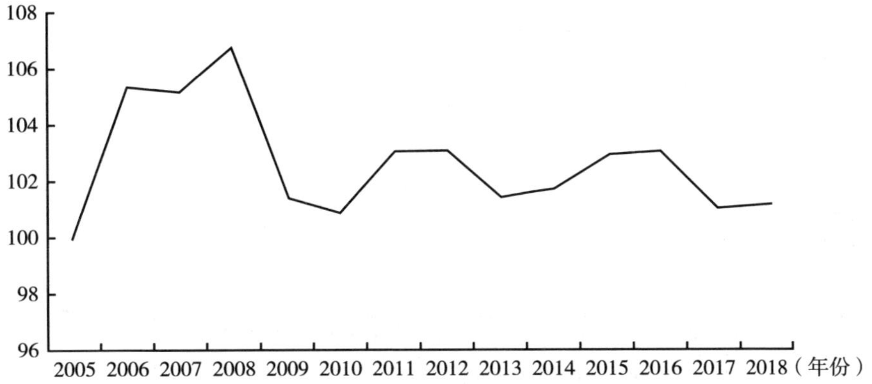

图 14　2005～2018 年人均养老金增长率指数

3. 均衡性指标

中国职工状况指数均衡性指标由各地区城镇登记失业率离散系数、各地区职工平均工资离散系数、最低工资对平均工资占比、各地区城镇职工基本养老保险制度赡养率离散系数 4 项指标构成。4 项指标在 2005～2018 年的运行走势如图 15 至图 18 所示。

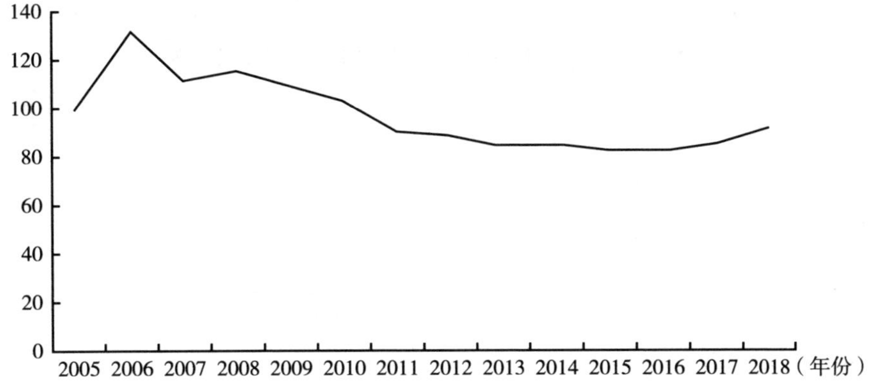

图 15　2005～ 2018 年各地区城镇登记失业率离散系数指数

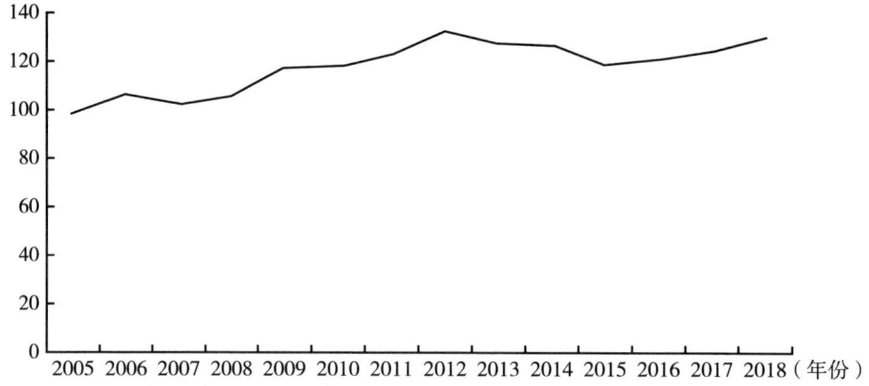

图 16　2005～2018 年各地区职工平均工资离散系数指数

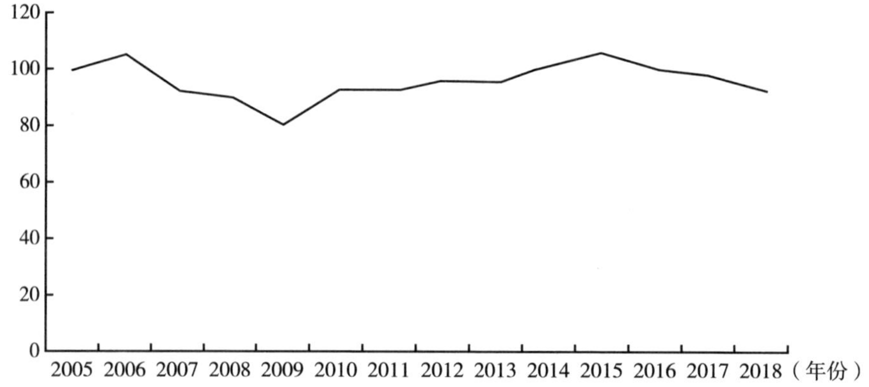

图 17　2005 ～2018 年最低工资对平均工资占比指数

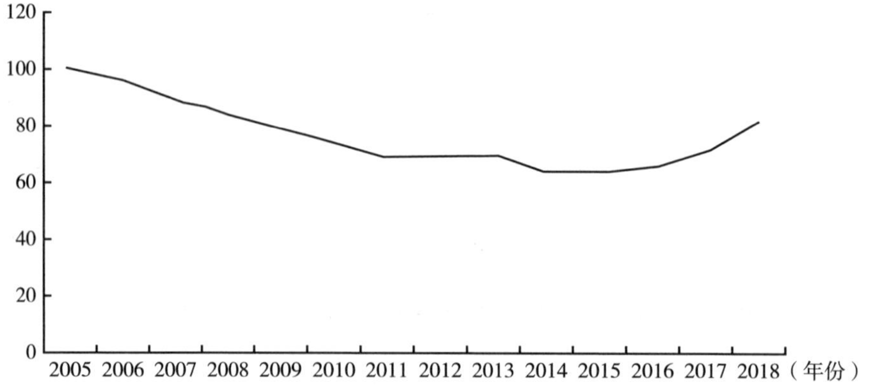

图 18　2005～2018 年各地区城镇职工基本养老保险制度赡养率离散系数指数

从均衡性指标看，在2005～2018年，反映中国职工状况均衡性发展的指标呈波动下降的趋势，直到近两年才有所回升。均衡性指标从2005年的100下降到2018年的99.11，14年间均衡性指标除2006年为109.88外，其余年份均在100以下。

2018年的数据显示，均衡性指标较2017年有所上升，这是2013年之后持续下降后的首次连续两年上升。各地区城镇职工基本养老保险制度赡养率离散系数、各地区城镇登记失业率离散系数、各地区职工平均工资离散系数的指数化评分比2017年均有所上升。只有最低工资对平均工资占比这一项指标指数化评分较2017年有所下降。

（三）影响中国职工状况走势的基本因素分析

从对中国职工状况指数近5年的走势分析，我们可以得出以下判断。

（1）2014～2018年总体性指标保持平稳状态，从2014年的104.14小幅增加到2018年的106.18。从总体性指标涉及的7项指标看，城镇职工基本养老保险制度赡养率、职业病累积患病率两项指标出现了下降；而登记失业率、就业率、企业部门劳动报酬增加值占比、职工恩格尔系数、基本养老保险人均养老金占城镇居民人均可支配收入比率5项指标平稳增长。

（2）从增长性指标看，2014～2018年也表现出平稳状态，从2014年的108.63小幅波动至2018年的107.66。从增长性指标涉及的5项指标来看，就业人员增长情况、城镇新增就业人数情况、职工平均工资、人均养老金增长率4项指标5年间保持较为平稳的状态，只有职工最低工资指标有所回落。

（3）从均衡性指标看，2014～2018年均衡性指标分别为94.63、93.09、92.31、94.97、99.11，表现为持续下降后的反弹状态。从均衡性指标涉及的4项指标来看，除了最低工资对平均工资占比一项指标出现上涨回落的变化外，各地区城镇登记失业率离散系数、各地区职工平均工资离散系数、各地区城镇职工基本养老保险制度赡养率离散系数3项指标都呈现下降后的上涨状态。其中2018年各地区城镇登记失业率离散系数是连续两年上涨，而各地区职工平均工资离散系数、各地区城镇职工基本养老保险制度赡养率离散系数已经是连续三年上涨。

二 当前中国职工状况的新情况

（一）当前职工队伍收入分配方面的新情况

1. 供给侧结构性改革为职工收入稳定增长奠定了坚实的基础

一是随着供给侧结构性改革不断深化，“三去一降一补”成果进一步巩固，带动采矿和制造领域重点行业平均工资保持较快增长态势。其中采矿业中城镇非私营单位和私营单位就业人员年平均工资分别增长 11.8% 和 12.7%，制造业中城镇非私营单位和私营单位年平均工资分别增长 8.4% 和 7.3%。

二是创新驱动发展战略深入实施，研发投入不断加大，落实以增加知识价值为导向的分配政策，实行更加灵活的薪酬制度，科研和高等教育领域就业人员平均工资快速增长，其中城镇非私营单位中的研究和试验发展、科技推广和应用服务业、高等教育就业人员年平均工资分别增长 15.9%、10.2% 和 13.2%。批发和零售业就业人员年平均工资增长 10.5%，信息传输、软件和信息技术服务业中的互联网和相关服务业就业人员年平均工资增长 13.6%，航空运输业和铁路运输业就业人员年平均工资分别增长 11.5% 和 10.0%。

三是与公共服务和消费升级相关的行业平均工资较快增长。其中，城镇非私营单位中，广播电视电影和录音制作业、新闻和出版业就业人员年平均工资分别增长 13.7% 和 13.4%，卫生和社会工作就业人员年平均工资增长 11.0%，体育行业就业人员年平均工资增长 10.0%，机动车电子产品和日用产品修理业、居民服务业、邮政业就业人员年平均工资分别增长 16.6%、10.8% 和 10.4%，均高于全国平均工资增速。

2. 企业部门劳动报酬在初次分配中的比重继续上升

自2012年起，企业部门劳动报酬占比已经连续6年波动上升，从2011年的35.88%提高到2017年的43.48%，提高了7.6个百分点，这不仅提高了职工收入水平，也对我国经济结构从投资拉动到消费拉动的转型起到了重要作用。从2019年10月到2020年5月的8个月的时间内，党中央、国务院在《中共中央关于坚持和完善中国特色社会主义制度推进国家治理体系和治理能力现代化若干重大问题的决定》、《中共中央国务院关于构建更加完善的要素市场化配置体制机制的意见》和《关于新时代加快完善社会主义市场经济体制的意见》三个重要文件中连续提到要“增加劳动者特别是一线劳动者劳动报酬，提高劳动报酬在初次分配中的比重”，凸显了新时代这个问题的重要性，增加劳动者特别是一线劳动者劳动报酬，提高劳动报酬在初次分配中的比重，已成为新时代收入分配制度改革的重要内容。

3. 经济下行压力对职工收入的影响日益明显

2019年全国城镇非私营单位就业人员的年平均工资为90501元，城镇私营单位就业人员的年平均工资为53604元，外出农民工的年平均工资为53124元，剔除物价因素，分别增长6.8%、5.2%和4.8%，增速与上年相比均出现回落。其中城镇私营单位就业人员与外出农民工的年均工资增长率下降幅度大于经济增长率的下降幅度。可见，经济波动下行的压力对城镇私营单位就业人员和外出农民工收入水平的影响要远大于对城镇非私营单位就业人员收入水平的影响。

4. 职工收入的地区、行业收入差距继续扩大

从地区间看，依据波士顿矩阵图分析方法，2018年全国有23个省份城镇非私营单位就业人员年平均收入水平低于全国平均工资水平，有8个省份年平均收入水平高于全国平均工资水平。收入最高的为北京（145766元），最低的为黑龙江（60780元），北京是黑龙江的2.40倍。同年，全国有21个省份城镇私营单位职工年平均收入水平低于全国平均工资水平，9个省份城镇私营单位职工平均收入水平高于全国平均工资水平。最高的为北京（76908元），最低的为山西（34535元），北京是山西的2.23倍。从地区内

看，各省份城镇非私营单位职工和城镇私营单位职工的收入差距仍较大，2018 年，城镇非私营单位职工和城镇私营单位职工年均收入差额最大的是上海，为 83344 元，前者收入是后者的 2.46 倍；差额最小的是山东，为 18243 元，前者收入是后者的 1.33 倍。

从行业间看，国民经济各行业间收入差距继续扩大。城镇非私营单位收入最高的信息传输、软件和信息技术服务业与收入最低的农、林、牧、渔业之间的差额为 122012 元，其倍数关系为 4.10 倍，比上年又有所扩大。从行业内看，2019 年城镇非私营单位职工与私营单位职工二者差距最大的是文化、体育和娱乐业，差额为 58419 元，其倍数关系为 2.19 倍。

2019 年城镇非私营单位行业间的职工年均收入离散系数（0.3251）大于同年各地区职工年均收入离散系数（0.2374），而同年城镇私营单位行业间的职工年均收入离散系数（0.2138）也大于同年各地区职工年均收入离散系数（0.1893），表明自 2018 年以来，无论是城镇非私营单位还是城镇私营单位的行业间的收入差距已经大于其地区间的收入差距。

（二）当前职工队伍就业方面的新情况

1. 登记失业率继续走低，与调查失业率的背离加大

部分失业人员失业登记动力不足，具体包括部分失业人员不符合失业保险领取条件，或担心申报领取后中断社保影响购房等资格，以及公共就业服务机构服务功能还有待完善等导致登记失业率继续走低，与调查失业率的背离加大。在疫情对就业产生冲击的背景下，国家开通了失业保险网上申领服务，对部分不符合失业保险申领条件的失业人员提供失业补助金。2019 年，在经济增速继续下行的背景下，各月份调查失业率均高于 2018 年同期，城镇就业压力有所增加。进入 2020 年，前 7 个月受新冠肺炎疫情等因素影响，各月份调查失业率比 2019 年进一步提高。伴随着我国劳动年龄人口数量持续下降，以及青年和 55 岁以上年龄劳动者劳动参与率的下降，劳动力供给减少，全国就业人员数量及其占人口比例下降，人口红利逐渐消退。

2. 城镇就业规模继续扩大，不同渠道求职群体求人倍率差异明显

2019 年新增就业数量比 2018 年有所下降。2020 年上半年，全国城镇新增就业 564 万人，更是同比少增 173 万人。在城镇就业规模扩大的同时，城镇就业人口比降至近 6 年最低点，意味着城镇面临着创造财富人口的比例进一步下降的现实。公共就业服务机构的求人倍率呈现上升态势，新冠肺炎疫情导致市场用人需求和求职人员均有所下降，且求职人数下降幅度大于需求人数。以智联招聘为代表的求职网站，2019 年各个季度求人倍率同比均有所下降，显示高校毕业生和白领求职难度有所加大。分年龄段调查失业率数据也显示青年失业率有所上升。从就业结构来看，近年的一个趋势是第一产业就业人员直接向第三产业转移，以及部分新生代农民工进入劳动力市场后，直接进入服务行业工作。从细分行业看，制造业依然是城镇单位就业人员（不包括私营单位）占比最高的行业，但也是就业人数下降最明显的行业，部分人员也进入第三产业就业。

3. 私营个体就业数量和占比快速提升，灵活就业和农民工规模仍在扩大

从职工就业的所有制角度看，私营和个体就业的数量不断上升，占比也在快速上升。这种变化既反映了私营部门和个体企业吸纳就业方面的潜力，也带来就业质量和职工收入提升方面的隐忧。各类就业人员平均工资增速有所放缓，私营单位就业人员和农民工与非私营单位工资收入差距继续扩大，各类劳动争议有所上升。农民工集中行业加班明显，年末返乡情况增多。未来，职工就业有政策强化的推动，劳动力供给下降以及新经济和灵活就业带来的缓冲，但面临就业结构性矛盾突出，劳动力市场灵活性带来就业质量下降风险增加，以及中美经贸摩擦和新冠肺炎疫情的不确定性等方面带来的挑战。为此，政府应加强各类政策和规划的就业效果评估，强化就业优先政策，完善社会保障体系，提高职工就业能力，以提升劳动力市场安全性。

（三）当前职工队伍养老保险方面的新情况

1. 城镇职工养老保险制度扩面难度继续加大

不同地区间差异巨大，部分省（市）参保情况继续出现较大幅度的震

荡。在养老基金可持续性方面，制度抚养比继续降低，基金压力加大。中央调剂金正式开始运行。从全国来看，仅有7个省（市）的调剂金上缴额度超过下拨额度，其余下拨均大于上缴。养老金待遇调整比例继续维持在5%左右的水平，尚未建立常态化的动态调整机制。多层次方面，第一支柱公共养老金仍然承载着较大压力，应继续降低缴费率以支持其他支柱的发展。随着2017年底《企业年金办法》的出台，企业年金的发展较前两年有较为明显的进展，但总体上仍然较为滞后，需要更进一步的配套和激励措施。

2. 各地区间职工队伍参保差距较大

从各地参保情况来看，2018年，全国有16个地区的参保率高于全国平均水平，比2017年增加1个。20个地区的参保率相比2017年有所提高，12个地区下降。参保率增幅最大的是宁夏回族自治区和新疆维吾尔自治区，分别比2017年增加25.77个和24.64个百分点。参保率降幅最大的是广东省，比2017年降低11.31个百分点。与2016年、2017年各省份震荡调整的情况类似，2018年各省份参保数据仍存在较大的不稳定性。以新疆维吾尔自治区为例，2017年参保率下降21.37个百分点，2018年又增加24.64个百分点，原因是新疆城镇就业人数变动较大。整体来看，各省份城镇职工参保人群、城镇就业人群的统计口径并不统一。

3. 养老基金支付压力较大，制度抚养比继续下降

从2014年开始，养老基金收入增幅收窄，与此同时，养老金支出却在连续增加。这一情况到2018年进一步凸显。从2018年的数据来看，如果考虑本年度统计公报未公布财政补贴数据，并根据近年来财政补贴数据占比进行推算的话，2018年的年度征缴收入不足以支付当期待遇支出。

随着人口老龄化的到来，退休人数的增长速度快于就业人数的增长速度。最近几年的制度抚养比呈现连续下降的趋势，到2018年我国的制度抚养比下降到2.55∶1。20世纪90年代我国现行城镇企业职工基本养老保险制度实施以来全国参保人数有显著增长。1998～2017年参保总人数由11203万人增加到40293万人，增长了260%。其中制度内在职人数增长了245%，退休人数增长304%。特别是自2012年起，退休人数增长率持续超过在职

参保人数增长率，给中国的制度抚养比带来巨大压力。而且从省际进行比较，还呈现明显的不均衡。东部沿海地区情况较好，东北地区和中西部地区情况较为严重。多数省份中央调剂金上缴额度小于下拨额度。

4. 全国平均替代率略有下降，调待比率基本稳定

以在岗职工平均工资为基数计算的平均养老金替代率有所下降。从各省份替代率情况来看，经济不发达省份养老金水平占在岗职工平均工资水平的比例较高，替代率也较高。而经济较为发达的地区，替代率较低，甚至远低于全国平均水平。

2018 年，人力资源社会保障部和财政部发布《关于 2018 年调整退休人员基本养老金的通知》。按照该通知规定为 2017 年底前已按规定办理退休手续并按月领取基本养老金的退休人员，按照总体调整水平为 2017 年退休人员月人均基本养老金的 5% 左右上调养老金待遇。这是自 2005 年以来，连续第 14 次上调退休人员基本养老金水平，2005 ~ 2015 年的 11 年间养老金上调比例都保持在 10% 左右。但由于面临经济下行压力，已经连续 3 年有所下降，到 2018 年调待比例仅为 5%。根据未来经济增长情况判断，未来 5 年基本养老金待遇调整仍会维持在 5% 左右的水平。

（四）当前职工队伍职业安全方面的新情况

1. 职工队伍职业安全持续改善

事故总量同比持续下降。2018 年，事故起数和死亡人数分别下降 3.1% 和 10.1%，已连续 16 年保持“双下降”。较大事故同比持续“双下降”。2018 年，较大事故起数和死亡人数分别下降 12.1% 和 8.5%，已连续 14 年保持“双下降”。重特大事故得到有效遏制。2018 年，重特大事故起数和死亡人数分别下降 25.0% 和 25.2%，已连续 8 年保持“双下降”。大部分行业领域安全状况好转。农业机械、渔业船舶、煤矿、金属非金属矿山、化工、烟花爆竹、铁路运输、道路运输事故起数和死亡人数同比“双下降”；建筑业事故死亡人数下降。烟花爆竹、铁路运输、航空运输等行业领域全年未发生重特大事故，农业机械未发生较大以上事故。

2. 事故总量仍然偏大，部分行业领域和地区安全状况不容乐观

2018 年，尽管事故总量实现连续“双下降”，但事故总量仍然偏高，全年发生 5. 1 万起事故，造成 3. 4 万人死亡，平均每天仍有 140 起事故发生，造成 93 人死亡。从行业领域看，冶金机械八行业、水上运输业、航空运输业、建筑业事故起数和死亡人数同比分别上升。虽然全年重特大事故同比下降，实现了历史最好水平，但重特大事故仍然时有发生，防范化解重特大事故风险仍是重中之重。一些时段事故较为频发多发。第二季度事故起数和事故死亡人数居各季度之首，5 月份事故起数最多，其次为 6 月份和 7 月份。

3. 职工队伍安全方面的权益得到进一步保障

工会在安全生产方面的作用不断加强，工会的安全生产权利得到了法律的进一步明确。职工群众在安全生产方面的民主管理和民主监督权利得到更充分的保证和更有效的行使。集体合同的签订，维护了劳动者在劳动报酬、劳动安全与卫生、保险福利、女职工特殊保护等方面的劳动安全与健康权益。劳动安全权益被纳入集体协商使劳动者可以更加明确认识到和监督自己的劳动安全与健康权益保障工作的实施。社会保险范围不断扩大，使越来越多的劳动者享有获得医疗救治、经济补偿和职业康复帮助的权利。劳动安全权益集体协商应该向纵深化、细节化、专业化发展，应重点关注劳动安全卫生方面存在的突出问题和应重点防范的部位、环节，要有控制目标和措施，以便于操作、检查、考核和监督。

（五）当前职工队伍职业卫生方面的新情况

1. 职业性心理健康问题和工作有关肌肉骨骼疾患逐渐引起更多关注

随着我国经济转型升级，新技术、新材料、新工艺广泛应用，新的职业、工种和劳动方式不断产生，职业病危害因素更为多样、复杂，传统的职业病危害尚未得到根本控制，社会心理因素和不良工效学因素所致精神疾患和肌肉骨骼损伤等工作相关疾病问题日益突出，职业健康工作面临多重压力。目前，我国将工作有关肌肉骨骼疾患和职业性心理健康问题认定为工作

有关疾患，未纳入职业病的范畴。职业性心理健康问题给城市就业职工带来很大困扰，工作枯燥、生活压力、快节奏的生活方式、情感问题等都会影响职工身心健康，这方面应当是未来职工队伍职业卫生方面需要进一步加强的领域。单调的工作方式，电子产品在工作中的普遍运用，上班时间伏案工作等同样困扰职工队伍的身体健康，这方面也应引起职工队伍职业卫生方面的更多关注。

2. 职业病防治更多借鉴国外先进经验，注重源头控制职业性有害因素

通过对我国和其他国家作业场所矽尘作业接触限值比较发现，我国矽尘接触限值高于世界卫生组织、美国、英国的标准，这也是职业性尘肺病高发的原因之一，提示我们可以从借鉴国外的先进经验，改革工艺，制订或修订职业接触限值出发，为易感者制订就业禁忌证，从根本上消除或最大可能地减少对职业性有害因素的接触。我国的职业卫生领域的相关法律法规体系与发达国家仍有差距。与发达国家已形成的较为完善的职业安全卫生法律体系相比，我国的职业卫生主要存在缺失职业卫生综合法、多部门对职业卫生工作进行监管、条例标准未能及时有效更新和部分用人单位缺乏主体意识等问题，未来这方面将是进一步提升和改善的领域。

（六）当前职工队伍劳动争议方面的新情况

1. 劳动关系保持和谐发展，劳动力市场趋于稳定

中国经济运行总体平稳，发展质量稳步提升，较好实现了主要预期目标。经济的平稳发展，为全国劳动关系的和谐稳定创造了良好的基础。产业结构持续优化，各产业发展质量进一步提升，创造了大量就业岗位。网络经济的持续高速发展，带动物流业、电商平台等催生了大量新的就业岗位，也带来了更多新的劳动者权益保障问题。高科技、新兴产业快速发展，新产品、新科技、新岗位改变着劳动者的就业环境、就业条件。就业形势的稳定，为和谐劳动关系的构建提供了保障。受新冠肺炎疫情影响，就业压力明显加大，随着国内疫情防控形势持续向好，政府社保减免、失业保险返还、稳岗补贴等各项稳就业、保民生政策落地见效，各地复工复

产加速，企业用工需求上升，就业形势出现积极变化，农民工也逐渐外出务工。

2. 出台劳动争议处理政策，注重弱势群体权益保护

一系列出台文件的主旨集中在劳动争议的多元处理、弱势群体的法律援助，特别是对农民工欠薪问题的处理上。人力资源社会保障部、最高人民法院、中华全国总工会、中华全国工商业联合会、中国企业联合会联合发布《关于实施“护薪”行动全力做好拖欠农民工工资争议处理工作的通知》，开展针对农民工的“护薪”行动，依法保障农民工劳动报酬权益。最高人民法院、中华全国总工会联合印发《关于在部分地区开展劳动争议多元化解试点工作的意见》，在内蒙古、吉林、上海、江西、山东、湖北、广东、四川8省（自治区、直辖市）和西安、宁波、北海3市开展劳动争议多元化解试点工作。人力资源社会保障部、司法部、财政部联合发布《关于进一步加强劳动人事争议调解仲裁法律援助工作的意见》，就建立健全调解仲裁法律援助协作机制，保障符合条件的劳动者特别是贫困农民工及时获得法律援助服务提出了指导性意见。

（七）当前职工队伍舆情方面的新情况

1. “职工议题的媒介能见度”整体可描述为“结构性稳定中的波动”

职工议题的媒介能见度基本特征是“重点突出基本议题”和“低度呈现风险议题”。具体而言，一方面是基于传统的“耳目喉舌”定位，积极响应国家经济社会建设主旨，重点关注职工的收入分配、就业状况，“就业”“工资”议题的媒介能见度居于前两位。农民工群体已是中国职工队伍的重要组成部分，近年来相关政策论述均强调要切实保障其劳动薪酬权，“讨薪/欠薪”议题由此也得到较多关注。另一方面或是限于当前以“风险规避”为中心的新闻报道常规，只能零星地、碎片地呈现具有“风险”意味的社会冲突性问题，如“职业病”“尘肺病”等议题，其能见度与现实境况不相匹配。不同类型的媒体可能会存在“量”的分际，但很难出现“质”的差异。

2. “职工群体的媒介话语权”整体可描述为“有限的主体性”，能否在媒体空间中进行利益表达关乎个人及群体的切身利益

这一判断在基本议题、报道主题、报道主角、消息来源、话语引述等具体指标上有所体现。主流媒体主要以“宣传 + 动员”框架为主、以“维权 + 服务”框架为辅进行报道，其间职工群体的主体性表达在一定程度上得以实现，表达的边界则由党的路线方针、当前政策形势、相关法律法规、媒体具体定位等要素综合划定。

在职工议题上，普通劳动者的真实诉求能否得到全面而深刻的呈现，关乎基本劳动权益保障，以及能否进一步实现体面劳动的愿景。专业媒体在此方面有可见的作为，不过还应进行更为系统的努力。其中关键在于，需要尽可能地提升风险性职工议题的能见度、重视普通职工媒介表达主体性，以增进“媒介现实”与“客观现实”之间的契合度。在系统观察本年度职工议题报道状况的基础上，根据媒体融合时代中新型传播架构的现实需求。

三　中国职工队伍在抗击新冠肺炎疫情中的贡献及影响

2019 年底新型冠状肺炎疫情在中国暴发。面对突如其来的新冠肺炎疫情，中国广大职工积极行动起来，在党和政府的统一领导下，在全国范围内打响了一场防范新冠肺炎疫情的总体战和阻击战。在战胜疫情的过程中，中国职工队伍作出了巨大的贡献，同时新冠肺炎疫情也对中国职工队伍的就业、收入、生活产生了一系列相关影响。

（一）中国职工在抗击新冠肺炎疫情中的巨大贡献

新冠肺炎疫情发生以来，习近平总书记就统筹做好疫情防控和经济社会发展发表重要讲话并做出重要指示。2020 年 2 月 12 日，习近平总书记在中央政治局常委会上指出，在全面建成小康社会和“十三五”规划收官之年，各级党委和政府要努力把新冠肺炎疫情影响降到最低，保持经济平稳运行和社会和谐稳定，努力实现党中央确定的各项目标任务。广大职工及各级工会

组织积极响应党中央的号召，在各级政府的统一领导下，全面组织动员，投身疫情防控和复工复产工作，并积极应对后疫情时代生产生活、产业结构调整、劳动关系变化等各方面的问题，全面打响促经济、保民生、抗疫情的阻击战。

广大职工在中国共产党的坚强领导下，武汉“封城”，湖北“封省”，广大职工积极配合封闭式管理，认真执行居家隔离政策。以生命至上为原则，全力抗疫，取得阶段性成果。作为中国职工重要组成部分的广大的医务工作者、社区工作者、公安干警、公共服务事业单位的工作者和抗疫医疗设施的建设者更是不畏疫情风险，以巨大的勇气和重大的牺牲配合相关的抗击疫情工作，不仅为火神山医院、雷神山医院、各个方舱医院和各种疫情控制项目建设的顺利完工争分夺秒，还要为全国人民在疫情期间的正常生活保驾护航。

广大医护工作者成为新冠肺炎疫情中的最美逆行者。新冠肺炎疫情最早在武汉被发现，突如其来的疫情给武汉和湖北其他城市的医疗卫生体系带来超负荷的压力。疫情就是命令，全国各地医护工作者在认真应对所在地区疫情的同时，迅速组建援鄂医疗队快速赶赴湖北各地，2020 年 1 月 24 日至 3 月 1 日，全国累计派出 344 支国家医疗队（其中中医医疗队 17 支，军队医疗队 3 支），共 42322 名医务人员，医生有 11416 人，护士有 28679 人。其中，在武汉市驰援的医务人员达到 38478 名，对武汉和湖北各地疫情的控制起到了至关重要的作用。

广大公安干警、疾控工作人员、社区工作者与医护人员一样，第一时间投入抗击新冠肺炎疫情的第一线。疫情发生以来，他们保障交通运输，打击违法犯罪，维护社会秩序，化解矛盾纠纷，帮助困难群体。广大公安干警、疾控工作人员、社区工作者是一支经受过各种艰难险阻考验的队伍，实践证明了他们的忠诚和担当。由于新冠肺炎疫情已经在全世界大规模蔓延，严防境外输入、严控境内反复成为当前防范新冠肺炎疫情的主要工作方向。广大公安干警、疾控工作人员、社区工作者能够不麻痹、不厌战、不松劲，扛起责任、经受考验，能够以更严作风、更实举措，把疫情防控工作落到实处，坚决打赢疫情防控人民战争、总体战、阻击战。

交通、物流、商超企业和公共事业单位广大职工，积极保证防疫物资生产供应和广大居民居家防疫生活物资的生产供应。疫情对正常的交通物流运输带来了极大的影响。广大交通物流企业职工在保证正常防疫要求的前提下，积极参与复工复产，保证防疫物资和居民居家生活物资的运输配送。广大公共事业单位职工，应对居家防疫居民对水、电、暖、气、网络、广播电视等的大量需求，保证正常供应，快速处理突发事故，保证居家防疫居民安心防疫。

各行业职工在疫情基本得到控制后，在各地党和政府的统一领导下，积极开展复工复产。新冠肺炎疫情对各行各业都产生了不同程度的影响，各地政府认真落实相关配套政策和措施，积极促进复工复产。广大职工队伍也不等不靠，积极适应疫情后就业环境的变化，积极上岗就业，参与恢复生产。中国职工队伍与全国人民一道共同努力，使中国经济在疫情基本控制后，迅速得到恢复。2020 年前三季度，我国 GDP 同比增长 0.7%，增速由负转正。第三季度 GDP 在前两个季度分别同比下降 6.8%、同比增长 3.2% 的基础上实现 4.9% 的更快增长，延续稳定恢复态势。我国成为 2020 年世界主要经济体中经济保持正增长的唯一国家。

（二）新冠肺炎疫情对职工就业收入产生的影响

1. 新冠肺炎疫情对职工队伍就业影响显著，保就业面临巨大压力

针对新冠肺炎疫情，2020 年 4 月 17 日召开的中共中央政治局会议强调统筹推进疫情防控和经济社会发展，首次强调“六保”，其中“保居民就业”被列于首位。我国当前面临的就业压力空前，根据国家统计局公布的数据测算，受疫情影响约有新增失业者 400 万人，因疫情退出劳动力市场的劳动者 2600 万人，休假不上班的劳动者 7500 万人。“保就业”目标的实现有赖于加快复工复产步伐和恢复经济增长，但复工和经济恢复面临国内国际环境的严峻挑战。国内出于防控疫情需要而对经济活动的减少和经济活跃度的降低，导致对劳动力的需求显著减少，特别是具有消费聚集性的服务性行

业尤为明显；国际上随着疫情全球大流行，主要经济体采取严格防控措施造成普遍的经济和贸易收缩，全球供应链断裂使我国出口贸易大幅萎缩，全球劳动者收入损失总额高达3440亿美元，将进一步导致需求不足进而影响全球经济复苏。内外部环境对我国进出口、国内消费、投资均产生不利经济影响，长产业链与外贸业务受冲击显著，中小微企业现金流断裂，已经出现倒闭破产潮。经济下行与衰退对劳动关系亦产生负面影响，劳资双方均处于求生存的困顿状态，失业率上升、数百万企业面临倒闭、数千万人面临失业所可能引发的争议爆发与社会动荡风险亟须严阵以待，“保就业”目标的实现需要系统性劳动力市场政策支持。

2. 新冠肺炎疫情促进职工队伍就业形态的加快转变

近年来，中国经济发展处于新旧动能转换期。一方面，以大数据、人工智能等新一代信息技术为动能的数字经济持续上行；另一方面，以劳动力和资源要素为驱动的传统经济缓慢下行。中国数字经济发展令人瞩目，相关领域逐渐成为新就业的沃土，新增就业数量持续上升。2020年受新冠肺炎疫情冲击，经济下行压力显著加大，许多线下产业停摆或恢复缓慢，而新就业形态顺势崛起，无疑缓解了传统经济中吸纳就业不足的问题，发挥了就业蓄水池和稳定器的作用。未来劳动力市场，大盒子套小盒子的时代已经一去不复返，新就业形态将呈现一种开源模式，呈现以下趋势：随着涌现许多新产业、新业态、新模式，也将催生更多的新职业和新岗位；用技术全面渗透，替代效应与互补效应并存；灵活稳定、兼容并包的劳动力市场逐渐形成，政府连续五年对新就业形态发展及未来趋势进行政策调控；新就业助力构建新时代和谐劳动关系。随着各行各业人均数字化程度越高，人们的就业未被毁灭，反而工作时间将会缩短，并且收入上升。这无疑从另一个方面证明了科技向善，未来数字经济将带来更加多元化的就业形态和更高的就业质量。

3. 新冠肺炎疫情对职工队伍整体收入产生明显冲击

新冠肺炎疫情暴发以来，全国人民付出巨大代价，仅用3个月的时间就取得疫情防控阶段性成果，经济社会秩序有效有序恢复，但国际疫情开始蔓延，外部需求出现结构性萎缩。疫情对广大职工劳动收入的负面影响开始显现。2020年上半年我国经济增长率为负1.6%，城镇居民人均可支配收入21655元，名义增长1.5%，扣除价格因素，实际下降2.0%。2020年全年职工工资整体收入水平可能出现年零或负增长。经济增长率下降与失业率上升因素叠加，直接减少部分职工工资收入。新冠肺炎疫情直接影响了职工就业，农民工、私企及部分小微企业的职工受冲击最大，收入受到明显影响。此外，受到最低工资标准调整因疫情暂停影响，职工整体收入水平提升受到限制。疫情还导致部分职工收入水平下降，造成部分职工群体“返贫”的现象。

4. 新冠肺炎疫情对职工队伍社会生活产生的影响

新冠肺炎疫情对职工队伍的社会生活产生了重要影响，不论是封闭式居家管理时期，还是在全面复工复产以后，广大职工队伍的生产生活都受到新冠肺炎疫情的明显影响。疫情刚刚暴发时，广大职工利用春节假期居家防疫。职工队伍认真执行各地相关防疫要求，严格控制社交距离，为中国能够快速控制疫情作出了巨大贡献和牺牲。复工复产后，职工队伍还要认真执行防疫规定，严格佩戴口罩和遵守各种卫生规定，尽可能减少聚集，避免疫情传播风险。很多职工改变了工作方式，大量采用居家远程办公。特别是教育工作者，采用网络教学方式，保证学生居家学习。双职工家庭还要解决未成年子女在家需要照料的不便。新冠肺炎疫情对职工社会生活的影响还包括休闲、旅游、娱乐、餐饮等方方面面，需要职工队伍认真加以面对。

（三）应对新冠肺炎疫情的影响，纾解职工队伍的困难

1. 针对中小微企业解决职工队伍就业的支持政策实效性较弱

现有的支持政策主要关注的是经济的复苏和大企业的复工复产，这就导致重点工程、重点项目、大企业、能够产生经济效益的工业企业容易复工，并享受政策支持，而大量难以复工的服务业、餐饮旅游业、中小微企业享受不到政策福利。减税降费、失业保险返还等各类“保企稳岗”的措施，并不能覆盖所有企业和劳动者群体，包括很少或基本不参加社保的、没有明确

雇佣关系的小微企业、个体经营者（自雇者），没有明确就业单位的新业态就业群体，以及各项参保率都较低的农民工群体，失业保险返还支持政策基本上享受不到。

2. 职工队伍就业救助政策、民生保障政策发挥的作用不足

现有社保减免虽然有国家政策，但基本上都由省和地区统筹出面，是碎片化的保障体系，需要中央社保调剂金支持，未纳入社保体系的新业态就业群体等，也需要地方政府出台可操作性的办法。免房租、失业保险返还等作为稳岗补贴，力度太小、时间太短，不足以弥补困难企业的损失，使得仅靠企业的力量“稳岗”十分困难。发放消费券主要解决商家就业问题，对低收入群体作用不大。未被纳入失业保险救济范畴，但同样受疫情影响而就业质量下降的近1亿劳动者群体，无直接保障性措施，很可能下沉为失业者。

3. 职工队伍就业优先政策措施未准确瞄准重点人群、重点行业

2019年我国第一、第二、第三产业就业人口占比分别为26.1%、27.6%和46.3%，在城镇就业人员中，私营企业和个体户所占比例最高，其中超过80%的就业由中小企业贡献。服务业成为受本次疫情冲击最直接、最严重的领域，文体娱乐、旅游、餐饮住宿等对人群集中和流动有依赖的行业几乎停止运行，而这几个领域又是当前的主要就业领域，因此，保就业的基本面主要应放在保新就业形态及中小微私营企业就业人员、外来农民工、服务业为主体的第三产业就业人员上。针对受疫情影响较大的餐饮、住宿、运输、文化旅游四大类困难行业企业，需给予定向援助。针对中小微企业，主要解决该类企业复工中的资金短缺、成本偏高等问题，全力提振中小企业发展活力，从“食、住、用、行”方面为企业提供复工服务保障，同时将重点放在恢复核心产业链、发挥大型企业龙头作用上，以带动产业链上下游的中小企业协同开展疫情防控和生产恢复，推动产业体系的复苏。针对农民工，政府要鼓励企业加强对农民工的人文关怀和技能提升，对暂时因订单不足或取消的企业，应给予大规模培训员工技能所必要的补贴支持；积极发挥各类人力资源服务机构“链接”作用，推进农民工精准上岗，给农民工返城复工提供安全、便捷的条件。加大城镇社区和乡村“公益性岗位”的设

置力度，发挥其对就业困难群体的“托底线、救急难”作用。针对大学生，要注意开展线上招聘活动，利用视频招聘、远程面试、精准撮合等“云服务”方式，尽心帮助毕业生就业。

4. “保就业”“保民生”政策措施应更具普惠性和实效性

从宏观政策上，在当前就业总量矛盾突出的情况下，建议政府在新上投资项目时，贯彻“保就业”政策导向，引入就业评估机制，优先上马就业多的项目。适当扩大社会保险费减免与失业保险稳岗返还政策的实施范围，并允许地方根据疫情轻重与抗疫周期长短做适当调整；运用全国社会保障战略储备基金以解决部分无力承受减免社保费地区的现实困难；扩大社会救助的覆盖面并提高救助水平，将低保边缘群体纳入救助范围，并根据物价上涨情况及时提高救助标准。

在微观层面，对于就业存量、低质量就业和失业群体，综合运用灵活就业、就业扶助和社会保障政策。对于存量就业，以灵活用工机制助力企业灵活经营，实行特殊时期特殊工时制的扩大实施机制；通过政策引导支持远程办公和错时工作，灵活使用事假、病假制度，防止歧视和排斥。可对经营特别困难的企业划定标准，由政府向其提供最低工资支付补贴。对于低质量就业群体，应考虑直接发放现金补贴，并考虑建立低收入者申报系统实现补贴精准投放。对失业群体，扩大失业救济的范围，并对疫情期间无法就业并丧失收入来源的参保者发放临时性失业保险金。

5. 做实三方机制，实现劳资政责任共担和利益平衡

保就业、保民生需要妥善处理劳动关系，而非常时期劳动关系的稳定亟须切实发挥劳动关系调整之“三方机制”的作用，以有效协调劳资矛盾，实现利益平衡，从而最终实现同舟共济、共克时艰的目标。

“三方”之一的政府一方，肩负宏观政策制定和微观措施落地的重任，非常时期劳资利益的权衡、劳动关系的稳定与保就业大局的实现，尤需通过劳资政三方“社会对话”以获取准确、全面、透明的信息，从而进行政策拟定。在国家层面，对企业和职工目前应考虑出台除现有减免社保、失业保险返还等更实际的“输血”性的救助措施，以资金支持的形式直接提供补

贴、资助与救济；在企业、区域、行业层面，政府应利用劳动关系监测和争议预警、调解机制，主动、及时防范和化解大规模劳动争议风险。工会作为劳动者利益的代表，需能切实担当并为职工所信、所靠，与资方就特殊时期诸多非常规用工安排予以协商，从而使政府以政策引导的灵活用工机制实现“稳岗”的目的得以达成。同时工会系统可考虑在一定时期内减免企业工会经费和准备金，并以工会经费和资金直接救助困难职工。企业作为三方机制协同作用、稳岗保就业的最终载体，要充分认识到劳动关系稳定对复工复产的重要性，用足灵活用工机制尽可能保留工作岗位，尊重员工、真心协商，激发员工与企业共克时艰的认同感，对不得已的解除、裁员甚至歇业、破产，亦需遵守法律程序，保障职工基本权益与待遇。

（四）疫情下中国工会工作和职工权益的保障措施

全国总工会下发的《关于做好新冠肺炎疫情防控期间支持企业安全有序复工复产和劳动关系协调工作的通知》要求，各级工会要积极协助做好稳就业工作，督促和协助企业为职工提供必要的劳动保护条件，切实维护职工合法权益，协调劳动关系，团结动员亿万职工为夺取疫情防控和实现2020年经济社会发展目标双胜利贡献力量。

自新冠肺炎疫情发生以来，在习近平总书记的亲自指挥下，首都各级工会组织认真落实党中央、北京市委和全总的部署要求，积极团结动员广大职工群众，充分发挥工会主力军的作用，不忘初心、牢记使命，把保证职工群众身心健康放在第一位，采取各种有力措施，多措并举，积极稳妥推动做好全市职工群众的疫情防控工作，助力党和政府筑牢疫情防控的坚实防线，扛起了工会组织的时代责任，经受了工会组织参与社会治理的考验，维护了职工的合法权益，也再次验证了各级工会组织无愧为职工群众的“好娘家”。

当前，全国上下正处于疫情防控与经济社会发展“两手抓”的关键阶段，企业复工复产工作也正在安全有序进行。如何更好地为职工提供必要的劳动保护条件，维护劳动关系的和谐稳定，切实维护职工合法权益，也是摆在工会组织面前的重要使命。这需要各级工会积极作为，发挥出工会的应有作用，在企业安全有序复工复产中，做广大职工群众信得过的“娘家人”。

做信得过的“娘家人”，要有大局意识、服务意识和敢于担当意识。从助力企业做好疫情防控期间复工复产，助力企业做好稳岗就业工作，关爱职工权益和身心健康等方面入手，切实提出具体措施，全力做好疫情防控期间职工服务工作，支持企业安全有序复工复产。要既帮助职工当好群防群控“组织员”和“宣传员”，成为广大职工群众的“主心骨”和“贴心人”，也要筑牢疫情防控的第一道防线，做好职工安全的“守门员”、解困解难的“服务员”。

疫情防控期间复工复产，既是大战，也是大考。对企业而言，各级工会组织要主动扛起责任，发挥工会组织优势，助力企业落实落细各项防控措施。既要积极宣传相关政策，指导职工学习防疫知识，引导职工遵守疫情防控的各项规定和配合做好疫情防控工作，也要协助企业做好疫情期间的安全生产、劳动保护、突发情况处置等工作，稳定企业经营和劳动岗位，引导职工安全生产，自觉担当起劳动保护的监督检查员、群安员等职责，成为企业复工复产的积极推动力。对职工而言，各级工会组织要做好服务，可通过建立工会复工复产便企服务平台、设立疫情防控扶贫专项资金、推动公益性岗位托底安置、帮助需要转岗的职工提升学历技能、做好法律咨询援助等方式，为企业职工提供困难帮扶、就业指引、法律援助、心理咨询、亲情关爱、生活保障等服务，以保障职工劳动权益。尤其要做好职工心理疏导，守护职工心理健康，以树立起“自尊自信、理性平和、积极向上”的工作心态，为广大职工打造排忧解难的精神家园。

当前受疫情影响，稳就业任务十分艰巨。习近平总书记强调，“越是发生疫情，越要注意做好保障和改善民生工作，特别是要高度关注就业问题，防止出现大规模裁员”。从一定意义上看，稳就业、帮扶企业复工复产就是保民生。各级工会要增强仁爱之心，多措并举，精准服务，主动助力稳疫情防控和就业“两不误”，及时解决群众所急所忧所思所盼，在疫情防控中以“娘家人”的情怀和关怀，当好职工群众的贴心人，凝聚起广大职工群众新时代抗击疫情的磅礴伟力。

（五）后疫情时代经济社会的变化和中国职工队伍的历史任务

1. 坚守生命至上原则，职工队伍安全复工复产

中国选择生命至上，奉行以人民为中心的原则。中国共产党和人民政府在党章和宪法里都明确执政为民，权为民所用。中国共产党执政的合法性来源于人民的拥护，政府的权力来源于人民的授权。因此，在落实党章和宪法的基础上，选择生命至上是不言而喻的。广大职工队伍要在中国共产党的领导下，坚持生命至上，积极复工复产，为完成全面建设小康社会而不懈努力。

2. 坚持“发展是硬道理”，职工队伍努力将疫情损失挽回

新冠肺炎疫情发生后，生命至上原则保证了中国社会尤其是包括广大职工队伍在内的劳动者的生命安全。能在较短时间内有效控制疫情，保障人民的基本生活，十分不易。同时付出巨大代价，第一季度经济出现负增长，生产生活秩序受到冲击，但生命至上，这是必须承受也是值得付出的代价。改革开放 40 余年来，中国经济发展首次出现大幅度的负增长，中国牺牲了一定的经济发展速度来保护生命。“发展是硬道理”不言而喻。广大职工队伍在抗疫常态化之后，一边抗疫，一边生产，努力挽回疫情导致的损失，中国经济在艰难中不断恢复。

3. 坚持创新发展，职工队伍顺势而为，积极应对改变

新冠肺炎疫情的暴发并没有减缓中美之间的政治和经济摩擦。双重危机同样给了中国发展经济的新机遇，坚持科技创新将成为后疫情时代中国主流的经济社会发展方式。广大职工应当积极应对后疫情时代，参与产业结构和社会经济生活的变化，进行创新和改革，为经济转型、社会发展努力奋斗。

4. 坚持人类命运共同体理念，职工队伍要承担经济社会发展责任

病毒不分种族、不分阶级、不分国界，坚持人类命运共同体理念，共克时艰、共担风险才是人类最正确的选择。是否愿意承担人类社会的共同风险，也成了一国是否具有合作精神的表现。中国职工队伍积极承担全球疫情防护的社会责任，积极配合“一带一路”和“双循环”发展政策，认真落实国家产业政策调整，积极承担社会发展责任。

专题报告

Special Reports

2019年中国职工就业状况研究

李洪坚*

摘　要： 2019年，在经济增速继续下行的背景下，调查失业率有所上升，全国就业人员数量下降。不同群体求人倍率存在差异，高校毕业生和白领求职难度有所加大，青年失业率有所上升。从就业结构来看，就业产业和行业变动明显，制造业吸纳就业下降；城镇就业规模扩大，私营个体就业数量和占比提升；农民工规模扩大，年末返乡情况增多；不同地区登记失业率差异有所下降。就业质量方面，各类就业人员平均工资增速有所放缓，非私营单位、私营单位就业人员和农民工的工资收入差距继续扩大；职工社会保险参保人数持续提升，但部分险种参保率仍有待提升；农民工集中行业加班明显；劳动争议有所上升。未来，职工就业有政策强化的推动，劳动力供给下降以及新经济和灵活

* 李洪坚，中国劳动关系学院讲师，主要研究领域为就业和劳动力市场政策、人力资源管理。

就业带来的缓冲，但依然面临技术进步和产业调整带来的就业结构性矛盾，新冠肺炎疫情的短期冲击和长期影响，以及劳动力市场灵活化带来的职工就业权益保障问题等方面的挑战。为此，应完善宏观政策的就业影响评估机制，提升就业需求的有效性；强化劳动力供给激励政策，缓解人口老龄化带来的系列问题；完善国家人力资本投资体系，构建终身学习型社会；变革劳动就业法律和社会保障体系，提升劳动力市场安全性。

关键词： 中国职工 就业 失业率

2019 年，中美贸易摩擦的影响和经济转型阵痛仍在持续，经济增速延续了近年震荡下行的趋势，GDP 年度增长率为 6.11%，比上一年度增速下降 0.64 个百分点。进入 2020 年，新冠肺炎疫情的发生使社会经济活动受到抑制，部分行业和企业经营和复工复产受到影响，对职工就业产生重要影响。

一　职工就业数量状况

（一）登记失业率持续走低，失业保险申报实施变革

2019 年末城镇登记失业率为 3.62%，比 2018 年末下降 0.18 个百分点，延续了 2014 年以来的持续下行的趋势，是 2002 年以来的最低点。城镇登记失业为劳动者自行申报，其主要申报动力是领取失业保险和寻求公共就业服务机构的帮助。有两方面的原因制约着失业人员进行失业登记。一是领取失业保险需要符合参保时间等条件，部分地区手续、流程较为复杂，失业保险金水平低于当地最低工资标准，部分劳动者担心领取失业保

险导致社保中断，影响购房、购车资格，以及部分劳动者担心在自己的履历上留下领取失业保险的记录后影响未来求职等，导致部分失业人员并未及时进行失业登记。二是目前公共就业服务机构提供的就业信息有限，服务功能还有待完善，导致部分劳动者在失业时更多通过其他途径获取就业信息。

近年来国家对就业工作比较重视，出台了系列促就业和稳就业措施，对登记在册的失业人员工作力度较大，在一定程度上降低了登记失业率。随着城镇调查失业率的定期发布，人们对登记失业率的关注也有所下降。我们可以观察到城镇登记失业率和城镇调查失业率在趋势上发生一定的背离，即城镇调查失业率在有所上升的同时，而城镇登记失业率有所下降。

2020 年春节以来，新冠肺炎疫情对就业产生重大冲击。为畅通失业保险待遇申领渠道，国家在失业保险领取方面进行了改进，开始在国家社会保险公共服务平台开通失业保险金和失业补助金网上申领服务，参保失业人员可以直接网上申领。同时，对于参保缴费不满 1 年的，或参保缴费满 1 年但本人主动离职的，或领取失业保险金期满仍未就业的人员还可以申请失业补助金。相信这些措施出台后，将会有助于提高失业人员进行失业登记的积极性。

（二）调查失业率有所上升，就业压力明显加大

2019 年各月全国城镇调查失业率保持在 5.0% ~5.3%，实现了调查失业率低于 5.5% 的预期目标，但各月份调查失业率均高于 2018 年同期，显示城镇就业压力有所增加。进入 2020 年，受新冠肺炎疫情等因素影响，调查失业率有所上升，其中 2 月份达到 6.2%，此后有所下降，但仍然高于 2019 年同期（见图 1）。

值得注意的是，调查失业率本身也有一定的局限性，并不能充分反映当前失业的总体情况。一方面，受新冠肺炎疫情影响，返乡留乡农民工增多，但目前全国月度劳动力调查主要在地级市进行入户调查，因此，调查失业率

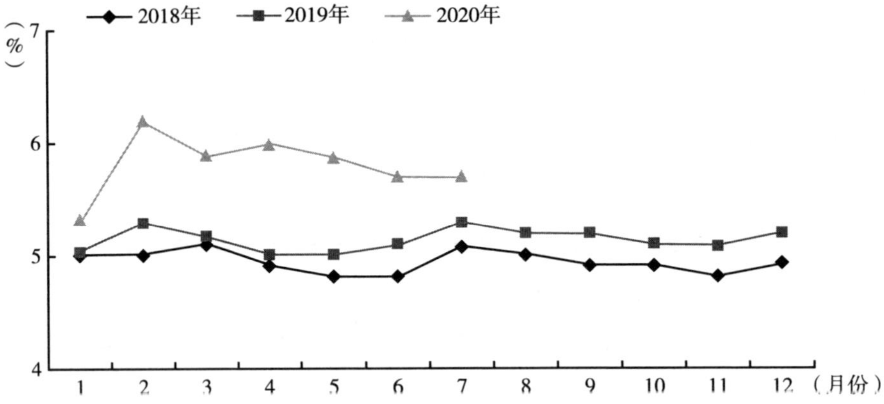

图 1　2018 年以来各月份调查失业率情况

资料来源：国家统计局网站。

不能准确反映农民工就业情况；另一方面，调查失业率未能反映劳动者退出劳动力市场的情况。调查失业需劳动者符合没有工作，最近三个月正在找工作，并且两周内能够工作等方面条件，但部分劳动者因为在疫情期间考虑健康因素，或者因为市场缺乏机会，缺乏求职信心，没有进行求职，并不符合失业的标准，因此部分国家的劳动力调查专门设立了“丧失信心的劳动者”指标。

（三）全国就业人员继续下降，人口红利逐渐消退

就业人员规模在 2018 年结束了 1963 年以来持续扩大的趋势，2018 年为 77586 万人，比 2017 年减少了 54 万人。2019 年末全国就业人员 77471 万人，又比 2018 年末减少 115 万人（见图 2），这显示就业人员规模下降呈现加速趋势。就业人员规模下降，主要原因是劳动力供给下降。一方面，伴随着人口老龄化进程，劳动力年龄人口及其占人口总量比例均持续下降。2019 年末，全国 16 ~ 59 岁（含不满 60 周岁）的劳动年龄人口 89640 万人，比上年减少 89 万人，这是 2012 年首次出现下降后，连续第 9 年下降。2019 年末，16 ~ 59 岁人口数占总人口数的比例为 64.0%，比

2018 年末的 64.3% 有所下降，比 2013 年末的 68.7% 更是下降明显。另一方面，是劳动参与率的下降。据曾湘泉（2020）等学者的研究，近年由于教育年限的增加，16～24 岁青年劳动力的劳动参与率下降；55 岁以上老年劳动力的劳动参与率也因为我国近年来不断改进退休福利而呈明显的下降趋势。

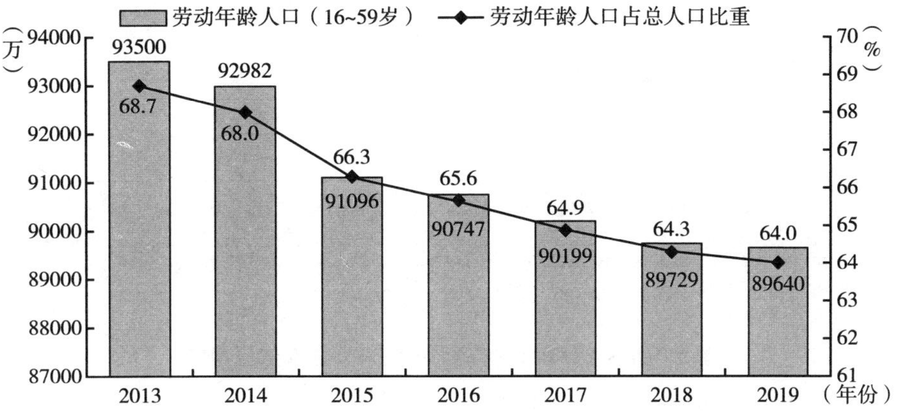

图 2　2013～2019 年劳动年龄人口（16～59 岁）及其占总人口比重变化情况

资料来源：国家统计局历年《国民经济和社会发展统计公报》。

全国就业人员占人口比重继续下降。2019 年为 55.33%，比上年下降 0.27%。就业人口比的下降，一方面是因为从 2018 年开始，就业人员规模绝对数量开始下降；另一方面，人口总量保持增长。2019 年，我国人口自然增长率为 3.34‰，2019 年末全国总人口 140005 万人，比上年末增加 467 万人。

（四）就业供求结构矛盾突出，部分群体求职难度加大

公共就业服务机构的求人倍率（岗位空缺与求职人数的比率）呈现上升态势。中国人力资源市场信息监测中心对部分城市的公共就业服务机构市场供求信息进行统计分析的数据显示，近年劳动力市场中的求人倍率总体呈现稳步上升态势（见图 3）。新冠肺炎疫情引发 2020 年第一季度求人倍率出

现较大波动，市场用人需求和求职人员均有所下降，且求职人数下降幅度大于需求人数。

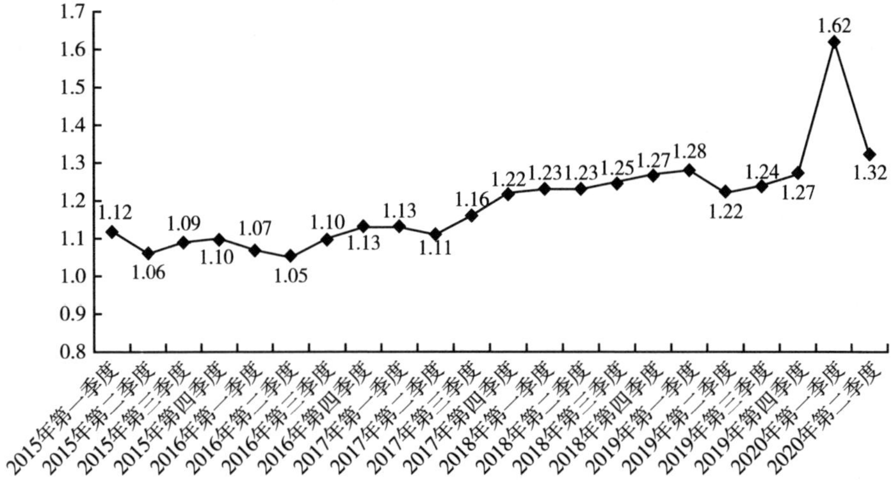

图3　2015～2020 年劳动力市场求人倍率变化情况

资料来源：人力资源和社会保障部网站。

值得注意的是，高校毕业生和白领等中高端求职市场的求职难度有所上升。中国人民大学中国就业研究所与智联招聘联合发布的中国就业市场景气（CIER）指数显示①，2017 年以来，求人倍率各个季度同比均有所下降。智联招聘网站的求职者以白领和高校毕业生为主，因此可以反映相关群体的就业情况。2020 年第一季度、第二季度受新冠肺炎疫情的影响，就业市场景气指数下降明显，加上季节性因素导致招聘需求人数减少，求职申请人数增加，CIER 指数分别降至 1. 43、1. 35（见图 4）。据国家统计局披露，2020 年 6 月，20～24 岁大专及以上人员（主要为新毕业大学生）失业率在上升，比上年同期高 3. 3 个百分点。

① 该指数采用智联招聘全站数据分析而得，通过不同行业、城市职位供需指标的动态变化，来反映劳动力市场上职位空缺与求职人数比例的变化，从而起到监测劳动力市场景气程度以及就业形势的作用。其计算方法是：CIER 指数 = 市场招聘需求人数/市场求职申请人数，其本质与求人倍率一致。

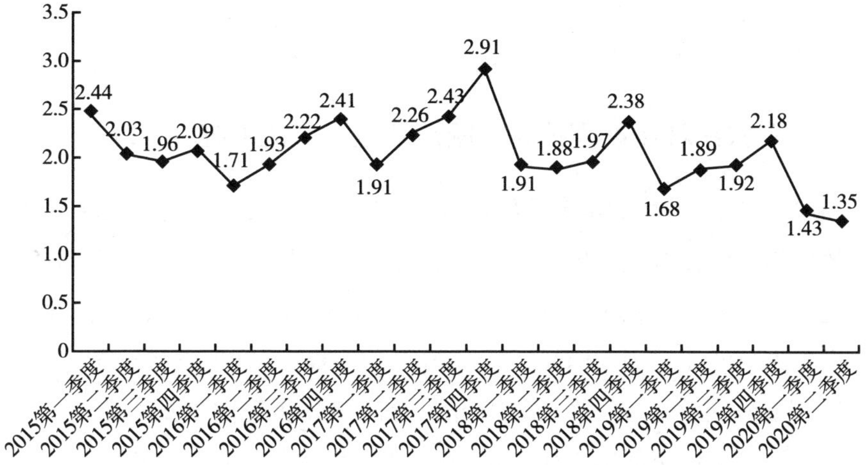

图 4　2015～2020 年中国就业市场景气指数

资料来源：中国人民大学中国就业研究所。

二　职工就业结构情况

（一）职工就业的产业和行业变动明显

职工就业继续向第三产业转移。2019 年，第一、第二和第三产业就业占比分别为 25.1%、27.5% 和 47.4%，分别比 2018 年下降 1 个、下降 0.1 个和上升 1.1 个百分点，比 2017 年下降 1.9 个、下降 0.6 个和上升 2.5 个百分点。可见，近年的一个趋势是第一产业就业人员直接向第三产业转移，以及部分新生代农民工进入劳动力市场后，直接进入服务行业工作。

从细分行业看，制造业依然是城镇单位就业人员（不包括私营单位）占比最高的行业。2018 年城镇单位就业人员行业构成中，从业人数占比最高的三个行业分别是制造业（占比 24.2%），建筑业（占比 15.7%），公共管理、社会保障和社会组织（占比 10.5%）。2018 年比 2017 年就业比例下降最多的三个行业分别是制造业（下降 2.06 个百分点）、农林牧渔业（下降 0.33 个百分点）和采矿业（下降 0.18 个百分点）。上升最多的是公共管理、社会保障和社会组织业，增加 0.75 个百分点；其次是建筑业，增加 0.73 个百分点；再次是教育业，增加 0.25 个百分点。

（二）城镇就业规模扩大，城镇就业人口比下降

2019 年末，全国城镇就业人员 44247 万人，比 2018 年末增加 828 万人。我国的城镇化仍在持续进展中，更多的农村人口进入城镇中。我国常住人口城镇化率在 2011 年超过了 50%。2019 年末我国城镇常住人口为 84843 万人，占总人口的比重为 60.60%，比 2018 年末提高 1.02 个百分点。

城镇新增就业略有下降。2019 年，全国累计实现城镇新增就业 1352 万人，超额完成了城镇新增就业 1100 万人以上的目标，但比 2018 年度减少 9 万人。在城镇化进程中，要解决大量新进入劳动力市场人员的就业，包括各级毕业生和新进城的农民工。其中，高校毕业生的数量较多，2019 届高校毕业生达到 834 万人，2020 年更是达到 874 万人，创历史新高。此外，还有大量的初中、高中、技校毕业生，以及新增农民工等进入劳动力市场。受疫情等因素影响，2020 年《政府工作报告》下调了城镇新增就业目标，定为新增 900 万人以上。2020 年 1 ~6 月，全国城镇新增就业 564 万人，完成全年目标任务的 62.7%，同比少增 173 万人。

城镇就业人口比降至近六年最低点。2019 年末城镇就业人员占城镇人口比重为 52.15%，低于 2018 年的 52.23%，延续了 2014 年这一指标出现拐点后的下降趋势。这意味着即使在城镇，也面临着创造财富人口占总人口比例下降的现实。

（三）城镇私营个体就业规模扩大，国企、港澳台和外资投资单位就业规模下降

2019 年私营企业城镇就业人员 14567 万人，占城镇就业人员的 32.85%，比 2018 年增加了 615 万人，占比提升了 0.71 个百分点；个体城镇就业人员 11692 万人，占城镇就业人员的 26.36%，比 2018 年增加了 1252 万人，占比提升了 2.32 个百分点。从 2018 年的数据看，城镇私营和

个体就业人数合计比 2017 年增加了 1718 万人。与此同时，可以观察到 2018 年除了股份有限公司和有限责任公司有一定增加外，国有企业、城镇集体单位、股份合作单位、联营单位、港澳台投资单位和外商投资单位的从业人员数均有所下降，下降幅度较多的有国有企业（324 万人）、港澳台投资单位（137 万人）和外商投资单位（79 万人）。

（四）农民工规模扩大，省内就业和年末返乡情况增多

农民工规模持续扩大，2019 年农民工总量达到 29077 万人，比上年增加 241 万人。2019 年农民工平均年龄为 40.2 岁，比上年提高 0.5 岁。从年龄结构看，40 岁及以下农民工所占比重为 52.1%，比上年下降 0.3 个百分点；50 岁以上农民工所占比重为 22.4%，比上年提高 1.1 个百分点，近五年呈逐年提高趋势。

农民工省内就业比例增加，年末返乡情况增多。2019 年，外出农民工 17425 万人，比上年增加 159 万人。在外出农民工中，在省内就业的农民工 9917 万人，比上年增加 245 万人，增长 2.5%；跨省流动农民工 7508 万人，比上年减少 86 万人，下降 1.1%。在农民工和外出农民工数量增加的背景下，年末在城镇居住的进城农民工 13500 万人，与上年基本持平，可以推断出农民工年末返乡人数比往年有所增加。

（五）不同地区登记失业率差异有所下降

2018 年，不同省份的登记失业率差异有所缩小。各省份城镇登记失业率离散系数指数从 2017 年的 0.200 下降到 2018 年的 0.185，下降幅度较大（见图 5）。其主要原因是大部分省区的登记失业率均有所下降，在一定程度上降低了不同地区的差异，而这与各地各级政府加强对符合失业登记条件的劳动者的就业服务和支持有关。

从 31 个省（区、市）的登记失业率数据看，2018 年登记失业率最高的三个地区分别是黑龙江（4.0%）、辽宁（3.9%）、宁夏（3.9%）。登记失业率最低的三个地区分别是北京（1.4%）、海南（2.3%）和广西（2.3%）（见图 6）。

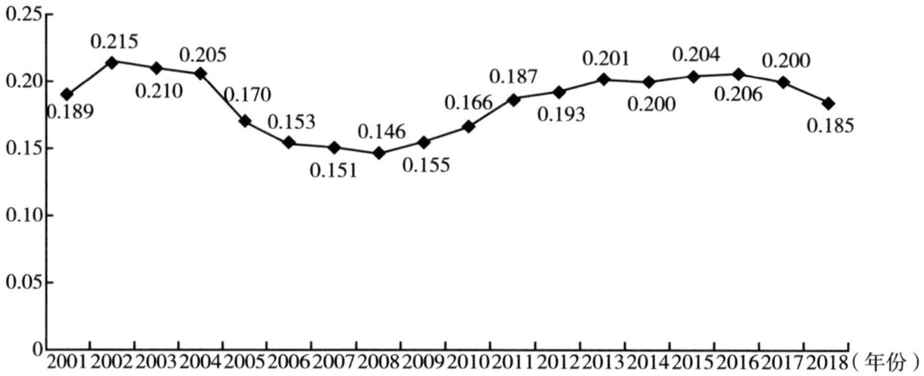

图5　2001～2018 年各省份城镇登记失业率离散系数指数

资料来源：根据国家统计局历年《中国统计年鉴》绘制。

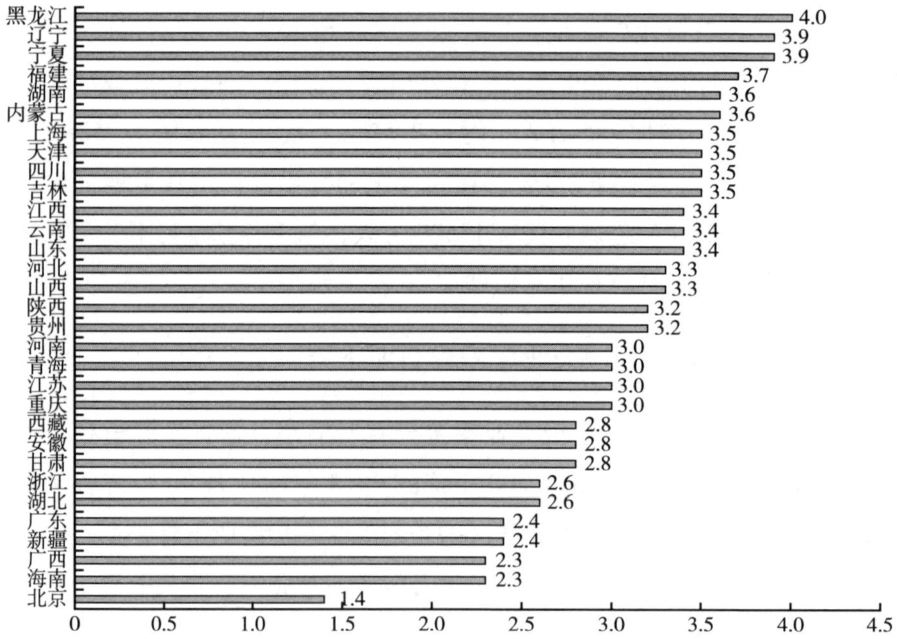

图6　2018 年各省（区、市）城镇登记失业率

资料来源：国家统计局、《中国统计年鉴 2019》。

我们可以看到登记失业率最高的两个地区都在东北地区，包括黑龙江和辽宁，这两个地区2018年的GDP实际增速分别为5.7%和5%，当年经济增速分别居全国倒数第三位和第五位，同时这两个地区的经济结构都是受“去产能”政策影响较为突出的地区。登记失业率排在第三位的宁夏虽然GDP增速达到7%，但其经济总量在全国排倒数第三位，可以提供的工作机会有限。

三 职工就业质量情况

（一）就业人员平均工资增速放缓，不同群体工资差距扩大

2019年，城镇非私营单位、私营单位就业人员和农民工名义工资增长速度比2018年度均有所下降，但都高于同期GDP增速（见图7）。全国城镇非私营单位就业人员年平均名义工资为90501元，比上年增长9.8%，扣除价格因素，实际增长6.8%；城镇私营单位就业人员年平均工资为53604元，比上年增长8.1%，扣除价格因素，实际增长5.2%。农民工年均收入47544元，比上年增长6.5%。虽然工资增速放缓，但仍高于GDP增速，反映随着劳动年龄人口的持续下降，部分企业招聘难度增加，以及2019年CPI比2018年有所扩大，推动工资上升。

不同类型职工群体工资差距继续扩大。随着近年经济增速下行，城镇非私营单位就业人员平均工资与私营单位就业人员平均工资、农民工收入差距在扩大。2019年，城镇非私营单位就业人员平均工资是私营单位就业人员平均工资的1.69倍，是农民工平均收入的1.9倍，差距均比2018年有所扩大。与此同时，私营单位就业人员平均工资与农民工平均收入的差距也在扩大（见图8）。

（二）社会保险参保人数持续提升，部分险种参保率有待提升

2019年城镇职工主要险种参保人数和参保率均有所提高。2019年末全

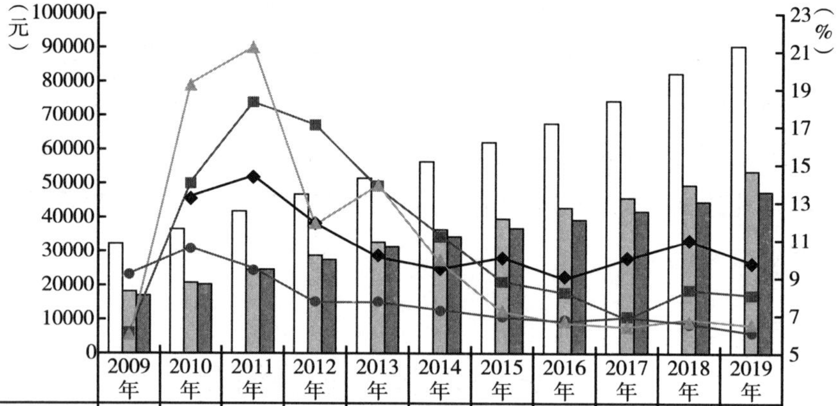

	2009年	2010年	2011年	2012年	2013年	2014年	2015年	2016年	2017年	2018年	2019年
城镇非私营单位就业人员年平均工资	32244	36539	41799	46769	51483	56360	62029	67569	74318	82461	90501
城镇私营单位就业人员年平均工资	18199	20759	24556	28752	32706	36390	39589	42833	45761	49575	53604
农民工平均年收入	17004	20280	24588	27480	31308	34368	36864	39300	41820	44652	47544
城镇非私营单位工资增长率（%）	-60.9	13.3	14.4	11.9	10.1	9.5	10.1	8.9	10.0	11.0	9.8
城镇私营单位工资增长率（%）	-63.3	14.1	18.3	17.1	13.8	11.3	8.8	8.2	6.8	8.3	8.1
农民工工资增长率（%）	5.7	19.3	21.2	11.8	13.9	9.8	7.2	6.6	6.4	6.8	6.5
GDP增长率（%）	9.2	10.6	9.5	7.7	7.7	7.3	6.9	6.7	6.9	6.6	6.1

图 7　2009～2019 年不同职工群体年平均工资及增长率

注：农民工年收入为农民工月收入乘以 12 个月计算。

资料来源：国家统计局网站。

国参加城镇职工基本养老保险参保职工 31177 万人，按照当年末城镇就业人数为基数计算可得参保率为 70.46%，参保人数和参保率分别比 2018 年末增加 1074 万人和 1.13 个百分点。2019 年末全国参加失业保险人数为 20543 万人，参保率为 46.43%，参保人数和参保率分别比 2018 年末增加 899 万人和 1.19 个百分点。2019 年末全国参加工伤保险人数为 25478 万人，参保率为 57.58%，参保人数和参保率分别比 2018 年末增加 1604 万人和 2.60 个百

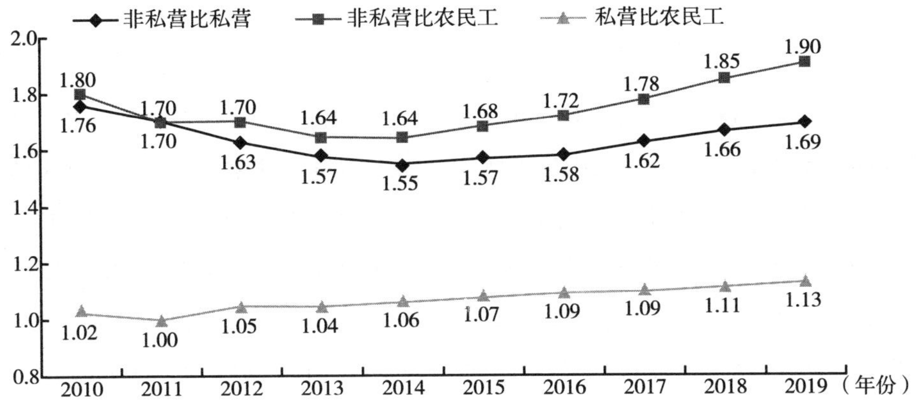

图8　2010～2019 年不同职工群体年平均工资比较

资料来源：国家统计局网站。

分点（见图9）。与此同时，我们可以观察到这三个险种的参保率存在较大差异，基本养老保险最高，工伤保险次之，失业保险最低。职工社会保险参保率的提高，与社保征缴的信息化水平、社保费率下降等因素有关。随着平台就业等各类非标准就业的兴起，我们需要关注到这些群体参加相关保险的比例较低，职工依法参加社会保险等权益保障仍有较大提升空间。

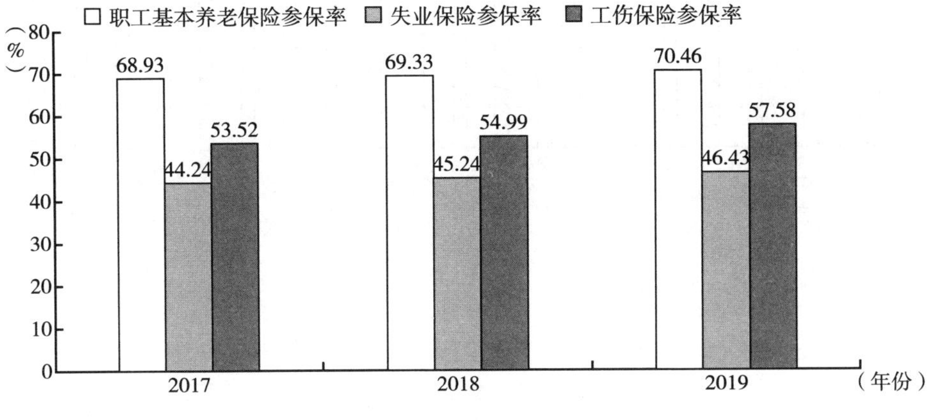

图9　2017～2019 年职工基本养老保险、失业保险和工伤保险参保率

资料来源：2017～2019 年度《人力资源和社会保障事业发展统计公报》。

（三）调查周平均工作时间波动明显，农民工集中行业加班现象突出

2018 年加班现象比上一年度略有上升。2018 年，就业人员调查周平均工作时间为 46.5 小时，比 2017 年增加了 0.3 小时。其中，51.4% 的城镇就业人员调查周工作时间为 41 小时及以上，有 31.7% 的就业人员超过 48 小时，分别比 2017 年增长了 1% 和 0.5%。不同行业的周平均工作时间差距明显，排在前五位的分别是住宿和餐饮业（51.3 小时），批发和零售业（49.2 小时），交通运输、仓储和邮政业（48.4 小时），以及制造业（43.8 小时）和建筑业（43.8 小时），而这些行业均是农民工较为集中的行业（见图 10）。这一点从城镇就业人员分户口性质工作时间构成情况也可以得到验证，农业户口中周平均工作时间超过 41 小时的占 63%，而非农业户口中只有 43.9%。

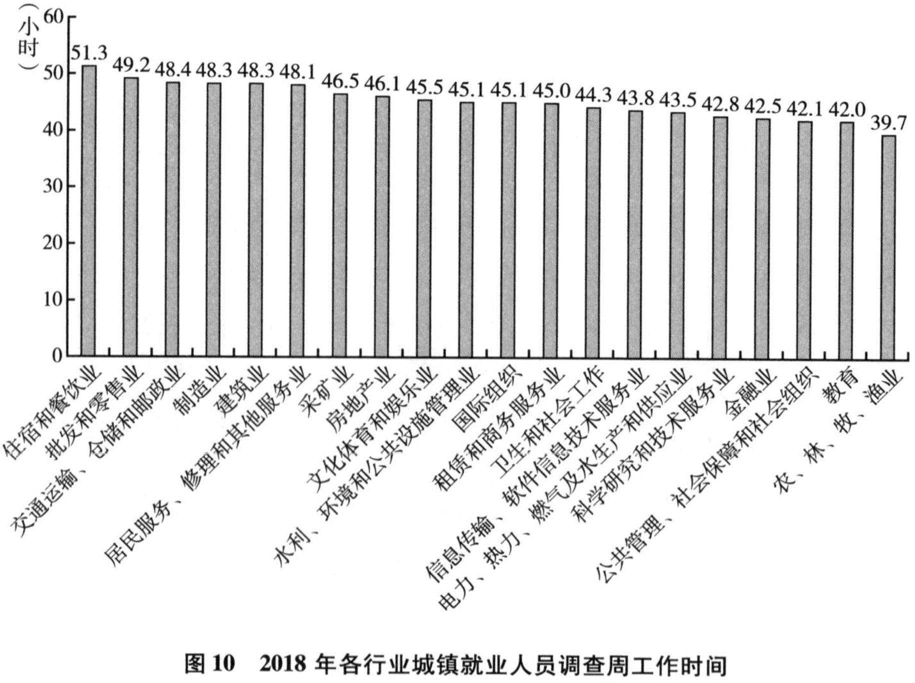

图 10　2018 年各行业城镇就业人员调查周工作时间

资料来源：《中国劳动统计年鉴（2019）》。

2019年城镇就业人员调查周平均工作时间有所回落。2015年到2018年，城镇就业人员调查周平均工作时间持续上升。从已经披露的2019年10个月的城镇就业人员调查周平均工作时间来看（缺2019年1月和12月数据），月平均城镇就业人员调查周工作时间为46.2小时，比2018年的就业人员调查周平均工作时间46.5小时有所回落。其中，2019年上半年调查周平均工作时间波动较大，下半年较为平稳。进入2020年2月，受春节和新冠肺炎疫情影响，调查周平均工作时间大约为40.2小时，比1月份减少6.5小时。2020年6月份逐步回升至46.8小时，超过了2019年同期水平，显示疫情对就业和工作时间的影响在减少（见图11）。

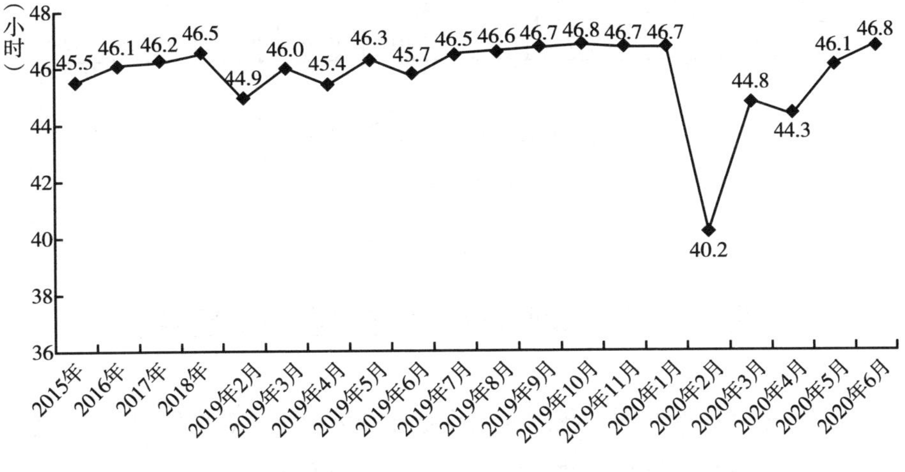

图11　2015～2020年就业人员调查周平均工作时间

资料来源：根据《中国劳动统计年鉴（2019）》和国家统计局网站数据整理绘制。

（四）经济增速下行背景下，劳动争议有所增加

2019劳动争议继续上升。2019年全国各级劳动人事争议基层调解组织和仲裁机构共处理劳动人事争议案件211.9万件，涉及劳动者238.1万人，涉案金额489.7亿元，与2018年共处理争议182.6万件，涉及劳动者217.8万人，涉案金额402.6亿元相比，均有所增加。从案件受理数来看，2018

年劳动争议受理数达到 894053 件，其中集体劳动争议 8699 件，比 2017 年增幅明显（见图 12）。显示在近两年经济增速下行的背景下，包括集体劳动争议在内的劳动争议案件有所增加。

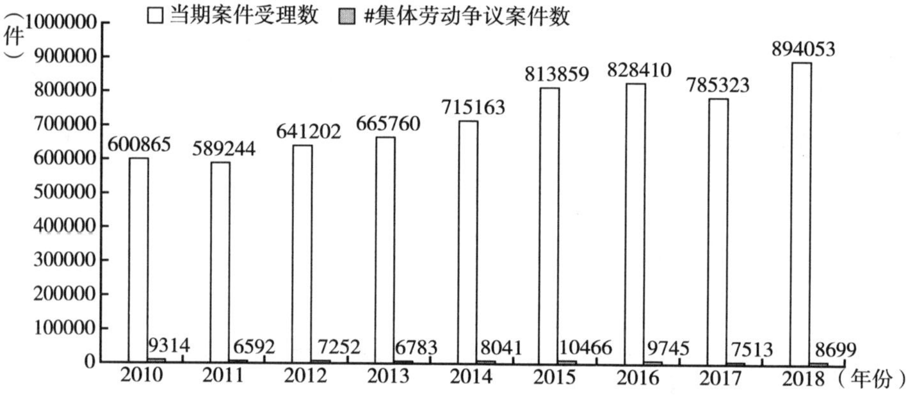

图 12　2010～2018 年劳动争议情况

资料来源：《中国劳动统计年鉴（2019）》。

四　职工就业面临的影响因素和新趋势

当前和未来一段时间，我国职工在就业领域面临机遇的同时，也面临着长期和短期、总量和结构、数量和质量等不同问题。

（一）就业优先政策全面强化，为稳定就业提供有力保障

近年来，面对就业领域的挑战，党中央和国务院对就业工作高度重视。2018 年 7 月 31 日中共中央政治局会议要求做好“六稳”工作，并将“稳就业”放在首位；2019 年《政府工作报告》首次将就业优先政策置于宏观政策层面；2020 年《政府工作报告》提出：“就业优先政策要全面强化。财政、货币和投资等政策要聚力支持稳就业。促就业举措要应出尽出，拓岗位办法要能用尽用。”为促进就业，各级政府出台了系列政策，对稳就业、保

民生起到了至关重要的作用。

2019 年以来，政府在就业政策上主要包括几个方面内容。一是针对就业需求方面的政策。通过加大改革开放力度，稳定外贸，扩大内需，改善营商环境，减税降费，提供融资支持，鼓励创业等方面举措促进经济和企业发展。疫情发生后，更是加快实施阶段性、有针对性的减税降费政策，加大稳岗补贴和就业补贴力度。加大政府投资，大力开发公益性岗位，在农村实施以工代赈，以吸纳更多就业。二是针对劳动力市场供给方面的政策，主要是大规模开展职业技能培训，如 2019 年《政府工作报告》提出，从失业保险基金结余中拿出 1000 亿元，用于 1500 万人次以上的职工技能提升和转岗转业培训，帮助劳动者适应产业转型升级对技能的需要，缓解结构性失业。三是加强就业匹配和服务政策。政府健全统一规范的人力资源市场体系，加快发展人力资源服务业，完善劳动力市场信息收集和发布；加强公共就业机构建设，推进就业服务全覆盖，完善公共就业服务工作，定期向失业人员提供职业介绍、职业指导、创业服务，推介就业创业政策和职业培训项目，对其中的就业困难人员提供就业援助。四是与时俱进，支持灵活就业和新就业形态。坚持包容审慎监管，促进新产业、新业态、新模式快速发展。合理设定无固定经营场所摊贩管理模式，预留自由市场、摊点群等经营网点。取消灵活就业人员参加企业职工基本养老保险的省内城乡户籍限制，对就业困难人员、离校 2 年内未就业高校毕业生灵活就业后缴纳社会保险费的，按规定给予一定的社会保险补贴等。

（二）人口红利下降，就业结构性矛盾突出

人口老龄化的持续深化和部分群体劳动参与率下降，劳动力供给在未来较长的时间内还将继续减少，就业人口总量将进一步下降，对我国经济的恢复和发展带来不利影响，进而影响就业需求。同时，随着劳动力供给的减少，劳动力供求关系的变化，劳动力成本将持续上升。2010 年以来，我国城镇私营单位、非私营单位就业人员以及农民工的工资年均增长基本上都超过了 GDP 的增速，部分年份、部分群体高出 GDP 增速较多，而工资与社会

保险等人工成本紧密相连，导致企业人工成本上升较快。人工成本上升除了会加速企业用工的灵活化和部分产业向其他国家和地区转移外，还会加速机器人、人工智能等新技术的应用，对劳动力造成替代。

经济增长方式转型、技术进步、新冠肺炎疫情的冲击、国际贸易不确定性增强等多方面因素的共同影响，导致产业、行业和职业结构调整加快，职工结构性失业的风险增加。我国正处于产业升级、经济转型的关键时期，近年来我国主动推动供给侧结构性改革，对部分行业实施“去产能”政策，部分职工需要分流安置，调整行业和职业。以机器人、人工智能和5G等为代表的技术的进步，对部分常规性和重复性工作岗位形成替代，并带动一批新职业的出现。新冠肺炎疫情、中美关系复杂化，以及中印边界引发的争议，将对国际经贸关系和全球产业链造成冲击，倒逼我国经济结构的转型。中国作为全球供应链的重要构成，疫情防控导致很多国家封锁国界，中断原有产业链，使得很多国家对原有产业链进行重构。中美经贸摩擦以及美方的长臂管辖，也促使部分国家和企业进行产业链调整。为应对外部环境的不确定性，我国推动形成以国内大循环为主体、国内国际双循环相互促进的新发展格局。在此背景下，产业和就业结构调整加快，劳动者就业技能更新滞后，企业招聘难与劳动者就业难并存的情况将会更加突出，部分地区和部分群体就业压力加大，特别是高校毕业生和部分年纪偏大、劳动技能欠缺的劳动者求职难度有所上升，高校毕业生等青年失业率较高。

（三）新冠肺炎疫情对职工就业存在短期冲击和长期影响

进入2020年以来，我国武汉地区出现新冠肺炎疫情，并扩散到其他地区。在党和政府采取坚强有力的措施和全民的努力下，我国用较短时间控制了疫情的发展，但受国外疫情输入等因素的影响，新冠肺炎疫情进入常态化防控阶段。新冠肺炎疫情的发生和持续，对职工就业产生重大影响。

短期和直接的影响是职工失业增加，工时和收入下降。在上半年疫情严重期间，为有效防控疫情，部分地区实行封闭式管理或限制式管理，企业遇到包括复工困难、防护成本提高、停工停产期间职工工资支付压力大、服务因交通管制暂时受阻、资金链承压、招工困难以及生产经营成本高等方面问题。其中餐饮、旅游、交通运输、市场购物、线下文化娱乐等领域消费受到抑制，部分企业经营出现困难。部分企业采取裁员、无薪休假、缩减工时和冻结招聘等方式应对疫情相关挑战，导致劳动者出现失业、降薪、无薪休假、生活困难和退出劳动力市场等情况增多。2020 年第一季度，除了调查失业率上升外，全国居民人均可支配收入同比实际下降 3.9%，其中城镇和农村居民分别下降 3.9% 和 4.7%。[①]

疫情的不确定性和防控常态化将对职工就业带来长远影响。一方面，当前我国疫情防控取得重大进展，但海外疫情高发，我国进入“外防输入、内防反弹”的常态化疫情防控阶段。疫情的延续，对我国的投资、消费和出口都造成冲击，经济发展承压，前景面临巨大的不确定性。根据 2020 年 10 月 13 日国际货币基金组织发布的《世界经济展望报告》，预计 2020 年全球经济将萎缩 4.4%，中国 GDP 增速为 1.9%，是主要经济体中唯一正增长的国家。但是，与 2019 年经济增速 6.1% 相比，经济增速下降明显，企业吸纳就业的能力下降，职工的就业数量和质量都将受到冲击。

（四）就业形式日趋多元化、灵活化，带来职工权益保障问题

技术进步和商业模式改变带动就业形式的多元化、灵活化，催生了各类新职业。电子商务的发展带动了大量的个体私营就业和灵活就业，共享经济的发展推动了兼职就业和创业式就业等新型就业形态的发展。国家信息中心分享经济研究中心发布的数据显示，2019 年，以新业态形式出现的平台企业员工数达到 623 万人，平台带动的就业人数约 7800 万人。为适应社会经济需求，2020 年 2 月，人力资源社会保障部与国家市场监管总局、国家统计局联合向社会发布了智能制造工程技术人员、工业互联网工程技术人员、虚拟现实工程技术人员、供应链管理师、网约配送员等 16 个新职业。2020

① 宁吉喆：《如何全面辩证看待一季度经济形势》，《求是》2020 年第 9 期。

年7月，向社会发布区块链工程技术人员、城市管理网格员、互联网营销师、信息安全测试员、区块链应用操作员、在线学习服务师、社群健康助理员、老年人能力评估师、增材制造设备操作员9个新职业。在新发布的职业中，相当部分与当前互联网技术和新经济发展有关。

新冠肺炎疫情进一步推动就业方式的多样化和灵活化。疫情期间，为减少人员的聚集和接触，人们的出行受到限制，纷纷转向在线消费，进一步促进了互联网经济的发展，带动生鲜电商平台、在线医疗、在线教育培训、远程办公服务、游戏、视频直播等相关行业及其就业的发展。如生鲜电商平台，从事装配、拣货和配送等工作吸纳了大量就业人员。部分餐饮企业与这些平台开展了员工共享，在一定程度上缓解了餐饮企业的裁员压力。疫情导致部分企业停工停产，用工需求出现重大变化，但由于《劳动合同法》等法律对裁员的限制，用工的调整较为困难。面临经济发展的不确定性，企业用工灵活化和降成本需求增强，在通过退休、离职甚至裁员等方式对原有人员实行退出的同时，对于新增的用工需求，更多通过劳务派遣、外包、分包、众包等各类灵活就业方式进行满足。此消彼长，逐步提升灵活用工人员的比例。疫情同时还导致企业工作方式的改变，部分企业开始实行在家办公、弹性上班等方式，很多会议和工作都通过线上方式进行。

各类形式的新就业形态的发展，在稳定和促进就业的同时，也带来了劳动者权益保障问题。据人力资源社会保障部介绍，当前我国灵活就业从业人员规模达2亿左右，在解决劳动者生计的同时，缓解了城镇就业压力，成为吸纳就业蓄水池。我国当前的劳动法律和社会保障体系主要是基于传统雇佣方式而制定，因此对包括平台就业等各类新兴就业形式还缺少必要的规范，部分就业人员存在工资水平偏低、社会保险缺失、劳动强度大、加班现象突出、缺乏培训和职业发展空间、工作稳定性差等系列问题，劳动者的权益问题难以得到有效的保障。远程办公等工作方式，在减少通勤时间、降低企业办公成本等的同时，也衍生出职工工作时间如何保证和计算、工作绩效如何衡量等新的有待解决的问题。

五　政策建议

（一）完善宏观政策就业影响评估机制，提升就业需求有效性

当前我国就业市场面临的问题较为复杂，既有就业总量和结构问题，也有就业数量和质量的问题，因此，要针对不同地区、不同人群采取有针对性的政策。特别是经济产业政策方面，我国正处于经济由高速增长阶段转向高质量发展、经济结构转型升级的关键阶段，宏观经济政策涉及经济增长、充分就业等多重目标，不同目标导向下的增长模式所带动的就业数量、质量和结构差异甚大，需要取舍、协调和平衡。为此，应落实国发〔2015〕23号文关于建立宏观经济政策对就业影响评价机制，公共投资和重大项目建设带动就业评估机制，以及国办发〔2020〕6号文实施重大产业就业影响评估，优先投资就业带动能力强、有利于农村劳动力就地就近就业和高校毕业生就业的要求，明确就业影响评估的应用范围、方式，规范内容和标准，在试点基础上稳步推进，发挥专业机构和专家作用，加强理论方法研究，加强数据平台建设和数据利用，提升就业影响评估制度的立法层次。

（二）强化劳动力供给激励，缓解人口老龄化带来的问题

根据相关研究和预测，未来一段时间我国的劳动力供给将会进一步下降，我们需要提前做出积极应对。在人口生育政策方面，通过完善幼托服务、提供税收优惠等措施鼓励已婚家庭生育一胎和二胎；适时研究全面放开三胎，甚至全面取消计划生育政策。在提高劳动年龄人口劳动参与率方面，应完善公共就业服务体系，提升对劳动者的职业指导和介绍服务的有效性；加强反就业歧视立法和实施，保障劳动力市场中妇女、残疾人等劳动力市场弱势群体的就业权利；研究进一步降低劳动个人所得税，对个别行业、岗位实施就业工资补贴政策；针对某些行业和工种，实施教育培训和生活补贴政策，鼓励劳动者参与到用工紧缺的行业和岗位中。在增加老年人劳动供给方

面，加强老年人培训开发、就业服务和权益保障工作，以自愿为原则，通过提供税费减免和社保补偿等措施鼓励用工紧缺行业和岗位的老年人延迟退休。

（三）完善国家人力资本投资体系，构建终身学习型社会

为适应新一轮科技革命和未来的经济社会发展要求，在未来的国家竞争中获取优势，我们要抓紧补齐人力资本建设短板，完善构建学习型社会的体制和机制。一方面，对于教育体系，应加大婴幼儿教育投入，充分利用婴幼儿期对个人能力成长关键阶段，提升全民基本素质；强化中小学的教育公平性，促进不同地区和不同区域教育均衡化发展；适时研究和实施十二年义务教育，有效提升农村地区和边远地区青少年受教育年限，大力开办社会需求大、就业前景好的职业教育，平衡学历教育和职业教育的发展；改革高等教育体制，推动一流民办高校建设、公立高校去行政化，建立独立的高校专业就业率追踪评价制度和市场需求过剩专业退出机制，强化高校市场化竞争，促进高校更主动适应市场和社会需求。另一方面，大力推动产业工人队伍建设，协调科教兴国、人才强国等国家战略措施，优化顶层设计，整合政府各部门和群团组织的各类培训资源，完善就业培训政策，提高技能培训的可及性和有效性；建立产学研人才链式培养模式，引导企业参与培养全过程，实现由“订单培养”向“定制式”培养模式转变，通过学校与企业的“双向渠道”培养更多符合产业发展需求的劳动者，提升劳动者就业能力，使得劳动者能适应劳动力市场的变化，拥有更多就业选择机会，提升劳动生产率和收入水平。

（四）变革劳动就业法律和社保体系，提升劳动力市场安全性

技术变革带来社会和劳动关系变革，随着新一轮技术革命的兴起和应用，技术对就业岗位的替代能力逐渐增强，各类新就业模式和人员数量快速增长，对原有的劳动就业法律体系和社会保障体系提出了挑战。因此，应适时修改《就业促进法》，强化地方政府就业促进责任，增大就业工作在地方

政府考核中的权重，将地区调查失业率作为重要考核指标；增加平台就业等新就业形态、自主创业带动就业方面内容。随着灵活就业的增加，部分劳动者将面临较强的就业不稳定性，失业和收入不足风险将有所提高，应平衡企业、劳动者和政府的责任和义务，逐步放宽社会保险体系与劳动关系的关联度，研究社会保险费改税的可行性，分行业确定企业社会保险税率，提高社会保险统筹水平，降低企业雇佣劳动者的直接社保成本，提升雇佣劳动者就业的积极性；做实个人社会保险账户，提升劳动者参保意愿，将新就业形态从业人员、失业人员等群体纳入统一的社会保险体系。同时，研究和制定远程办公相关法律标准，推动远程办公、居家办公和弹性工作的发展。

参考文献

国家统计局2009～2019年《中国统计年鉴》，中国统计出版社。

国家统计局2008～2019年《农民工监测调查报告》，国家统计局网站。

国家统计局2014～2019年《国民经济和社会发展统计公报》，国家统计局网站。

国家统计局：《中国劳动统计年鉴（2019）》，中国统计出版社，2019。

人力资源和社会保障部2018～2019年度《人力资源和社会保障事业发展统计公报》，人力资源和社会保障部网站。

人力资源和社会保障部：《部分城市公共就业服务机构市场供求状况分析》，人力资源和社会保障部网站。

曾湘泉：《中国就业市场的新变化：机遇、挑战及对策》（上），搜狐网，https：//www.sohu.com/a/402843913_485176？_f=index_pagefocus_7。

2019年中国职工收入分配状况研究

信卫平*

摘　要： 2019年我国经济运行总体平稳、稳中有进，就业形势保持稳定，随着供给侧结构性改革不断深化，“三去一降一补”成果进一步巩固，带动企业经济效益较快增长，使得职工队伍的收入水平继续保持稳定增长。本研究从职工收入分配的总体情况、地区和行业及不同岗位之间职工收入分配状况、最低工资调整等方面分析了2019年职工收入分配状况。为了更准确地描述全体职工收入水平，本报告测算了2008~2018年我国城镇职工全口径加权平均工资。本报告认为，我国经济增长的下行波动，对城镇私营单位职工和农民工收入水平的影响要远大于对城镇非私营单位职工收入水平的影响。当前职工收入分配领域存在的突出问题是不同地区、行业、工作岗位间存在的收入差距呈继续扩大的趋势。针对2019年我国职工队伍在收入分配方面出现的新变化，提出了相应的政策建议。

关键词： 中国职工　加权平均工资　收入差距　最低工资

* 信卫平，中国劳动关系学院教授，主要研究领域为收入分配理论、劳动关系与职工状况等。

一　2019年全国职工收入分配的总体状况

（一）职工收入增长与经济增长

2019 年是新中国成立 70 周年，是决胜全面建成小康社会、实现第一个百年奋斗目标的关键之年。这一年，我国经济社会发展面临的外部风险挑战明显增多，国内经济下行压力持续加大。面对国内外矛盾叠加的复杂局面，在党中央、国务院决策部署下，全国上下按照新发展理念和推动高质量发展要求，坚持稳中求进工作总基调，深化供给侧结构性改革，持续扩大高水平开放，全面做好“稳就业、稳金融、稳外贸、稳外资、稳投资、稳预期”工作，经济运行总体平稳、稳中有进，就业形势保持稳定，全国城镇职工平均工资继续保持稳步增长。

国家统计局每年从三个口径公布全国职工的年均收入水平，即城镇非私营单位就业人员年平均工资、城镇私营单位就业人员年平均工资和农民工人均月收入。因此，分析我国职工队伍收入分配状况及其变动趋势，主要就是分析城镇非私营单位就业人员、城镇私营单位就业人员和农民工这三个群体的年平均工资及其变动情况。

2019 年全国城镇非私营单位就业人员的年平均工资为 90501 元，比上年增加 8088 元，同比名义增长 9.8%，增速比上年回落 1.2 个百分点，剔除物价因素，实际增长 6.8%。全国城镇私营单位就业人员的年平均工资为 53604 元，比上年增加 4029 元，同比名义增长 8.1%，增速比上年回落 0.2 个百分点，剔除物价因素，实际增长 5.2%。全国外出农民工的年平均工资为 53124 元，比上年增加 3840 元，同比名义增长 7.8%，增速比上年回落 0.1 个百分点，剔除物价因素，实际增长 4.8%（见图 1）。

10 年来，我国城镇非私营单位就业人员年平均工资一直高于城镇私营单位就业人员和外出农民工的年平均工资。尽管在这一期间，城镇私营单位就业人员和外出农民工的年平均工资增长率略高于同期城镇非私营单位就业

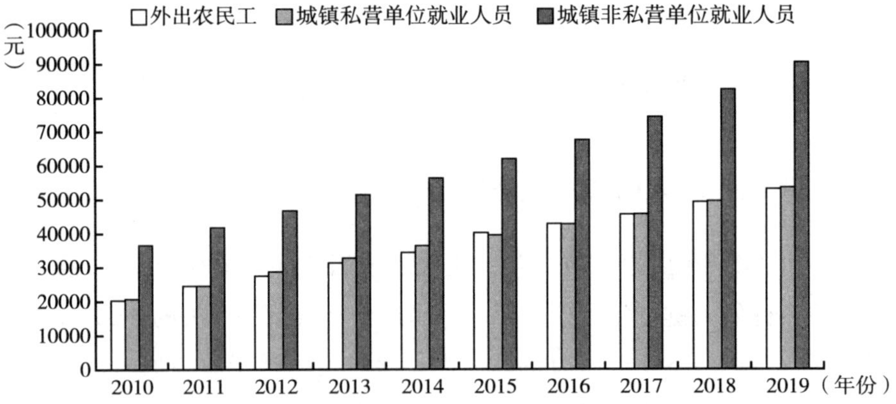

图1　2010～2019年全国职工年平均工资水平

资料来源：国家统计局：《中国统计年鉴（2019）》，中国统计出版社，2019；国家统计局：《2019年城镇非私营单位就业人员年平均工资90501元》《2019年城镇私营单位就业人员年平均工资53604元》《2019年农民工监测调查报告》，国家统计局网站。

人员的年平均工资增长率，但二者的年均收入差距却始终未能明显缩小。2010～2019年，城镇私营单位就业人员和外出农民工的年平均工资从相当于城镇非私营单位就业人员年平均工资水平的56.81%和55.50%，分别增长到59.23%和58.70%，10年仅增加了2.42个和3.20个百分点。2019年二者的工资水平仅相当于2013～2014年城镇非私营单位就业人员的年平均工资水平。

将2010～2019年我国经济增长与职工收入的实际增长率进行比较可以看到，10年来，城镇职工年平均工资与经济增长基本同步，并呈现两个明显的阶段性特征。在2010～2014年，城镇私营单位就业人员与外出农民工的年均工资名义增长率分别达到15.07%和14.10%，超过了同期11.69%的年均经济增长率；而城镇非私营单位就业人员的年均工资名义增长率为11.43%，低于同期经济增长率。在2015～2019年，我国年均经济增长率为7.03%，且呈波动下行趋势，城镇私营单位就业人员与外出农民工的年均工资名义增长率分别为7.87%和7.15%，分别下降了7.20个和6.95个百分点，下降幅度大于经济增长率的下降幅度。同期，城镇非私营单位就业人员的年均工资名义增长率为9.90%，仅下降1.53个百分点，高于同期经济增长率。

由此，可以得出如下判断：经济增长的波动对城镇私营单位就业人员和外出农民工收入水平的影响要远大于对城镇非私营单位就业人员收入水平的影响（见表1）。

表1 2010～2019年经济增长率与就业人员年平均工资实际增长率比较

单位：%

职工类型	2010年	2011年	2012年	2013年	2014年	2015年	2016年	2017年	2018年	2019年
外出农民工	15.5	15.0	8.9	11.0	16.8	6.6	4.3	4.8	5.7	4.8
城镇私营单位就业人员	10.5	12.3	14.0	10.9	9.0	7.2	6.0	5.0	6.1	5.2
城镇非私营单位就业人员	9.9	8.5	9.0	7.3	7.1	8.5	6.7	8.2	8.7	6.8
GDP	10.6	9.5	7.9	7.8	7.3	6.9	6.7	6.9	6.6	6.1

资料来源：国家统计局：《中国统计年鉴（2019）》，中国统计出版社，2019；国家统计局：《2019年城镇非私营单位就业人员年平均工资90501元》《2019年城镇私营单位就业人员年平均工资53604元》《2019年农民工监测调查报告》，国家统计局网站。

（二）2008～2018年城镇单位职工年加权平均工资

自市场化改革以来，我国职工队伍中私营单位职工、农民工的比重日益增大，职工队伍结构发生了较大的变化。2000年我国城镇全部就业人员为21274万人，其中城镇非私营单位就业人员为19138万人，占城镇全部就业人员的89.96%，城镇私营企业就业人员为1268万人，占城镇全部就业人员的5.96%；2018年我国城镇全部就业人员为43419万人，其中城镇非私营单位就业人员为17258.2万人，占城镇全部就业人员的比重降至39.75%，城镇私营单位就业人员则增加到13951.6万人，占城镇全部就业人员的32.13%。[①] 如果考虑到17266万外出农民工的因素，这个比例会更高。

由于职工队伍人员结构的变化且不同群体之间的年平均收入差距较大，用什么指标来代表全体职工的年平均收入水平就显得非常重要。在私企职

① 国家统计局：《中国统计年鉴》（2001、2018），中国统计出版社，2001、2018。

工、农民工占比超过60%的今天，如果再沿用城镇非私营单位就业人员的年平均工资代表全体职工的收入水平，就难以准确反映全体职工实际的年平均收入水平了。

为此，课题组继续测算了2008~2018年的城镇单位职工加权平均工资，并以此代表城镇单位全体就业人员年平均工资水平（见表2）。

表2　2008~2018年城镇单位职工加权平均工资

单位：元，%

年份	城镇单位就业人员年平均工资	城镇私营单位就业人员年平均工资	城镇单位职工年加权平均工资	城镇单位就业人员年平均工资加权后下降幅度
2008	28898	17071	25399	12.11
2009	32244	18199	27946	13.33
2010	36539	20759	31529	13.71
2011	41799	24556	36210	13.37
2012	46769	28752	40795	12.77
2013	51483	32706	45610	11.41
2014	56360	36390	49363	12.41
2015	62029	39589	53450	13.83
2016	67569	42833	57595	14.76
2017	74318	45761	62030	16.53
2018	82413	49575	67748	17.79

注：测算只就城镇非私营单位就业人员和城镇私营单位就业人员的年平均工资进行加权平均，没有包括外出农民工。

资料来源：国家统计局；《中国统计年鉴》（2009~2019），中国统计出版社。

从表2可以看到，随着城镇私营单位就业人员数量的增加，城镇单位就业人员年平均工资加权后下降的幅度也在增加，从2008年的12.11%增加到2018年的17.79%，加权后的职工平均工资基本上可以更真实地反映全体职工的平均收入水平。①

① 以2016年为例，城镇单位职工年加权平均工资为57595元，扣除约23%的五险一金等职工本人负担的费用，每月实际到手的收入应为3695.7元，与全国总工会在《第八次中国职工状况调查》中调查得到的2016年“职工上月从单位获得的到手全部货币收入平均值3608.4元”非常接近。参见李玉赋《第八次中国职工状况调查》（报告卷），中国工人出版社，2017。

从2013年起，国家统计局按年度发布规模以上企业分岗位就业人员年平均工资情况，由于规模以上企业包括城镇非私营单位和城镇私营单位就业人员，我们注意到，规模以上企业就业人员年平均工资与上述测算的全口径城镇单位就业人员加权平均工资非常接近（见表3）。课题组认为，城镇单位就业人员加权平均工资比较真实、准确反映了现阶段职工特别是企业职工的实际收入水平。

表3 2013～2018年规模以上企业职工年平均工资与加权平均工资比较

单位：元

年份	规模以上企业就业人员年平均工资	城镇单位职工年加权平均工资	差额
2013	45676	45610	66
2014	49969	49363	606
2015	53615	53450	165
2016	57394	57595	-201
2017	61578	62030	-452
2018	68380	67748	632

资料来源：国家统计局：《2013～2018年规模以上企业分岗位就业人员年平均工资情况》，国家统计局网站。

2019年4月1日，国务院办公厅印发了关于《降低社会保险费率综合方案》，其中第三条调整社保缴费基数政策中明确提出："调整就业人员平均工资计算口径。各省应以本省城镇非私营单位就业人员平均工资和城镇私营单位就业人员平均工资加权计算的全口径城镇单位就业人员平均工资，核定社保个人缴费基数上下限，合理降低部分参保人员和企业的社保缴费基数。"这样，城镇单位职工社会保险费的缴费基数就从之前规定的非私营单位职工平均工资作为缴费基数，调整为将城镇非私营单位和城镇私营单位就业人员平均工资加权计算的全口径平均工资作为核定职工缴费基数上下限的指标，工资水平较低的职工缴费基数可相应降低，减轻职工缴费负担。

为此，课题组认为，在考察经济活动时，用城镇单位职工加权平均工资来代表城镇单位就业人员的平均工资水平，可以更准确地衡量现阶段城镇单位全体就业人员实际收入水平，这对于国家宏观经济政策的制定、各级工会维权工作都是很重要的经济参数。

（三）初次分配中职工劳动收入份额的变动趋势

近年来，随着我国进入新时代，社会主要矛盾已发生转化，经济发展已经由高速增长阶段转向高质量发展阶段，客观上对完善社会主义市场经济体制提出更高要求。然而，劳动者特别是企业一线劳动者工资收入水平偏低一直是社会关注的重点。因此，如何提高企业一线劳动者工资水平，不仅是我国下一步改革进程中所面临的一个重要理论问题，也是一个亟待回答的现实问题，直接关乎改革的最终目的以及几亿职工的切身利益。

在 2019 年 10 月 31 日党的十九届四中全会通过的《中共中央关于坚持和完善中国特色社会主义制度推进国家治理体系和治理能力现代化若干重大问题的决定》中明确指出："坚持按劳分配为主体、多种分配方式并存。坚持多劳多得，着重保护劳动所得，增加劳动者特别是一线劳动者劳动报酬，提高劳动报酬在初次分配中的比重。"在 2020 年 4 月 9 日发布的《中共中央国务院关于构建更加完善的要素市场化配置体制机制的意见》中又一次明确指出："健全生产要素由市场评价贡献、按贡献决定报酬的机制。着重保护劳动所得，增加劳动者特别是一线劳动者劳动报酬，提高劳动报酬在初次分配中的比重。"在 2020 年 5 月 11 日中共中央、国务院印发的《关于新时代加快完善社会主义市场经济体制的意见》中再次指出："健全体现效率、促进公平的收入分配制度。坚持多劳多得，着重保护劳动所得，增加劳动者特别是一线劳动者劳动报酬，提高劳动报酬在初次分配中的比重。"

从 2019 年 10 月到 2020 年 5 月的 8 个月的时间内，党中央、国务院在上述三个重要的文件中连续提到要"增加劳动者特别是一线劳动者劳动报酬"，凸显了新时代这个问题的重要性，以这样的频率和力度强调增加劳动者特别是一线劳动者劳动报酬，也是改革开放以来前所未有的。为此，笔者认为增加劳动者特别是一线劳动者劳动报酬，提高劳动报酬在初次分配中的比重，已构成新时代收入分配制度改革的重要内容。

企业劳动者特别是一线劳动者劳动报酬在初次分配中的比重及其变动情况，可以根据资金流量表数据进行分析。在资金流量表中，有四个机构部门，即非金融企业部门、金融机构部门、政府部门和住户部门。非金融企业部门（以下简称企业部门）是由主要从事市场性货物生产或提供非金融市场性服务的非金融企业构成，该部门的劳动者每年新创造的增加值（GDP）占我国当年 GDP 的60%左右，我国约2.2亿的产业工人队伍均在这个部门中。通过测算该部门劳动者报酬在初次分配中占比的变化，可以考察企业部门劳动者相对收入水平的变化。企业部门收入初次分配是生产活动创造的价值即增加值在参与生产活动的生产要素所有者及政府之间的分配，最终形成劳动报酬、企业营业盈余及财产净收入、生产税净额三部分。劳动报酬占比即各生产要素所有者的劳动报酬在企业部门创造的增加值中所占的比重。

通过对 2000～2017 年资金流量表中的数据的分析和计算可以发现，企业部门职工劳动报酬在初次分配中的占比情况大体分为两个阶段。

第一阶段为 2000～2011 年，这一时期劳动者报酬在初次分配中的占比呈波动下行的趋势，从 45.24% 下降到 35.88%，下降了 9.36 个百分点（见图 2）。同期，生产税净额从 15.50% 上升到 21.05%，上升了 5.55 个百分点；企业营业盈余及财产净收入从 39.26% 上升到 43.07%，上升了 3.81 个百分点。企业部门中各要素报酬的这种此消彼长的变化，反映了这一时期企业部门收入分配中劳动、资本、政府三者关系的变化。总体来看，劳动报酬占比的持续下降是这一阶段的主要特征，劳动报酬减少的份额 59.3% 转为政府税收收入，其余 40.7% 转为企业收入。

第二阶段为 2012～2017 年，劳动报酬在初次分配中的占比呈波动上升的趋势，从 2011 年的 35.88% 上升到 2017 年的 43.48%，上升了 7.6 个百分点，扭转了企业部门劳动者报酬占比自 2000 年以来持续下降的势头；企业营业盈余及财产净收入占比从 2011 年的 43.07% 下降到 2017 年的 40.26%，下降了 2.81 个百分点。生产税净额从 2011 年的 21.05% 下降到 2017 年的 16.26%，下降了 4.79 个百分点。这一阶段的主要特征是劳动报

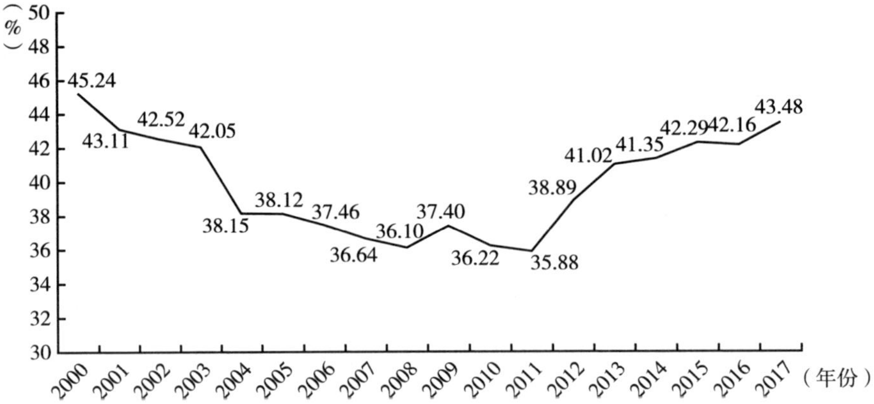

图2　2000～2017年企业部门劳动报酬占部门增加值的比重

资料来源：根据国家统计局2001～2019年《中国统计年鉴》数据计算所得。

酬占比逐年持续上升，其中63.03%的是由于生产税净额下降所致，36.97%的是由于企业营业盈余及财产净收入下降所致。

2012年以来企业部门劳动报酬占比在初次分配领域的这种变化，一是党的十八大以来党和政府提出的提高劳动者劳动报酬在初次分配中的比重的收入分配政策和各种减税措施的实施，以及企业实际社保费率不断提高，加之机关事业单位工作人员养老保险的改革，劳动报酬中的社会保险费、补充社会保险费占比不断提高，推高了劳动报酬份额。①二是近年来劳动力市场供求的变化，劳动力市场从供大于求转向供求总量基本平衡，拉动工资水平上涨。

企业部门劳动报酬占比上升的溢出效应对我国经济结构的优化也起到了重要的推动作用。尽管2017年企业部门劳动者报酬占比还没有达到2000年的水平，但与2011年的35.88%相比，2012～2017年的6年间，企业部门劳动者报酬占比分别提高了3.01个、5.14个、5.47个、6.41个、6.28个和7.6个百分点，相当于劳动者报酬在这6年分别增加了9721.2亿元、

① 参见张车伟、赵文《国民收入分配形势分析及建议》，《经济学动态》2020年第6期。

18466.8 亿元、21483.5 亿元、26130.6 亿元、27593.4 亿元和 38540.1 亿元，按照居民最终消费占可支配收入比重 0.64 计算，等于 6 年增加了 90838.8 亿元的市场消费需求，这对我国经济结构转型、经济增长从投资拉动到消费拉动的转型起到了重要的推动作用。

进一步分析表明，自 2000 年以来，企业部门劳动者报酬占比始终低于全社会劳动者报酬占比。2004 年二者的差距达到 12.45 个百分点。自 2012 年以来二者差距逐渐缩小，2017 年，企业部门劳动者报酬占比为 43.48%，同期全社会劳动者报酬占比为 51.57%，差距缩小到 8.09 个百分点。对此，笔者认为提高企业部门劳动者报酬在初次分配中的比重仍有较大空间，不能得出目前初次分配领域企业部门职工收入水平过高的判断。而且，提高企业部门劳动报酬占比也可以进一步提高全社会劳动报酬在初次分配中的比重。

自 20 世纪 90 年代以来，劳动报酬占比下降成为一种全球性趋势，已经引起学术界及各国际组织的高度重视。国际劳工组织在《2016～2017 年全球工资报告》中通过对 1995 年和 2014 年 133 个样本国家的劳动收入份额变动情况的研究发现，有 91 个国家出现下跌，32 个国家上涨，另外 10 个国家保持稳定，所估算的劳动收入份额的中位数从 1995 年的 0.55 下降到 2014 年的 0.53，下降了 2 个百分点。研究表明，劳动收入份额的下降虽然不是普遍的，但俨然已经成为一种全球性趋势。国际学术界一致的看法是，劳动收入份额下降造成的总需求不足是导致 2008 年国际金融危机爆发的重要原因。

国际货币基金组织在 2017 年 4 月发布的年度春季报告《世界经济展望：增长势头加强?》中分析了导致劳动力收入占比下降的主要驱动因素，即技术进步和全球一体化。在 1991～2014 年的 20 多年中，全球劳动力收入占比下降了大约 2 个百分点。在世界五大经济体中，有四个经济体的劳动力收入占比已经下降，中国的下降幅度最大。全球劳动力收入占比下降集中在中低技能劳动力队伍中，在 1995～2009 年，中、低技能劳动者的劳动力收入占比减少逾 7 个百分点，而全球高技能劳动力收入占比增加超过 5 个百分点，这种变化表明，技术进步有利于高技能劳动力，从而导致不同技能水平劳动力的就业与工资出现两极分化。对此，新兴市场和发展中经济体各国应依据本国的国情来设计相应的政策，以促进人们更广泛地分享机会和增长带来的惠益。通过制定各项政策来推动技能深化，除了在促进各类劳动者的收入趋同外，还可以帮助劳动者做好准备，在迎接进一步的结构性转型方面发挥重要作用。

（四）职工平均工资增长与经济增长、劳动生产率增长的趋势

目前，我国有4亿多职工，工资是他们的主要收入来源。分析职工的平均工资水平及增长是了解其收入状况和生活水平变化的关键。但是，考察职工工资水平的增长趋势，还需要考虑到经济增长和劳动生产率这两个因素，这样才可以更加准确地判断职工收入增长的快与慢。为此，课题组测算并分析了2008～2018年我国经济增长、劳动生产率与职工平均工资三者之间的变动趋势（见图3）。

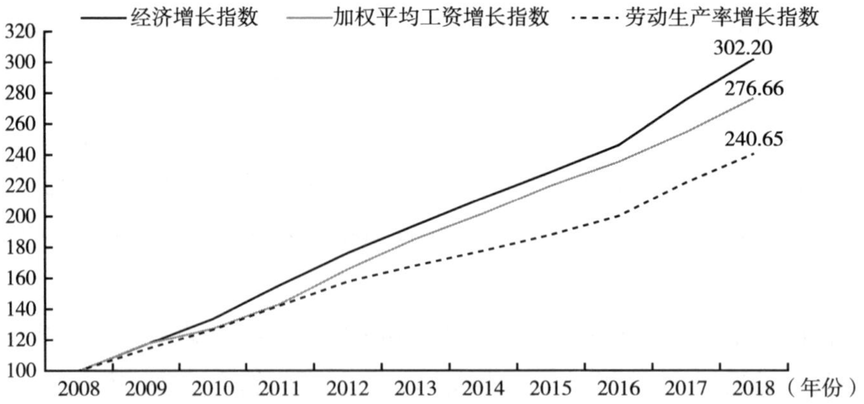

图3　2008～2018年职工实际平均工资和经济增长、劳动生产率的增长趋势

资料来源：根据国家统计局2009～2018年《中国统计年鉴》数据计算所得。

劳动生产率以第二、第三产业就业人员的实际人均GDP衡量，经济增长速度为按不变价格计算的第二、第三产业GDP增长率，职工的平均工资

以全口径城镇单位就业人员实际加权平均工资计算。课题组通过对职工实际平均工资和经济增长、劳动生产率三者之间关系的分析，得出以下判断。

第一，职工实际平均工资增长低于经济增长。2018 年，职工实际加权平均工资增长指数为 276.66，经济增长指数为 302.20，二者在这 10 年间分别增加了 176.7 和 202.2。进一步分析表明，职工实际平均工资增长低于经济增长主要原因是 2015 年以来经济下行压力不断增大，城镇私营单位就业人员年均工资增长率下降幅度较大，拉低了城镇职工实际加权平均工资增长率。

第二，职工平均工资增长率快于劳动生产率的增长。2018 年劳动生产率增长指数为 240.65，低于同期职工实际平均工资增长指数。进一步分析表明，在 2008 ~2011 年的 4 年间，实际平均工资增长指数为 143.24，劳动生产率增长指数为 142.22，二者基本上是同步增长。职工平均工资增长率与劳动生产率的差距主要是在 2012 ~2018 年拉开的，劳动生产率的年均增长率从 12.18% 下降到 7.27%，职工实际平均工资的年均增长率从 12.55% 下降到 8.91%，劳动生产率的年均增长率下降得更快些。职工实际平均工资增长率快于劳动生产率增长率提供了对图 2 中劳动报酬占比为何从 2012 年开始持续上升的解释。但是，劳动生产率从 2012 年增速减缓的原因却不能用劳动报酬上升来解释，而是要从城镇化进程加快对劳动力市场的影响、劳动力从第二产业向第三产业转移、资本边际收益递减、企业生产成本上升、部分行业产能过剩、经济效益下降等方面来解释。

二　2019年地区间的职工收入分配状况

（一）2019年全国各地区间的城镇非私营单位职工收入状况

从四大区域看，2019 年我国城镇非私营单位就业人员的年平均工资水平由高到低依次是东部、西部、中部和东北地区，分别为 104069 元、81954 元、73457 元和 71721 元，最高和最低区域的平均工资之比为 1.45，与上年基本持平。从名义增长率看，由高到低依次为东部（11.7%）、东北地区

（9.6%）、西部（8.2%）和中部（6.5%），其中东部地区的名义增长率比上年提高1.7个百分点，东北地区、西部地区、中部地区的名义增长率分别比上年下降0.1个、2.7个和6.2个百分点。

从各地区看，2018年全国31个省（自治区、直辖市）城镇非私营单位就业人员的年平均工资为82413元，比上一年增加了8095元，同比名义平均工资增长10.89%，各地区年平均工资的中位数为74378元。由于东部、中部、西部及东北地区的发展仍不均衡，依据波士顿矩阵图分析方法，我们将2018年各地区的城镇非私营单位就业人员年平均工资状况做了一个基本定位（见表4）。

表4 2018年各省（区、市）城镇非私营单位就业人员年平均工资水平波士顿矩阵

	2018年城镇非私营单位就业人员年平均工资增长速度高于全国平均水平	2018年城镇非私营单位就业人员年平均工资增长速度低于全国平均水平
2018年城镇非私营单位就业人员年平均工资高于全国平均工资	双高区 广东、青海	基高增低区 北京、天津、上海、江苏、浙江、西藏
2018年城镇非私营单位就业人员年平均工资低于全国平均工资	基低增高区 吉林、安徽、江西、河南、湖北、海南、重庆、四川、甘肃、宁夏、新疆	双低区 河北、山西、内蒙古、辽宁、黑龙江、福建、山东、湖南、广西、贵州、云南、陕西

表4分四个区域，将31个省（自治区、直辖市）按条件置于上表中的四个区域，双高区表示工资水平及其增长速度均高于全国平均水平的地区；基高增低区表示工资水平高于全国平均水平，但其增长速度均低于全国平均水平的地区；基低增高区表示工资水平低于全国平均水平，但其增长速度高于全国平均水平的地区；双低区表示工资水平及其增长速度均低于全国平均水平的地区。

2018年与2017年相比较，城镇非私营单位就业人员年平均工资水平高于全国平均水平的8个省份没有发生变化，只是个别省份的位置发生了变化，其中浙江省从双高区进入基高增低区，广东省从基高增低区到了双高区。这8个省份中的青海省和西藏自治区为西部地区，其余均位于为东部地区；年平均工资水平低于全国平均水平的省份为23个，与上年度持平，其中的基低增高区的地区从2017年的8个增加到2018年的11个，其中安徽、河南、湖北、甘肃4个省份职工年平均工资水平连续两年增速超过了全国平均水平。双低区的地区数量从2017年的15个减少到2018年的12个，其中内蒙古、辽宁、福建、陕西4个省份职工年平均工资水平连续四年在双低区，黑龙江省连续三年在双低区，山东、湖南、贵州3个省份连续两年在双低区，这一情况应引起全社会及各地区政府的高度重视。

2018年全国有23个省份城镇非私营单位就业人员年平均收入水平低于全国平均工资水平，其年平均收入累计占比为67.06%；有8个省份年平均收入水平高于全国平均工资水平，其年平均收入累计占比为32.94%。收入最高的为北京（145766元），最低的为黑龙江（60780元），北京是黑龙江的2.40倍，大部分省份城镇非私营单位就业人员年平均工资在7万元左右。

从职工年均收入增速来看，2018年有29个省份职工的平均工资名义增长率超过了同年我国GDP增长率（6.6%），与上年持平。扣除物价因素，2018年有25个省份职工的平均实际工资增长率超过了当年我国GDP增长率，比2017年增加了2个省份。

从职工年均收入的增加额来看，2018年比上年度增加额最多的是北京、上海和青海，人均分别增加14066元、10605元和9678元；最少的是黑龙江，人均增加4713元（见表5）。

表5　2017年和2018年各省（区、市）城镇非私营单位就业人员人均收入及排序

单位：元，%

省份	城镇非私营单位就业人员年平均工资			实际平均工资增长率		各省份在全国的排序		
	2018年	2017年	比上年度增加	2018年	2017年	2018年	2017年	变动情况
北京	145766	131700	14066	8.40	8.09	1	1	0
天津	100731	94534	6197	4.36	7.81	4	4	0
河北	68717	63036	5681	6.77	12.13	25	25	0
山西	65917	60061	5856	7.49	10.08	29	29	0

续表

省份	城镇非私营单位就业人员年平均工资			实际平均工资增长率		各省份在全国的排序		
	2018 年	2017 年	比上年度增加	2018 年	2017 年	2018 年	2017 年	变动情况
内蒙古	73835	66679	7156	8.45	7.47	18	18	0
辽宁	67324	61153	6171	7.83	7.45	28	28	0
吉林	68533	61451	7082	9.23	7.81	27	26	-1
黑龙江	60780	56067	4713	6.18	5.25	31	30	-1
上海	140400	129795	10605	5.95	6.52	2	2	0
江苏	84688	78267	6421	5.98	7.63	8	7	-1
浙江	88883	80750	8133	7.81	8.39	5	5	0
安徽	74378	65150	9228	11.82	8.49	16	21	5
福建	74316	67420	6896	7.96	7.08	17	17	0
江西	68573	61429	7144	9.33	7.71	26	27	1
山东	73593	68081	5512	5.87	7.15	20	14	-6
河南	63174	55495	7679	11.50	10.33	30	31	1
湖北	73777	65912	7865	9.63	8.43	19	19	0
湖南	70221	63690	6531	7.99	7.64	24	23	-1
广东	88636	79183	9453	9.64	7.76	6	6	0
广西	70606	63821	6785	8.36	8.53	23	22	-1
海南	75885	67727	8158	9.74	8.10	13	16	3
重庆	78928	70889	8039	9.05	6.45	9	10	1
四川	77686	69419	8267	9.61	6.88	12	12	0
贵州	78316	71795	6521	6.84	6.61	11	9	-2
云南	75701	69106	6595	7.29	12.52	14	13	-1
西藏	116015	108817	7198	4.42	3.75	3	3	0
陕西	71983	65181	6802	8.16	7.58	21	20	-1
甘肃	70695	63374	7321	9.26	8.34	22	24	2
青海	85379	75701	9678	10.46	11.89	7	8	1
宁夏	78384	70298	8086	9.21	5.52	10	11	1
新疆	75457	67932	7525	8.79	4.90	15	15	0

从各地区职工年均收入的排序看，有 14 个省份的位置没有变化，8 个省份的位置上升，9 个省份的位置下降，其中上升最快的地区为安徽省，比上年度上升了 5 位；下降最快的是山东省，比上年度下降了 6 位。总体来看，2018 年各省份位置变化幅度不大。

2018 年全国各地城镇非私营单位职工年均收入的离散系数为 0.2374（见图 4）。2000～2018 年的离散系数在 2002 年达到 0.3900 的最高值，此后便呈波动下降趋势，2012 年下降到 0.2332 的最低值。2013～2018 年离散系数又呈先上升然后又下降的变动趋势，地区间职工年均收入倍数从 2000 年的 2.68 倍下降到 2018 年的 2.40 倍。2000～2018 年，我国地区间城镇非私营单位职工的年均收入差距总体呈波动下降趋势。

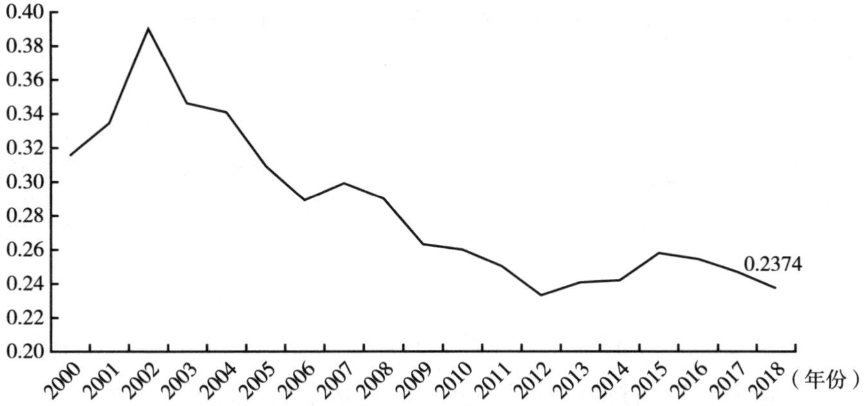

图 4　2000～2018 年全国各地区城镇非私营单位职工年均收入离散系数变化情况

资料来源：根据国家统计局 2001～2019 年《中国统计年鉴》数据计算所得。

（二）2019年全国各地区城镇私营单位职工收入状况

从四大区域看，2019 年我国城镇私营单位就业人员的年平均工资水平由高到低依次是东部、西部、中部和东北地区，分别为 59471 元、46777 元、43927 元和 39861 元，最高和最低区域的平均工资之比为 1.49，与上年基本持平。从名义增长率看，东部为 7.7%，西部为 6.7%，中部为 7.0%，东北地区为 7.5%，其中东北地区和西部地区分别比上年提高 0.6 个和 0.4 个百分点，东部地区和中部地区分别比上年回落了 1.5 个和 1.8 个百分点。

2018 年全国城镇私营单位就业人员的年平均工资为 49575 元，比上年增加了 3814 元，同比名义增长 8.3%，各地区年平均工资的中位数为 42565

元。依据波士顿矩阵图分析方法，将2018年各地区的城镇私营单位就业人员年平均工资状况做了一个基本定位（见表6）。

表6 2018年各省（区、市）城镇私营单位就业人员年平均工资水平波士顿矩阵

	2018年城镇私营单位就业人员年平均工资增长速度高于全国平均水平	2018年城镇私营单位就业人员年平均工资增长速度低于全国平均水平
2018年城镇私营单位就业人员年平均工资高于全国平均工资	双高区 北京、上海、江苏、浙江、福建、广东	基高增低区 天津、山东、重庆
2018年城镇私营单位就业人员年平均工资低于全国平均工资	基低增高区 山西、内蒙古、安徽、江西、河南、湖南、海南、陕西	双低区 河北、辽宁、吉林、黑龙江、湖北、广西、四川、贵州、云南、甘肃、青海、宁夏、新疆

注：目前城镇私营单位就业人员年平均工资缺少西藏的数据。

2018年与2017年相比较，城镇私营单位就业人员年平均工资水平高于全国平均水平的9个省份没有发生变化，只是个别省份的位置发生了变化，其中江苏省和福建省从基高增低区到了双高区，山东省从双高区到了基高增低区。这9个省份除重庆外，均位于东部地区。年平均工资水平低于全国平均水平的21个省份也没有发生数量变化，只是山西、内蒙古、安徽、陕西4个省从双低区到了基低增高区，贵州、湖北、吉林3个省份从基低增高区到了双低区。

2018年的增速高于全国平均水平的地区从上年的12个增加到14个，基低增高区的江西、河南、湖南、海南4个省份职工年平均工资水平连续两年增速超过了全国平均水平。双低区的云南、甘肃、青海3个省份职工年平均工资水平连续两年增速低于全国平均水平，河北、辽宁、黑龙江、广西、四川、宁夏、新疆7个省份职工年平均工资水平连续三年增速低于全国平均水平，这一情况应引起全社会及各地区政府的高度重视。

综合上述分析，我们注意到辽宁、黑龙江2个省份，无论是城镇非私营单位就业人员还是城镇私营单位就业人员的年平均工资都已经连续3年位于双低区。

2018 年全国有 21 个省份城镇私营单位职工年平均收入水平低于全国平均工资水平，其年平均收入累计占比为 62.03%；9 个省份城镇私营单位职工平均收入水平高于全国平均工资水平，其年平均收入累计占比为 37.97%。最高的为北京（76908 元），最低的为山西（34535 元），北京是山西的 2.23 倍。大部分省份城镇私营单位职工年平均工资在 39000～54000 元。

从城镇私营单位职工年均收入的增速来看，2018 年有 18 个省份职工的名义平均工资增长率超过了同年我国 GDP 的增长率（6.6%），比上年增加了 6 个。若扣除物价因素，2018 年只有 9 个省份职工的平均工资实际增长率超过了同年我国 GDP 的增长率，比 2017 年增加了 2 个省份。

从城镇私营单位职工年均收入的增加额来看，2018 年比 2017 年增加额最多的是北京，人均增加 6170 元，名义增长率为 8.72%；最少的是河北，人均增加 1376 元，名义增长率为 3.61%，两地 2018 年收入增加额相差 3.48 倍。总体来看，2018 年多数省份增加额高于上年。

从各地区职工年均收入的排序看，有 14 个省份的位置没有变化，10 个省份的位置上升，6 个省份的位置下降，其中上升最快的地区是河南，比上年度上升了 5 位；下降较快的地区为河北，比上年度下降了 6 位（见表 7）。

表 7　2018 年和 2017 年各省（区、市）城镇私营单位就业人员人均收入及排序

单位：元，%

省　份	城镇私营单位就业人员年平均工资			实际平均工资增长率		各省份在全国的排序		
	2018 年	2017 年	比上年度增长	2018 年	2017 年	2018 年	2017 年	变动情况
北　京	76908	70738	6170	6.49	5.68	1	1	0
天　津	62316	59740	2576	2.17	2.77	2	2	0
河　北	39512	38136	1376	1.48	2.81	25	19	-6
山　西	34535	31745	2790	6.55	2.44	30	30	0
内蒙古	40018	36626	3392	7.01	-0.18	22	25	3
辽　宁	38269	35654	2615	5.13	1.38	27	27	0
吉　林	35026	33209	1817	3.30	8.29	28	28	0
黑龙江	34801	32422	2379	5.13	4.52	29	29	0

续表

省份	城镇私营单位就业人员年平均工资			实际平均工资增长率		各省份在全国的排序		
	2018年	2017年	比上年度增长	2018年	2017年	2018年	2017年	变动情况
上海	57056	52038	5018	7.39	8.56	4	4	0
江苏	54161	49345	4816	7.50	2.99	6	7	1
浙江	52564	48289	4275	6.61	5.61	8	9	1
安徽	44964	41199	3765	6.89	3.68	11	12	1
福建	52930	48830	4100	6.17	3.75	7	8	1
江西	43733	40310	3423	6.26	7.62	12	14	2
山东	55350	51992	3358	4.27	6.27	5	5	0
河南	40209	36730	3479	7.22	8.52	19	24	5
湖北	40126	37142	2984	5.81	7.00	21	22	1
湖南	40175	36978	3197	6.41	5.25	20	23	3
广东	58258	53347	4911	6.96	8.86	3	3	0
广西	39948	38227	1721	2.35	4.25	23	18	-5
海南	49541	45640	3901	6.31	10.44	10	10	0
重庆	52558	50450	2108	2.04	4.88	9	6	-3
四川	43352	40087	3265	5.92	4.48	15	15	0
贵州	43582	41796	1786	2.13	5.32	14	11	-3
云南	43588	40656	2932	5.01	4.80	13	13	0
陕西	40783	37472	3311	6.60	3.38	17	21	4
甘肃	39834	37704	2130	3.48	4.00	24	20	-4
青海	38451	36588	1863	2.93	3.16	26	26	0
宁夏	40586	38982	1604	1.97	1.16	18	17	-1
新疆	41777	39958	1819	2.40	1.43	16	16	0

注：本表数据不包含西藏。

2018年全国各地城镇私营单位职工年均收入的离散系数为0.1893。2009~2018年离散系数呈波动上升趋势，表明我国地区间私营单位职工的年均收入差距呈不断扩大的趋势（见图5），反映出地区间私营经济发展的不平衡。

目前，各省份城镇非私营单位职工和城镇私营单位职工的收入差距仍较大，需要引起社会的高度重视，2018年，城镇非私营单位职工和城镇私营

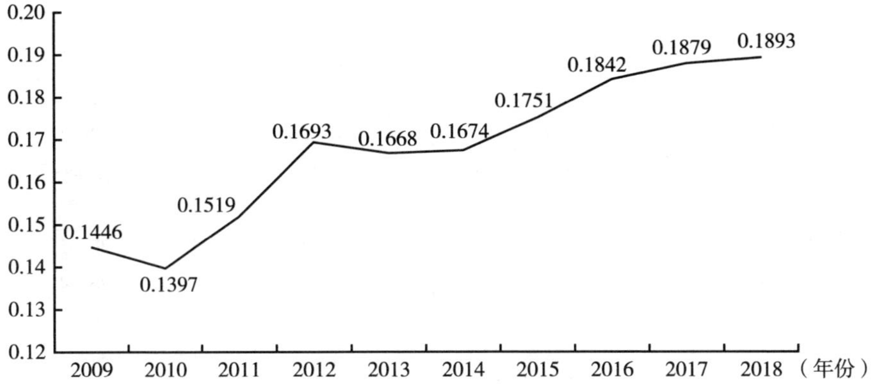

图5　2009～2018年地区间私营单位职工年均收入的离散系数变化状况

资料来源：根据国家统计局2009～2019年《中国统计年鉴》数据计算所得。

单位职工年均收入差额最大的是上海，为83344元，前者是后者的2.46倍；差额最小的是山东，为18243元，前者是后者的1.33倍（见表8）。

表8　2018年各省（区、市）城镇非私营单位和城镇私营单位就业人员年平均工资差额

单位：元

省　份	城镇非私营单位	城镇私营单位	差额
北　京	145766	76908	68858
天　津	100731	62316	38415
河　北	68717	39512	29205
山　西	65917	34535	31382
内蒙古	73835	40018	33817
辽　宁	67324	38269	29055
吉　林	68533	35026	33507
黑龙江	60780	34801	25979
上　海	140400	57056	83344
江　苏	84688	54161	30527
浙　江	88883	52564	36319
安　徽	74378	44964	29414
福　建	74316	52930	21386
江　西	68573	43733	24840
山　东	73593	55350	18243

续表

省　份	城镇非私营单位	城镇私营单位	差额
河　南	63174	40209	22965
湖　北	73777	40126	33651
湖　南	70221	40175	30046
广　东	88636	58258	30378
广　西	70606	39948	30658
海　南	75885	49541	26344
重　庆	78928	52558	26370
四　川	77686	43352	34334
贵　州	78316	43582	34734
云　南	75701	43588	32113
西　藏	116015	—	—
陕　西	71983	40783	31200
甘　肃	70695	39834	30861
青　海	85379	38451	46928
宁　夏	78384	40586	37798
新　疆	75457	41777	33680

（三）2019年各省份城镇单位职工加权年均收入水平

由于城镇非私营单位就业人员平均工资不能准确反映城镇单位全体职工收入水平，笔者将2018年各省份的城镇非私营单位就业人员年平均工资与城镇私营单位就业人员年平均工资进行了加权平均，得出了各省份加权后的城镇单位就业人员的年平均工资（见表9）。

表9　2018年各省（区、市）城镇单位职工加权平均工资及加权后下降幅度

单位：元，%

省　份	城镇非私营单位职工平均工资	城镇私营单位职工平均工资	城镇非私营单位和私营单位职工加权平均工资	城镇非私营单位职工平均工资加权后下降幅度
北　京	145766	76908	113796	21.93
天　津	100731	62316	91074	9.59
河　北	68717	39512	60165	12.45
山　西	65917	34535	58475	11.29

续表

省　份	城镇非私营单位职工平均工资	城镇私营单位职工平均工资	城镇非私营单位和私营单位职工加权平均工资	城镇非私营单位职工平均工资加权后下降幅度
内蒙古	73835	40018	59298	19. 69
辽　宁	67324	38269	57612	14. 43
吉　林	68533	35026	55280	19. 34
黑龙江	60780	34801	57067	6. 11
上　海	140400	57056	96003	31. 62
江　苏	84688	54161	67455	20. 35
浙　江	88883	52564	69319	22. 01
安　徽	74378	44964	61461	17. 37
福　建	74316	52930	64779	12. 83
江　西	68573	43733	57674	15. 89
山　东	73593	55350	67969	7. 64
河　南	63174	40209	55034	12. 88
湖　北	73777	40126	61787	16. 25
湖　南	70221	40175	62000	11. 71
广　东	88636	58258	70939	19. 97
广　西	70606	39948	57660	18. 34
海　南	75885	49541	62496	17. 64
重　庆	78928	52558	61514	22. 06
四　川	77686	43352	67578	13. 01
贵　州	78316	43582	69401	11. 38
云　南	75701	43588	63560	16. 04
陕　西	71983	40783	61283	14. 86
甘　肃	70695	39834	59681	15. 58
青　海	85379	38451	69524	18. 57
宁　夏	78384	40586	68805	12. 22
新　疆	75457	41777	63585	15. 73
平均数	82413	49575	66409	19. 42
中位数	74347	42565	62248	16. 27
标准差	18788. 56	9383. 71	12524. 72	

注：因数据不全，本表数据不含西藏。

资料来源：根据国家统计局《中国统计年鉴 2019》的数据计算所得。

经过测算，加权平均后的城镇单位就业人员年平均工资可以更客观地反映各省份职工的年均收入水平。

第一，加权平均后各省份职工的年平均收入水平均有所下降。2018 年全国城镇单位职工的加权平均工资为 66409 元，比国家统计局公布的全国城镇非私营单位就业人员年平均工资水平 82413 元下降了 16004 元，降幅为 19.42%。从各省份看，降幅最大的地区是上海，从 140400 元下降到 96003 元，减少了 44397 元，降幅为 31.62%；降幅最小的地区是黑龙江，从 60780 元下降到 57067 元，减少了 3713 元，降幅为 6.11%。2018 年 70000 元及以下的省份由原来的 7 个增加到 26 个，70001 ~ 90000 元的省份由原来的 20 个减少到 1 个，90000 元以上的省份仍然是 3 个。

第二，加权平均后各省份之间职工的年均收入差距均有所下降。从标准差变化看，2018 年各省份城镇单位就业人员年平均工资标准差为 18788.56 元，加权平均后的平均工资标准差为 12524.72 元。各省份平均工资加权平均后其离散程度有所下降，这表明各省份城镇单位职工年均收入水平在考虑到私营单位因素后，其差距低于没有考虑到私营单位因素时的年平均收入水平。年平均工资进行加权平均后最高的是北京（113796 元），最低的是河南（55034 元），北京是河南的 2.07 倍，比未加权的 2.31 倍下降了 10.4%。

第三，从中位数的变化看，2018 年各省份城镇非私营单位就业人员年平均工资的中位数为 74347 元，加权平均后的平均工资中位数为 62248 元，减少了 12099 元，降幅为 16.27%。中位数是从各地区收入水平排序的位置上确定的，个别地区的高收入不会对此产生影响。因此，中位数更能准确反映实际城镇职工整体收入水平的变动。经过测算，各省份职工工资的中位数下降 16.27%，平均工资水平整体下降 19.42%，从 70000 ~ 80000 元为主下降到 55000 ~ 65000 元为主。

第四，各省份职工的年平均收入水平加权平均后，均出现了不同幅度的下降，其原因主要取决于两个因素。一是各地城镇非私营单位职工年平均工资与城镇私营单位职工年平均工资的倍数关系。倍数越大，表明当地城镇非私营单位职工年平均工资与城镇私营单位职工年平均工资差距越大。加权平均后职工的年均收入水平下降幅度自然就大，例如表 9 中的北京市和上海市。二是各省份城镇非私营单位就业人数与城镇私营单位就业人数在城镇单位总就业人数中的比例。城镇私营单位就业人数在城镇单位总就业人数中的比例越高，加权平均后职工的年均收入水平下降幅度就越大，如表9中的广东省；城镇私营单位就业人数在城镇单位总就业人数中的比例越低，加权平均后职工的年均收入水平下降幅度就越小，如表9中的黑龙江省。

总之，通过计算各省份城镇单位就业人员的加权平均工资，可以使各省份职工的平均收入水平得到更加客观、真实的反映，从而消除目前对全体职工收入水平高估的状况。而城镇私营单位职工低收入水平的状况应该引起全社会特别是各地方政府及工会组织的重视。

三 2019年国民经济各行业间的职工收入分配状况

2019 年随着供给侧结构性改革不断深化，“去产能、去库存、去杠杆、降成本、补短板”的“三去一降一补”成果进一步巩固，带动相关行业平均工资保持稳定增长态势。

（一）2019年国民经济各行业职工年均收入状况

1. 从总体收入水平看

2019 年国民经济各行业间收入差距依旧过大。城镇非私营单位在国民经济 19 个大行业中，职工年收入在 10 万元以上的有 6 个，9 万 ~10 万元的有 4 个，7 万 ~9 万元的有 4 个，7 万元以下的有 5 个。同期，城镇私营单位 18 个行业中①，职工年收入在 7 万 ~9 万元的有 2 个，6 万 ~7 万元的有 1 个，5 万 ~6 万元的有 7 个，5 万元以下的有 8 个。如果将城镇私营单位收入最高的信息传输、计算机服务和软件业放在城镇非私营单位中，也只能排在第 13 的位置，低于城镇非私营单位的租赁和商务服务业，略高于房地产业。城镇私营单位职工的收入水平普遍低于城镇非私营单位职工的收入水平

① 2012 年国家统计局取消了对城镇私营单位的公共管理、社会保障和社会组织就业人员年平均工资数据的发布，原因是这一行业中主要是一些小的区域性行业协会，如寺庙管理委员会、种植养殖协会等，调查样本量小，代表性不足。

的状况表明，行业内部由于所有制类型不同而导致的收入差距问题非常严重。

2. 从各行业内职工的年均收入差距看

城镇非私营单位职工与城镇私营单位职工二者差距最大的是文化、体育和娱乐业，差额为58419元，其倍数关系为2.19倍；差距最小的是农、林、牧、渔业，差额为1580元，其倍数关系为1.04倍。从中位数看，城镇非私营单位职工平均收入中位数为91068元，城镇私营单位职工平均收入中位数为51810元，相差39259元，二者的倍数关系为1.76倍，高于二者平均收入的1.69倍。进一步分析发现，近10年来，城镇非私营单位各行业年均收入水平始终低于其中位数水平，而城镇私营单位各行业年均收入水平始终高于其中位数水平。这说明在城镇非私营单位各行业间的职工收入差距较大，职工年均收入高的只集中在几个高收入行业，更多的行业收入水平相对较低；城镇私营单位各行业间的收入差距相对较小（见表10）。

表10　2019年城镇非私营单位和城镇私营单位就业人员分行业年平均工资及差额

单位：元

行　业	城镇非私营单位	城镇私营单位	差额
农、林、牧、渔业	39340	37760	1580
采矿业	91068	49675	41393
制造业	78147	52858	25289
电力、热力、燃气及水生产和供应业	107733	49633	58100
建筑业	65580	54167	11413
批发和零售业	89047	48722	40325
交通运输、仓储和邮政业	97050	54006	43044
住宿和餐饮业	50346	42424	7922
信息传输、软件和信息技术服务业	161352	85301	76051
金融业	131405	76107	55298
房地产业	80157	54416	25741
租赁和商务服务业	88190	57248	30942
科学研究和技术服务业	133459	67642	65817
水利、环境和公共设施管理业	61158	44444	16714
居民服务、修理和其他服务业	60232	43926	16306
教育	97681	50761	46920
卫生和社会工作	108903	57140	51763

续表

行　业	城镇非私营单位	城镇私营单位	差额
文化、体育和娱乐业	107708	49289	58419
公共管理、社会保障和社会组织	94369	—	—
平均	90501	53604	37391
中位数	91068	51810	40859
标准差	29420.87	11461.69	—

3. 从离散系数变化情况看

2019 年城镇非私营单位各行业职工年均收入的离散系数为 0.3251，城镇私营单位各行业职工年均收入的离散系数为 0.2138，表明城镇非私营单位各行业职工年均收入的差距要大于城镇私营单位行业间的职工年均收入差距。从近 10 年的发展趋势看，城镇非私营单位各行业职工年均收入的离散系数呈缓慢下降趋势，从 2009 年的 0.3602 下降到 2019 年的 0.3251，表明其差距在逐渐缩小；城镇私营单位各行业职工年均收入的离散系数走势呈现 U 型曲线，从 2009 年的 0.2325 下降到 2013 年的 0.1475，下降了 36.6%，从 2014 年开始，离散系数又呈上升趋势，到 2019 年为 0.2138，比 2013 年上升了 44.9%（见图 6）。城镇私营单位行业间的职工年均收入差距这种先下降后上升的变动趋势需要引起全社会的重视。

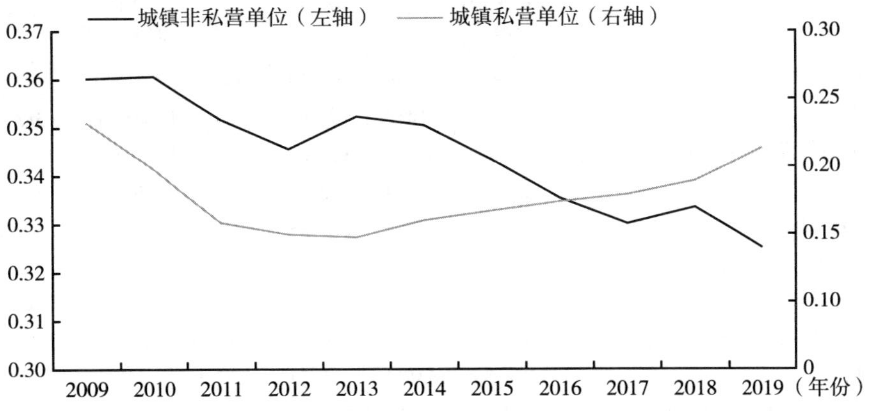

图 6　2009～2019 年城镇非私营单位和私营单位分行业职工年均收入离散系数变化情况

（二）2019年国民经济各行业分岗位职工年均收入状况

从2013年开始，国家统计局在一套表联网直报单位（简称“规模以上企业”）范围内对不同岗位的工资情况进行了调查，到2019年调查已涉及规模以上共计16个行业门类的约105.9万家企业法人单位。调查单位的就业人员按岗位分为中层及以上管理人员、专业技术人员、办事人员和有关人员、社会生产服务和生活服务人员、生产制造及有关人员5类。

2019年全国规模以上企业就业人员年平均工资为75229元，比上年名义增长10.0%。其中，中层及以上管理人员156892元，增长8.1%；专业技术人员105806元，增长9.4%；办事人员和有关人员70926元，增长11.2%；社会生产服务和生活服务人员60015元，增长9.2%；生产制造及有关人员59586元，增长8.0%。中层及以上管理人员平均工资最高，是全部就业人员平均水平的2.09倍；生产制造及有关人员平均工资最低，是全部就业人员平均水平的79%（见表11）。

表11　2019年规模以上企业分行业分岗位就业人员年平均工资

单位：元

行　业	规模以上企业就业人员平均工资	中层及以上管理人员	专业技术人员	办事人员和有关人员	社会生产服务和生活服务人员	生产制造及有关人员
采矿业	85488	164076	108039	94017	57590	77293
制造业	70494	145417	101095	74142	70291	58356
电力、热力、燃气及水生产和供应业	110822	196693	127987	85106	86966	100574
建筑业	60857	110833	72532	52364	50284	55514
批发和零售业	79789	160783	101185	73327	57115	56955
交通运输、仓储和邮政业	92196	171681	135460	79261	86285	75989
住宿和餐饮业	48009	96448	58102	46521	41143	41318
信息传输、软件和信息技术服务业	160170	315922	186880	114170	104251	75364
房地产业	76878	163187	96744	67520	49749	54026
租赁和商务服务业	79900	250862	127636	75278	54589	58310
科学研究和技术服务业	135412	260853	142144	90762	75500	74928

续表

行　业	规模以上企业就业人员平均工资	中层及以上管理人员	专业技术人员	办事人员和有关人员	社会生产服务和生活服务人员	生产制造及有关人员
水利、环境和公共设施管理业	51848	139201	95179	63149	35816	52781
居民服务、修理和其他服务业	52049	109336	72415	62128	43015	50416
教育	85229	160745	89139	73599	69241	58514
卫生和社会工作	86437	149401	87905	62187	55803	56938
文化、体育和娱乐业	105815	188413	165423	86849	54537	55325
平均数	75229	156892	105806	70926	60015	59586
中位数	82564. 5	161985	101140	73870. 5	56459	57632. 5
标准差	29350. 33	56847. 29	33804. 47	16317. 80	18135. 53	14016. 69

资料来源：国家统计局《2019 年规模以上企业分岗位就业人员年平均工资情况》，2020 年 5 月 15 日。

从 2013 ~2019 年全国规模以上企业分行业分岗位就业人员年平均工资的变动情况看，具有以下几个特点。

第一，规模以上企业职工年均收入低于全行业职工年均收入水平。2019 年全国规模以上企业就业人员年平均工资为 75229 元，低于城镇非私营单位就业人员的年平均工资（90501 元）水平，高于城镇私营单位就业人员的年平均工资（53604 元）水平。由于规模以上企业既包括城镇非私营单位，又包括城镇私营单位，因此，规模以上企业分行业分岗位就业人员年平均工资水平更接近笔者测算的城镇单位就业人员的加权平均工资水平（见表 3）。

第二，规模以上企业职工不同岗位年均收入差距过大。2019 年规模以上企业就业人员行业内部岗位收入中，中层及以上管理人员与生产制造及有关人员年平均工资的倍数关系为 2. 63 倍，与 2013 年的 2. 68 倍相比较，仅微降 1. 86%。进一步分析发现，规模以上企业就业人员行业内部岗位最高最低间收入差距近 7 年来基本保持在 2. 6 倍左右。分行业门类看，2019 年收入差距最大的是租赁和商务服务业，其倍数关系为 4. 30 倍，差距最小的是采矿业，其倍数关系为 2. 12 倍。

第三，规模以上企业职工年均收入增长率低于经济增长率。2013～2019年规模以上企业各岗位年均工资增长率分别为6.52%、9.00%、7.33%、7.30%和6.85%，其中专业技术人员岗位年均工资增长率最高，略高于同期8.93%的经济增长率，其余各岗位年均工资增长率均低于同期经济增长率。

第四，规模以上企业不同行业的同一岗位收入差距变动趋势不尽相同。2013～2019年，从规模以上企业16个行业同一岗位年均收入的离散系数看，各岗位的收入差距变化趋势呈现高中收入岗位的收入差距在缩小，低收入岗位的收入差距在扩大。其中中层及以上管理人员岗位年均收入的离散系数从0.4973下降到0.3623，专业技术人员岗位从0.3450下降到0.3195，办事人员和有关人员岗位从0.2547下降到0.2301，而社会生产服务和生活服务人员、生产制造及有关人员岗位年均收入的离散系数分别从0.2711上升到0.3022和从0.2030上升到0.2352。

第五，一线劳动者的年均收入位于企业收入序列的末端。规模以上企业的一线劳动者主要指在社会生产服务和生活服务人员、生产制造及有关人员这两个岗位的就业人员。2019年规模以上企业这两个岗位的年均收入分别为60015元和59586元，其中两个岗位各有4个行业高于全行业平均收入水平，12个行业低于全行业平均收入水平，这两个岗位的年均收入水平主要集中在5万～6万元，而这一水平相当于当年外出农民工的收入水平（53124元）。

四　2019年全国职工最低工资状况

（一）2019年各地区最低工资的调整情况

最低工资制度是目前世界各国普遍采用的一项劳动力市场政策，国际劳工组织将最低工资定义为工资结构中的低限，目的是保护处于工资分配最低端的工人取得劳动报酬的合法权益。最低工资作为一个全球性政策工具，已在国际劳工组织90%的成员国中实施。

中国最低工资制度始于1993年劳动部发布《企业最低工资规定》，首次提出我国将实施最低工资标准制度。1994年《中华人民共和国劳动法》确立了最低工资的法律地位，最低工资制度开始在我国正式实施。2004年劳动和社会保障部又通过了《最低工资规定》，以取代1993年的《企业最低工资规定》。近年来，我国政府越来越重视改善民生以及调节收入分配，最低工资制度作为保障低端劳动者收入水平的基本制度，也得到了越来越多的关注。在收入分配制度改革中，最低工资政策已成为政府调节企业工资分配、提高劳动者特别是低收入劳动者收入水平的重要手段。“自2010年以来中国政府还通过全面提高最低工资来努力增加低收入工作者的收入水平，这一举措提高了农民工的工资以及城镇工资水平。”① 目前，我国最低工资制度的实施主要从两个方面来进行，一是最低工资标准调整的频率，二是最低工资标准调整的幅度。

1. 最低工资标准调整的频率

关于最低工资标准调整的频率，2004年劳动和社会保障部通过的《最低工资规定》中明确规定最低工资标准每两年至少调整一次。中国各地区最低工资标准是由各省、自治区、直辖市人民政府制定和发布的。

2019年全国有北京、河北、辽宁、上海、湖南、重庆、贵州和陕西8个省份调整了当地最低工资标准并于2019年度执行，福建、广西和青海3个省份也调整了当地最低工资标准并于2020年初执行。

总体来看，从1993年至2019年，27年间中国各省份根据各地方实际情况，对最低工资标准不断进行调整，但调整的频率存在较大差异。27年间最低工资标准调整次数最多的是北京市和上海市，每年都对最低工资标准进行了调整。而调整次数最少的是西藏自治区，只有6次。② 有17个省份的调整达到或超过了14次，做到了平均2年调整一次的要求。其他14个

① 国际劳工组织：《2015年世界就业和社会展望——工作性质的不断改变》，中国财政经济出版社，2016。

② 西藏自治区是从2004年开始实施最低工资制度的。

省份的调整则略低于 14 次的标准，这些省份主要集中在中西部和东北部地区。

近 3 年各省份最低工资标准的调整节奏明显放缓，2017 年有 20 个省份调整了最低工资标准，2018 年有 15 个省份调整了最低工资标准，2019 年有 8 个省份调整了最低工资标准，这种变化与近几年经济下行压力增大、企业盈利能力下降有关（见图 7）。

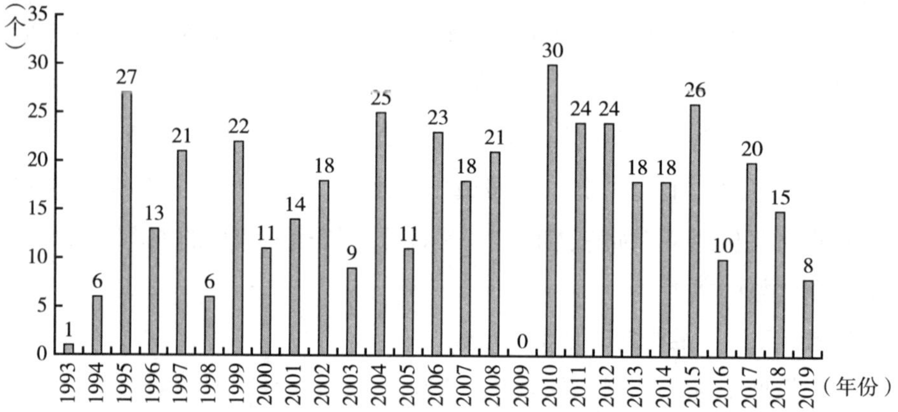

图 7　1993～2019 年全国最低工资标准调整情况（以省份为单位）

2017～2019 年，各省份根据本地实际情况对职工月最低工资标准进行了调整（见表 12）。三年均进行调整的省份有北京、上海。三年中仅调整一次的省份有天津、河北、山西、内蒙古、吉林、黑龙江、浙江、安徽、福建、江西、湖北、广西、重庆、四川、云南、西藏、甘肃、青海、宁夏、新疆 20 个省份。

表 12　2017～2019 年各省（区、市）职工月最低工资标准调整情况

单位：元

省　份	2017 年	2018 年	2019 年
北　京	2000	2120	2200
天　津	2050	—	—
河　北	—	—	1580～1680～1790～1900

续表

省 份	2017 年	2018 年	2019 年
山 西	1400 ~ 1500 ~ 1600 ~ 1700	—	—
内蒙古	1460 ~ 1560 ~ 1660 ~ 1760	—	—
辽 宁	—	1120 ~ 1300 ~ 1420 ~ 1620	1300 ~ 1480 ~ 1610 ~ 1810
吉 林	1480 ~ 1580 ~ 1680 ~ 1780	—	—
黑龙江	1270 ~ 1450 ~ 1680	—	—
上 海	2300	2420	2480
江 苏	1520 ~ 1720 ~ 1890	1620 ~ 1830 ~ 2020	—
浙 江	1500 ~ 1660 ~ 1800 ~ 2010	—	—
安 徽	—	1180 ~ 1280 ~ 1380 ~ 1550	—
福 建	1280 ~ 1380 ~ 1500 ~ 1650 ~ 1700	—	—
江 西	—	1470 ~ 1580 ~ 1680	—
山 东	1470 ~ 1670 ~ 1810	1550 ~ 1730 ~ 1910	—
河 南	1420 ~ 1570 ~ 1720	1500 ~ 1700 ~ 1900	—
湖 北	1250 ~ 1380 ~ 1500 ~ 1750	—	—
湖 南	1130 ~ 1280 ~ 1430 ~ 1580	—	1220 ~ 1380 ~ 1540 ~ 1700
广 东	1210 ~ 1350 ~ 1510 ~ 1895 ~ 2130	1410 ~ 1550 ~ 1720 ~ 2100	—
广 西	—	1300 ~ 1450 ~ 1680	—
海 南	—	1520 ~ 1570 ~ 1670	—
重 庆	—	—	1700 ~ 1800
四 川	—	1550 ~ 1650 ~ 1780	—
贵 州	1470 ~ 1570 ~ 1680	—	1570 ~ 1670 ~ 1790
云 南	—	1350 ~ 1500 ~ 1670	—
西 藏	—	1650	—
陕 西	1380 ~ 1480 ~ 1580 ~ 1680	—	1600 ~ 1700 ~ 1800
甘 肃	1470 ~ 1520 ~ 1570 ~ 1620	—	—
青 海	1500	—	—
宁 夏	1480 ~ 1560 ~ 1660	—	—
新 疆	—	1460 ~ 1540 ~ 1620 ~ 1820	—

注：表中为月最低工资标准，无数据表示当年最低工资标准未做调整。

2. 最低工资调整的幅度

关于最低工资调整的幅度，2004 年颁布的《最低工资规定》中没有对最低工资调整的幅度做出具体的规定，但相关部门及国家发展纲要对各地最低工资的下限及年均增速做出了比较明确的规定。

2006 年中华全国总工会曾提出用 3 ~5 年的时间，逐步使最低工资标准达到各地平均工资水平的 40% ~60%。2013 年国家发展改革委等部门在 2013 年《关于深化收入分配制度改革的若干意见》中提出到 2015 年绝大多数地区最低工资标准达到当地城镇从业人员平均工资的 40% 以上。2011 年审议通过的“十二五”规划纲要明确指出，“十二五”期间“最低工资标准年均增长 13%，绝大多数地区最低工资标准达到当地城镇从业人员平均工资的 40% 以上”。可见，最低工资标准达到当地城镇从业人员平均工资的 40%，是我们一直以来预期要达到的政策目标。但由于我国最低工资标准起点较低，如果按照规定的时间达到当地城镇就业人员平均工资的 40% 下限，则各地最低工资标准的年均增长率要高于当地就业人员平均工资增长率。

1993 ~2018 年我国各省份最低工资标准的名义年均增长率虽有所不同，但大多在 9% ~11% 的范围内，其中最低的浙江省为 8.76%，最高的四川省为 11.57%（见表 13）。与同期全国城镇非私营单位就业人员名义年均增长率 13.64% 相比较，还是低了不少。由于各地最低工资标准的名义年均增长率均低于城镇非私营单位就业人员年均工资增长率，尽管我们已经实施了 27 年最低工资制度，但各地最低工资标准仍未能达到预期 40% 的下限。

2018 年，从全国范围来看，最低工资与城镇非私营单位就业人员平均工资比值普遍在 20% 左右。其中较低的北京市，其月最低工资标准为 2120 元，而城镇非私营单位就业人员月平均工资为 12147 元，最低工资与平均工资比值为 17.45%；最低工资与平均工资比值最高的省份为河南省，其月最低工资标准为 1500 元，城镇职工月平均工资为 5265 元，最低工资与平均工资比值为 28.49%。

由于目前使用城镇非私营单位就业人员平均工资来代表城镇全体职工的收入水平会出现对城镇职工平均收入水平的高估，据此计算出来的各地区最低工资标准对城镇单位平均工资占比则会被低估。为此，本文计算了各地最低工资标准对该地区城镇单位就业人员加权平均工资的比值。结果显示，各地最低工资标准与该地区城镇单位就业人员加权平均工资比值从 22.43% 增加到 26.92%，平均增加了 4.49 个百分点，最低工资标准占比超过了 27%

的省份由 1 个增加到了 17 个（见表 13）。如果再考虑到农民工和非正规部门就业人员的工资水平，最低工资标准占比还会提高。有学者认为，如果对最低工资和平均工资的口径分别进行调整，中国最低工资标准与职工平均工资的比值可从目前的占比水平上升到 40% 以上。①

表 13　2018 年 31 个省（区、市）职工最低工资与平均工资、加权平均工资比值情况

单位：元/月，%

地　区	初始年份最低工资标准	2018 年最低工资标准	最低工资标准名义年均增长率	城镇非私营单位就业人员平均工资	城镇单位就业人员加权平均工资	最低工资与城镇非私营单位就业人员平均工资比值	最低工资与城镇单位就业人员加权平均工资比值
北　京	210	2120	10.11	12147	9483	17.45	22.36
天　津	210	2050	10.41	8394	7590	24.42	27.01
河　北	140	1380	10.46	5726	5014	24.10	27.52
山　西	120	1400	11.27	5493	4873	25.49	28.73
内蒙古	140	1460	10.73	6153	4942	23.73	29.54
辽　宁	150	1120	9.13	5610	4801	19.96	23.33
吉　林	150	1480	10.46	5711	4607	25.91	32.13
黑龙江	150	1270	9.73	5065	4756	25.07	26.70
上　海	210	2420	10.27	11700	8000	20.68	30.25
江　苏	140	1620	11.23	7057	5621	22.96	28.82
浙　江	200	1500	8.76	7407	5777	20.25	25.97
安　徽	135	1180	9.88	6198	5122	19.04	23.04
福　建	170	1280	8.78	6193	5398	20.67	23.71
江　西	140	1470	10.76	5714	4806	25.73	30.59
山　东	170	1550	9.65	6133	5664	25.27	27.37
河　南	140	1500	10.86	5265	4586	28.49	32.71
湖　北	140	1250	9.99	6148	5149	20.33	24.28
湖　南	145	1130	9.34	5852	5167	19.31	21.87
广　东	190	1410	9.11	7386	5912	19.09	23.85

① 参见叶林祥、李实、杨灿《中国最低工资相对水平估计》，《中国人口科学》2016 年第 1 期；谢勇《中国最低工资水平的适度性研究——基于重新估算社会平均工资的视角》，《社会科学》2016 年第 2 期。

续表

地区	初始年份最低工资标准	2018年最低工资标准	最低工资标准名义年均增长率	城镇非私营单位就业人员平均工资	城镇单位就业人员加权平均工资	最低工资与城镇非私营单位就业人员平均工资比值	最低工资与城镇单位就业人员加权平均工资比值
广西	150	1300	9.84	5884	4805	22.09	27.06
海南	180	1520	9.30	6324	5208	24.04	29.19
重庆	150	1400	10.69	6577	5126	21.29	27.31
四川	125	1550	11.57	6474	5632	23.94	27.52
贵州	130	1470	11.12	6526	5783	22.53	25.42
云南	135	1350	10.53	6308	5297	21.40	25.49
西藏	445	1650	9.81	9668		17.07	
陕西	125	1380	11.01	5999	5107	23.00	27.02
甘肃	140	1470	11.28	5891	4973	24.95	29.56
青海	170	1500	9.93	7115	5794	21.08	25.89
宁夏	140	1480	10.80	6532	5734	22.66	25.81
新疆	150	1460	10.40	6288	5299	23.22	27.55

注：表中为月最低工资标准。

虽然最低工资标准对加权平均工资比值的数据略高于最低工资标准对城镇单位就业人员平均工资水平比值，但还未能达到预期的目标。

为了分析全国最低工资标准实施以来的情况，笔者以历年最低工资标准全国各省份中位数值代表全国最低工资标准，计算了1995～2019年全国最低工资标准与城镇职工月平均工资比值，1995～2009年最低工资标准与城镇职工月平均工资的比值持续下降，从1995年的33.10%到2009年的18.61%，下降了14.49个百分点；2010～2015年全国最低工资标准对城镇职工月平均工资占比呈波动上升趋势，到2015年升至24.38%，比2009年增加了5.77个百分点，2016～2019年全国最低工资标准对城镇职工月平均工资的比值再度出现回落，到2019年下降至19.62%，比2015年下降了4.76个百分点（见图8）。

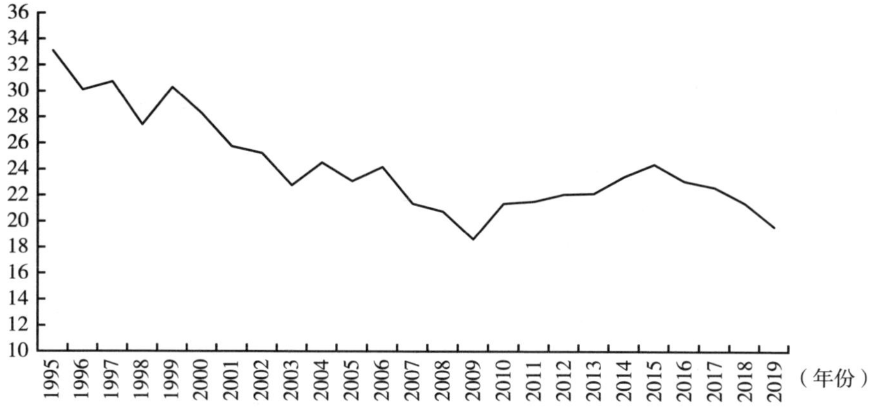

图 8　1995～2019 年中国最低工资标准与城镇职工平均工资占比变化情况

（二）最低工资标准实施过程中存在的问题

我国自 1993 年开始实施最低工资制度，27 年来最低工资制度对于促进我国经济发展和社会稳定、保障收入公平性、保护弱势群体以及促进公平正义的社会环境和劳动者体面劳动等均发挥了积极的作用。但是，笔者也注意到在最低工资制度实施的过程中，目前仍然存在以下问题。

1. 各地实施最低工资制度标准不一

从目前各省份最低工资标准的实施情况看，还是存在较大差异的。这种差异不仅表现在各省份最低工资标准的差距上，更是表现在对《最低工资规定》条款的理解与执行上。例如，《最低工资规定》第 12 条规定：在劳动者提供正常劳动的情况下，用人单位应支付给劳动者的工资在剔除下列各项以后，不得低于当地最低工资标准：（一）延长工作时间工资；（二）中班、夜班、高温、低温、井下、有毒有害等特殊工作环境、条件下的津贴；（三）法律、法规和国家规定的劳动者福利待遇等。在实际实施的过程中，各地对于最低工资标准中是否包括职工本人缴纳的各项社保和住房公积金规定不一。目前全国 31 省（区、市）发布的最低工资标准中，北京、上海、安徽等省份不包含个人缴纳的社会保险费和住房公积金，其他省份则包含个人缴纳的社会保险费和住房公积金。

2. 各地对最低工资分档不一造成差距过大

由于各省份经济发展情况不一，在2004年《最低工资规定》开始实施时，有28个省份对本地的不同地区实行2～10档的最低工资标准，其中3～4档的有21个省份，5档及以上的有7个省份。到2020年3月31日，有5个省份实行单一的最低工资标准，1个省份实行2档最低工资标准，13个省份实行3档最低工资标准，12个省份实行4档最低工资标准。在这16年中，实行3～4档的省份中有7个省份的分档没有发生变化，有6个省份从最初的3档下调到目前的4档，使得目前有80%的省份实行3～4档的最低工资标准。如果以各地城镇居民人均可支配收入来衡量各地最低工资标准，各省份之间及部分省份内部最低工资标准最高档与最低档二者之间存在较大差距。例如，实行单一最低工资标准的省份中最低工资占城镇居民人均可支配收入的比重，北京为37%，上海为43%，其他几个省份则接近60%。实行多档最低工资标准的省份中最低工资占城镇居民人均可支配收入的比重中，最高一档占比在50%～70%，其中最高的河南为72%，最低的浙江为43%；最低一档占比在30%～60%，最高的甘肃为59%，最低的浙江为32%。

3. 最低工资规定应适时进行修订

经过多年改革实践我们意识到，由于各国的国情不同，最低工资标准也并无一个统一适用的模式，40%的水平只是依据国际上的经验数据确定的。同时，随着各国经济发展阶段的转变，标准也会不同。问题的关键是实施最低工资标准的目的是什么，标准应该是为实现预期目标服务的。我国在最初设立最低工资标准时，劳动力市场供大于求的情况非常严重，一些企业为了获取更高的收益，压低工资成本，① 在一些地方甚至出现“血汗工资制”，劳动者的权益受到了极大的损害，最低工资制度的适时出台就是要保护劳动力

① 国际劳工组织指出，在中国，2007年城镇单位职工中劳动报酬低于最低工资标准的比率为29.8%，而农民工的比率相当于城镇职工的两倍。参见国际劳工组织《2010/11全球工资报告：危机时期的工资政策》。

市场中的弱势群体以及在促进公平正义的社会环境等方面发挥积极的作用。

比较1993年的《企业最低工资规定》和2004年的《最低工资规定》颁布的两个文件中最低工资的定位和目的的差异，可以清晰地看到，在《企业最低工资规定》中，最低工资的目的是“适应社会主义市场经济发展的需要，保障劳动者个人及其家庭成员的基本生活、促进劳动者素质的提高和企业公平竞争”；而在《最低工资规定》中则明确指出制定最低工资的目的是“维护劳动者取得劳动报酬的合法权益，保障劳动者个人及其家庭成员的基本生活”。这种变化反映了两个规定出台时不同的时代背景。

从2004年《最低工资规定》颁布至今已有16年的时间了，其间我国经济社会发展已经发生了重大的变化，党的十九大报告明确指出：“经过长期努力，中国特色社会主义已进入新时代，这是我国发展新的历史方位。”我国社会主要矛盾已经转化为人民日益增长的美好生活需要和不平衡不充分的发展之间的矛盾。当前，在职工收入领域更加突出的问题是基础工资水平偏低、收入水平不平衡以及劳动者素质需要不断提升。为此，《最低工资规定》也应该适时进行修订。

五 结论与建议

（一）2019年我国职工队伍收入分配方面的新变化

1. 职工队伍年均收入保持稳步增长

2019年，在外部风险挑战明显增多，国内经济下行压力持续加大的环境下，全国城镇单位就业人员平均工资依然保持稳步增长。2019年我国职工年均收入保持稳步增长的原因主要有以下几点。[①]

（1）随着供给侧结构性改革不断深化，“三去一降一补”成果进一步巩

① 《2019年城镇单位就业人员平均工资保持稳定增长——国家统计局人口和就业统计司副司长孟灿文解读2019年城镇单位就业人员平均工资数据》，国家统计局网站，http://www.stats.gov.cn/tjsj/sjjd/202005/t20200515_1745758.html。

固，带动采矿和制造领域重点行业平均工资保持较快增长态势。2019 年，采矿业就业人员平均工资实现较快增长，城镇非私营单位和城镇私营单位就业人员年平均工资分别增长 11.8% 和 12.7%。城镇非私营单位中的有色金属矿采选业、非金属矿采选业、石油和天然气开采业、煤炭开采和洗选业就业人员年平均工资分别增长 13.9%、12.9%、12.1% 和 10.8%。制造业就业人员平均工资稳定增长，城镇非私营单位和城镇私营单位年平均工资分别增长 8.4% 和 7.3%。城镇非私营单位中的医药制造业及铁路、船舶、航空航天和其他运输设备制造业就业人员年平均工资分别增长 13.0% 和 10.3%，分别高于全国平均工资增速 3.2 个和 0.5 个百分点。

（2）科教、信息和交通等新兴行业平均工资稳步增长。创新驱动战略深入实施，研发投入不断加大，落实以增加知识价值为导向的分配政策，实行更加灵活的薪酬制度，科研和高等教育领域就业人员平均工资快速增长。2019 年，城镇非私营单位中的研究和试验发展、科技推广和应用服务业、高等教育就业人员年平均工资分别增长 15.9%、10.2% 和 13.2%，分别高于全国平均工资增速 6.1 个、0.4 个和 3.4 个百分点。2019 年，城镇非私营单位中批发和零售业就业人员年平均工资增长 10.5%，高于全国平均工资增速 0.7 个百分点；信息传输、软件和信息技术服务业中的互联网和相关服务业就业人员年平均工资增长 13.6%，增速比上年加快 10.4 个百分点。城镇私营单位中，信息传输、软件和信息技术服务业就业人员年平均工资增长 11.8%，增速比上年加快 3.4 个百分点。2019 年，城镇非私营单位中的航空运输业和铁路运输业就业人员年平均工资分别增长 11.5% 和 10.0%。

（3）与公共服务和消费升级相关的行业平均工资较快增长。2019 年城镇非私营单位中，广播电视电影和录音制作业、新闻和出版业就业人员年平均工资分别增长 13.7% 和 13.4%；卫生和社会工作就业人员年平均工资增长 11.0%，增速比上年加快 1.6 个百分点，其中卫生行业增长 12.2%，增速加快 2.5 个百分点，体育行业就业人员年平均工资增长 10.0%；机动车电子产品和日用产品修理业、居民服务业、邮政业就业人员年平均工资分别增长 16.6%、10.8% 和 10.4%，分别高于全国平均工资增速 6.8 个、1.0 个和0.6个百分点。

2. 职工队伍内部收入差距继续扩大

（1）国民经济各行业间的职工收入差距仍在继续扩大。我国国民经济各行业间的收入差距主要表现为垄断行业、高新技术行业与竞争性行业之间的收入差距。以城镇非私营单位职工为例，2019年收入最高的信息传输、软件和信息技术服务业，金融业，科学研究和技术服务业三个行业的收入水平分别为全国平均水平的1.78倍、1.47倍和1.45倍；比收入最低的农、林、牧、渔业的年平均工资分别高出122012元、94119元和92065元。年均收入最高行业与最低行业的收入比为4.10倍，高于上年的4.05倍。其收入差距指数为1.1085，比上年度的1.0973略有上升。而城镇私营单位各行业职工年均收入的收入差距指数为1.1650，比上年度的1.1452又有所提高。①

（2）城镇非私营和私营单位职工之间的年均收入差距继续扩大。从年平均工资差额看，2008年城镇非私营和私营单位职工之间的年平均工资差距为11827元，2019年增加到36897元，收入差额年均增长率达到10.90%。从国民经济各行业整体收入水平看，2019年城镇私营单位职工的年平均工资水平大体相当于非私营单位职工2013年的收入水平，相差6年；其中采矿业相差8年，交通运输、仓储和邮政业，金融业，科学研究和技术服务业均相差7年。从年均收入增长率看，城镇非私营单位和私营单位职工近10年的名义年均收入增长率分别为10.60%和11.12%，后者虽然比前者高出0.52个百分点，但由于二者的收入水平相差6年，这种差额短期内难以缩小。

（3）企业职工年均收入低于社会平均收入水平，企业内部生产制造和生产、生活服务的一线职工收入处于收入分配最低端。根据国家统计局提供的2019年规模以上企业就业人员分岗位年平均工资的数据可以看到，首先，2019年规模以上企业职工的年平均工资为75229元，低于包括事业、机关和其他单位在内的全国城镇非私营单位职工90501元的年均收入水平。其

① 收入差距指数是城镇非私营单位或私营单位各行业就业人员年平均收入除以其中位数。数值增大意味着收入差距在增大，反之亦然。

次，企业内部从事生产制造工作和生产服务工作岗位的一线职工的年平均工资分别为59586元和60015元，仅为社会平均水平的65.8%和66.3%。在企业的五类岗位中，中层及以上管理人员岗位收入最高，生产制造及有关人员岗位收入最低。2019年岗位平均工资最高与最低之比为2.63，与上年持平。

（二）政策建议

1. 高度关注职工队伍中收入差距扩大问题

就地区而言，缩小收入差距的重点是提高低收入地区职工年均收入增长率。根据波士顿矩阵定位分析，2018年城镇非私营单位就业人员年均收入在双低区的地区数量为12个，其中内蒙古、辽宁、黑龙江、福建、陕西5个省份职工年平均工资连续3年在双低区。2018年城镇私营单位就业人员年均收入在双低区的地区数量为13个，其中河北、辽宁、黑龙江、广西、四川、宁夏、新疆7个省份连续3年在双低区。这一情况应引起各地区政府的高度重视，如何在经济增长的同时提高这些低收入地区职工的收入水平，使其赶上全社会发展的步伐，是这些地区亟待解决的问题。

就行业而言，国民经济各行业之间的收入差距主要表现在垄断性行业与竞争性行业、高新技术行业与传统行业之间。根据笔者对国民经济按门类划分的近百个行业按垄断与竞争分组的泰尔指数分解方法分析，近5年来，其全部行业泰尔指数从0.0439上升到0.0497，表明行业间的收入差距仍在扩大，垄断对行业间收入差距的贡献率从13.65%上升到20.26%。因此，打破行业和部门对资源的垄断，深化国有企业改革，加快混合所有制改革的进程，降低垄断行业的门槛，全面清理废除妨碍统一市场和公平竞争的各种规定和做法，“充分发挥市场配置资源的决定性作用，畅通要素流动渠道，保障不同市场主体平等获取生产要素，推动要素配置依据市场规则、市场价格、市场竞争实现效益最大化和效率最优化”①，使各类企业在公平有序的

① 《中共中央 国务院关于构建更加完善的要素市场化配置体制机制的意见》，中国政府网，http：//www.gov.cn/zhengce/2020－04/09/content_5500622.htm。

市场环境中进行竞争，从而缩小行业间的工资水平差距。

就企业类别而言，缩小收入差距的重点是使各类企业在公平有序的市场环境中进行竞争，从而缩小各类企业间的工资水平差距。2018 年我国民营企业生产税净额占其增加值的比重为 17.8%，国营企业生产税净额占其增加值的比重为 8.0%，二者的税收负担相差 1 倍以上。同期民营企业劳动报酬占其增加值的比重为 42.7%，国营企业劳动报酬占其增加值的比重为 48.1%。[①] 因此，进一步减税降费是减轻民营企业税收负担，激发市场活力，提高其初次分配中劳动报酬占比的关键，也是缩小职工队伍内部收入差距的重要途径。

2. 高度关注后疫情时代职工劳动收入下降产生负面传导效应

2020 年初我国突发新冠肺炎疫情，在党中央的领导下，全国人民付出巨大的代价和牺牲，仅用 3 个月左右的时间就取得疫情防控阻击战的决定性成果，经济社会秩序正在有序恢复，但国际疫情的蔓延形势改变了对疫情发展周期的预期，构成了对国内经济运行的一大不确定因素。后疫情时代疫情对广大职工劳动收入的负面影响需要引起有关部门的高度关注。

第一，经济增长率下降与通货膨胀率上升因素叠加，导致职工年均工资实际增长率下降。近 3 年来，我国城镇私营单位职工和农民工的实际工资增长率均低于经济增长率，且有逐步扩大的趋势。2019 年，农民工年均工资名义增长率为 6.5%，扣除物价上涨因素，实际增长率为 3.5%，低于经济增长率 2.6 个百分点。根据国家统计局公布的数据，2020 年上半年我国经济增长率为 -1.6%，通货膨胀率为 3.8%，城镇居民人均可支配收入 21655 元，名义增长 1.5%，扣除价格因素，实际下降 2.0%。国际货币基金组织的预测，2020 年我国经济增长率为 1%，[②] 考虑到疫情的持续影响，2020 年城镇私营单位职工和农民工年均工资实际增长可能为零或负增长。

第二，经济增长率下降与失业率上升因素叠加，直接减少部分职工工资

① 参见张车伟、赵文《国民收入分配形势分析及建议》，《经济学动态》2020 年第 6 期。

② 国际货币基金组织：《世界经济展望最新预测》，国际货币基金组织网站，https：//www.imf.org/external/chinese/index.htm。

收入。疫情直接影响了职工就业，其中，农民工、私企及部分小微企业的职工受冲击最大。2020 年上半年，全国城镇调查失业率为 5.8%，上半年新增就业同比减少 173 万人，第二季度外出农民工同比减少 496 万人。据此估算，仅上述两项数据，上半年职工工资总额减少约为 2256.8 亿元（按 2019 年职工收入水平计算）。

第三，部分地区最低工资标准调整可能因疫情影响暂停，“双低区”职工收入风险增加。2019 年，全国只有 9 个省份进行调整，2020 年本应有更多省份调整，但目前除福建外，天津、山西、内蒙古、吉林、黑龙江、浙江、湖北、甘肃、青海、宁夏 10 个已经两年未对最低工资标准进行调整的地区，尚未公布最低工资标准调整方案。此外，江苏、安徽、江西、山东、河南、广东、海南、四川、云南、西藏、新疆 11 个省份也将于 2020 年内期满两年。如果以上省份因疫情影响暂停上调最低工资标准，势必会对当地职工的基础工资水平产生影响，特别是“双低区”职工，危机期间抗风险能力较差，可能出现因失业导致收入下降或生活困难。

第四，部分职工收入水平下降，将对社会消费需求产生负面传导效应。据统计，2012 年以来我国企业部门劳动者报酬占比开始回升，从 2011 年的 35.9% 上升到 2017 年的 43.5%，6 年来累计增加了约 14 万亿元劳动报酬，相当于增加了约 9 万亿元市场消费需求，其收入的溢出效应有力支撑了我国经济结构从投资拉动到消费拉动的转型，对优化经济结构起到了重要的推动作用。随着疫情的持续影响，企业部门劳动报酬占比连续 6 年上升的势头可能发生逆转，从而导致职工的劳动报酬减少，进而影响全社会的消费需求水平。

第五，疫情导致的收入水平下降可能造成部分职工群体“返贫”的现象。以北京地区为例，经测算，2018 年北京城镇非私营单位职工人均可支配收入为 63886 元，城镇私营单位职工人均可支配收入为 38430 元；同年，北京城镇居民人均可支配收入为 67989.2 元，人均消费支出为 42925.6 元。可见，即使在北京这样的高收入地区，职工的人均可支配收入仍低于当地平均水平，尤其城镇私营单位职工的收入仅为当地人均消费支出水平的

89.5%。疫情期间，城镇私营单位职工和农民工受到的影响和冲击较大，若这部分职工群体因疫情出现收入水平下降或失业，将可能致贫返贫。2020年是我国农村脱贫攻坚的决胜年，更应防止在农村消除贫困人口的同时出现城镇新“贫困人口”。

参考文献

ILO，Global Wage Report 2010/11——Wage policies in times of crisis，2010.

ILO，Global Wage Report 2012/13——Productivity，Employment and Equity，2012.

ILO，Global Wage Report 2014/15——Wage and income inequality，2015.

ILO，Global Wage Report 2016/17——Wage Inequality in the Workplace，2016.

Productivity，Employment and Equity.

ILO，Global Wage Report 2018/19——Measuring gender pay gaps and understanding what lies behind them，2018.

国家统计局：2009～2019年《中国统计年鉴》，中国统计出版社。

国家统计局：《中国劳动统计年鉴（2019）》，中国统计出版社，2019。

李玉赋：《第八次中国职工状况调查》（报告卷），中国工人出版社，2017。

国际货币基金组织：《世界经济展望：增长势头加强?》，2017年4月。

国际劳工组织：《2015年世界就业和社会展望——工作性质的不断改变》，中国财政经济出版社，2016。

国家发展和改革委员会就业和收入分配司、北京师范大学中国收入分配研究院：《中国居民收入分配年度报告（2018）》，社会科学文献出版社，2019。

信卫平：《探究劳动报酬之谜》，光明日报出版社，2014。

谭中和：《中国薪酬发展报告（2018～2019）》，社会科学文献出版社，2019。

《中共中央 国务院关于构建更加完善的要素市场化配置体制机制的意见》，中国政府网，http：//www.gov.cn/zhengce/2020－04/09/content_ 5500622.htm。

信卫平：《国际金融危机与中国最低工资标准》，《中国劳动关系学院学报》2010年第1期。

张车伟、赵文：《国民收入分配形势分析及建议》，《经济学动态》2020年第6期。

叶林祥、李实、杨灿：《中国最低工资相对水平估计》，《中国人口科学》2016年第1期。

谢勇：《中国最低工资水平的适度性研究——基于重新估算社会平均工资的视角》，《社会科学》2016年第2期。

2019年中国职工养老保险状况研究

郭　鹏*

摘　要： 本研究通过对2018年我国养老保险发展情况进行分析，发现在覆盖面方面，城镇职工养老保险制度扩面难度继续加大。尽管参保总人数继续增加，但不同地区间差异巨大，部分省（区、市）参保情况继续出现较大幅度的震荡。文章把潜在扩面对象分为五类，建议针对不同类别不同人群，研究并制定有针对性的扩面政策。在基金可持续性方面，制度抚养比继续降低，基金压力加大。文章建议从基金收入、支出、保值三个角度采取多种方式提高制度可持续性。待遇调整方面，我国仍未建立常态化的动态调整机制，文章建议借鉴国际经验、尽快建立规范的自动调整机制。多支柱方面，第一支柱公共养老金仍然承载着较大压力，企业年金的发展较前两年有较为明显的进展，但总体上仍然较为滞后。文章认为，不能仅针对某个支柱进行局部改革，应在确保第一支柱保基本的前提下，打通各支柱间的壁垒，有效促进多支柱发展。建议运用系统分析框架进行顶层设计，构建不同支柱的协同发展机制。尤其是政府应主动承担界定各提供主体职能边界的责任，继续推动第一支柱进一步降费，为其他支柱的发展提供合理有效的空间。

关键词： 职工　养老保险　中央调剂金　多支柱养老金

---

* 郭鹏，中国劳动关系学院副教授，主要研究领域为社会保障国际比较、养老保险。

2018 年，城镇职工养老保险制度扩面难度继续加大。尽管参保总人数继续增加，但不同地区间差异巨大，部分省份参保情况继续出现较大幅度的震荡。在养老基金可持续性方面，制度抚养比继续降低，基金压力加大。2018 年，中央调剂金正式开始运行。从全国来看，仅有 7 个省份的调剂金上缴额度超过下拨额度，其余下拨均大于上缴。2018 年，养老金待遇调整比率继续维持在 5% 的水平，尚未建立常态化的动态调整机制。多支柱方面，第一支柱公共养老金仍然承载着较大压力，应继续降低缴费率以支持其他支柱的发展。随着 2017 年底《企业年金办法》的出台，企业年金的发展较前两年有较为明显的进展，但总体上仍然较为滞后，需要更进一步的配套和激励措施。

一 2018年职工养老保险参保状况研究

（一）全国总体参保人数继续增长，扩面难度大

2018 年末全国参加城镇职工基本养老保险人数为 41902 万人，比上年末增加 1608 万人。① 其中，参保职工 30104 万人，参保离退休人员 11798 万人，分别比上年末增加 836 万人和 772 万人。城镇在职职工参保人数占城镇就业人员的 69.33%，比上年度增加 0.58 个百分点，增幅继续减小，分别比 2017 年和 2016 年减少了 2.04 个和 2.94 个百分点，扩面难度仍旧较大（见图 1）。

2014 年以来，我国开始实施全民参保登记计划。2018 年，根据党的十九大“全面实施全民参保计划”的工作部署，清理了一部分重复参保数据，包含城镇企业职工养老保险和城乡居民社会养老保险跨制度重复参保的情况，也包含城镇企业职工养老保险跨地区重复参保的情况。但对于非公经济组织员工、欠发达地区困难企业、灵活就业人员、农民工等群体，扩面工作仍面临较大困难。

① 如不做特殊说明，本文数据均来源于国家统计局官方网站。

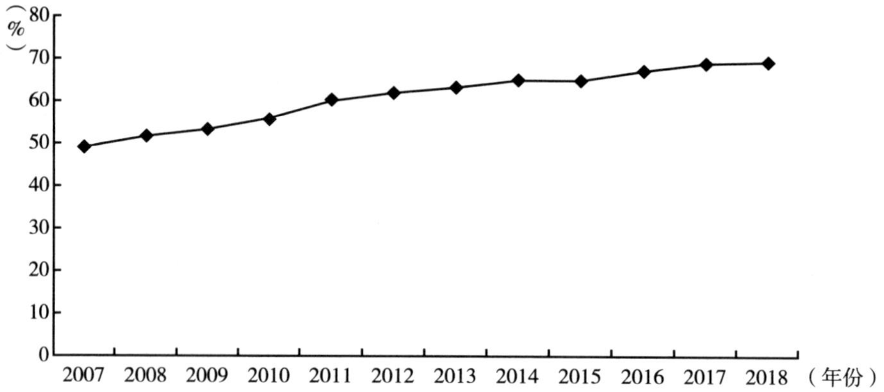

图1　2007～2018 年在职职工参保人数占城镇就业人员的比例

资料来源：作者根据国家统计局公布的数据计算。

（二）地区间参保差距大，部分省份波动大

从各地参保情况来看，2018 年，全国有 16 个省份的参保率高于全国平均水平，比 2017 年增加 1 个。其中，20 个省份的参保率相比 2017 年有所提高，12 个省份下降。参保率增幅最大的是宁夏回族自治区和新疆维吾尔自治区，分别比 2017 年增加 25.77 个和 24.64 个百分点。参保率降幅最大的是广东省，比 2017 年降低 11.31 个百分点。与 2016 年、2017 年各省份震荡调整的情况类似，2018 年各省份参保数据仍存在较大的不稳定性（见图 2、表 1）。以新疆维吾尔自治区为例，2017 年参保比率下降 21.37 个百分点，2018 年又增加 24.64 个百分点，其主要原因是新疆城镇就业人数变动较大。

整体来看，各省份城镇职工参保人群、城镇就业人群的统计口径并不统一。随着我国城镇化率的提高，乡镇企业和城镇企业的差距越来越小。在参保扩面工作的推进过程中，部分地区把原先未被制度涵盖进来的乡镇企业职工也纳入城镇企业职工养老保险的参保范围，扩大了参保人群覆盖面。但各地政策并不统一，应从国家层面规范全国城镇企业职工养老保险应参保人群，统一各地统计口径，提高各地数据的可比性。

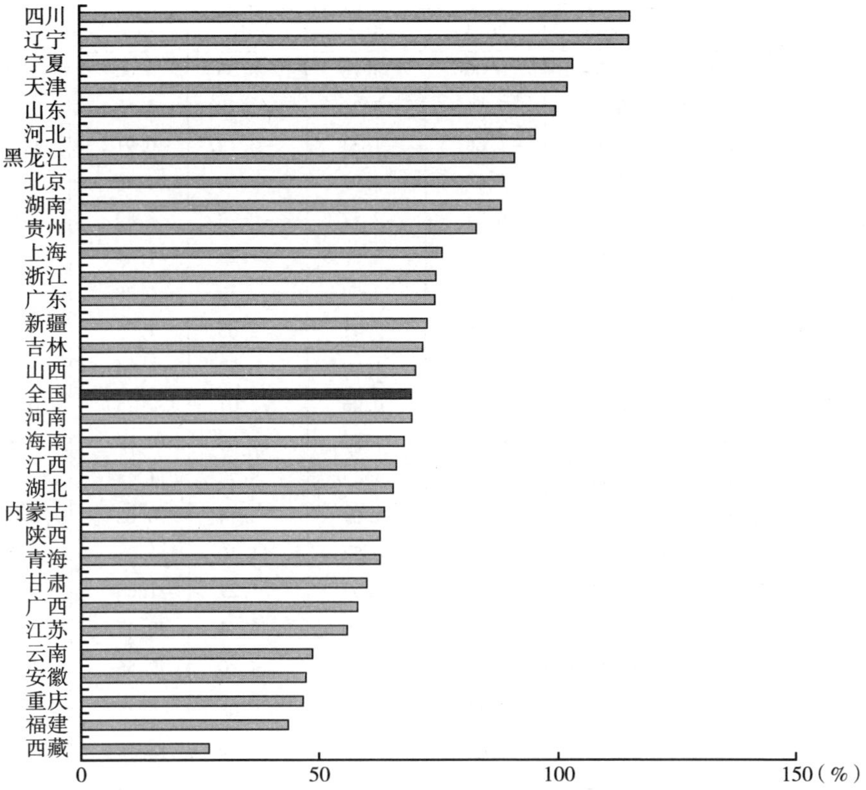

图2　2018 年在职职工参保人数占城镇就业人员数的比例

资料来源：作者根据国家统计局公布的数据计算。

表1　2012～2018 年各省（区、市）及全国参保率比上年增加情况

单位：个百分点

省　份	2012	2013	2014	2015	2016	2017	2018
北　京	6.13	1.18	-4.96	-5.01	2.21	-0.68	3.29
天　津	1.40	1.60	3.62	0.09	7.81	1.16	8.13
河　北	-1.32	-4.94	8.87	0.48	-0.72	11.53	-4.38
山　西	-5.23	-2.99	0.67	0.65	0.15	-1.38	-0.52
内蒙古	-4.32	-6.57	-5.21	6.92	6.18	-2.02	7.65
辽　宁	-2.61	-1.10	-2.91	8.27	8.14	8.09	3.16
吉　林	-4.78	-8.20	-0.95	-2.40	0.32	10.02	6.60

续表

省份	2012	2013	2014	2015	2016	2017	2018
黑龙江	-3.98	1.99	6.00	13.76	-5.35	0.004	2.09
上海	-8.22	-9.73	-7.51	-3.36	-1.28	-4.17	-2.86
江苏	2.73	-19.36	-1.68	-1.33	-3.12	-0.91	0.41
浙江	3.45	1.62	-5.05	-14.97	-5.90	0.86	4.52
安徽	-1.60	-6.31	-6.04	-2.57	-2.73	3.89	-2.08
福建	-0.25	5.06	-2.00	-2.76	-2.23	-1.01	-8.66
江西	0.43	-4.47	-5.81	-2.54	7.10	0.78	-0.62
山东	1.91	-1.63	-0.35	2.41	2.63	1.75	5.20
河南	1.34	-3.04	-3.15	-1.09	6.53	-4.94	5.32
湖北	-2.25	-2.83	-6.56	0.06	2.01	7.25	0.33
湖南	-0.53	-6.87	-6.12	-1.82	26.60	-0.89	9.52
广东	-1.27	-27.06	3.53	-4.42	-5.74	-11.24	-11.31
广西	1.57	-2.81	-1.52	-1.09	7.14	0.62	0.73
海南	-2.00	-4.62	-2.54	-0.52	-11.10	1.08	0.91
重庆	-1.98	-4.88	-3.10	-4.05	1.27	-1.65	-0.65
四川	-0.41	-11.39	-3.00	-14.60	6.72	40.47	2.68
贵州	-3.62	-0.64	1.40	3.48	4.80	17.55	1.17
云南	0.07	-0.61	0.18	15.05	9.08	-5.77	-2.36
西藏	1.58	-0.79	0.64	-1.94	0.39	14.18	-0.25
陕西	1.30	-7.75	-1.97	0.19	1.25	10.32	-8.15
甘肃	-1.37	-7.14	-1.92	-0.91	-0.39	15.91	2.80
青海	1.12	0.07	1.05	2.53	10.95	-4.75	-1.99
宁夏	1.75	12.40	-6.73	-5.63	7.31	3.21	25.77
新疆	-2.26	0.79	-4.65	-4.02	9.56	-21.37	24.64
全国	1.89	1.29	1.72	-0.07	2.29	1.76	3.29

资料来源：作者根据国家统计局公布的数据计算。

二　2018年职工养老保险基金情况研究

（一）基金支付压力仍旧较大

2018 年城镇职工基本养老保险基金收入 51168 亿元，基金支出 44645

亿元。年末城镇职工基本养老保险基金累计结存 50901 亿元。自 2014 年开始，基金当期收入中征缴收入小于待遇支出（见表 2、图 3）。

表 2　2011～2018 年城镇职工养老保险基金收支情况

单位：亿元

年份	总收入	总支出	累计结余
2011	16895	12765	19497
2012	20001	15562	23941
2013	22680	18470	28269
2014	25310	21755	31800
2015	29341	25813	35345
2016	35058	31854	38580
2017	43310	38052	43885
2018	51168	44645	50901

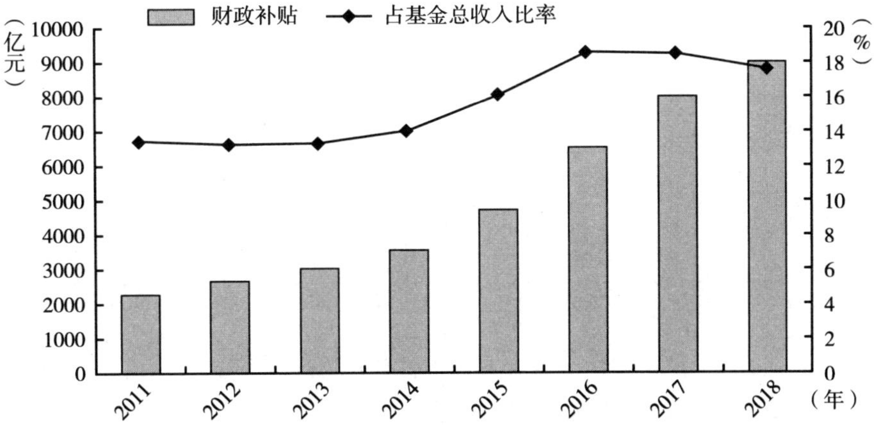

图 3　2011～2018 年财政补贴额度及占基金总收入的比率

注：2018 年财政补贴数据为估计值。

2018 年度统计公报未公布财政补贴数据，但根据近年来财政补贴数据占比推算，2018 年财政补贴养老基金数额大致应该在 9000 亿～10000 亿元。

按照最低值 9000 亿元估算，财政补贴增长率略有下降，维持在基金总收入 18% 左右的水平。如果剔除财政补贴，2018 年的年度征缴收入不足以支付当期待遇支出。

（二）制度抚养比继续下降，且地区差距仍然显著

从全国平均水平来看，退休人数的增长速度快于就业人数的增长速度。近年来制度抚养比呈现连续下降的趋势，2018 年制度抚养比下降至 2.55∶1（见图 4）。我国现行城镇企业职工基本养老保险制度自 20 世纪 90 年代实施以来，参保人数有显著增长。相关数据显示，1998 ~2017 年参保总人数由 11203 万人增加到 40293 万人，增长 260%。其中，制度内在职人数增长了 245%，退休人数增长 304%。尤其是自 2012 年起，退休人数增长率持续超过在职参保人数增长率。①

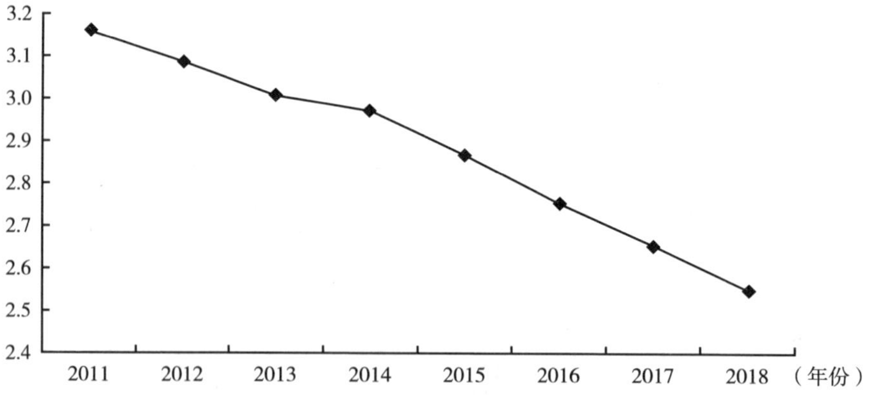

图 4　2011 ~2018 年我国制度抚养比变化情况

资料来源：作者根据国家统计局公布的数据计算。

从图 5 所列各地 2018 年的参保抚养比情况来看，地区间差异仍然较大。其中，广东仍然以 6.73∶1 的水平稳居全国第一位，但与其 2017 年的 8.29

① 郑秉文主编《中国养老金精算报告 2019 ~2050》，中国劳动社会保障出版社，2019，第 87 页。

∶1 的水平相比，下降幅度较大。高于全国平均水平的省份个数为 11 个，比 2017 年增加 2 个，分别是海南省和浙江省。但实质上在高于全国平均水平的省份中，浙江省 2018 年的抚养比 2. 57∶1，低于 2017 年 2. 63∶1 的水平。江苏省（从 2. 81∶1 下降为 2. 70∶1）、山东省（从 3. 17∶1 下降为 3. 08∶1）、陕西省（从 2. 87∶1 下降为 2. 84∶1）的抚养比水平也略有下降。因此，高于全国平均水平省份数量的增加，更多的是因为全国水平的下降。

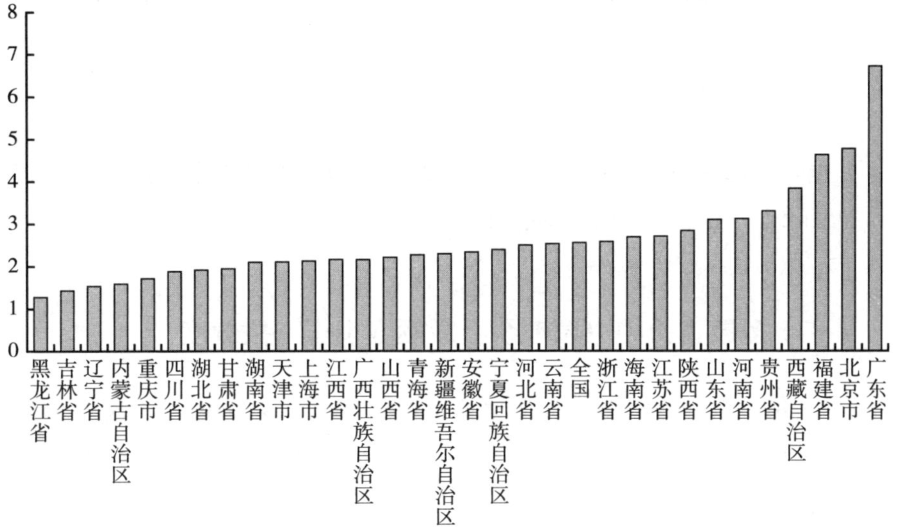

图 5　2018 年各省（区、市）及全国参保抚养比比较

资料来源：作者根据国家统计局公布的数据计算。

此外，如图 6 所示，各省（区、市）基本养老保险基金可支付月份的差异依旧很大，且有恶化趋势。其中，黑龙江省的基金缺口继续增大，由 2017 年的 486. 20 亿元扩大至 2018 年的 557. 20 亿元，可支付月份由 2017 年的 0 变为 2018 年的 -3. 73。可支付月份小于 10 个月的有 12 个，分别是黑龙江、辽宁、青海、湖北、河北、天津、吉林、内蒙古、广西、河南、陕西和江西。

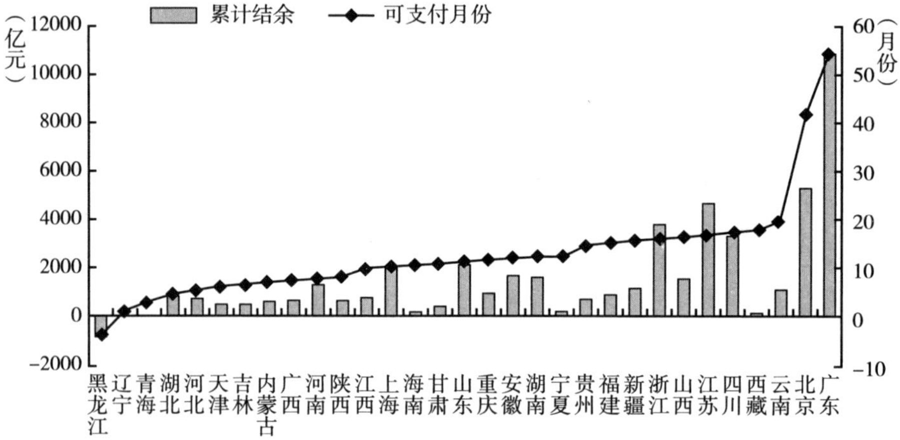

图6　2018年各省（区、市）基本养老保险基金累计结余及可支付月份

资料来源：作者根据国家统计局公布的数据计算。

（三）多数省份中央调剂金上缴额度小于下拨额度

2017年9月，《关于进一步完善企业职工基本养老保险省级统筹制度的通知》发布，提出“在推进各项相关改革工作的基础上，研究制订基本养老保险基金中央调剂制度方案”。2018年有关中央调剂金的制度方案正式出台，6月13日，国务院发布《关于建立企业职工基本养老保险基金中央调剂制度的通知》（国发〔2018〕18号），明确在现行企业职工基本养老保险省级统筹基础上，建立中央调剂基金。该通知指出，中央调剂基金由各省份养老保险基金上解的资金构成，按照各省份职工平均工资的90%和在职应参保人数作为计算上解额的基数，上解比例从3%起步，逐步提高。然后，再由中央按照各省份的离退休人数向各地定额拨付。

中央调剂金制度的实施，是我国在目前无法实施全国统筹、部分省份出现当期收不抵支压力下的权宜之计。这一制度的实施，可以在一定程度上减缓财政补贴的压力。根据财政部公布的数据，2018年，中央调剂基金总规模为2422亿元，共7省市的上缴金额超过下拨金额，分别是广东省、北京市、浙江省、江苏省、上海市、福建省和山东省。其中，中央调剂金上缴和下拨差额最大的是广东，上缴370.80亿元，下拨133.80亿元，净上缴为237亿元。其次是北京，上缴197.00亿元，下拨65.60亿元，净上缴为131.40亿元。浙江省、江苏省、上海市、福建省和山东省分别净上缴54.3亿元、53.80亿元、51.20亿元、43.20亿元和39.40亿元（见表3、图7）。

表3　2018年各统筹地区中央调剂金上缴和下拨额度

单位：亿元

统筹地区	上缴	下拨	统筹地区	上缴	下拨
北京市	197	65.6	河南省	84.2	91.7
天津市	42.3	48.2	湖北省	76.5	122.7
河北省	58.2	88	湖南省	53.2	87.6
山西省	32.7	50.3	广东省	370.8	133.8
内蒙古自治区	27.5	58	广西壮族自治区	36.5	51.1
辽宁省	65.5	173.4	海南省	12.2	15.1
吉林省	29.5	78.6	重庆市	65.2	84.7
黑龙江省	34.2	126.1	四川省	98.6	187.5
上海市	165.2	114	贵州省	36.3	36.3
江苏省	239.4	185.6	云南省	37.3	37.3
浙江省	190.9	136.6	西藏自治区	3.2	3.2
安徽省	54.4	69	陕西省	42.7	51.6
福建省	78.9	35.7	甘肃省	20.7	31
江西省	50.6	66.7	青海省	6.1	8.4
山东省	169.3	129.9	宁夏回族自治区	9.6	13.2
新疆生产建设兵团	9	15.5	新疆维吾尔自治区	24.6	25.9

资料来源：财政部网站2019年中央财政预算。

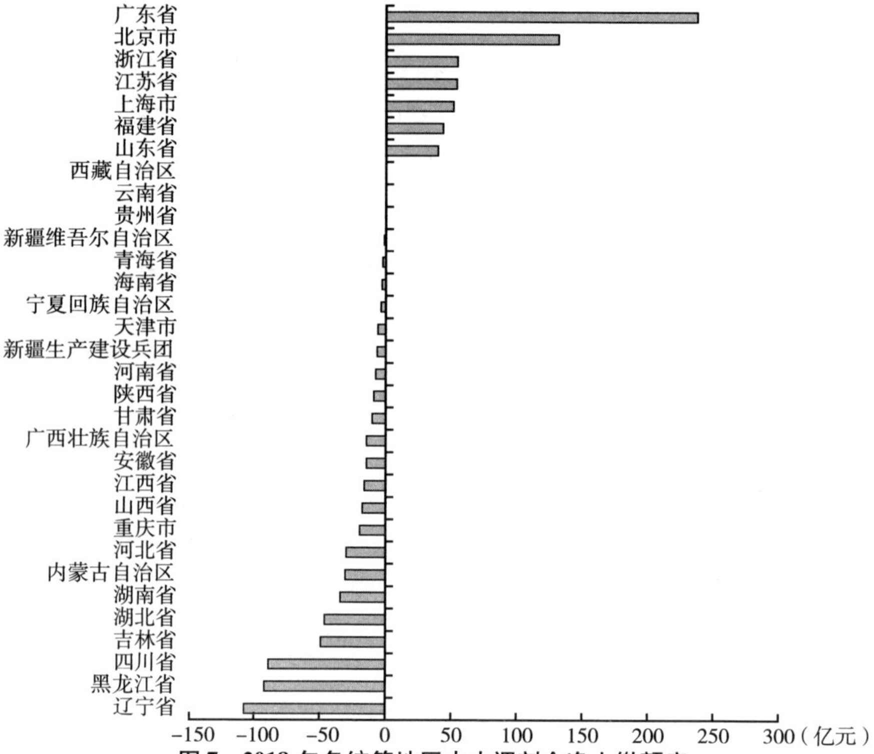

图7　2018年各统筹地区中央调剂金净上缴额度

注：净上缴额度 = 各地区上缴额度 - 下拨额度。

资料来源：作者根据财政部相关数据计算。

三　2018年职工养老保险待遇问题研究

（一）全国平均替代率略有下降，各地区替代率差异大

2018年，以在岗职工平均工资为基数计算的平均养老金替代率为44.65%，比2017年下降0.69个百分点（见图8）。从各省（区、市）替代率情况来看，经济越不发达省份养老金水平占在岗职工平均工资水平的比率越高，替代率水平越高。相反，经济越发达的省份，替代率水平较低，甚至远低于全国平均水平（见图9）。

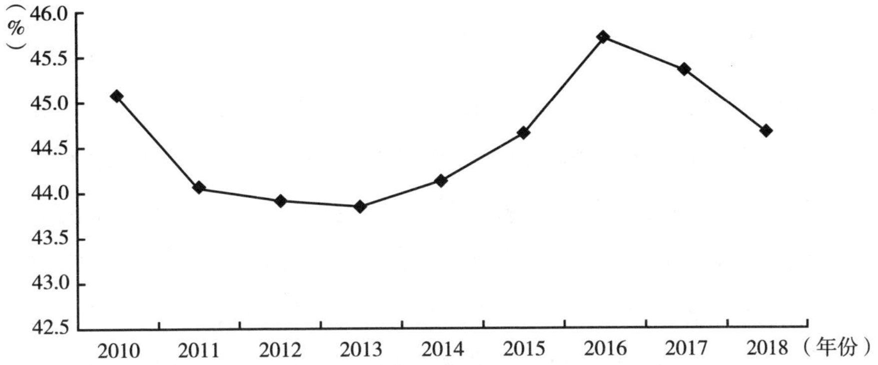

图 8　2010～2018 年我国城镇企业职工养老保险替代率水平

资料来源：作者根据国家统计局公布的数据计算。

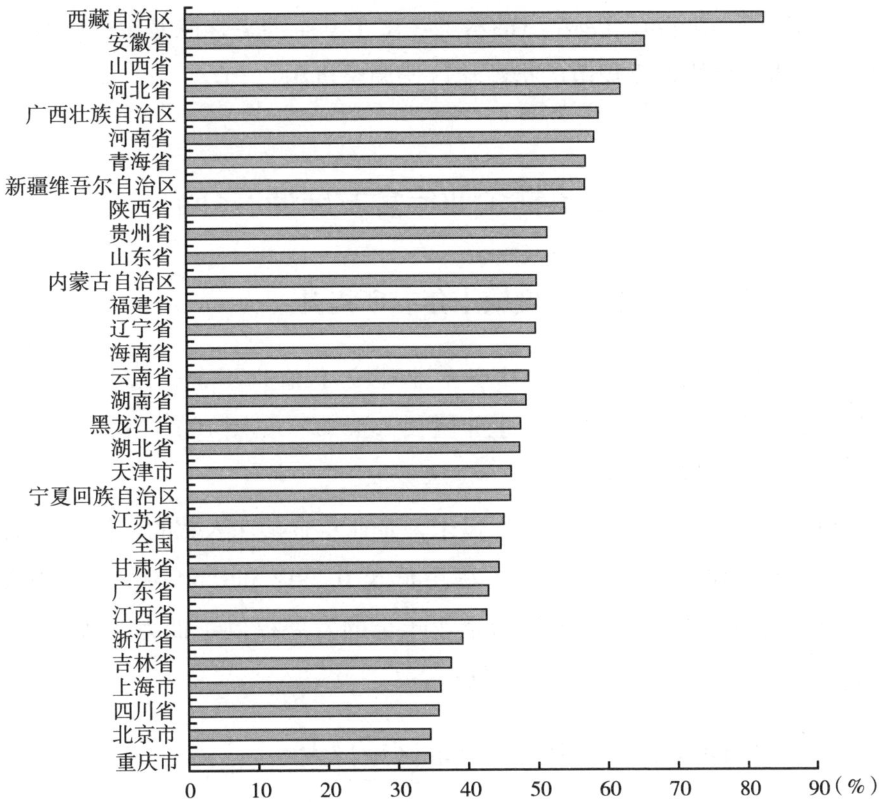

图 9　各省、市（区）城镇企业职工养老保险替代率水平

资料来源：作者根据国家统计局公布的数据计算。

（二）调待比率基本稳定，但调待方式仍待规范

2018 年 3 月 23 日，人力资源社会保障部和财政部发布《关于 2018 年调整退休人员基本养老金的通知》。按照该通知规定，自 2018 年 1 月 1 日起，为 2017 年底前已按规定办理退休手续并按月领取基本养老金的退休人员，按照总体调整水平为 2017 年退休人员月人均基本养老金的 5% 左右上调养老金待遇，这是自 2005 年以来连续第 14 次上调退休人员基本养老金水平。2005 ~2015 年的 11 年间，养老金上调比率都保持在 10% 左右。但由于经济下行压力的影响，自 2016 年开始，养老金调待比率下降为 6.5%，2017 年进一步下调至 5.5%，2018 年为 5%。预计“十四五”期间基本养老金待遇调整仍会维持在 5% 左右的水平。由于基本养老保险基金面临较大财务压力，建议尽快建立规范的指数化待遇调整机制。

四　第二支柱企业年金发展情况介绍

（一）企业年金发展速度较上年有所提升

2018 年末，全国有 8.74 万户企业建立了企业年金，比上年增长了 8.7%。参加职工 2388 万人，比上年增长 2.45%（见图 10）。年末企业年金基金累计结存 14770 亿元。

从图 10 可以看出，自 2015 年以来，企业年金参保人数的增长几乎陷于停滞，2016 年和 2017 年的年增长率更低至 0.39% 和 0.26%。2017 年底，《企业年金办法》的出台，无疑为企业年金的发展提供了助力，从 2018 年参保年增长率上升至 2.45% 可见一斑。

（二）参保人数占比很低，且地区差异大

2018 年，全国企业年金参保人数占第一支柱城镇职工养老保险参保人数的 7.93%。从各省（区、市）来看，情况更为糟糕，企业年金参保占比

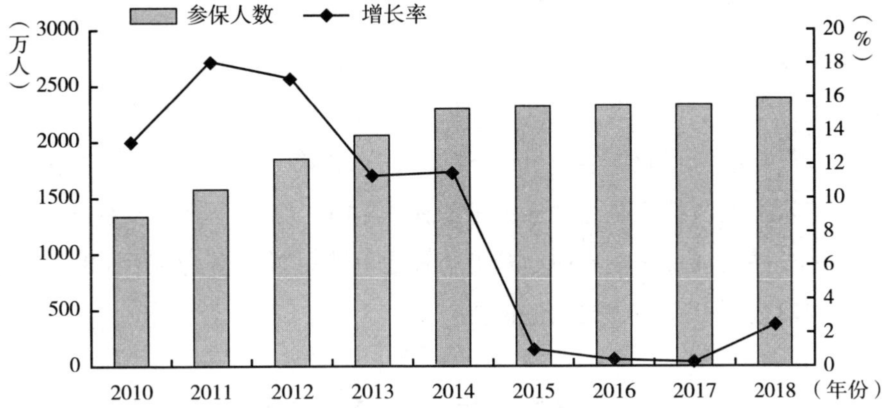

图10　2010～2018年企业年金参保人数和增长率

资料来源：作者根据人力资源和社会保障部公布的数据计算。

超过全国的仅有山西省和上海市，分别为9.91%和12.82%。其余29个省（区、市）均低于全国水平。其中，广东省最低，仅为1.47%（见图11）。

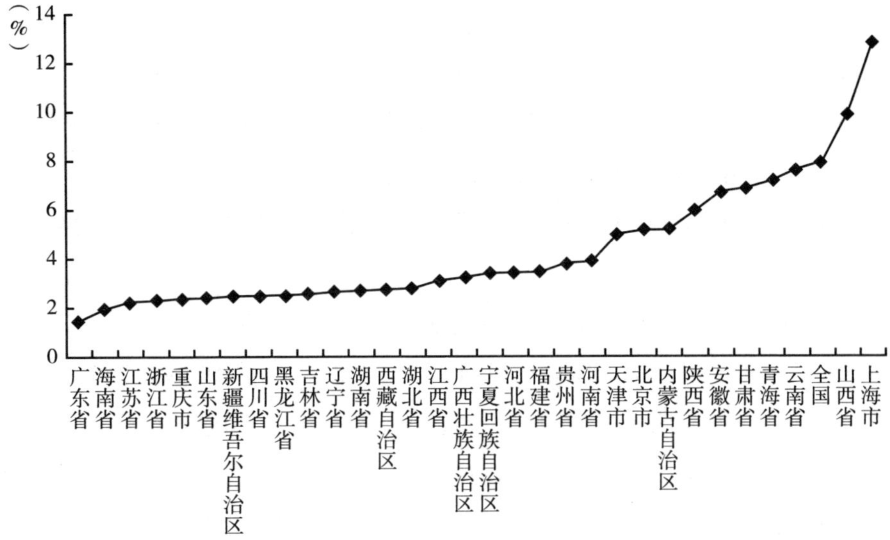

图11　2018年各省（区、市）企业年金参保人数占比

资料来源：人力资源社会保障部社会保险基金监管局：《2018年全国企业年金基金业务数据摘要》，2019年3月。

值得注意的是，广东省是第一支柱公共养老基金结余最大的省份，也是经济最为发达的省份之一。换句话说，广东省虽然第一支柱基本养老保险参保人员和养老基金情况较为乐观，但在这些第一支柱参保人群中，有超过98%的人没有参保企业年金。可以推测，广东省第一支柱参保人群中大部分人属于蓝领工人，甚至是流动较大的农民工群体。因此，在多支柱建设过程中，第一支柱表现良好的省份，却有可能是多支柱发展较为落后的地区，其多支柱构建过程可能面临更大的困难。

五　第三支柱发展情况介绍

2018 年 4 月 2 日，财政部、税务总局、人力资源社会保障部、中国银行保险监督管理委员会和证监会联合发布《关于开展个人税收递延型商业养老保险试点的通知》，决定自 2018 年 5 月 1 日起，在上海市、福建省（含厦门市）和苏州工业园区实施个人税收递延型商业养老保险试点，期限暂定一年：对试点地区个人通过个人商业养老资金账户购买符合规定的商业养老保险产品的支出，允许在一定标准内税前扣除；计入个人商业养老资金账户的投资收益，暂不征收个人所得税，个人领取商业养老金时再征收个人所得税。对个人达到规定条件时领取的商业养老金收入，其中 25% 部分予以免税，其余 75% 部分按照 10% 的比例税率计算缴纳个人所得税，税款计入“其他所得”项目。

个人税收递延型商业养老保险的试点实施，标志着我国第三支柱个人养老金制度正式落地。但就第一阶段的试点来看，第三支柱仍面临着两个方面的局限性。一方面是试点区域的局限性。试点区域仅包含三个地区，且试点地均为东部发达地区。因此，是否能在全国范围内推广开来以及推广之后的适用性，值得进一步深入研究。另一方面是试点范围的局限性。试点仅限于商业保险，在试点经验的积累方面，存在一定的局限性。除此之外，还存在税收优惠力度不够、投保流程过于复杂以及税收体制和消费者纳税意识不足等问题，在我国普通民众对第三支柱了解甚少的背景下，宣传力度也有待进一步加强。

六 结论及政策建议

（一）扩大养老保险覆盖面方面

2018 年，我国第一支柱参保人数占城镇就业人数的 69.33%，处于缓慢上升阶段。但从近几年的扩面工作进展来看，扩面难度很大，很难取得突破性进展。要想实现基本养老保险制度的全覆盖，可能的扩面对象主要包括以下几类。

一是新增适龄参保人口，与我国人口年龄结构与就业结构相关。二是随着我国城镇化率的不断提高而导致的参保人数增长。例如，部分经济发达地区把原属乡镇企业职工纳入城镇企业职工参保范围，是这一趋势的具体表现之一。三是灵活就业人员等群体，这部分人群的参保激励不足。如何吸引他们参保，成为实现我国基本养老保险应保尽保的重要环节。部分地区实施购房、购车及儿童入学等政策与社保缴费挂钩，一定程度增加了这类人群的参保比例。四是落后地区困难企业人群，随着企业缴费率的下降，这部分人群的参保可能性增加。五是流动性较大的就业群体，以农民工群体为典型代表。针对此类人群，需要从提高制度便携性角度着手，增加他们的参保激励。目前，由于城镇企业职工基本养老保险制度内的转移接续政策便利性和可操作性均有待提高，该制度与城乡居民社会养老保险制度之间的转移接续政策也亟待改进。尤其是对短期就业的农民工群体而言，他们的就业及缴费年限无法满足城镇企业职工养老保险最低待遇领取年限。此外，随着新型用工形式的出现，传统劳动关系与保障方式受到了极大挑战。由于涉及的劳动者越来越多，这类人群的参保问题也将使得我国的社会保障制度面临新的挑战，还应着力研究这类人员的扩面参保问题。

（二）养老保险基金可持续性方面

从全国及各地区基金收支及结余情况来看，养老保险基金面临较大的支付压力。由于外部环境的恶化，在经济持续走低和人口老龄化的双重压力下，制度抚养比连年持续降低，部分省份养老基金已经穿底。提高制度财务可持续性，仍是下一阶段工作的重要目标。

在基金收入层面，一方面，在近年来企业缴费率降低的政策背景下，首先要重点关注扩大制度参保人群，提高制度本身的吸引力，扩大宣传，鼓励灵活就业人员、农民工等群体参保，应保尽保，增加缴费人数，从而提高基金收入；另一方面，长期以来，我国养老保险企业名义缴费率偏高，2016年以来由20%降低至19%，预计还会进一步降低。在国家为企业减负的背景下，企业缴费率的降低会使基金收入面临更大压力。应着力研究进一步做实缴费基数，缩小缴费工资与实际工资之间的差距，增加缴费收入，减少基金支付压力。此外，2017年11月，国务院下发《划转部分国有资本充实社保基金实施方案》，标志着悬而未决的划转国有资本充实社保基金政策正式落地。但该政策实施一年以来，进展较为缓慢，还应尽快推进国有资本划转社保基金，缓解基金财务压力。

在基金支出层面，研究推动渐进式延迟退休政策落地，是缓解基金支出压力的重要环节。我国人口年龄结构在过去几十年间不断老化，一方面，随着医疗卫生条件的改善和人民生活质量的提高，人口预期寿命不断延长。2000～2017年，我国人口预期寿命从71.4岁增加到76.7岁。另一方面，近40年计划生育及独生子女政策的实施，使得我国妇女生育率不断降低，少子化问题日益凸显。尽管2013年和2015年分别实施单独二孩和全面二孩政策，但由于育儿及托幼政策保障缺失，儿童抚养成本不断攀升，全面二孩政策并没有对人口结构改变产生预期的刺激作用。长期来看，全面二孩政策需要配合其他保障措施的实施，否则，难以真正影响妇女生育意愿。例如，尽快研究出台儿童抚育政策及育龄期妇女的支持政策等。

根据中国社会科学院发布的报告，1998～2017年我国人口总人数增加到13.9亿人，但人口年龄结构中0～14岁、15～64岁和65岁及以上人口比例由26∶67∶7转变为17∶72∶11，其中，老年抚养比由10%上升至16%。①

① 郑秉文主编《中国养老金精算报告2019～2050》，中国劳动社会保障出版社，2019，第92页。

在这一背景下，我国目前仍保留男性60岁、女性50岁（女干部55岁）的退休年龄，从收入和支出两端均增加了基金面临的压力，应努力推动渐进式延迟退休政策落地。但在制定政策方面，应借鉴发达国家规定全额养老金领取年龄、允许提前退休领取部分养老金、鼓励延长退休多领养老金等政策组合的应用，制定出符合我国国情，区别对待并满足不同类型人员退休需求的、可被广泛接受的延迟退休政策。

除此之外，在中央调剂金的基础上，应逐步提高养老保险基金统筹层次，改善我国不同地区之间基金不平衡的状况。还应加大养老基金投资领域的理论及实践研究，提高基金投资收益，更好地实现基金保值增值。

（三）养老金待遇调整方面

2005年国务院发布《关于完善企业职工基本养老保险制度的决定》，指出我国将“根据职工工资和物价变动等情况”，适时调整企业退休人员基本养老金水平。2018年是我国连续第14年上调退休人员基本养老金待遇，这一待遇调整措施对改善退休人员生活质量，保障退休人员收入均作出了重要贡献。但到目前为止，我国的养老金待遇调整政策仍然采取行政指令的方式下达，尚未建立规范的待遇调整机制。此外，也未明确养老金调待的资金来源，一定程度上进一步增加了各地养老基金的支付压力。因此，应尽快建立与人口老龄化、工资及物价水平挂钩的养老金待遇自动调整机制，避免过多的行政干预，从而提高制度的透明性和可预期性，避免公众对养老金待遇调整的过高期望。

（四）养老金多支柱建设方面

早在20世纪90年代，我国已经明确了建立多支柱养老保障体系的目标，但目前仍面临第一支柱独大，其他支柱严重滞后的难题，养老金多支柱建设始终难以破局。究其原因，主要是各支柱之间的权责并不明晰。尤其是无论政府还是学界，对第一支柱的定位仍存较大争议。此外，公共养老金缴费率较高，也在某种程度上挤占了其他支柱的发展空间。

有观点认为，政府与市场等其他养老金提供主体间应该是平等竞争的关系。事实上，这类观点极易导致各养老金提供主体间职能定位模糊，最终导致政府在养老金提供中越位或缺位等问题。笔者认为，各养老金提供主体之间并非并列关系，政府应占主导地位。因此，应尽快明确政府主办的第一支柱即公共养老金的制度边界，并界定各养老金提供主体之间的权利和义务。要想成功构建多支柱养老金体系，第一支柱是根基，应以第一支柱目标明确且定位准确为前提。

多支柱养老金体系是一项系统工程，应运用系统分析框架进行战略性顶层设计，应致力于构建不同支柱的协同发展机制。不能仅针对某个支柱进行局部改革，在确保第一支柱保基本的前提下，应打通各支柱间的壁垒，有效促进多支柱发展。尤其是政府应主动承担界定各提供主体职能边界的责任，继续推动第一支柱进一步降费，为其他支柱的发展提供合理有效的空间。

2019年中国职工职业安全状况研究

颜　峻*

摘　要： 2018 年全国安全生产形势持续稳定好转，事故总量、较大事故和重特大事故实现了“三个下降”。但全国安全生产还处在脆弱期、爬坡期和过坎期。从数据来看，全国安全生产形势保持了持续稳定好转的态势，2018 年全国发生一次死亡 10 人以上的重特大事故 19 起，相比 2005 年的 134 起下降幅度达到 86%；没有发生死亡 30 人以上的特别重大事故。未来，需要在完善制度、加强监管、科技兴安上下功夫。

关键词： 职业安全　安全生产　安全事故　中国职工

一　2018年中国职工职业安全的总体状况

2018 年，全国发生各类事故 51373 起，死亡 34046 人，同比减少 1623 起 3814 人，分别下降 3.1% 和 10.1%。经测算，其中，亿元国内生产总值生产安全事故死亡人数 0.038 人，比上年下降 17.4%；工矿商贸企业就业人员 10 万人生产安全事故死亡人数 1.547 人，比上年下降 5.6%；煤矿百万吨死亡人数 0.093 人，比上年下降 12.3%；道路交通事故万车死亡人数 1.93 人，比上年下降 6.3%。2008 ~2018 年，我国生产安全事故总体性指标变化趋势如图 1 所示。

* 颜峻，中国劳动关系学院副教授，主要研究领域为安全生产事故统计与分析、安全生产管理与技术。

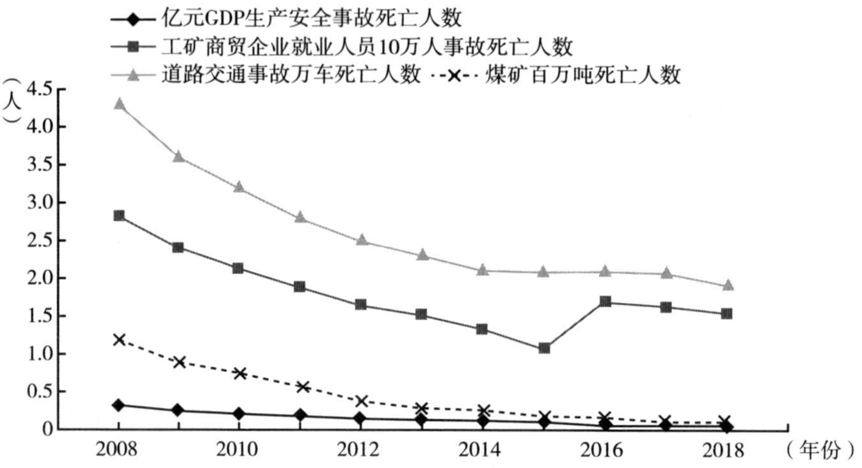

图1　2008～2018 年我国生产安全事故总体性指标变化趋势

二　2018年中国职工职业安全的行业领域状况

（一）生产安全事故行业领域情况

将全国的事故按照行业进行划分，2018 年各行业生产安全事故起数和死亡人数，分别如图 2、图 4 所示。在各行业领域事故中，交通运输业事故起数和死亡人数最多，分别占 80.6% 和 72.6%；其次是建筑业事故起数和死亡人数，分别占 7.1% 和 10.9%；商贸制造业事故起数和死亡人数分别占 6.9% 和 9.6%；农林牧渔业事故起数和死亡人数分别占 1.6% 和 1.0%；采矿业事故起数和死亡人数分别占 1.2% 和 2.2%；其他行业事故起数和死亡人数分别占 2.5% 和 3.7%。

各行业事故同比变化情况，如图 3、图 5 所示。其中，农业机械发生事故 563 起，死亡 74 人，同比减少 266 起、56 人，分别下降 32.1% 和 43.1%；渔业船舶发生事故 151 起，死亡 143 人，同比减少 21 起、38 人，分别下降 12.2% 和 21.0%；煤矿发生事故 224 起，死亡 333 人，同比减少 2 起、50 人，分别下降0.9%和13.1%；金属非金属矿山发生事故380起，死亡406人，同比减少27起、78人，分别下降6.6%和16.1%；化工发生事故174起，死亡227人，同比减少44起、44人，分别下降20.2%和16.2%；烟花爆竹发生事故24起，死亡31人，同比减少9起、24人，分别下降27.3%和43.6%；冶金机械八行业发生事故2135起，死亡1899人，同比增加400起、147人，分别上升23.1%和8.4%；建筑业发生事故3650起，死亡3694人，同比事故起数增加56起，死亡人数减少149人，分别上升1.6%和下降3.9%；铁路运输发生事故1138起，死亡859人，同比减少19起、40人，分别下降1.6%和4.4%；道路运输发生事故39867起，死亡23356人，同比减少1687起、3298人，分别下降4.1%和12.4%；水上运输发生事故137起，死亡248人，同比增加6起、76人，分别上升4.6%和44.2%；航空运输发生事故13起，死亡15人，同比增加7起、11人，分别上升116.7%和275.0%。

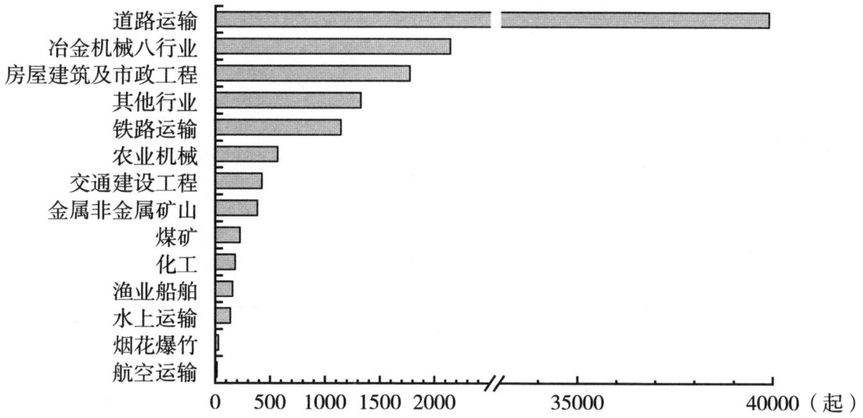

图2　2018年各行业生产安全事故起数

对各行业单起事故死亡率进行测算，测算结果如图6所示。在各行业中，单起事故死亡率最高的行业为水上运输，每起事故平均致死率达1.8人，其次为煤矿行业、化工行业等。以上测算数据，符合目前我国对安全生产高危行业的界定。

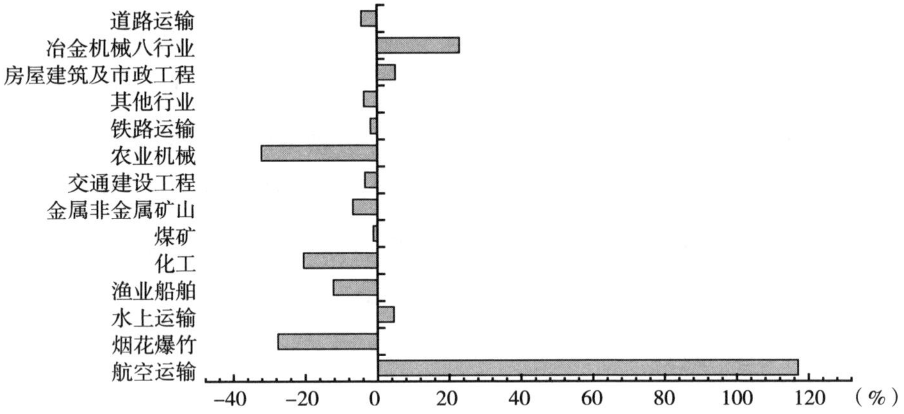

图 3　2018 年各行业生产安全事故起数同比变化情况

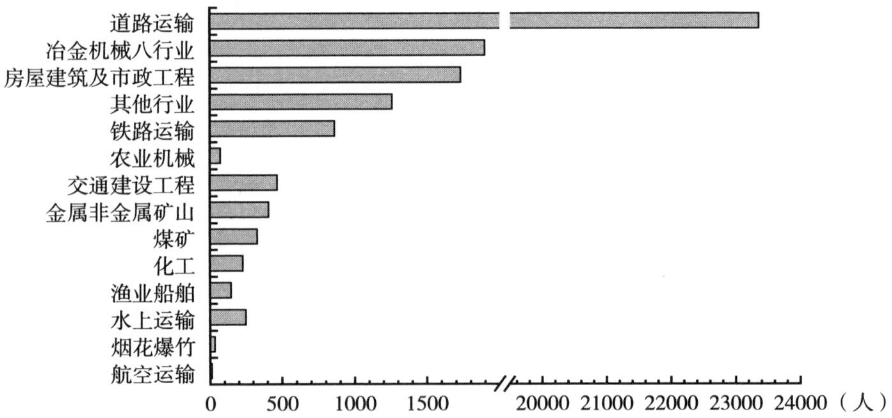

图 4　2018 年各行业生产安全事故死亡人数

（二）生产安全较大事故行业领域情况

2018 年，全国各行业较大事故起数和死亡人数，分别如图 7、图 8 所示。渔业船舶、煤矿、金属非金属矿山、化工、烟花爆竹和道路运输较大事故起数和死亡人数同比“双下降”，冶金机械八行业、水上运输和航空运输较大事故起数和死亡人数同比“双上升”。其中：渔业船舶发生较大事故 4

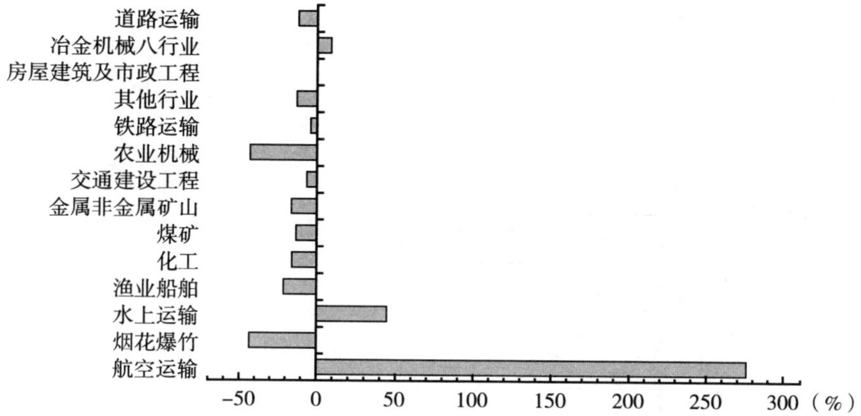

图 5　2018 年各行业生产安全事故死亡人数同比变化情况

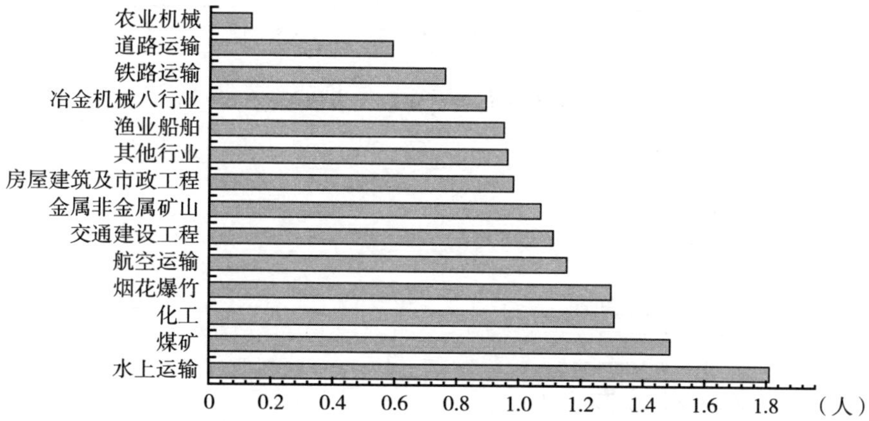

图 6　2018 年各行业单起事故死亡人数

起，死亡 31 人，同比减少 5 起、15 人；煤矿发生较大事故 17 起，死亡 69 人，同比减少 9 起、35 人；金属非金属矿山发生较大事故 10 起，死亡 32 人，同比减少 5 起、31 人；化工发生较大事故 11 起，死亡 46 人，同比减少 4 起、11 人；烟花爆竹发生较大事故 3 起，死亡 12 人，同比减少 2 起、13 人；冶金机械八行业发生较大事故 29 起，死亡 126 人，同比增加 4 起、36 人；建筑业发生较大事故 64 起，死亡 249 人，同比事故起数持平，死亡人数减少 5 人；道路运输发生较大事故 319 起，死亡 1223 人，同比减少 63 起、188 人；水上运输发生较大事故 24 起，死亡 110 人，同比增加 15 起、70 人；航空运输发生较大事故 2 起，死亡 6 人，同比增加 2 起、6 人。

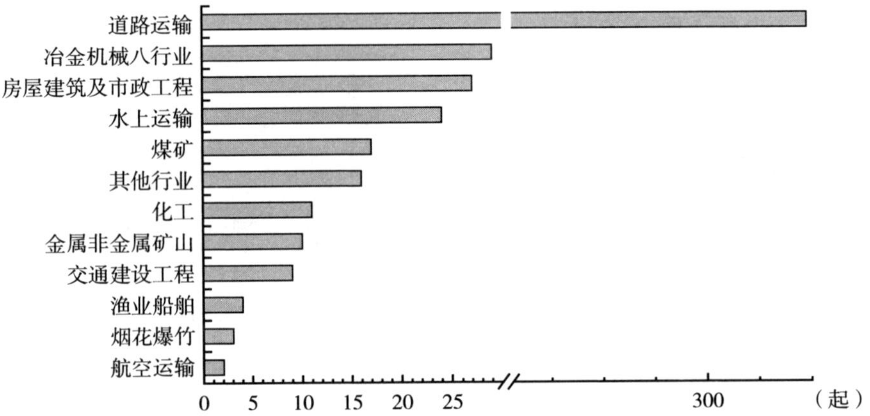

图 7　2018 年各行业较大事故起数

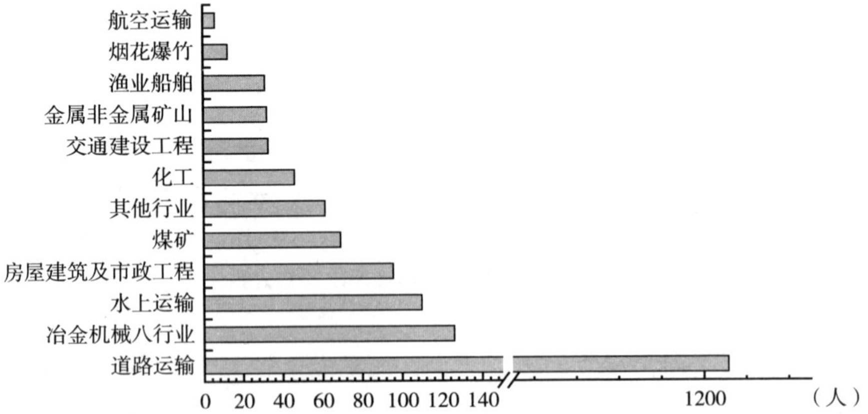

图 8　2018 年各行业较大事故死亡人数

在各行业领域较大事故中，交通运输业事故起数和死亡人数最多，分别占 64.6% 和 63.2%；其次是商贸制造业，事故起数和死亡人数分别占

13.0%和14.2%；建筑业事故起数和死亡人数分别占11.9%和11.7%；采矿业事故起数和死亡人数分别占5.6%和5.2%；农林牧渔业事故起数和死亡人数分别占2.0%和2.8%；其他行业事故起数和死亡人数分别占3.0%和2.9%。

（三）生产安全重大事故行业领域情况

2018年全国发生重大事故18起，死亡229人，同比减少6起、77人，分别下降25.0%和25.2%。2018年各行业重大生产安全事故起数和死亡人数如图9所示。其中：农业机械、烟花爆竹、铁路运输、航空运输没有发生重大事故，渔业船舶、金属非金属矿山、冶金机械八行业和水上运输重大事故起数和死亡人数同比"双上升"，煤矿和道路运输重大事故起数和死亡人数同比"双下降"，化工行业重大事故起数同比持平、死亡人数同比增加。其中：渔业船舶发生重大事故1起，死亡10人，同比增加1起、10人；煤矿发生重大事故2起，死亡34人，同比减少4起、35人；金属非金属矿山发生重大事故1起，死亡14人，同比增加1起、14人；化工发生重大事故2起，死亡43人，同比事故起数持平，死亡人数增加23人；冶金机械八行业发生重大事故4起，死亡32人，同比增加4起、32人；交通建设工程发生重大事故1起，死亡12人，事故起数和死亡人数同比持平；道路运输发生重大事故5起，死亡64人，同比减少3起、44人；水上运输发生重大事故2起，死亡20人，同比增加1起、10人。

经测算，在各行业领域重大事故中，交通运输业和商贸制造业重大事故所占比重较大，事故起数占72.2%，死亡人数占69.4%。其中：交通运输业重大事故起数和死亡人数分别占38.9%和36.7%，商贸制造业重大事故起数和死亡人数分别占33.3%和32.8%，采矿业重大事故起数和死亡人数分别占16.7%和21%，建筑业重大事故起数和死亡人数分别占5.6%和5.2%，农林牧渔业重大事故起数和死亡人数分别占5.6%和4.4%。

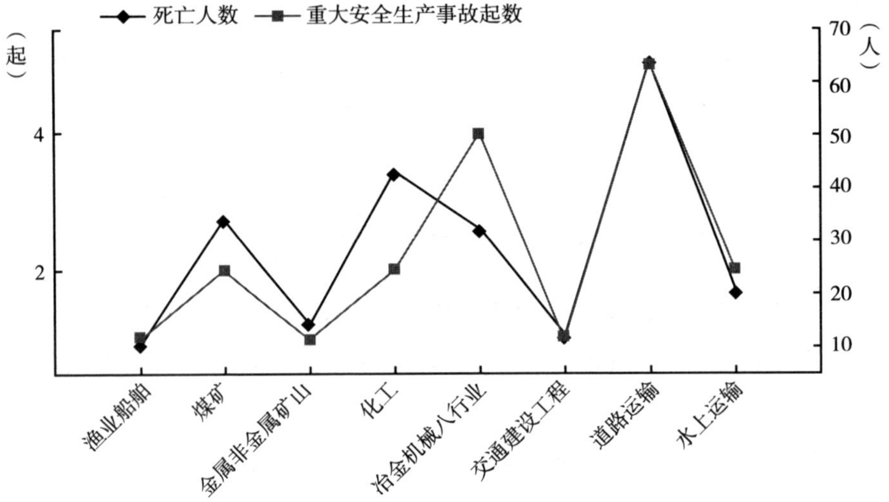

图 9　2018 年各行业重大生产安全事故起数和死亡人数

（四）生产安全特别重大事故行业领域情况

其他行业发生 1 起，没有人员死亡，同比起数持平，死亡人数减少 36 人；交通运输业未发生特别重大事故，同比减少 1 起、36 人。

三　2018年中国职工职业安全的全国各地区情况

（一）生产安全事故全国各地区情况

2018 年各地区每亿元 GDP 生产安全事故死亡人数如图 10 所示。32 个省级统计单位中，有 25 个实现“双下降”。事故起数居前三位的分别是江苏、广东、广西；死亡人数居前三位的分别是江苏、广东、广西。

（二）生产安全较大事故全国各地区情况

2018 年各地区较大生产安全事故起数和死亡人数，如图 11、图 12 所示。32 个省级统计单位中，新疆生产建设兵团未发生较大事故，20 个单位同比“双下降”。发生事故的单位中，事故起数居前三位的分别是广东（36

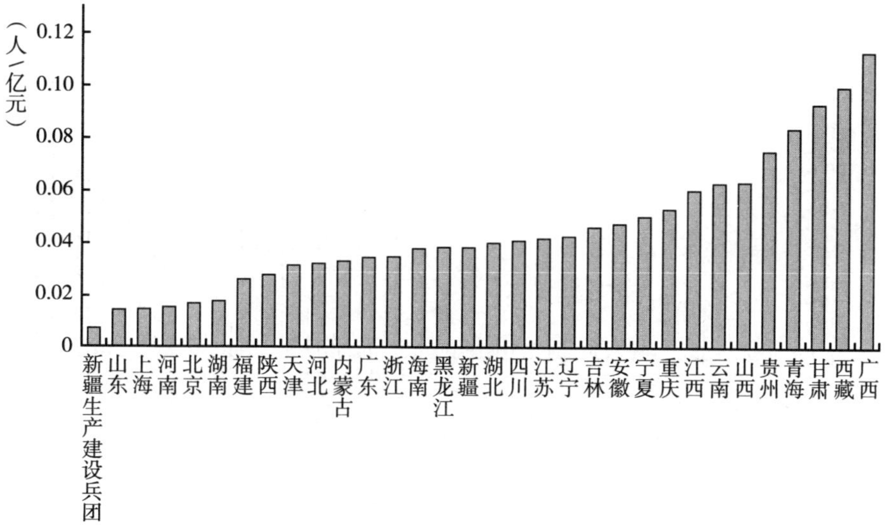

图 10　2018 年各地区每亿元 GDP 生产安全事故死亡人数

起）、江苏（34 起）、云南（30 起），事故起数居后三位的分别是北京（6 起）、青海（4 起）、宁夏（3 起）；死亡人数居前三位的分别是广东（158 人）、江苏（145 人）、云南（117 人），死亡人数居后三位的分别是北京（21 人）、青海（16 人）、宁夏（12 人）。

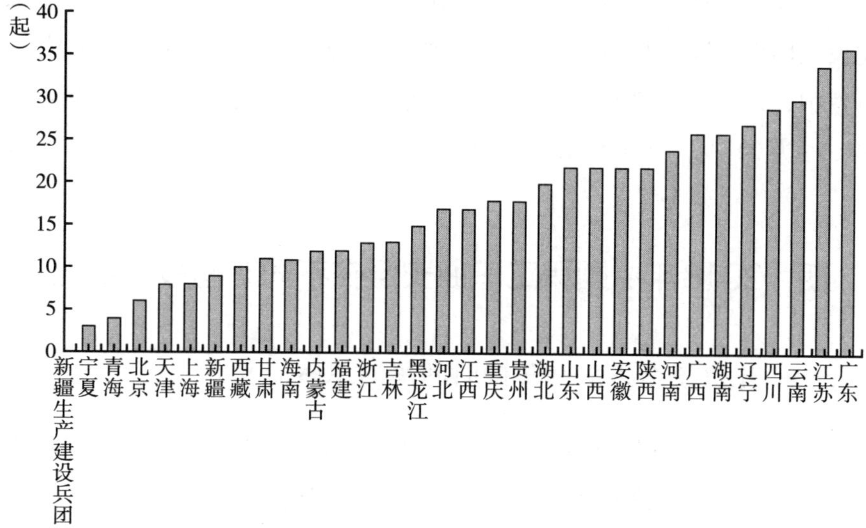

图 11　2018 年各地区较大生产安全事故起数

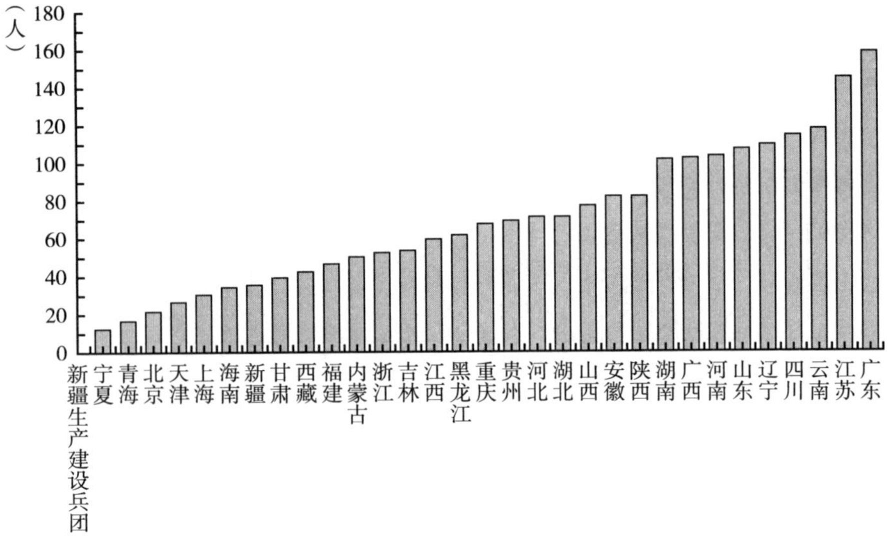

图 12　2018 年各地区较大生产安全事故死亡人数

（三）生产安全重大事故全国各地区情况

2018 年各地区重大生产安全事故起数和死亡人数，如图 13、图 14 所示。在全国 32 个统计单位中，北京、山西、内蒙古、吉林、江苏、浙江、安徽、福建、广西、海南、重庆、云南、西藏、青海、宁夏、新疆和新疆生产建设兵团等 17 个单位未发生重大事故，占 53.1%；在发生重大事故的 15 个单位中，辽宁、上海和四川各发生 2 起重大事故。河北和辽宁的死亡人数最多，均为 24 人，其次是山东，为 21 人。

四　2018年中国职工职业安全在不同时间段的状况

（一）生产安全事故在不同时间段的总体情况

2018 年全国各月的事故起数和死亡人数，如图 15 所示。可见，按事故发生时间分布特征为全年生产安全事故 5 ~8 月份最为多发。

一是 5 月份事故起数和死亡人数均为最多，共发生 5832 起事故，死亡

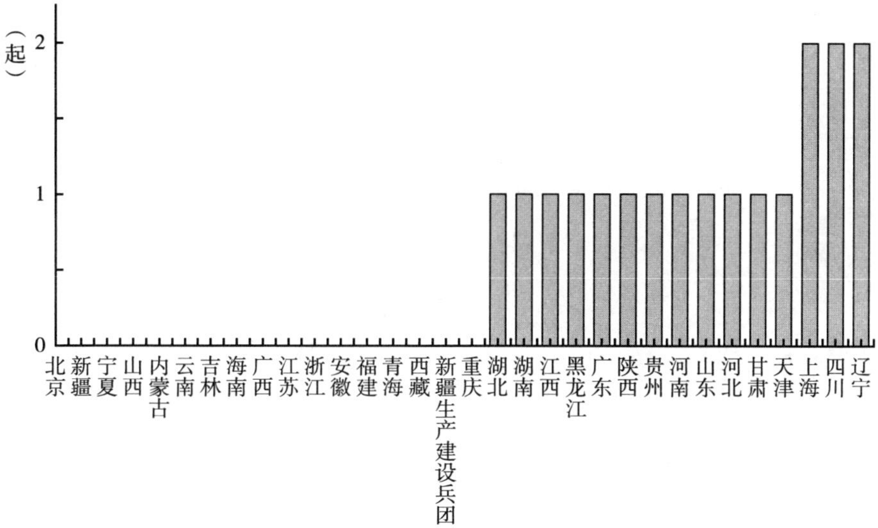

图 13　2018 年各地区重大生产安全事故起数

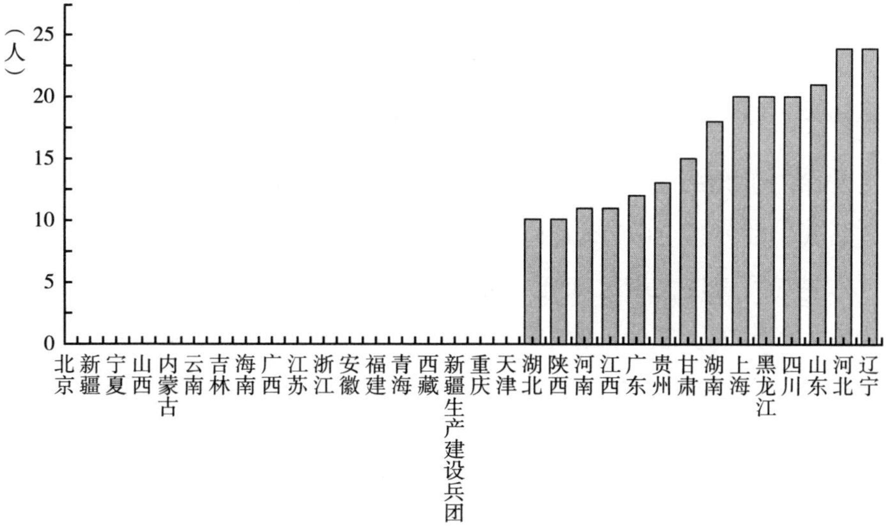

图 14　2018 年各地区重大生产安全事故死亡人数

3456 人；2 月份事故起数和死亡人数最少，发生 2258 起，死亡 1514 人；事故起数在 3 ~5 月份和 7 月份上升，在其余月份下降；死亡人数在 3 ~5 月份、10 月份上升，在其余月份下降。

二是第二季度事故起数和死亡人数均为最多，第一季度事故起数和死亡人数均为最少。事故起数全年呈现第二季度上升，第三、第四季度下降的趋势。事故死亡人数在第二至第四季度呈递减趋势。

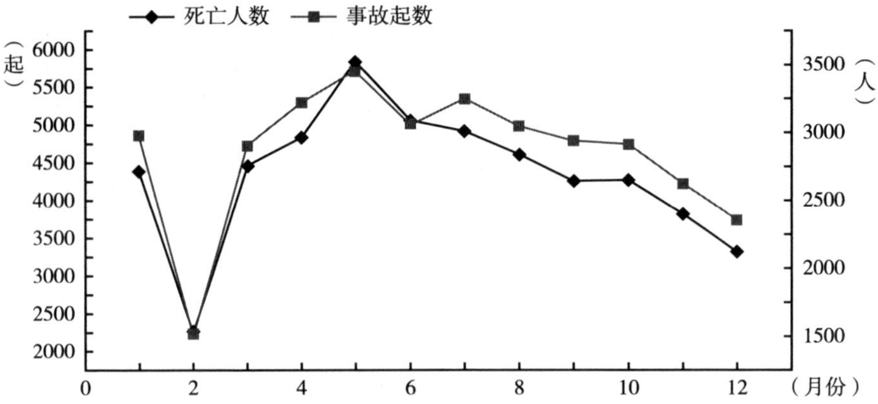

图 15　2018 年全国各月的事故起数和死亡人数分布

（二）生产安全较大事故在不同时间段的总体情况

2018 年月度较大生产安全事故的事故起数与死亡人数，如图 16 所示。全年较大事故各月份中，5 月份和 9 月份最为多发。

一是 5 月份较大事故和死亡人数最多，共发生 63 起，死亡 242 人；2 月份发生较大事故最少，发生 31 起，11 月份死亡人数最少，死亡 130 人；较大事故起数和死亡人数全年波动变化较大，分别在 3 月份、5 月份、7 ~ 9 月份和 12 月份上升，在其余月份下降。

二是第三季度较大事故起数和死亡人数最多，第四季度较大事故起数和死亡人数较少。较大事故起数和死亡人数在第二季度和第三季度为上升趋势，第四季度为下降趋势。

从事故起数看：第一季度发生各类较大事故 121 起，占 22.6%；第二季度发生各类较大事故 146 起，占 27.3%；第三季度发生各类较大事故 150 起，占 28.0%；第四季度发生各类较大事故 118 起，占 22.1%。

从事故死亡人数看：第一季度死亡人数共计 501 人，占 23.7%；第二季度死亡人数共计 555 人，占 26.3%；第三季度死亡人数共计 573 人，占 27.2%；第四季度死亡人数共计 482 人，占 22.8%。

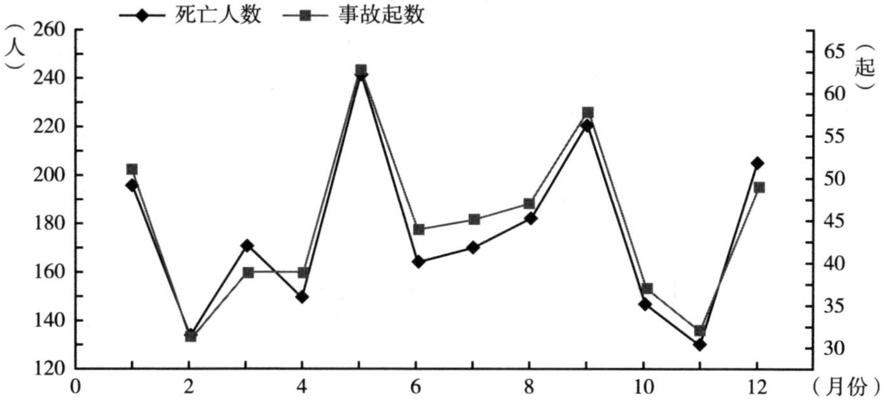

图 16　2018 年月度较大生产安全事故的事故起数与死亡人数趋势

（三）生产安全重大事故在不同时间段的总体情况

2018 年各月份的重大生产安全事故起数与死亡人数，如图 17 所示。按事故发生时间分，重大事故发生较多月份为 2 月份、6 月份和 11 月份。

一是 2 月份、6 月份和 11 月份最多，均发生 3 起；3 月份、5 月份和 9 月份未发生重大事故；1 月份、4 月份和 12 月份均发生 1 起，其余月份发生 2 起。

二是第四季度重大事故起数和死亡人数最多，第一季度和第二季度重大事故死亡人数较少。重大事故起数呈前三季度一致，第四季度上升的趋势，死亡人数呈第一、二季度一致，第三、第四季度上升的趋势。

从事故起数看：第一季度、第二季度和第三季度均发生重大事故 4 起，分别占 22.2%；第四季度发生重大事故 6 起，占 33.4%。

从死亡人数看：第一季度死亡人数共计 43 人，占 18.8%；第二季度死亡人数共计 43 人，占 18.8%；第三季度死亡人数共计 62 人，占 27.1%；第四季度死亡人数共计 81 人，占 35.4%。

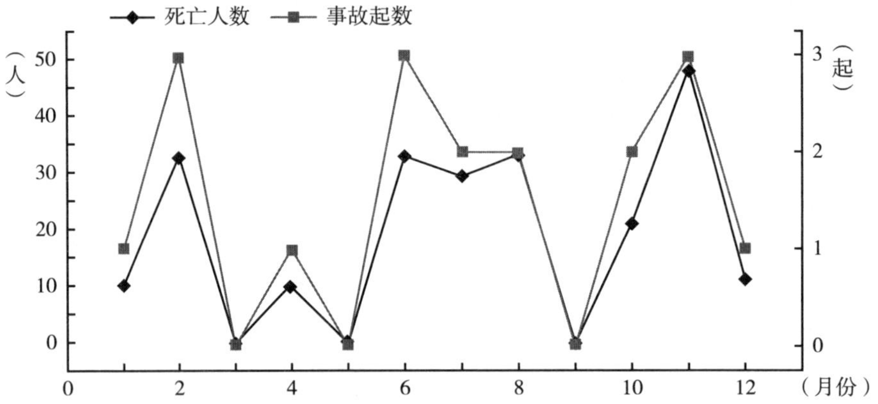

图 17　2018 年各月份的重大生产安全事故起数与死亡人数趋势

五　2018年全国职工职业安全状况特点及问题分析

一是事故总量同比持续下降。2018 年，事故起数和死亡人数分别下降 3.1% 和 10.1%，已连续 16 年保持“双下降”。

二是较大事故同比持续“双下降”。2018 年，较大事故起数和死亡人数分别下降 12.1% 和 8.5%，已连续 14 年保持“双下降”。

三是重特大事故得到有效遏制。2018 年，重大事故起数和死亡人数分别下降 25.0% 和 25.2%，已连续 8 年保持“双下降”，并且 2018 年是 2001 年以来发生重特大事故最少的年份，没有发生一次死亡 30 人以上的特别重大事故，是 2001 年以来的首次。

四是大部分行业领域安全状况好转。农业机械、渔业船舶、煤矿、金属非金属矿山、化工、烟花爆竹、铁路运输、道路运输事故起数和死亡人数同比“双下降”；建筑业事故死亡人数下降。烟花爆竹、铁路运输、航空运输等行业领域全年未发生重特大事故，农业机械未发生较大以上事故。

五是事故总量仍然偏大。2018 年，尽管事故总量实现连续“双下降”，但事故总量仍然偏大，全年发生5.1万起事故，造成3.4万人死亡，平均每天仍有140起事故发生，造成93人死亡，安全风险仍然偏高，安全生产形势依然严峻。

六是部分行业领域和地区安全状况不容乐观。从行业领域看，2018年交通运输业事故起数和死亡人数均居第1位，分别占80.6%和72.6%；冶金机械八行业事故起数和死亡人数同比分别上升23.1%和8.4%；水上运输业事故起数和死亡人数同比分别上升4.6%和44.2%；航空运输业事故起数和死亡人数同比分别上升116.7%和275.0%；建筑业事故起数和死亡人数同比分别上升1.6%和下降3.9%。从地区情况看，全年共有16个单位发生了重特大事故，7个单位较大事故同比“双上升”。

七是防范化解重特大事故风险仍是重中之重。虽然全年重特大事故数量同比下降，达到了历史最好水平，但重特大事故仍然时有发生，防范化解重特大事故风险仍是重中之重。

八是一些时段事故较为频发多发。2018年第二、第三季度安全生产形势较严峻，其中第二季度事故起数和事故死亡人数居各季度之首。从月度趋势分析看，5月份事故起数最多，其次为6月份和7月份。

六　对策及建议

一是完善制度，全面落实安全生产责任制。健全安全生产法律法规体系和标准，既要落实地方党委政府的领导责任，也要落实各部门的监管责任，还要落实企业的主体责任，形成完整的安全生产责任体系。

二是加强监管。只有强力的执法监管，才能推动企业全面履行安全生产责任。如何科学执法、规范执法、严格执法，是应急管理部需要不断坚持和改进的工作方面。

三是科技兴安。对于井下的煤矿、非煤矿山、危险化学品生产等一些风险大的岗位，用机械化来换人、自动化来减人，用科技手段不断提升安全生产水平。

参考文献

国家统计局：《2018 年国民经济和社会发展统计公报》，国家统计局，2018。

应急管理部调查评估和统计司：《2018 年全国生产安全事故统计分析报告》，应急管理部，2019。

国家统计局：《中国统计年鉴 2018》，中国统计出版社，2018。

应急管理部办公厅：《中国安全生产年鉴（2018）》，应急管理部，2018。

国家统计局网站，http：//www. stats. gov. cn/。

财政部网站，http：//www. mof. gov. cn/。

全国社会保障基金理事会网站，http：//www. ssf. gov. cn/。

人力资源和社会保障部网站，http：//www. mohrss. gov. cn/。

2019年中国职工职业卫生状况研究

唱　斗*

摘　要： 《“健康中国2030”规划纲要》强调要把人民健康放在优先发展的战略地位。其中，职业健康被作为重点关注方面，关乎国家公共安全体系的建设和完善、健康中国的实现以及健康城市的建设和推动。职业卫生是以职工的健康在职业活动过程中免受有害因素侵害为目的，研究劳动环境对健康的影响以及防止职业性病损的对策。本文从职业卫生总体状况、不同种类、不同行业、不同国家职业病的发病特点等方面对我国职工职业卫生状况进行了分析。结果显示，我国职业病新发病例总体呈现先上升后下降的趋势。2019 年发病人数为 19428 人，较 2018 年下降 4069 人。职业性尘肺病发病人数最多，占发病总人数的 82%，其中以煤炭行业高发，且以矽肺和煤工尘肺为主。其次是职业性耳鼻喉口腔疾病发病人数和职业性化学中毒。最后，从重视职业病防治工作，加强源头治理，从根本上消除或最大可能地减少对职业性有害因素的接触；开展职业健康教育、加强监管监控、职业健康监护工作；关注职业人群的肌肉骨骼和职业心理疾患等工作有关疾病；借鉴国外的先进经验，改革工艺，制订或修订职业接触限值，为易感者制订就业禁忌证等方面提出具有可行性的对策建议。

* 唱斗，中国劳动关系学院安全工程系副教授，中国职业安全健康协会标准工作委员会委员，中国机械工程学会环境与安全专业委员会委员，注册职业卫生师。

关键词：　职业卫生　职业病　职业健康　中国职工

一　2019年中国职工职业卫生总体状况

（一）职业病新发病例较2018年下降4069例

《中华人民共和国职业病防治法》（以下简称《职业病防治法》）是我国预防、控制和消除职业病危害，防治职业病，保护劳动者健康及其相关权益的一部专门法律，于2001年10月27日第九届全国人民代表大会常务委员会第二十四次会议通过，自2002年5月1日起施行。该法分别于2011年、2016年、2017年、2018年进行了四次修正。

《职业病防治法》将职业病定义为“职业病是指企业、事业单位和个体经济组织等用人单位的劳动者在职业活动中，因接触粉尘、放射性物质和其他有毒、有害因素而引起的疾病”。1957年卫生部在《职业病范围和职业病患者处理办法的规定》中，确定了14种法定职业病。1987年该规定将修订的职业病名单增加到9大类99种，并由卫生部、劳动部、财政部和全国总工会联合发布。同时，还规定了这类疾病需由国家认定的有职业病诊断权的医疗卫生机构进行诊断。2002年4月18日，卫生部和劳动保障部联合印发了《职业病目录》，其内容包括尘肺、职业性放射病、职业中毒、物理因素所致职业病、生物因素所致职业病、职业性皮肤病、职业性眼病、职业性耳鼻喉口腔疾病、职业性肿瘤、其他职业病，共计10大类115种。

2013年12月23日，国家卫生和计划生育委员会、人力资源和社会保障部、国家安全监管总局、中华全国总工会4部门联合印发的《职业病分类和目录》（国卫疾控发〔2013〕48号）对原《职业病目录》进行了调整，职业病由原来的10大类115种增加到10大类132种，包括职业性尘肺病及其他呼吸系统疾病、职业性皮肤病、职业性眼病、职业性耳鼻喉口腔疾病、职业性化学中毒、物理因素所致职业病、职业性放射性疾病、职业性传染病、职业性肿瘤、其他职业病。国家卫生健康委员会统计的数据显示，2005～2019 年职业病新发病例总体呈现先上升后下降的趋势。2019 年发病人数为 19428 人，较 2018 年下降 4069 人（见图 1）。

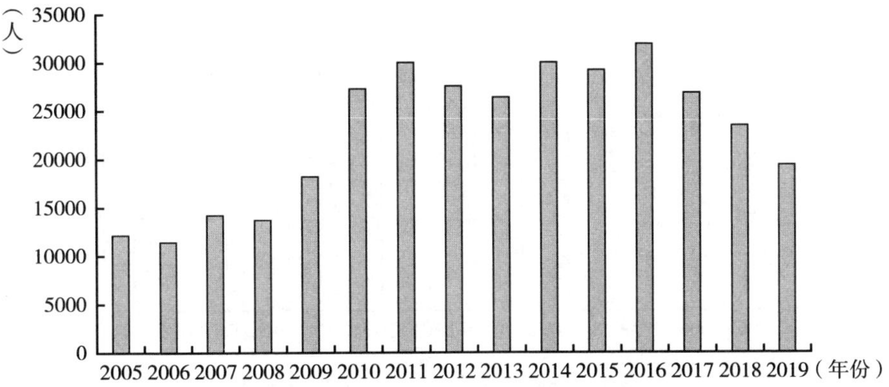

图 1　2005～2019 年我国职业病新发病例

资料来源：国家卫生健康委员会网站。

职业病的发病率是指某年新增病例占这个时期从事相关作业人数的比例。2005～2019 年发病率的波动范围是 3.89/10 万～8.32/10 万。其中 2011 年发病率最高，为 8.32/10 万。2019 年发病率为 4.39/10 万，较 2018 年下降 1.02/10 万（见图 2）。

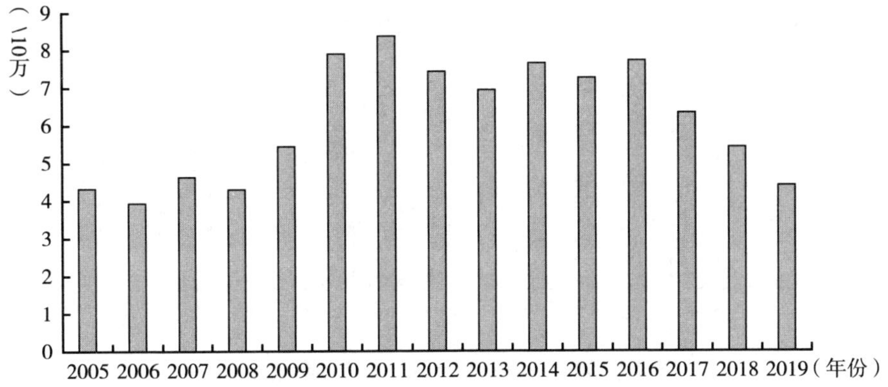

图 2　2005～2019 年我国职业病发病率

资料来源：国家卫生健康委员会网站、国家统计局网站。

2005～2019 年累计患病人数（含 2005 年以前的病例）在不断增加，2019 年为 994260 人（见图 3）。

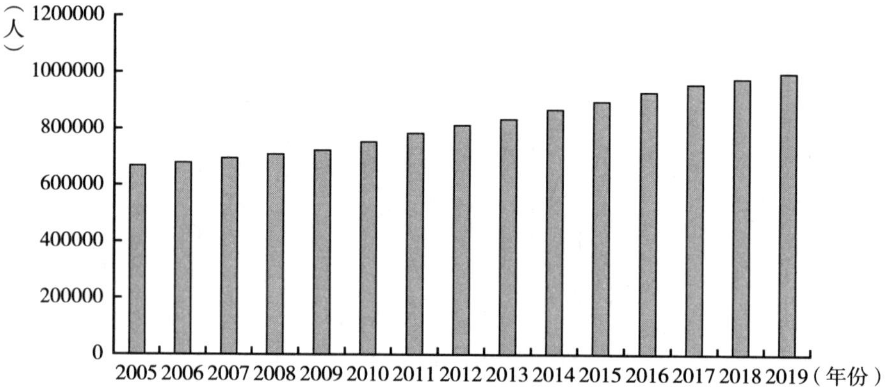

图 3　2005～2019 年我国职业病累计患病总人数

资料来源：国家卫生健康委员会网站。

职业病患病率是指某年新旧病例占这个时期从事相关作业人数的比例。2005～2019 年的累积患病率（含 2005 年以前的病例）在 21.62/万～23.43/万，2019 年患病率为 22.47/万（见图 4）。

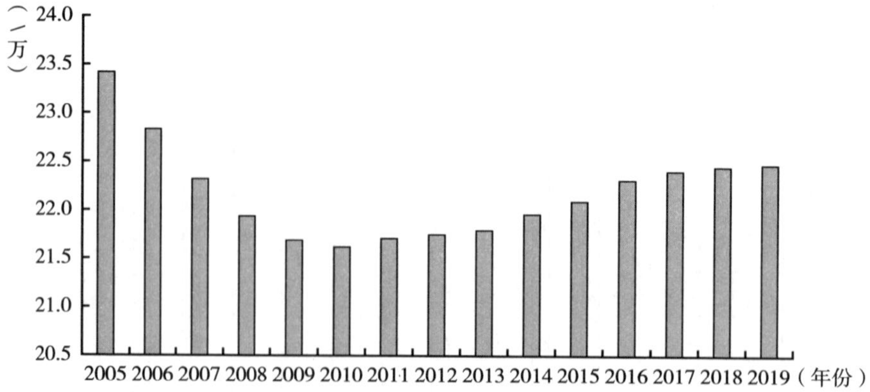

图 4　2005～2019 年我国职业病累积患病率

资料来源：国家卫生健康委员会网站、国家统计局网站。

（二）职业性尘肺病发病人数最多，占发病总人数的82%

职业性尘肺病是指在生产劳动过程中长期吸入粉尘而发生的以肺组织纤维化为主的疾病，是当前我国由粉尘引起的职业性肺部疾患中危害最严重的一类疾病，是危害最重的法定职业病之一。2016 年职业性尘肺病（含其他呼吸系统疾病）新发病例最高，为 28088 人。2019 年职业性尘肺病（含其他呼吸系统疾病）发病人数为 15947 人，较 2018 年下降 3577 人。2005 ~ 2019 年职业性尘肺病（含其他呼吸系统疾病）病例占职业病发病总人数的比例维持在一个较高的水平，即 75% ~90% 。2019 年职业性尘肺病病例所占比例为 82% ，较 2018 年稍有降低，其他职业病（除职业性尘肺病及其他呼吸系统疾病外的 9 大类职业病总和）所占比例为 18% （见图 5）。

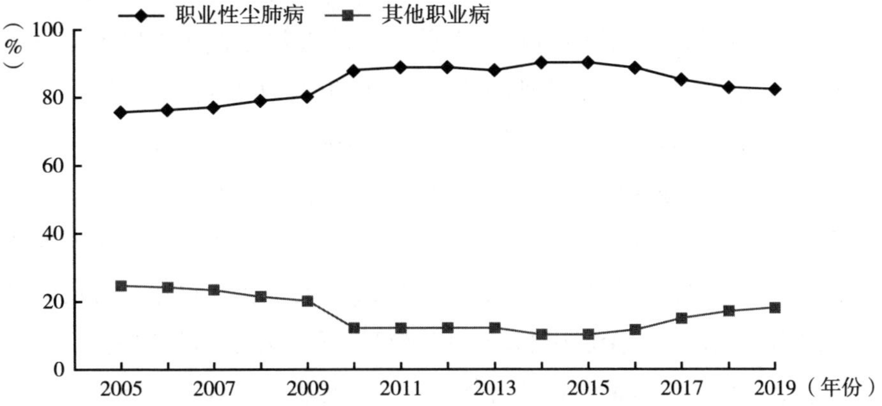

图 5　2005 ~ 2019 年职业性尘肺病及其他职业病构成比

资料来源：国家卫生健康委员会网站。

二　不同种类职业病的发病特点

（一）煤炭行业职业性尘肺病高发，且以矽肺和煤工尘肺为主

我国是世界上最大的煤炭生产国，煤炭产量约占世界总产量的 50% 。

煤炭是主体能源，占能源消耗的70%左右。在生产劳动过程中，生产性粉尘是煤炭行业常见的职业性有害因素，例如掘进、装岩、清理、运输及支护过程使用风动或电动工具钻孔及爆破时都能产生大量的岩石粉尘，是煤矿产生大量的含游离二氧化硅浓度比较高的矽尘、煤尘或混合性粉尘最为严重的工序。

煤炭开采和洗选业的岩巷掘进等多个工种容易患矽肺和煤工尘肺。煤矿开采多为井下，最深的煤层位于地下数百米。井下开采要建立井筒及开凿井下运煤巷道，这些工程需要岩石钻孔、爆破、装渣、运输等工序。其行业与工种主要集中在煤矿和用煤单位，如煤炭采选业的采煤、装载、运输、筛煤，热电厂的上煤、磨煤、司炉，炼焦、煤气及煤制品业的原煤输送、备煤、洗煤、选煤、配煤、煤块破碎，水泥制造业的煤粉制备与输送。石墨及碳素制品业的碳素粉碎、筛分、配料，炼铁业的煤粉操作等。我国从事煤炭生产的人员达数百万，其中接触生产性粉尘的人数在百万人以上。2005～2016年煤炭开采和洗选业职业性尘肺病发病人数占同年发病总人数的38.0%～57.1%，远远高于其他行业职业性尘肺病的发病人数。

由于地域广，地层结构复杂，各地矽肺、煤工尘肺发病情况有很大差异。不同工种工人在煤矿开采过程中可分别或同时接触煤尘、煤矽尘和矽尘，引起肺的弥漫性纤维化，形成矽肺和/或煤工尘肺。矽肺是指长期吸入高浓度游离二氧化硅粉尘所引起的，以肺组织纤维化为主的疾病，是职业性尘肺病中最常见、进展最快、危害最严重的一种类型。煤工尘肺是长期吸入煤尘和/或游离二氧化硅粉尘所引起的肺组织的纤维化改变，有长期咳嗽、病程后期有渐进性呼吸困难等症状，预后较差。2005～2016年矽肺和煤工尘肺发病人数占同年发病总人数的比例最高，为68.2%～84.5%，远远高于其他种类的职业病。

（二）2015～2019年职业性耳鼻喉口腔疾病发病人数超过职业性化学中毒，位居第二

2005～2019年职业性耳鼻喉口腔疾病发病人数呈现上升趋势，2019年

最高，为1623人，居同年职业病发病总人数第二位，其中以职业性噪声聋为主。职业性噪声聋是噪声对听觉系统器官长期影响的结果，是指劳动者在工作场所中，长期接触噪声而发生的一种渐进性的感音性听觉损伤。《职业性噪声聋的诊断标准》（GBZ 49 - 2014）为连续3年以上职业性噪声作业史，出现渐进性听力下降、耳鸣等症状，纯音测听为感音神经性聋，结合职业健康监护资料和现场职业卫生学调查，进行综合分析，排除其他原因所致听觉损害来诊断。2005～2016年职业性噪声聋发病人数占职业性耳鼻喉口腔疾病的比例为82.0%～96.0%，发病人数较其他种类多。

职业性化学性中毒是指作业人员在生产劳动过程中接触生产性毒物引起的中毒。《职业病分类和目录》（2013年版）将其分为60种，所涉及的毒物包括金属与类金属、刺激性气体、窒息性气体、有机溶剂、苯的氨基和硝基化合物、高分子化合物、农药等种类，包含有铅、汞、砷、锰、氯气、氨气、硫化氢、苯、甲苯、汽油、除草剂、杀虫剂等。2015～2019年职业性耳鼻喉口腔疾病发病人数超过职业性化学中毒，占总发病人数的10.2%，居第二位。2005～2019年职业中毒发病人数呈现先上升后下降的趋势。2019年发病人数降至最低，为778人（见图6）。

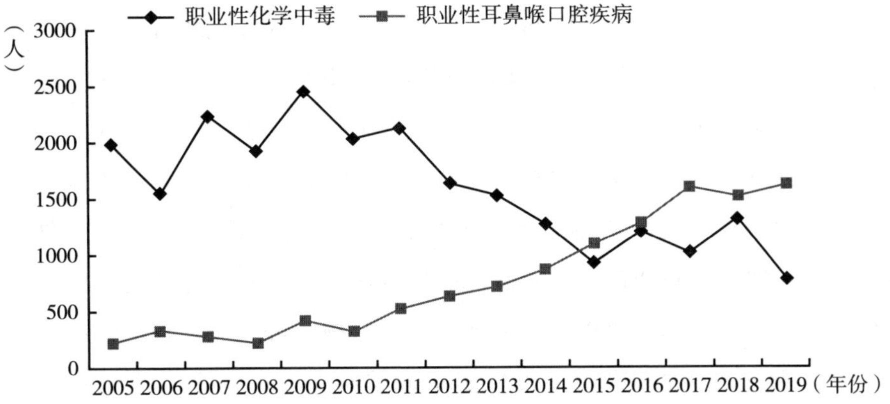

图6　2005～2019年职业性化学中毒和耳鼻喉口腔疾病发病人数比较

资料来源：国家卫生健康委员会网站。

职业性化学中毒分为急性职业中毒和慢性职业中毒。急性职业中毒起病急，多发生于化工、冶金、煤炭等行业，中小企业高发，以职业性一氧化碳中毒为主。急性一氧化碳中毒是我国最常见、发病和死亡人数最多的急性职业中毒。接触一氧化碳的机会主要有冶金工业中的炼焦、炼钢、炼铁；机械制造工业中的铸造、锻造车间；化学工业中用一氧化碳做原料制造光气、甲醇、甲醛、甲酸、丙酮、合成氨，耐火材料、玻璃、陶瓷、建筑材料等工业使用的窑炉、煤气发生炉；燃气制取；采矿爆破作业；火灾现场；相对密闭空间内燃机尾气等。一氧化碳进入人体后，首先与血液中的血红蛋白相结合，因而减少了血红蛋白与氧结合的机会，使血红蛋白失去运输氧的功能，从而造成人体血液“窒息”。2013～2016 年急性一氧化碳中毒发病人数占同年急性职业中毒的比例分别为 47.6%、43.8%、34.2% 和 44.5%，居首位，多数患者预后差。

慢性职业中毒是指毒物长期反复进入机体所引起的机体在生理、生化及病理学方面的改变，出现临床症状、体征的中毒状态或疾病状态，以铅中毒、苯中毒为主。其具有潜伏期长、发病人数多的特点，与毒物性质、存在形式、接触时限、个体防护等因素关系密切。慢性铅及其化合物中毒（不包括四乙基铅）职业接触机会包括铅矿开采及冶炼。开矿时，呼吸和消化道接触均为重要途径。在铅冶炼时，混料、烧结、还原和精炼过程中均可接触。在冶炼锌、锡、锑等含铅金属和制造铅合金时，亦存在铅危害。熔铅作业常用于制造铅丝、铅皮、铅箔、铅管、铅槽、铅丸等，旧印刷业的铸版、铸字，制造电缆，焊接用的焊锡，废铅回收等，均可接触铅烟、铅尘或铅蒸气。铅氧化物常用于制造蓄电池、玻璃、搪瓷、景泰蓝、铅丹、铅白、油漆、颜料、釉料、防锈剂、橡胶硫化促进剂等。铅的其他化合物如醋酸铅用于制药、化工工业，铬酸铅用于油漆、颜料、搪瓷等工业，砷酸铅用作杀虫剂、除草剂等。2011～2016 年慢性铅中毒发病人数占同年慢性职业中毒的比例分别为 40.3%、18.9%、25.6%、28.2%、14.2% 和 11.0%。

苯（C_6H_6）属芳香烃类化合物，为有特殊芳香气味的油状液体。接触苯的职业包括有机化学合成中用作原料，如制造苯乙烯、苯酚、药物、农药、合成橡胶、塑料、洗涤剂、染料、炸药等。作为溶剂、萃取剂和稀释剂，用于生药的浸渍、提取、重结晶，以及油漆、油墨、树脂、人造革、粘胶和喷漆制造。苯的制造，如焦炉气、煤焦油的分馏、石油的裂化重整与乙炔合成苯。用作燃料，如工业汽油中苯的含量可高达10%以上。2011～2016年慢性苯中毒发病人数占同年慢性职业中毒的比例分别为23.0%、31.6%、31.5%、35.5%、41.6%和29.6%。

（三）其他种类职业病变化趋势不明显

2005～2019年职业性传染病、职业性皮肤病、职业性眼病、物理因素所致职业病、职业性放射性疾病、职业性肿瘤、其他职业病的发病总人数占同年职业病发病总人数的比例在3.7%～7.1%，2019年较2018年升高0.9个百分点（见图7）。

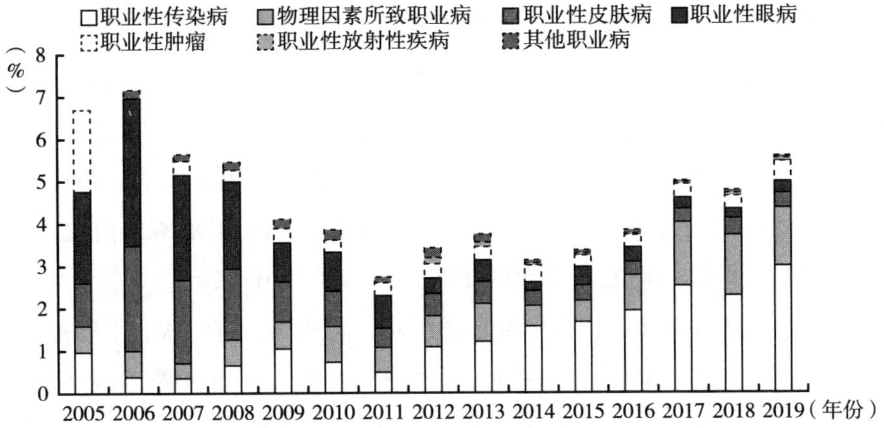

图7　2005～2019年7大类职业病发病情况

资料来源：国家卫生健康委员会网站。

根据《职业病分类和目录》（2013年版），职业性传染病分为5种：炭疽、森林脑炎、布鲁氏菌病、艾滋病（限于医疗卫生人员及人民警察）、莱姆病。2019年职业性传染病发病人数为578人，较2018年增加38人，其中布鲁氏菌病发病人数最多。布鲁氏菌病是一种严重危害人民健康和畜牧业发展的人畜共患的传染病，染疫的家畜是人和畜间布鲁氏菌病的主要传染源。其流行病学特点为发病前病人与家畜或畜产品、布鲁氏菌培养物有密切接触史，或生活在疫区的居民与菌苗生产、使用和研究有密切关系者。2005～2016年布鲁氏菌病发病人数占同年职业性传染病人数的比例为79.1%～99.0%。

《职业病分类和目录》（2013年版）将职业性肿瘤分为11种：石棉所致肺癌、间皮瘤，焦炉逸散物所致肺癌，联苯胺所致膀胱癌，六价铬化合物所致肺癌，苯所致白血病，毛沸石所致肺癌、胸膜间皮瘤，氯甲醚、双氯甲醚所致肺癌，砷及其化合物所致肺癌、皮肤癌，煤焦油、煤焦油沥青、石油沥青所致皮肤癌，β－萘胺所致膀胱癌，氯乙烯所致肝血管肉瘤。2019年职业性肿瘤发病人数为87人，较2018年增加10人，苯所致白血病的发病人数较其他职业性肿瘤发病人数多。苯所致白血病的主要接触机会包括有机化学合成中用作原料，如制造苯乙烯、苯酚、药物、农药、合成橡胶、塑料、洗涤剂、染料、炸药等。作为溶剂、萃取剂和稀释剂，用于生药的浸渍、提取、重结晶，以及油漆、油墨、树脂、人造革、粘胶和喷漆制造。苯的制造，如焦炉气、煤焦油的分馏、石油的裂化重整与乙炔合成苯。用作燃料，如工业汽油中苯的含量可高达10%以上。2005～2016年苯所致白血病发病人数占同年职业性肿瘤发病人数的比例为33.3%～61.3%。

物理因素所致职业病包括中暑、减压病、高原病、航空病、手臂振动病、激光所致眼（角膜、晶状体、视网膜）损伤、冻伤。2019年物理因素所致职业病发病人数为264人，较2018年减少67人，以职业性中暑为主。职业性中暑是指高温环境下由于热平衡和/或水盐代谢紊乱等而引起的一种以中枢神经系统和/或心血管系统障碍为主要表现的急性热致疾病。可根据职业性中暑标准诊断为先兆中暑、轻症中暑和重症中暑。重症中暑分为热射病、热痉挛和热衰竭，其中热射病病死率高、预后最差。2005～2016年职业中暑的发病人数占同年物理因素所致职业病发病人数的比例为26.9%～72.0%。

职业性皮肤病包括接触性皮炎、光接触性皮炎、电光性皮炎、黑变病、痤疮、溃疡、化学性皮肤灼伤、白斑、根据《职业性皮肤病的诊断总则》可以诊断的其他职业性皮肤病。2019 年诊断职业性皮肤病 72 人。

职业性眼病包括化学性眼部灼伤、电光性眼炎、白内障（含放射性白内障、三硝基甲苯白内障）。2019 年诊断职业性眼病 53 人。

职业性放射性疾病包括外照射急性放射病、外照射亚急性放射病、外照射慢性放射病、内照射放射病、放射性皮肤疾病、放射性肿瘤（含矿工高氡暴露所致肺癌）、放射性骨损伤、放射性甲状腺疾病、放射性性腺疾病、放射复合伤、根据《职业性放射性疾病诊断标准（总则）》可以诊断的其他放射性损伤。2019 年诊断职业性放射性疾病 15 人。

其他职业病包括金属烟热、滑囊炎（限于井下工人）、股静脉血栓综合征、股动脉闭塞症或淋巴管闭塞症（限于刮研作业人员）。2019 年诊断其他职业病 11 人。

三　不同国家职业病疾病谱的比较

人们在职业活动过程中因接触化学因素、物理因素、生物因素等多种职业性有害因素，以及对劳动者健康、安全和作业能力造成不良影响的工作条件，可引起职业病。因世界各国国情不同，对职业病目录、职业病诊断和赔偿标准也各不相同。

近年来，工作压力引起的心理疾病已成为国际职业安全健康领域备受瞩目的新议题。国际劳工公约和建议书的界定早就指出与工作有关的“健康”一词，不仅指没有疾病或并非体弱，也包括与工作安全和卫生直接有关的影响健康的身心因素。国际劳工组织（ILO）职业病表建议把跟工作有关的精神与行为障碍列入职业病名单。世界卫生组织（WHO）针对职业卫生安全的技术报告中，提出了“工作相关疾病”概念以补充既有的“职业病”概念，其中就包括了跟工作有关的心理疾病。在欧美国家，心理压力引起的心理疾病（重度心理疾病）获得工伤保险给付的个案也不断增加，以及对概念认识的深入和实践的发展，推动了职业安全健康法制对心理安全健康保护的发展。近年来欧美及日韩等国也推行了一系列措施。

此外，工作有关肌肉骨骼疾患影响范围广，危害严重，在各行各业时有发生。随着机械化、自动化程度的提高，大强度劳动越来越少，不良劳动姿势引起的损伤成为一个突出的问题。主要包括下背痛以及颈、肩、臂和腿的各种疼痛、麻木、肿胀及活动受限。1960 年世界劳工组织（ILO）就已认定工作有关肌肉骨骼疾患为职业病。瑞典、德国等也把它列入了职业病目录。美国、日本等国家将职业性腰背痛作为赔偿性疾病（相当于职业病）。

（一）我国职业病疾病谱以职业性尘肺病为主，肌肉骨骼和职业心理疾患被认定为工作有关疾患

我国职业病疾病谱仍以职业性尘肺病、职业性耳鼻喉口腔疾病为主。

随着我国经济转型升级，新技术、新材料、新工艺广泛应用，新的职业、工种和劳动方式不断产生，职业病危害因素更为多样、复杂，传统的职业病危害尚未得到根本控制，社会心理因素和不良工效学因素所致心理疾患和肌肉骨骼损伤等工作相关疾患问题日益突出，职业健康工作面临多重压力。目前，我国将工作有关肌肉骨骼和职业心理疾患认定为工作有关疾患，未纳入职业病的范畴。

（二）澳大利亚职业病疾病谱以肌肉骨骼和结缔组织疾病为主

澳大利亚将职业病分为肌肉骨骼和结缔组织疾病、心理健康疾患、消化系统疾病、神经系统和感觉器官疾病、皮肤和皮下组织疾病、呼吸系统疾病、传染病和寄生虫病、循环系统疾病、肿瘤（癌症）和其他职业病，合计 10 大类。

职业病疾病谱以肌肉骨骼和结缔组织疾病为主。人体运动系统主要由肌肉、骨骼和关节组成，其中肌肉是主动部分，骨骼是被动部分，在神经系统支配下，通过肌肉收缩，牵动骨骼以关节为支点产生位置变化，完成运动过程。劳动时，肌肉做功的效率与负荷大小有关。负荷过大，肌肉收缩时不能缩短或缩短很少，较多的化学能转变为热能，在这种情况下不但工作效率

低，还容易引起肌肉或骨骼的损伤。2016～2017 年度澳大利亚职业病统计结果显示，肌肉骨骼和结缔组织疾病发病人数占总人数的 59%，居首位。心理健康疾患发病人数占总人数的 26%，居第二位（见图 8）。

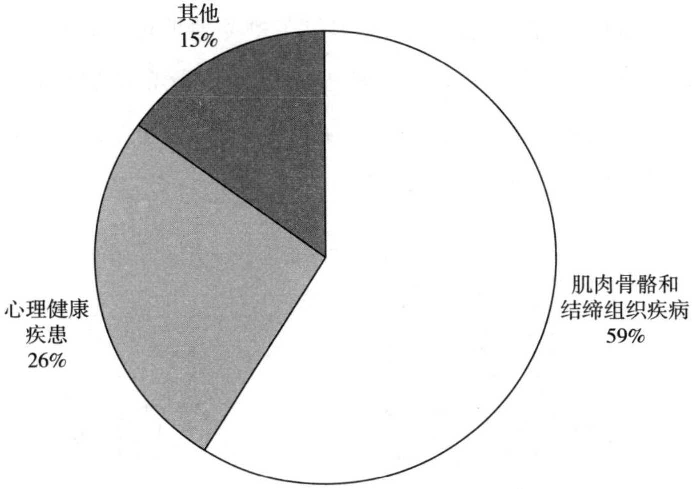

图 8　2016～2017 年度澳大利亚职业病疾病谱

资料来源：Safety work Australia。

澳大利亚职业病疾病谱与我国有很大差别。国家卫生健康委员会统计的数据显示，2016 年新发职业病病例为 31789。其中职业性尘肺病及其他呼吸系统疾病发病人数居首位，为 28088 人，占法定职业病发病总人数的 88.4%。其次是职业性耳鼻喉口腔疾病，发病人数为 1276 人，占总人数的比例为 4.0%。澳大利亚职业病疾病谱中也有呼吸系统疾病，具体包括从业人员因接触职业性有害因素所引起的哮喘、石棉肺、尘肺等多种疾病。2016～2017 年度发病人数为 215 人，占发病总人数的比例为 0.8%，不是主要的法定职业病种类。

（三）英国职业病疾病谱以职业心理疾患为主

职业心理是人们在职业活动中表现出的认识、情感、意志等相对稳定的心理倾向或个性特征。职业活动通常包括择业、求职、就业、失业、再就业等过程，个体在此一系列活动中所形成的价值观、兴趣、态度，以及个体自身的职业气质类型、动机等均属于职业心理范畴。随着科技的进步、全球化的趋势、组织的重组、公司政策的不稳定以及工作负荷过重等，员工在工作场所中出现了多种心理问题，导致很多员工遭受着抑郁、焦虑、工作压力或倦怠的折磨。英国 2017～2018 年度从业人员疾病分布情况显示，压力、抑郁或焦虑等心理疾病占总人数的比例为 47%，居首位，肌肉骨骼损伤发病人数占总人数的比例为 30%（见图 9）。

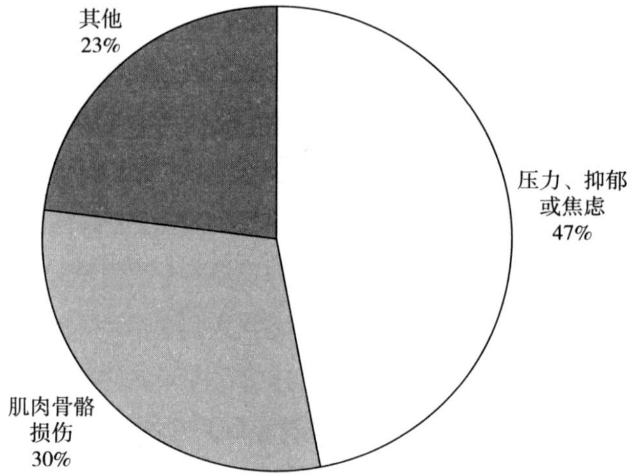

图 9　2017～2018 年度英国职业病疾病谱

资料来源：英国健康与安全司（Health and Safe Executive）（2017/18 年）。

四　对策建议

（一）重视职业病防治工作，加强源头治理

随着新技术、新工艺、新设备和新材料的广泛应用，新的职业病危害因素不断出现。据抽样调查，职业病危害的企业和接害人数多，约有 1200 万家企业存在职业病危害，超过 2 亿劳动者接触各类职业病危害因素。各类急

慢性职业性化学中毒事件严重威胁着人民群众的生命安全和身体健康，影响社会的和谐稳定。习近平总书记在全国卫生与健康大会上就强调，要加强安全生产工作，推进职业病危害的源头治理，并多次就职业病防治工作和维护劳动者权益做出重要指示批示。2019 年 5 月 5 日，李克强总理主持召开国务院常务会议，研究部署职业病防治工作。孙春兰副总理组织召开职业病防治工作推进会并做出工作部署。2019 年 7 月 11 日，经国务院同意，国家卫生健康委等 10 部门联合印发了《尘肺病防治攻坚行动方案》。7 月 25 日，国务院召开了推进健康中国行动电视电话会议，李克强总理做出重要批示，强调进一步落实大卫生、大健康理念和预防为主方针，不断提升人民群众的健康获得感、幸福感和生活质量，孙春兰副总理出席会议并讲话，对职业病防治和职业健康保护提出具体要求。

特别是煤矿企业职业病防治工作，不仅事关煤矿工程施工人员的身体健康，而且决定着煤矿企业是否能够长期稳定地发展，为了能够实现可持续发展，煤矿企业必须要配合国家相关部门采取有效策略，解决自身在职业病防治工作中存在的问题，尽可能提高防治的质量和效率，为施工人员的生命安全提供保障。国家相关部门要引导施工环境较为恶劣的煤矿企业进行转型和升级，优化煤矿工程施工人员的工作环境。同时，还要对矿井下的粉尘和其他有毒气体进行必要的检测，在不能清除的情况下，要确保施工人员佩戴防毒面具来防止有毒气体对施工人员身体造成危害。除此之外，有关部门还要响应国家号召，大力促进最新科技成果转化，在煤矿行业中广泛推广绿色能源和绿色材料，促进实现煤矿行业的绿色发展，从源头上来提升煤矿企业职业病防治的质量和效率。

截至 2019 年底，全国共有职业健康检查机构 3403 个，职业病诊断机构 550 个。连续 17 年组织开展《职业病防治法》宣传周活动。

（二）实施“职业健康保护行动”

当前，中国特色社会主义进入新时代，职业健康保护已经成为提升人民群众健康获得感、幸福感和生活质量的重要基础。实施“职业健康保护行动”是党中央国务院加强职业病防治工作，切实保障劳动者健康权益的又一重大战略决策。职业健康保护行动主要包括劳动者个人、用人单位和政府三个方面。

1. 劳动者个人行动

主要包括倡导职业健康工作方式；树立职业健康意识；强化职业病防治法律意识，知法、懂法；加强劳动过程防护，严格按照操作规程进行作业，自觉、正确地佩戴个人防护用品；提升急性职业病危害事故的应急处置能力；加强防暑降温措施；除了企业职工外，加强长时间伏案低头工作或长期前倾坐姿人员、教师、交通警察、医生、护士、驾驶员等特殊职业人群的健康保护 7 个方面。

2. 用人单位行动

主要包括为劳动者提供卫生、环保、舒适和人性化的工作环境；建立健全各项职业健康制度；加强建设项目职业病防护设施“三同时”管理，优先采用有利于防治职业病和保护劳动者健康的新技术、新工艺、新设备、新材料；加强职业病危害项目申报、日常监测、定期检测与评价，在醒目位置设置职业病危害公告栏，对产生严重职业病危害的作业岗位，应当在其醒目位置，设置警示标识和中文警示说明；建立职业病防治和健康管理责任制；建立职业健康监护制度；规范劳动用工管理，依法与劳动者签订劳动合同，为劳动者缴纳工伤保险费 7 个方面。

3. 政府行动

包括研究修订职业健康法律法规、标准和规章；研发、推广有利于职业健康的新技术、新工艺、新设备和新材料；完善职业健康技术支撑体系；加强职业健康监管体系建设；加强职业健康监督检查、优化职业病诊断程序和服务、加大保障力度；改进信息管理机制和信息化建设；组织开展“健康企业”创建活动，拓宽丰富职业健康范围，积极研究将工作压力、肌肉骨骼疾病等新职业病危害纳入保护范围，营造职业健康文化 7 个方面。政府行动涉及卫生健康、发展改革、科技、工业和信息化、教育、民政、司法、财政、人力资源社会保障、国有资产监督管理、市场监管、医保、工会、妇联等十多个部门和单位。按照推进健康中国行动电视电话会议精神要求，国家卫生健康委将与有关部门密切配合，坚持以人民健康为中心，从以工作场所职业病危害控制和职业病诊断治疗为中心，加快转变到以劳动者健康为中心上来，不断推动用人单位落实职业健康的主体责任，提升劳动者个人的健康保护意识，政府和社会持续为劳动者提供全方位、全周期的健康服务，为《“健康中国 2030” 规划纲要》职业健康工作目标实现作出应有的贡献。

（三）加强流动人口职业健康服务与管理

近年来，针对流动人口职业健康问题，国家先后出台了《国务院关于进一步做好为农民工服务工作的意见》《关于加强农民工尘肺病防治工作的意见》《“健康中国 2030” 规划纲要》等一系列政策文件，流动人口职业健康管理得到有力加强。2019 年 7 月，国家卫生健康委等十部门联合制定了《尘肺病防治攻坚行动方案》，重点解决尘肺病等职业病防治问题。

当前流动人口职业健康服务与管理工作还存在可改进空间。首先，政府相关职能仍需进一步调整，以进一步提高责任意识，完善职业病申报系统，更新相关业务知识，增加项目经费和人员支持，提高地方卫生健康部门职业健康监管能力。其次，一些企业尤其是中小企业职业病防治还存在政策执行不到位、责任意识缺失等问题。最后，流动人口职业病鉴定维权也存在一定困难，流动人口职业健康素养有待提升。

（四）开展职业病危害基本情况普查，健全干预措施

2016 年 10 月 25 日，中共中央、国务院发布了《“健康中国 2030” 规划纲要》（以下简称《纲要》），这是自 2016 年之后 15 年推进健康中国建设的行动纲领。实施《纲要》是保障人民健康的重大举措，对全面建设小康社会、加快推进社会主义现代化具有重大意义。同时，这也是我国积极参与全球健康治理、履行我国对联合国“2030 年可持续发展议程”承诺的重要举措。《纲要》全文共 8 篇 29 章，其中主要涉及职业健康的内容是第 5 篇（建设健康环境）第 16 章（完善公共安全体系）第 1 节（强化安全生产和

职业健康）的内容：强化行业自律和监督管理职责，推动企业落实主体责任，推进职业病危害源头治理。开展职业病危害基本情况普查。进一步完善职业安全卫生标准体系，建立完善重点职业病监测与职业病危害因素监测、报告和管理网络，遏制尘肺病和职业中毒高发势头。建立分级分类监管机制，对职业病危害高风险企业实施重点监管。开展重点行业领域职业病危害专项治理。强化职业病报告制度，开展用人单位职业健康促进工作，预防和控制工伤事故及职业病发生。加强全国个人辐射剂量管理和放射诊疗辐射防护。

（五）深入开展职业健康教育，提升职业健康素养

职业健康教育是一个投入少且能带来巨大经济效益的重要举措，要督促企业大力开展职业卫生宣传培训，严格岗前、岗中职业健康知识培训，利用多种方式宣传职业卫生知识。充分利用多种媒介广泛开展职业健康教育工作。利用广播、电视等讲解职业危害因素的种类、危害程度和预防措施，调动职工自我保护的积极性，提高其卫生知识水平。积极开展《职业病防治法》宣传周活动，使职业健康知识进企业、进学校、进社区、进家庭，不断提高居民职业健康素养。认真学习宣传贯彻落实《职业病防治法》，扎实开展职业病防治宣传周等系列活动，全面普及职业健康知识，营造人人关注职业健康、共同防治职业病的健康氛围。

（六）提升职业健康执法人员业务水平，提高社会组织的参与能力

要重视人才培养，规范做好职业病诊疗、职业健康体检、职业卫生监测评价技术支撑工作，加强对职业健康服务机构的技术指导、质量控制，积极建设职业病防治技术支撑体系。加强职业卫生监督员以及专业技术人员的业务培训，不断掌握工作新进展、新规范和新标准，切实提升监督员的执法能力和水平。深入开展职业健康重点行业、重点领域专项检查，对未履行职业病防治法律责任的用人单位和职业病防治违法违规案件严格查处。通过强化监督执法，落实企业在职业病防治中的主体责任，督促企业建立完善的职业

病防治规章制度和工作计划，定期开展员工职业健康检查、教育培训和防护演练等工作。

当前我国职业病防治主体为政府和企业，然而，从国际经验分析，社会组织也是职业病防治的重要主体。社会组织一般具有志愿性、专业性、长期性以及强大动员能力等优势，并通过政策倡导、资源整合和服务提供等方式参与公益事业，这使其成为流动人口职业病防治的一支重要补充力量。就职业病防治而言，政府部门与社会组织分别掌握不同的专业人员和信息，因此，政府部门与社会组织在职业病防治中应尽可能实现信息共享。

（七）借鉴国外的先进经验，减少职业性有害因素接触机会

虽然职业卫生领域中现有的相关法律体系正在不断完善，但与发达国家已形成的权责清楚、惩处得力的职业安全卫生法律体系相比，仍有一定差距，存在缺失职业卫生综合法、多部门对职业卫生工作进行监管、条例标准未能及时有效更新和部分用人单位缺乏主体意识等问题。

职业接触限值是指劳动者在职业活动过程中长期反复接触，对绝大多数接触者的健康不引起有害作用的容许接触水平，是职业性有害因素的接触限制量值。职业接触限值分为时间加权平均容许浓度、最高容许浓度、短时间接触容许浓度和超限倍数四类。时间加权平均容许浓度（PC-TWA）是以时间为权数规定的 8 小时工作日、40 小时工作周的平均容许接触浓度。短时间接触容许浓度（PC-STEL）是在 PC-TWA 前提下容许短时间（15 分钟）接触的浓度。最高容许浓度（MAC）是指工作地点、在一个工作日内、任何时间有毒化学物质均不应超过的浓度。超限倍数对未制定短时间接触容许浓度的化学有害因素，在符合 8 小时时间加权平均容许浓度的情况下，任何一次短时间 15 分钟接触的浓度均不应超过的时间加权平均容许浓度的倍数值。

不同国家根据本国的实际情况制订的职业接触限值不同。我国矽尘作业接触限值（TWA）高于世界卫生组织、美国、英国的标准，这也是职业性尘肺病高发的原因之一。例如，我国矽尘职业接触限值为：10% ≤游离二氧

化硅≤50%，总尘：1 毫克/米^3，呼尘：0.7 毫克/米^3；50% <游离二氧化硅≤80%，总尘：0.7 毫克/米^3，呼尘：0.3 毫克/米^3；游离二氧化硅>80%，总尘：0.5 毫克/米^3，呼尘：0.2 毫克/米^3。世界卫生组织矽尘接触限值为 0.04 毫克/米^3，澳大利亚矽尘接触限值为 0.1 毫克/米^3，英国矽尘接触限值为 0.1 毫克/米^3，美国（ACGIH ®）矽尘接触限值为 0.025 毫克/米^3，美国（NIOSH）矽尘接触限值为 0.05 毫克/米^3。

参考文献

马俊、李涛：《实用职业卫生学》，煤炭工业出版社，2017。

国家煤炭安全生产监督管理局：《煤矿安全课程》，煤炭工业出版社，2016。

国家卫生健康委员会，http：//www. nhc. gov. cn。

世界卫生组织，https：//www. who. int/zh。

国际劳工组织，https：//www. ilo. org。

国家统计局，http：//www. stats. gov. cn/。

张龙连、李戬、孟超：《用人单位职业病危害防治八条宣传教育读本》，中国劳动社会保障出版社，2016。

2019年我国劳动争议状况研究

汪　鑫*

摘　要： 2019年我国宏观经济运行平稳，劳动力就业市场稳定，虽然劳动争议案件数、涉案劳动者、涉案金额都有较大增幅，但劳动争议案件的处理效能有了显著提高。劳动报酬，解除、终止劳动合同，社会保险仍然是劳动争议案件的主要类型。突如其来的新冠肺炎疫情对劳动力市场造成了巨大冲击，但政府各部门迅速反应，出台多项政策文件，多措并举，有效防止了劳动争议状况的恶化。

关键词： 劳动争议　劳动用工　劳动仲裁　新冠肺炎疫情

2019年是一个特殊的年度，2019年我国宏观经济运行平稳，劳动力就业市场稳定，但岁末新冠肺炎疫情暴发，全国上下陷入停滞状态，对社会生产、劳动者工作都造成了巨大影响。因疫情影响，劳动关系整体不稳定性增加，很多劳动者的就业环境发生了较大变化，劳动争议案件呈现爆发的风险。疫情到底对我国劳动争议状况有何影响呢？本文将对2019年我国劳动争议状况和2020年上半年新冠肺炎疫情下的劳动争议状况进行总结和分析，以期为相关研究提供参考。

* 汪鑫，劳动关系学博士，中国劳动关系学院劳动关系与人力资源学院讲师。

一　我国劳动用工宏观环境

（一）宏观经济运行总体平稳，劳动关系和谐稳定发展

2019 年，中国经济运行总体平稳，发展质量稳步提升，较好实现了主要预期目标，全年 GDP 达 99 万亿元，按可比价格计算，同比增长 6.1%。经济的平稳发展，为全国劳动关系的和谐稳定创造了良好的基础。一是产业结构持续优化，各产业发展质量进一步提升，创造了大量就业岗位。服务业持续快速发展，第三产业增加值占 GDP 的 53.9%，比第二产业高出 14.9 个百分点。特别是实物商品网上零售额增长 19.5%，达到 8.52 万亿元，占社会消费品零售总额的 20.7%，同比增长 2.3%。网络经济的持续高速发展，带动物流业、电商平台等催生了大量新的就业岗位，也带来了更多新的劳动者权益保障问题。二是高科技、新兴产业快速发展，新产品、新科技、新岗位改变着劳动者的就业环境、就业条件。2019 年，高技术制造业、战略性新兴产业工业增加值分别为 8.8%、8.4%，增速分别超过全国规模以上工业增加值① 3.1 个、2.7 个百分点。

（二）就业受疫情影响逐渐减弱，劳动力市场趋于稳定

就业形势的稳定，为和谐劳动关系的构建提供了保障。2019 年，全国就业形势保持稳定，年末全国就业人员 77471 万人。其中，城镇新增就业 1352 万人，连续 7 年保持在 1300 万人以上。年末城镇登记失业人员 945 万人，城镇登记失业率为 3.62%，年末全国城镇调查失业率为 5.2%。2019 年第四季度，岗位空缺与求职人数的比率约为 1.27，全国人力资源市场需求略大于供给，供求总体保持平衡。② 2020 年，受新冠肺炎疫情影响，就业

① 2019 年全年全国规模以上工业增加值增长 5.7%。

② 人力资源和社会保障部：《2019 年度人力资源和社会保障事业发展统计公报》，2020。

压力明显加大，1～4 月城镇新增就业人数 354 万人，同比少增 105 万人。4 月份，全国城镇调查失业率为 6.0%，环比上升 0.1 个百分点。但随着国内疫情防控形势持续向好，政府社保减免、失业保险返还、稳岗补贴等各项稳就业、保民生政策落地见效，各地复工复产加速，企业用工需求上升，就业形势出现积极变化，农民工也逐渐外出务工。国家统计局快速调查数据显示，4 月末，城镇在职未就业人群比例大幅下降，从 3 月的 18.3% 下降至 3.5%，外出农民工规模也逐渐恢复到往年的九成。①

（三）出台劳动争议处理政策，注重弱势群体权益保护

本年度各部门出台了多项关于劳动争议处理的政策文件，这些文件的主旨集中在劳动争议的多元处理、弱势群体的法律援助，特别是对农民工欠薪问题的处理上。2019 年 7 月，为根治拖欠农民工工资问题，切实解决劳动争议处理过程中调解结案难、调查取证难、裁审衔接难等问题，完善协商、调解、仲裁、诉讼相互协调、有序衔接的多元处理机制，人力资源社会保障部、最高人民法院、中华全国总工会、中华全国工商业联合会、中国企业联合会联合发布《关于实施“护薪”行动全力做好拖欠农民工工资争议处理工作的通知》，开展针对农民工的“护薪”行动，依法保障农民工劳动报酬权益。2020 年 2 月，最高人民法院、中华全国总工会联合印发《关于在部分地区开展劳动争议多元化解试点工作的意见》，在内蒙古、吉林、上海、江西、山东、湖北、广东、四川 8 省（自治区、直辖市），和西安、宁波、北海 3 市开展劳动争议多元化解试点工作。试点文件在总结提炼相关地方探索经验的基础上，进一步就推进劳动争议多元化解、加强调解组织和调解员队伍建设、规范律师参与、依法履行审判职能、落实特邀调解制度、完善诉调对接工作机制和调解协议履行机制、加强科技应用、完善经费保障、巩固制度保障、加强理论研究和宣传引导等提出 14 点意见，特别是对发挥工会

① 《2019 年中国宏观经济形势回顾及 2020 年宏观经济形势预测》，中商产业研究院网站，https：//s. askci. com/news/hongguan/20200702/1433411162938. shtml。

组织职能作用，提高劳动争议调解组织、调解员化解纠纷的能力和水平，完善相关配套机制措施等提出了要求。2020 年 6 月，人力资源社会保障部、司法部、财政部联合发布《关于进一步加强劳动人事争议调解仲裁法律援助工作的意见》，就建立健全调解仲裁法律援助协作机制，保障符合条件的劳动者特别是贫困农民工及时获得法律援助服务提出了指导性意见。

（四）新冠肺炎疫情冲击劳动力市场，政策出台保和谐

2020 年上半年，新冠肺炎疫情的发生对和谐劳动关系构建提出了巨大挑战。疫情期间，部分行业企业因无法开工开业承受了较大的生产经营压力，而一些劳动者因返岗受阻、企业倒闭等，面临着失业待业、收入减少、权益受损的风险，还有部分劳动者可能因感染新冠肺炎出现生活有困难、就业被歧视的情况。面对新冠肺炎疫情，国家各部门迅速出台《关于做好新型冠状病毒感染肺炎疫情防控期间稳定劳动关系支持企业复工复产的意见》《关于妥善处理新型冠状病毒感染的肺炎疫情防控期间劳动关系问题的通知》等多项政策文件，为疫情期间复工复产涉及的劳动用工各事项处理原则提供了依据，避免了因疫情引起的劳动争议案件爆发式增长，有效保障了劳动力市场的和谐稳定。2020 年上半年全国劳动争议状况并没有因为新冠肺炎疫情而发生恶化。从劳动人事争议处理仲裁机构立案情况来看，2020 年上半年，全国仲裁机构立案受理案件总数 49 万件，同比降低 5.2%；涉及劳动者人数 58.6 万人，比 2019 年上半年减少 3.2 万人，同比降低 5.2%。[①]

二　年度劳动争议案件情况分析

（一）案件增幅加大，案件处理效率显著提高

根据《人力资源和社会保障事业发展统计公报》数据，2019 年，全国

① 人力资源和社会保障部：《2020 年上半年人力资源和社会保障统计数据》。

各地劳动人事争议调解仲裁机构共处理争议 211.9 万件，同比增加 16.0%，相比 2018 年增加 29.3 万件。涉及劳动者 238.1 万人，净增长 20.3 万人，同比增加 9.3%，增幅与 2018 年基本持平（2018 年增长 9.4%）。涉案金额 489.7 亿元，净增长 87.1 亿元，同比增长 21.6%，劳动争议案件涉案金额三年来首次上升。全年办结争议案件 202.3 万件，案件调解成功率为 68%，仲裁结案率为 95.5%（见图 1）。终局裁决 17.7 万件，占裁决案件数的 41.2%。终局裁决增加 4.1 万件，以终局裁决结案的比例提高了 3 个百分点。①

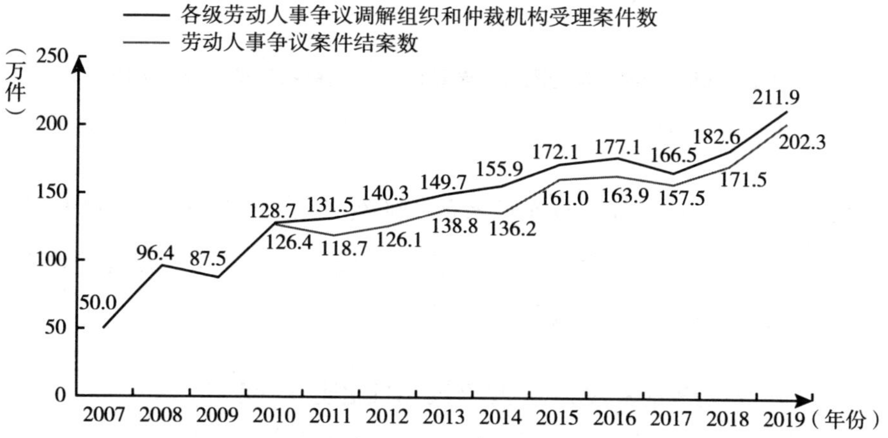

图 1　2007～2019 年全国各级劳动人事争议调解组织和仲裁机构受理和结案情况

资料来源：根据 2007～2019 年《人力资源和社会保障事业发展统计公报》数据整理。

从劳动人事争议处理仲裁机构立案情况来看，2019 年，全国仲裁机构立案受理案件总数 107.0 万件，相比 2018 年增长 17.6 万件，同比增加 19.7%；涉及劳动者人数 127.4 万人，比 2018 年增加 16.4 万人，同比增加 14.8%；当期审结案件数 106.8 万件，结案率达 99.8%，当期结案率比 2018 年提高 1 个百分点（见图 2）。②

---

① 人力资源和社会保障部：《2019 年度人力资源和社会保障事业发展统计公报》。

② 人力资源和社会保障部：《2019 年人力资源和社会保障统计快报数据》。

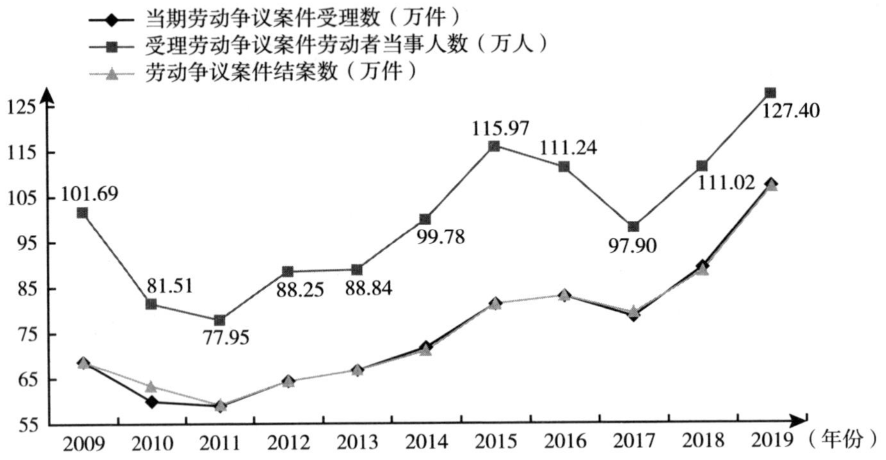

图 2　2009～2019 年全国各级劳动争议仲裁机构受理和结案情况

资料来源：根据 2009～2019 年《人力资源和社会保障事业发展统计公报》数据整理。

综上所述，虽然劳动争议案件数量、涉案劳动者、涉案总金额均有较大增幅，但劳动案件的处理效率进一步提高，特别是终局裁决结案率增幅较大，劳动争议得到快速、有效处理。

（二）争议热点未变，三大争议占比超过八成

2018 年受理劳动争议案件数共 89.41 万件[①]，相较 2017 年有较大增幅，但主要的劳动争议类型没有变化，争议原因排名前三的仍然是劳动报酬，解除、终止劳动合同，社会保险，总共占 2018 年劳动争议总数的 81%，所占比重与 2017 年持平。其中，劳动报酬为 38.08 万件，占比 43%；解除、终止劳动合同为 19.50 万件，占比 22%；社会保险为 14.45 万件，占比 16%。而其他劳动争议有 17.38 万件，占 19%（见图 3）。但从具体案件数来看，所有争议类型的案件数均有所增长，但从占比来看，关于劳动报酬、劳动合

① 本文在关于劳动争议类型和劳动争议处理方式的分析中，所引用的数据来源于《中国统计年鉴（2019）》。由于统计数据的延迟，2019 年的统计年鉴统计的是 2018 年的数据，故此处是对 2018 年的情况分析。

同的争议有所增长，而关于社会保险的争议占比同比下降了 1 个百分点。

虽然劳动争议案件的数量同比增多了，各类型劳动争议占比有所变化，但 2018 年度劳动争议案件主要类型和特点并没有发生根本性变化，经济利益之争仍是最主要的劳资矛盾。正如上年预测，在未来较长一段时间，劳动争议案件类型基本格局不会有太大变化，仍将长期保持这种状况。

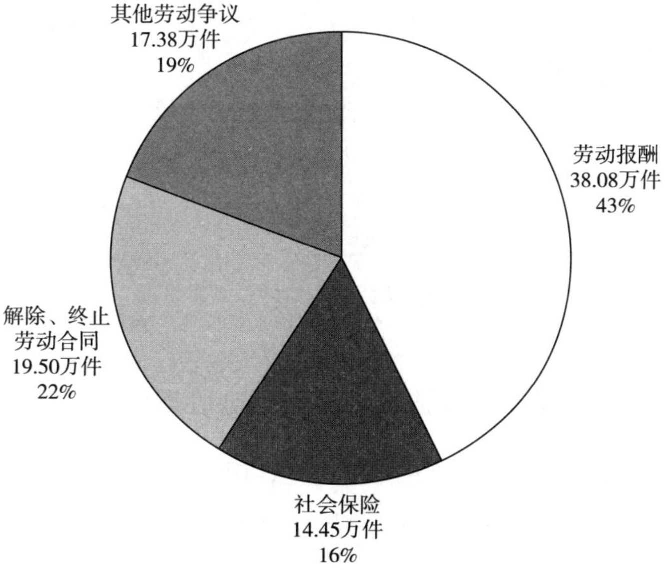

图 3　2018 年劳动争议案件不同类型占比情况

（三）仲裁调解占比过半，仲裁案件处理效能提高

2018 年劳动争议仲裁当期审结案件总数 88. 42 万件，其中仲裁调解 45. 84 万件，占劳动争议仲裁案件的 52%，同比增加 2. 84 个百分点；仲裁裁决案件 35. 77 万件，占仲裁立案数的 40%，同比下降 2. 55 个百分点。仲裁调解结案率首次超过 50%，且仲裁调解结案的比例远超仲裁裁决结案，高出十余个百分点（见图 4）。调解成功率的持续提高，表明近年来鼓励调解的政策导向效用已经逐步呈现，劳动争议仲裁的效能进一步提升。

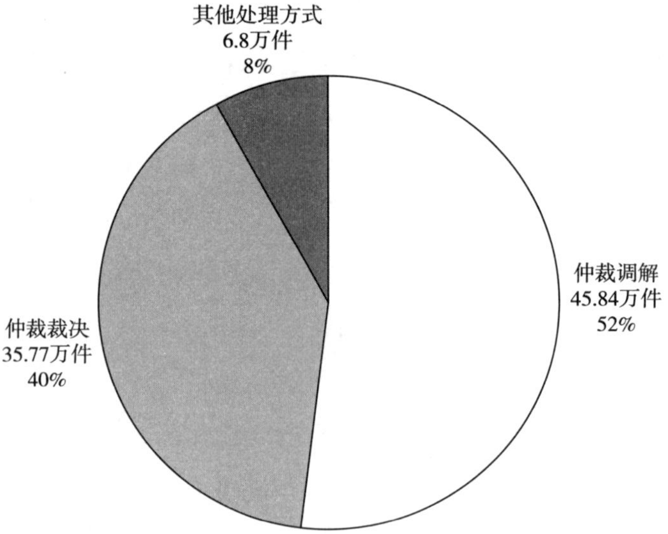

图 4　2018 年劳动争议仲裁结案情况

（四）胜诉方情况总体未变，双方部分胜诉接近六成

2018 年劳动争议仲裁当期结审案件中，用人单位胜诉 9.38 万件（胜诉率为 10.61%，上年为 11.38%），劳动者胜诉 27.66 万件（胜诉率为 31.28%，上年为 32.89%），双方部分胜诉及其他为 51.38 万件（胜诉率为 58.11%，上年为 55.75%）（见图 5）。可见，2018 年劳动争议仲裁结审案件胜诉情况未发生太大变化，双方部分胜诉仍是主要形式，占比接近六成；用人单位单方胜诉率、劳动者单方胜诉率均有所下降，分别降低 0.77 个、1.61 个百分点。

三　劳动争议典型案件摘录

2020 年 7 月，人力资源和社会保障部、最高人民法院发布《关于联合发布第一批劳动人事争议典型案例的通知》，首次就劳动人事争议案件的处理联合筛选并发布 15 个典型案例，希望通过典型案例的发布加大对基层劳

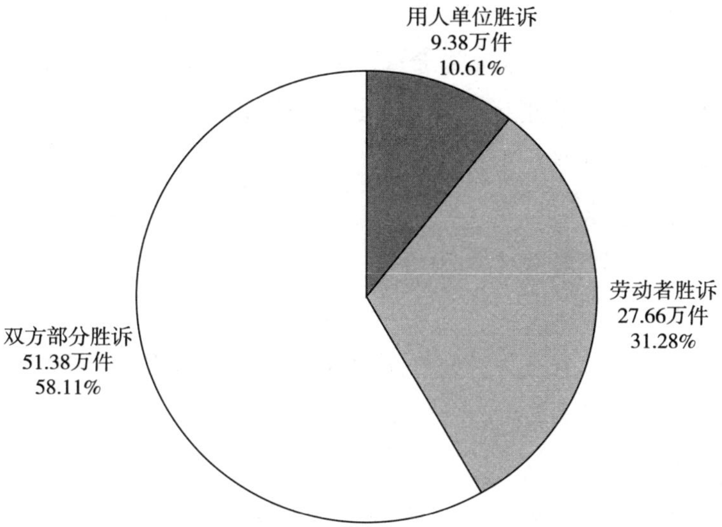

图 5　2018 年劳动争议仲裁结审案件胜诉情况

动争议仲裁机构、人民法院的办案指导，切实提高劳动人事争议案件处理质效，为基层劳动人事争议仲裁机构、人民法院在办案中“加强裁审衔接，统一案件处理标准”提供了参考。首批发布的 15 个案例中，分为疫情类、劳动报酬类、劳动合同类、其他类 4 大类。本报告引用其中 3 个典型案例，这些案例均是近年来关注比较多的劳动争议问题。

典型案例1. 用人单位能否以新冠肺炎疫情属不可抗力为由中止劳动合同

基本案情

张某为某物流公司员工，双方签订的劳动合同约定其从事跨省货品运送工作，月工资为 5000 元；物流公司于每月月底发放张某当月工资。受疫情影响，物流公司按照所在地区人民政府施行防疫措施，自 2020 年 2 月 3 日起停工。2 月底，张某发现公司未发工资，便询问公司人力资源部门，人力资源部门答复：“因疫情属不可抗力，公司与你的劳动合同中止，2 月停工你无需上班，公司也没有支付工资的义务。”张某对此不理解，于 3 月初，通过互联网向劳动人事争议仲裁委员会（以下简称仲裁委员会）申请仲裁。

申请人请求

裁决物流公司支付 2020 年 2 月工资 5000 元。

处理结果

仲裁委员会裁决物流公司支付张某 2020 年 2 月工资 5000 元。物流公司不服仲裁裁决起诉，一审法院判决与仲裁裁决一致，物流公司未上诉，一审判决生效。

案例分析

本案的争议焦点是物流公司能否以不可抗力为由拒绝支付张某工资。本次新冠肺炎疫情是突发公共卫生事件，属于不能预见、不能避免且不能克服的不可抗力。不可抗力是民法的一个法定免责条款。《中华人民共和国合同法》第 117 条规定，“因不可抗力不能履行合同的，根据不可抗力的影响，部分或者全部免除责任，但法律另有规定的除外。”第 94 条规定：“有下列情形之一的，当事人可以解除合同：（一）因不可抗力致使不能实现合同目的……”最高人民法院《关于依法妥善审理涉新冠肺炎疫情民事案件若干问题的指导意见（一）》第 2 条规定：“人民法院审理涉疫情民事案件，要准确适用不可抗力的具体规定，严格把握适用条件。”人力资源社会保障部、最高人民法院等七部门《关于妥善处置涉疫情劳动关系有关问题的意见》（人社部发〔2020〕17 号）第（一）条规定：“受疫情影响导致原劳动合同确实无法履行的，不得采取暂时停止履行劳动合同的做法，企业和劳动者协商一致，可依法变更劳动合同。”因此，受疫情影响的民事合同主体可依法适用不可抗力条款，但劳动合同主体则不适用并不得因此中止履行劳动合同。本案中，物流公司主张疫情属不可抗力，双方劳动合同因此中止缺乏法律依据，仲裁委员会不予采信。物流公司自2020年2月3日停工，张某2月未提供劳动。根据人力资源社会保障部办公厅《关于妥善处理新型冠状病毒感染的肺炎疫情防控期间劳动关系问题的通知》（人社厅明电〔2020〕5号）第2条规定："企业停工停产在一个工资支付周期内的，企业应按劳动合同规定的标准支付职工工资。超过一个工资支付周期的，如果职工提供了正常劳动，企业支付给职工的工资不得低于当地最低工资标准。"仲裁委员会裁决物流公司按照劳动合同约定，支付张某2020年2月工资5000元。一审人民法院判决结果与仲裁裁决一致。

典型意义

《劳动法》未引入不可抗力免责条款，主要原因是劳动关系是一种从属性的不对等关系，不同于民事关系是两个平等主体之间的关系。如果用人单位因不可抗力而免责，则会直接影响劳动者生存权。劳动报酬是劳动者赖以生存的经济来源，即使出现不可抗力，劳动者的该项权益仍需予以维护，用人单位也应谨慎区分民事关系与劳动关系适用不可抗力的条件、法律后果，避免适用错误，侵害劳动者权益，并因此承担违法后果。

典型案例2. 员工借出企业无法继续履行协议，"共享用工"如何处理

基本案情

张某为某餐饮公司服务员，双方签订有劳动合同。2020年春节期间，因新冠肺炎疫情影响，餐饮公司停止营业，多名员工滞留当地。而某电商公司则业务量持续暴发增长，送货、拣货等岗位人员紧缺。电商公司遂与餐饮公司签订了"共享用工协议"，约定张某自2020年2月3日至5月4日借用到电商公司从事拣货员岗位工作，每月电商公司将工资交由餐饮公司后，由餐饮公司支付张某。张某同意临时到电商公司工

作，并经该公司培训后上岗。然而，餐饮公司于 3 月 20 日依法宣告破产，并通知张某双方劳动合同终止，同时告知电商公司将无法履行共享用工协议。电商公司仍安排张某工作并支付工资。4 月 16 日，张某向劳动人事争议仲裁委员会（以下简称仲裁委员会）申请仲裁申请人请求裁决确认与电商公司自 2020 年 2 月 3 日至 4 月 16 日存在劳动关系。

处理结果

经仲裁委员会庭前调解，电商公司认可与张某自 2020 年 3 月 20 日起存在劳动关系，双方签订了 2020 年 3 月 20 日至 2021 年 3 月 19 日的劳动合同，张某撤回了仲裁申请。

案例分析

本案的争议焦点是员工借出企业无法继续履行共享用工协议，借入企业继续用工的，双方是否建立劳动关系。“共享用工”是指员工富余企业将与之建立劳动关系的员工借调至缺工企业工作，员工与借出企业的劳动关系不发生改变，借入企业与借出企业签订协议明确双方权利义务关系。《关于贯彻执行〈中华人民共和国劳动法〉若干问题的意见》（劳部发〔1995〕309 号）第 7 条规定：“用人单位应与其长期被外单位借用的人员、带薪上学人员以及其他非在岗但仍保持劳动关系的人员签订劳动合同，但在外借和上学期间，劳动合同中的某些相关条款经双方协商可以变更。”因此，我国《劳动法》并不禁止用人单位之间对劳动者的借用。

《中华人民共和国劳动合同法》第四十四条规定：“有下列情形之一的，劳动合同终止：……（四）用人单位依法宣告破产的。”因“共享用工协议”的履行以劳动者与借出企业劳动关系的存在为前提，“共享用工”的用工模式自借出企业宣告破产时被打破。借入企业明知劳动者与借出企业劳动关系终止的情况下继续用工，应根据有关法律和政策规定建立劳动关系。

本案中，餐饮公司与电商公司签订并履行了“共享用工协议”，张某同意被借用到电商公司工作，应认定餐饮公司与张某口头变更了劳动合同中工作地点、工作内容等事项。因餐饮公司于2020年3月20日宣告破产，张某与餐饮公司劳动合同终止，电商公司与餐饮公司原有的权利义务不再存在。而电商公司明知餐饮公司宣告破产，双方共享协议无法履行，仍然安排张某从事业务工作，对其进行劳动管理并发放劳动报酬，符合原劳动和社会保障部《关于确立劳动关系有关事项的通知》（劳社部发〔2005〕12号）规定，张某与电商公司自2020年3月20日确立劳动关系。庭前调解阶段，电商公司表示因张某工作表现良好，公司正在研究是否正式聘用，希望暂缓开庭。仲裁委员会告知张某后，张某考虑工作机会难得，且工作地点等条件十分便利，同意暂不开庭，愿意等待电商公司决议。最终，双方庭前和解，并签订了自2020年3月20日至2021年3月19日的劳动合同，张某撤回了仲裁申请。

典型意义

“共享用工”是借出企业与借入企业之间自行调配人力资源解决特殊时期用工问题的应急措施。其本质是企业在不同行业之间短期调配人力资源，以应对各行业因淡旺季或特殊事件带来的人力资源需求差异，从而实现各方受益。借出和借入员工是企业之间行为，可以通过签订民事协议明确双方权利义务关系。“共享用工”属于特殊情况下的灵活用工方式，在法律主体认定、劳动报酬支付、社会保险缴纳等方面还存在制度盲点，但需要明确的是，借出企业不得以营利为目的借出员工，也不得以“共享用工”之名，进行违法劳务派遣，或诱导劳动者注册个体工商户以规避用工责任。此外，劳动者在企业停工停产等特殊情况下，主动选择为其他企业提供劳动，不属于“共享用工”，应根据相关法律和政策认定是否建立“双重劳动关系”。

典型案例3. 如何快速处理拖欠农民工工资集体劳动争议

基本案情

2018年，王某等142名农民工与某汽车配件公司签订劳动合同，从事汽车配件制作、销售等工作。2019 年 4 月，该公司全面停工停产，并开始拖欠工资。2019 年 9 月 3 日以后，该公司陆续邮寄了书面解除劳动合同通知，但未涉及拖欠工资事项。2019 年 9 月 15 日，王某等 142 名农民工向劳动人事争议仲裁委员会（以下简称仲裁委员会）申请仲裁。

申请人请求

裁决汽车配件公司支付拖欠的工资等。

处理结果

经仲裁委员会调解，王某等 142 名农民工与汽车配件公司当庭达成调解协议，由该公司于调解书生效后 10 日内支付工资等共计 145 万元。

案例分析

本案中，仲裁委员会采取的快速处理拖欠农民工工资集体劳动争议方法值得借鉴。

一是建立拖欠农民工工资争议快速处理机制。人力资源社会保障部、最高人民法院等五部门联合下发的《关于实施“护薪”行动全力做好拖欠农民工工资争议处理工作的通知》（人社部发〔2019〕80 号，以下简称《“护薪”行动通知》）提出：“仲裁委员会要对拖欠农民工工资争议实行全程优先处理。”《劳动人事争议仲裁办案规则》第 58 条规定：“简易处理的案件，经与被申请人协商同意，仲裁庭可以缩短或者取消答辩期。”本案中，仲裁委员会为王某等 142 名农民工开通“绿色通道”，于收到仲裁申请当日立案，通过简化优化仲裁程序，对能合并送达的开庭、举证通知等仲裁文书一并送达。此外，在征询双方当事人同意后，对本案取消了答辩期，于立案后两个工作日即开庭审理，并对当庭达成调解协议的，当庭制作送达调解书。

二是运用要素式办案方式。要素式办案，是指围绕案件争议要素加强案前引导、优化庭审程序、简化裁决文书的仲裁处理方式，对于创新仲裁办案方式，优化仲裁程序，提升办案效能，满足当事人快速解决争议的需要具有重要意义。《中华人民共和国劳动法》第50条规定："工资应当以货币形式按月支付给劳动者本人。不得克扣或者无故拖欠劳动者的工资。"本案中，仲裁庭以仲裁申请书为基础提炼案件要素并梳理总结争议焦点，考虑到案件同质性强且涉及劳动者人数较多的实际情况，在开庭前对农民工代表及委托代理人制作要素式谈话笔录，明确入职时间、工资标准、拖欠工资数额、劳动合同解除时间等要素，并在开庭前安排汽车配件公司代理人逐一核对王某等农民工请求事项，对于无争议要素由代理人签字确认，对于有争议要素由代理人当场写明理由及依据。

三是发挥工会、企业代表组织协商作用。根据要素谈话笔录反映的信息，仲裁委员会理清了案情脉络，并及时引入社会力量，会同当地工会、工商联等，启动集体劳动争议应急预案，由工会、工商联派人与农民工代表、汽车配件公司反复沟通协商，充分解答双方咨询法律问题、释明法律风险，为仲裁调解奠定了良好基础。

四是通过调解化解争议。《劳动人事争议仲裁办案规则》第66条规定："仲裁庭处理集体劳动人事争议，开庭前应当引导当事人自行协商，或者先行调解。"2019年9月18日仲裁庭审中，仲裁庭分别进行了"面对面"和"背对背"调解，对涉及停工停产后劳动报酬的支付问题、劳动争议的"一裁两审"程序等进行了解释说明，从经济成本、时间成本、社会诚信以及和谐劳动关系等角度引导双方当事人协商，最终双方就工资支付数额、期限和方式达成一致，并当庭制作142份调解书送达了双方当事人。

典型意义

依法及时有效保障农民工工资权益，关系人民群众的切身利益，关系社会和谐稳定，是实现社会公平正义的必然要求，是践行立党为公、执政为民的具体体现。人社部、最高人民法院等下发的《"护薪"行动通知》，要求完善协商、调解、仲裁、诉讼相互协调、有序衔接的多元处理机制。发生拖欠农民工工资集体劳动争议时，要根据国家有关保障工资支付的法律和政策规定，先行引导当事人到专业性劳动争议调解组织进行调解；调解不成的，则需及时引导进入仲裁程序，要充分发挥协商、调解在争议处理中的基础性作用和仲裁准司法的优势，发挥人社部门、工会和企业代表组织等有关部门合力及与司法的联动效能共同解决好拖欠农民工工资集体劳动争议，实现政治效果、法律效果与社会效果的统一。

四　2019年度劳动争议处理创新举措

（一）多元共治，突出工会参与调解职能

党的十八大以来，党中央和国务院高度重视矛盾纠纷多元化解机制建设，中共中央办公厅、国务院办公厅印发《关于完善矛盾纠纷多元化解机制的意见》做出工作部署。此次，最高人民法院、中华全国总工会联合印发《关于在部分地区开展劳动争议多元化解试点工作的意见》，在8省3市开展劳动争议多元化解试点工作，主要有三个突出特点。一是突出“多元共治”理念。“各级人民法院和总工会要加强工作协同，积极推动建立完善党委领导、政府主导、各部门和组织共同参与的劳动争议预防化解机制”，把“多元共治”的改革精神落在推进工作实处。二是强化工会参与协调调解，提高调解成功率。在劳动争议中，一直存在“资强劳弱”的现象，发生纠纷时劳动者缺乏对等的谈判能力，然而一些争议问题敏感度高、牵涉面广，一旦未能妥善处理，将造成较大的社会影响。工会代表劳动者权益，积极参与到劳动争议处理中，强化工会参与协调调解职能，加强劳动争议调解力量建设，能够最大限度发挥调解分流诉讼、缓和矛盾、解决纠纷的作用。因此，文件鼓励基层工会在建设合格调解组织、打造过硬调解员队伍、吸纳专业律师参与、完善经费保障等方面发挥更大作用。

（二）多措并举，避免疫情期间争议暴涨

人社部快报数据显示，新冠肺炎疫情并未造成劳动争议案件的增长，相

反全国仲裁立案数同比降低5.2%，涉案劳动者人数同比降低5.2%。虽然受新冠肺炎疫情的影响，但全国劳动争议状况健康、稳定发展，这得益于政府部门的快速应对。一是国家、各部委和地方政府快速反应，出台多项政策，引导劳动者与用人单位共克时艰，力争把风险隐患化解在萌芽状态，有效防止了部分劳动争议的发生。如《关于做好新型冠状病毒感染肺炎疫情防控期间稳定劳动关系支持企业复工复产的意见》《关于妥善处理新型冠状病毒感染的肺炎疫情防控期间劳动关系问题的通知》《关于进一步加强劳动人事争议调解仲裁法律援助工作的意见》。二是相关部门积极进行政策指导，大力加强专业性劳动争议调解工作，促使劳动争议的快速处理。比如，人力资源社会保障部、最高人民法院联合发布了第一批劳动人事争议典型案例，北京市高级人民法院与北京市劳动人事争议仲裁委员会发布《关于审理新型冠状病毒感染肺炎疫情防控期间劳动争议案件法律适用问题的解答》，这些文件都在一定程度上为疫情期间发生的特殊劳动争议问题给出了处理办法，加速了劳动争议案件的处理。2020年上半年，全国劳动争议案件审结案件数40万件，结案率达八成以上。

（三）案例发布，推动案件处理标准统一

2020年7月，人力资源和社会保障部、最高人民法院发布《关于联合发布第一批劳动人事争议典型案例的通知》（人社部函〔2020〕62号），为落实《关于加强劳动人事争议仲裁与诉讼衔接机制建设的意见》（人社部发〔2017〕70号）迈出了实质性的一步。虽然北京市、广州市、成都市等部分地方人社部门或者法院每年均会发布劳动人事争议仲裁典型案例，但从国家层面，由主管部门联合筛选并发布劳动人事争议处理典型案例尚属首次。这次联合发布行动对促进裁审衔接，统一案件处理标准有巨大推动作用。第一批仅发布4类15个典型案例，主要涉及疫情期间的劳动争议问题和劳动合同争议问题，但我们相信，这仅仅是一个开始，未来相关部门将会发布更多、更全面的劳动争议典型案例，为基层办案组织提供办案指导。

参考文献

人力资源和社会保障部、最高人民法院：《关于联合发布第一批劳动争议典型案例的通知》（人社部函〔2020〕62 号），2020 年 7 月 10 日。

人力资源和社会保障部：《2019 年度人力资源和社会保障事业发展统计公报》。

北京市高级人民法院、北京市劳动人事争议仲裁委员会：《关于审理新型冠状病毒感染肺炎疫情防控期间劳动争议案件法律适用问题的解答》，2020 年 4 月 29 日。

北京市人力资源和社会保障局：《2019 年北京市劳动人事争议仲裁十大典型案例》，2019 年 11 月 5 日。

2019年中国职工议题媒体报道状况研究

吴　麟*

摘　要：　在一个日益“媒介化”的时代，媒介已逐步成为社会与文化实践的“一个结构性条件”，是实现“互动式治理”的有机构成。信息传播技术的发展与更迭，正在深刻重塑中国新闻生态系统，新闻业的格局已演变为多种类型媒体共同参与、多元新闻实践形态并存。鉴于新闻业态变迁以及职工议题属性，本研究尝试涵盖不同类型的媒体行动者，主要以专业媒体为观察重点，兼顾自媒体和机构媒体，以及相关信息在平台媒体上的聚合与分发。通过数据分析和个案考察，主要研究发现有二。其一，“职工议题的媒介能见度”可描述为“结构性稳定中的波动”，其基本特征是“重点突出基本议题”和“低度呈现风险议题”。在具体指标上，不同类型的媒体可能会存在“量”的分际，但很难出现“质”的差异。其二，“职工群体的媒介话语权”可描述为“有限的主体性”。普通职工群体的主体性表达在一定程度上得以实现，表达的边界则由党的路线方针、当前政策形势、相关法律法规、媒体具体定位等要素综合划定。为劳动者的基本劳动权益保障以及实现体面劳动愿景，需要增进“媒介现实”与“客观现实”之间的契合度。对此，本研究提出下述建议：一是拓宽“协商区域”边界以提升风险议题可见性，二是运用“复

* 吴麟，博士，中国劳动关系学院文化传播学院新闻传播学系主任、副教授，主要研究方向为媒介社会学、新闻传播史论、传播法与伦理。

杂思维”以呈现具体问题的实践逻辑，三是在融媒体环境下以“媒介可供性”视角守正创新，四是以“建设性新闻”路径激发媒体的治理参与潜能。

关键词： 职工议题　职工群体　媒介能见度　媒介话语权　建设性新闻

一　问题与方法

随着信息传播技术（ICTs）的迅速发展更迭，“万物皆媒”与“泛媒介”（pan-media）已日益成为时代的标志性特征。换言之，我们处于一个“媒介化”（mediatization）时代，媒介逻辑正在逐渐渗透社会生活的方方面面。媒介已然成为社会与文化实践的“一个结构性条件”，同时存在于特定的文化领域以及作为整体的社会之中。现代国家治理体系是“有机的、协调的、动态的和整体的”制度运行系统；走向“互动式治理”是创新国家治理体系的新方向——国家、市场和社会行动者通过频密的、制度化的互动，形成和凝聚共享的目标与价值观，建构共同遵守的行为规范及制度，从而达成良好治理。媒介化过程具有一种“二元性”（duality）的特征，即“媒介融入其他社会制度与文化领域的运作中，同时其自身也相应成为社会制度”。这意味着，媒介不仅可以作为互动渠道，还能以自身形塑着互动，可谓实现互动式治理的有机构成。在当前中国语境中，劳动关系治理需要建立健全有效涵盖政府、资本、劳动者三方的利益表达与分配机制，以“互动式治理”作为行动理念是贴近和尊重经验现实的选择。那么，如何充分发挥媒介在劳动关系治理中的功能？探究职工议题的媒体报道现状以及可能的改善进路，是讨论此问题的一个具体切口。

作为一项有延续性的年度报告，本研究在逻辑起点、概念界定、衡量指标、研究方法等方面，与《中国职工状况研究报告（2018）》《中国职工状况研究报告（2019）》中相关内容保持一致，简述如下。①逻辑起点：在中国特色和谐劳动关系治理模式中，以“文件政治”的视角进行逻辑推演，媒体的利益表达与协调功能渐被强调，被视作劳资利益协调机制的有机构成，在“应然”意义上负有一定角色期待。然而，作为一种嵌入具体时空政经结构的社会机制，媒体在“实然”层面的作为，需要立足具体经验事实进行观察。②概念界定：职工议题是指涵盖职工群体的收入、就业、社会保障、职业安全、职业卫生、劳动关系等诸方面状况的议题。这是观察和定位职工群体状况的一个重要维度。在现代国家“利益—政治”过程中，媒体如何报道职工议题，关乎该群体在公共话语空间中能否进行利益表达以及表达是否充分。③衡量指标：设置“职工议题的媒介能见度”和“职工群体的媒介话语权”两个指标，前者主要是指媒体对具体职工议题的呈现频度，关注诸项职工议题的媒体报道空间；后者则侧重于职工群体在具体报道中能否发声，探寻职工群体能否实现自我利益表达。④研究方法：首先，通过统计媒体文章标题中所出现特定“关键词”的数量，尝试探究职工议题的媒介能见度；其次，通过考察具体新闻框架进行内容分析，寻求测量职工群体的媒介话语权。

传统媒体时代，我国新闻业态格局基本由三类媒体构成，包括：①机关型媒体 vs. 市场型媒体；②行业性媒体 vs. 综合性媒体；③机构化的专业媒体。信息传播技术正在深刻重塑中国新闻生态系统，专业化传播与社会化传播的并存，基本构成当下主流传播形态，一个“新新闻生态系统”已初步出现。按照“媒体产权、传者价值、受众属性、组织形态”四个维度观察，媒体行动者至少可分类为：①专业媒体（professional media）；②机构媒体（institutional media）；③自媒体（we media）；④平台媒体（platform media）。其中，专业媒体的关键属性是生产专业化的原创新闻；机构媒体为特定机构或行业的传播和沟通而建立，致力于垂直领域的资讯传播和观点生产；自媒体的草根文化和技术赋权特征明显，具有一定的议程设置和社会动员能力；平台媒体则可分为“资讯定制”和“网络社交”两类，以技术创新、用户规模、资本驱动等特征而成为网络化社会中的信息传播枢纽。可见，目前的新闻业已逐步演变为多种类型媒体共同参与、多元新闻实践形态并存的格局。鉴于新闻业态变迁以及职工议题属性，在样本媒体选择上，本研究尝试涵盖不同类型的媒体行动者，主要以专业媒体为观察重点，兼顾自媒体和机构媒体，以及考察相关信息在平台媒体上的聚合与分发。

二　中国职工议题的媒介能见度

在当前媒体空间中，诸项职工议题是否得以呈现？为回答此问题，本研究依据“议程设置”理论，设置了“媒介能见度”这一指标。在常规新闻生产实践中，媒体的议程设置实践有三个层次：报道或不报道哪些“议题”或“属性”，是否突出强调一些“议题”或“属性”，以及如何对其强调的“议题”或“属性”进行排序。综合媒体观察体会以及借鉴同行研究经验，我们根据每一年度主题文章（篇名含特定关键词）数量，将“职工议题的媒介能见度”划分为5个等级：1级（0~1篇，低）、2级（2~12篇，较低）、3级（13~24篇，中等）、4级（25~48篇，较高）、5级（48篇以上，高）。

1972年美国传播学者马克斯韦尔·麦库姆斯（Maxwell McCombs）和唐纳德·肖（Donald Shaw）在《公共舆论》季刊发表论文《大众媒体的议程设置功能》以来，议程设置理论迄今经历三个层次的演进：①传统议程设置，强调媒体对议题显著性的“强大影响”；②属性议程设置（Attribute Agenda Setting），提出媒体能够通过对报道对象特定属性的凸显或淡化处理，从而影响受众对其性质的认知和态度，即能提供具体语境以影响公众对议题属性的判断；③网络议程设置，其核心观点是认为影响公众的并非单个议题或属性，而是一系列议题所组成的认知网络，此即媒体不仅能够影响“想什么”或者“怎么想”，同时还决定了公众如何将不同的信息碎片联系起来，从而构建出对社会现实的认知和判断。

议程设置理论诞生于大众媒体时代，在互联网时代是否仍能成立？相关后续研究显示，议程设置从传统媒体向社交媒体转移，不过传统媒体为社交媒体设置议程的力量依旧非常强大。在与《财新周刊》副主编李菁的讨论中，唐纳德·肖教授认为，传统媒体的地位不可颠覆——社交媒体上的碎片化信息，被传统媒体报道后，才可能“真正变成一个大事件”。他还提出，传统媒体和社交媒体之间的关系“像是一个温度计”，“如果二者高度一致，那肯定不正常，很可能被控制；如果二者过于背离，那么社会一定非常混乱”。

作为中华全国总工会的机关报，在职工议题报道上，《工人日报》是核心主流媒体，本研究继续以其为样本媒体，观察“媒介能见度”这一指标。在研究内容上，主要分析 6 类主题共 12 个关键词，包括职工收入状况（“工资”“讨薪/欠薪”）、职工就业状况（“就业”“失业”）、职工保障状况（“社保”“养老保险”）、职工安全状况（“工伤”“安全生产”）、职工卫生状况（“职业病”“尘肺病”）、职工劳动关系（“劳动合同”“劳务派遣”）。此次考察按照下述步骤进行具体操作：①以“中国重要报刊全文数据库”作为样本数据来源；②相关参数设定——“报纸来源”为《工人日报》，“时间”为2000 年 1 月 1 日至2019 年 12 月 31 日，以“题名”中含特定的关键词为选项；③逐年进行数据的采集整理。

（一）专业媒体的历时性观察

1. 职工收入状况呈现

（1）“工资”议题。检索 2000 ~ 2019 年的《工人日报》，篇名含关键词“工资”的文章共 2397 篇，其年度分布状况为 2000 年 25 篇，2001 年 24 篇，2002 年 32 篇，2003 年 69 篇，2004 年 56 篇，2005 年 38 篇，2006 年 93 篇，2007 年 121 篇，2008 年 147 篇，2009 年 155 篇，2010 年 264 篇，2011 年 313 篇，2012 年 190 篇，2013 年 203 篇，2014 年 149 篇，2015 年 97 篇，2016 年 110 篇，2017 年 103 篇，2018 年 105 篇，2019 年 103 篇，“工资”议题的年度文章平均数为 119.9 篇，其媒介能见度为 5 级（高）。分析全部文章内容，按照主题分布划分，数量居前 10 位的依次是工资集体协商 697 篇，工资协商 293 篇，农民工工资 291 篇，工资集体协商制度 167 篇，最低工资标准139篇，集体合同130篇，农民工129篇，拖欠工资73篇，集体协商71篇，工会联合会71篇。

（2）“讨薪/欠薪”议题。检索2000～2019年的《工人日报》，篇名含关键词“讨薪/欠薪”的文章共641篇，其年度分布状况为2000年2篇，2001年3篇，2002年15篇，2003年22篇，2004年16篇，2005年9篇，2006年21篇，2007年30篇，2008年16篇，2009年28篇，2010年42篇，2011年49篇，2012年42篇，2013年62篇，2014年52篇，2015年30篇，2016年46篇，2017年44篇，2018年47篇，2019年65篇，“讨薪/欠薪”议题的年度文章平均数为32.1篇，其媒介能见度为4级（较高）。分析全部文章内容，按照主题分布划分，数量居前10位的依次是农民工工资211篇，农民工137篇，农民工讨薪76篇，拖欠工资66篇，恶意欠薪37篇，农民工维权26篇，包工头23篇，拒不支付劳动报酬罪18篇，劳动报酬17篇，劳动保障监察15篇。

2. 职工就业状况呈现

（1）“就业”议题。检索2000～2019年的《工人日报》，篇名含关键词“就业”的文章共2420篇，其年度分布状况为2000年62篇，2001年74篇，2002年125篇，2003年187篇，2004年117篇，2005年57篇，2006年79篇，2007年156篇，2008年141篇，2009年349篇，2010年167篇，2011年122篇，2012年81篇，2013年129篇，2014年85篇，2015年66篇，2016年77篇，2017年104篇，2018年94篇，2019年152篇，“就业”议题的年度文章平均数为121.0篇，其媒介能见度为5级（高）。分析全部文章内容，按照主题分布划分，数量居前10位的依次是下岗失业人员212篇，农民工182篇，农民工就业110篇，高校毕业生104篇，求职者75篇，毕业生64篇，用人单位64篇，就业援助62篇，再就业工作62篇，促就业59篇。

（2）“失业”议题。检索2000～2019年的《工人日报》，篇名含关键词“失业”的文章共245篇，其年度分布状况为2000年16篇，2001年17篇，2002年13篇，2003年27篇，2004年16篇，2005年11篇，2006年13篇，

2007年9篇，2008年15篇，2009年28篇，2010年10篇，2011年11篇，2012年6篇，2013年7篇，2014年7篇，2015年11篇，2016年7篇，2017年10篇，2018年7篇，2019年4篇，“失业”议题的年度文章平均数为12.3篇，其媒介能见度为3级（中等）。分析全部文章内容，按照主题分布划分，数量居前10位的依次是下岗失业人员49篇，失业保险37篇，失业保险金27篇，失业人员23篇，失业保险基金10篇，失业登记9篇，失业保险费8篇，农民工7篇，就业援助7篇，高校毕业生6篇。

3. 职工保障状况呈现

（1）“社保”议题。检索2000～2019年的《工人日报》，篇名含关键词“社保”的文章共386篇，其年度分布状况为2000年8篇，2001年17篇，2002年7篇，2003年11篇，2004年9篇，2005年8篇，2006年23篇，2007年26篇，2008年19篇，2009年30篇，2010年18篇，2011年26篇，2012年25篇，2013年15篇，2014年16篇，2015年15篇，2016年40篇，2017年28篇，2018年17篇，2019年28篇，“社保”议题的年度文章平均数为19.3篇，其媒介能见度为3级（中等）。分析全部文章内容，按照主题分布划分，数量居前10位的依次是农民工33篇，社保基金25篇，社会保险23篇，社会保险费21篇，用人单位17篇，养老保险16篇，社保费13篇，劳动合同12篇，社保体系12篇，社保制度12篇。

（2）“养老保险”议题。检索2000～2019年的《工人日报》，篇名含关键词“养老保险”的文章共199篇，其年度分布状况为2000年10篇，2001年8篇，2002年4篇，2003年12篇，2004年9篇，2005年11篇，2006年6篇，2007年10篇，2008年11篇，2009年20篇，2010年17篇，2011年5篇，2012年15篇，2013年9篇，2014年11篇，2015年11篇，2016年4篇，2017年7篇，2018年14篇，2019年5篇，“养老保险”议题的年度文章平均数为10.0篇，其媒介能见度为2级（较低）。分析全部文章内容，按照主题分布划分，数量居前10位的依次是养老保险59篇，农民工28篇，养老保险费22篇，基本养老保险15篇，养老保险关系12篇，职工养老保险11篇，社会养老保险10篇，养老保险制度9篇，个人账户养老金9篇，参保人员8篇。

4. 职工安全状况呈现

（1）“工伤”议题。检索2000～2019年的《工人日报》，篇名含关键词“工伤”的文章共487篇，其年度分布状况为2000年7篇，2001年5篇，2002年5篇，2003年19篇，2004年21篇，2005年12篇，2006年18篇，2007年31篇，2008年15篇，2009年28篇，2010年31篇，2011年34篇，2012年25篇，2013年38篇，2014年38篇，2015年43篇，2016年29篇，2017年26篇，2018年28篇，2019年34篇，“工伤”议题的年度文章平均数为24.4篇，其媒介能见度为4级（较高）。分析全部文章内容，按照主题分布划分，数量居前10位的依次是工伤认定125篇，工伤保险107篇，农民工71篇，工伤保险待遇58篇，用人单位53篇，《工伤保险条例》47篇，工伤职工45篇，工伤待遇40篇，工伤赔偿32篇，工伤保险基金31篇。

（2）“安全生产”议题。检索2000～2019年的《工人日报》，篇名含关键词“安全生产”的文章共403篇，其年度分布状况为2000年14篇，2001年9篇，2002年10篇，2003年23篇，2004年13篇，2005年15篇，2006年23篇，2007年26篇，2008年23篇，2009年34篇，2010年37篇，2011年22篇，2012年14篇，2013年23篇，2014年38篇，2015年22篇，2016年18篇，2017年15篇，2018年8篇，2019年17篇，“安全生产”议题的年度文章平均数为20.2篇，其媒介能见度为3级（中等）。分析全部文章内容，按照主题分布划分，数量居前10位的依次是安全生产88篇，安全生产工作44篇，安全生产事故31篇，工会劳动保护21篇，安康杯16篇，重特大事故16篇，生产经营单位15篇，煤矿安全生产14篇，事故隐患12篇，生产安全事故11篇。

5. 职业卫生状况呈现

（1）“职业病”议题。检索2000～2019年的《工人日报》，篇名含关键词“职业病”的文章共208篇，其年度分布状况为2000年1篇，2001年2篇，2002年10篇，2003年9篇，2004年9篇，2005年7篇，2006年11

篇，2007 年 14 篇，2008 年 5 篇，2009 年 12 篇，2010 年 21 篇，2011 年 19 篇，2012 年 13 篇，2013 年 8 篇，2014 年 8 篇，2015 年 16 篇，2016 年 8 篇，2017 年 9 篇，2018 年 10 篇，2019 年 16 篇，“职业病”议题的年度文章平均数为 10.4 篇，其媒介能见度为 2 级（较低）。分析全部文章内容，按照主题分布划分，数量居前 10 位的依次是职业病防治 78 篇，职业病 30 篇，职业病诊断 26 篇，职业病危害 24 篇，职业危害 21 篇，用人单位 20 篇，尘肺病 20 篇，农民工 19 篇，职业病患者 15 篇，《职业病防治法》14 篇。

（2）“尘肺病”议题。检索 2000 ~2019 年的《工人日报》，篇名含关键词“尘肺病”的文章共 84 篇，其年度分布状况为：2000 年 0 篇，2001 年 0 篇，2002 年 0 篇，2003 年 0 篇，2004 年 2 篇，2005 年 1 篇，2006 年 4 篇，2007 年 2 篇，2008 年 1 篇，2009 年 1 篇，2010 年 6 篇，2011 年 10 篇，2012 年 3 篇，2013 年 8 篇，2014 年 20 篇，2015 年 6 篇，2016 年 5 篇，2017 年 4 篇，2018 年 4 篇，2019 年 7 篇，“职业病”议题的年度文章平均数为 4.2 篇，其媒介能见度为 2 级（较低）。分析全部文章内容，按照主题分布划分，数量居前 10 位的依次是尘肺病 48 篇，尘肺病患者 37 篇，农民工 29 篇，职业病防治 9 篇，职业病诊断 6 篇，工伤保险 5 篇，职业病患者 4 篇，尘肺病人 4 篇，用人单位 3 篇，职业危害 3 篇。

6. 劳动关系状况呈现

（1）“劳动合同”议题。检索 2000 ~2019 年的《工人日报》，篇名含关键词“劳动合同”的文章共 383 篇，其年度分布状况为 2000 年 8 篇，2001 年 12 篇，2002 年 7 篇，2003 年 25 篇，2004 年 13 篇，2005 年 21 篇，2006 年 35 篇，2007 年 42 篇，2008 年 36 篇，2009 年 28 篇，2010 年 28 篇，2011 年 11 篇，2012 年 11 篇，2013 年 14 篇，2014 年 14 篇，2015 年 23 篇，2016 年 12 篇，2017 年 12 篇，2018 年 10 篇，2019 年 21 篇，“劳动合同”议题的年度文章平均数为 19.2 篇，其媒介能见度为 3 级（中等）。分析全部文章内容，按照主题分布划分，数量居前 10 位的依次是劳动合同 194 篇，用人单位 85 篇，《劳动合同法》47 篇，劳动合同制度 29 篇，农民工 26 篇，

《劳动法》26 篇，经济补偿金 18 篇，集体合同 17 篇，合同签订 15 篇，无固定期限劳动合同 15 篇。

（2）“劳动争议”议题。检索 2000～2019 年的《工人日报》，篇名含关键词“劳动争议”的文章共 399 篇，其年度分布状况为 2000 年 11 篇，2001 年 5 篇，2002 年 8 篇，2003 年 12 篇，2004 年 15 篇，2005 年 9 篇，2006 年 23 篇，2007 年 27 篇，2008 年 30 篇，2009 年 30 篇，2010 年 29 篇，2011 年 26 篇，2012 年 20 篇，2013 年 23 篇，2014 年 15 篇，2015 年 16 篇，2016 年 29 篇，2017 年 24 篇，2018 年 20 篇，2019 年 27 篇，“劳动争议”议题的年度文章平均数为 20.0 篇，其媒介能见度为 3 级（中等）。分析全部文章内容，按照主题分布划分，数量居前 10 位的依次是劳动争议 110 篇，劳动争议案件 82 篇，劳动争议调解 55 篇，劳动争议调解组织 23 篇，劳动合同 22 篇，劳动争议处理 21 篇，用人单位 21 篇，劳动争议仲裁 20 篇，工会组织 17 篇，《劳动合同法》16 篇。

（二）结构性稳定中的波动：职工议题的媒介能见度

上述以《工人日报》为观察对象，运用关键词考察的方法，呈现了专业媒体对诸项职工议题的呈现状况。2000～2019 年，具体议题的媒介能见度状况逐年有所不同；在一个较长时段内，诸项议题的媒介能见度也存在明显的区别。若细致探究上述“媒介能见度”的演变规律及其动因，我们需要深入观察新闻生产实践过程，以考察其中具体、动态、复杂的权力关系。在此，本研究只能进行一个概略的讨论。

基于经验观察和已有数据，我们可以发现，样本媒体《工人日报》对职工议题的报道，其基本特征可概括为“重点突出基本议题”和“低度呈现风险议题”。具体而言，一方面是基于传统主流媒体的“耳目喉舌”定位，积极响应国家经济社会建设主旨，重点关注职工的收入分配、就业状况，“就业”“工资”议题的媒介能见度居于前两位。此外，农民工群体已是中国职工队伍的重要组成部分，然而劳动权益保护状况一直不容乐观，近年来相关政策论述均强调要切实保障其劳动薪酬权，“讨薪/欠薪”议题由此也得到较多关注。另一方面或是限于当前以“风险规避”为中心的新闻报道常规，只能零星地、碎片地呈现具有“风险”意味的社会冲突性议题，如“职业病”“尘肺病”等议题，其受关注度与现实境况明显不相匹配。历时性的观察显示，上述基本特征在一个较长时段内都相当稳定，可谓一种“结构性的稳定”（见表1）。

表1　2000～2019年《工人日报》诸项职工议题的媒介能见度

单位：篇

序号	议题	年度主题文章数量	媒介能见度	
			等级	状况
1	就业	121.0	5级	高
2	工资	119.9	5级	高
3	讨薪/欠薪	32.1	4级	较高
4	工伤	24.4	4级	较高
5	安全生产	20.2	3级	中等
6	劳动争议	20.0	3级	中等
7	社保	19.3	3级	中等
8	劳动合同	19.2	3级	中等
9	失业	12.3	3级	中等
10	职业病	10.4	2级	较低
11	养老保险	10.0	2级	较低
12	尘肺病	4.2	2级	较低

这一判断在具体年份内亦能成立。需要强调的是，受当年政策形势的影响，可能会有一定波动。在上一年度报告中，我们测量过2000～2018年《工人日报》诸项职工议题的媒介能见度（见表2），与本年度的数据（见表1）比较，可以发现，“就业”“社保”“职业病”议题排序提升，“工资”“劳动合同”“养老保险”议题则相对降低。每项议题年度主题文章数量有变动，“讨薪/欠薪”“工伤”“职业病”等项数值均有增长；尤其是“工伤”议题的数值变动，已使其“媒介能见度”由3级（中等）提升至4级（较高）。这些变动意味着在2019年《工人日报》对“就业”“讨薪/欠薪”“工伤”等议题，在往年基础上给予了相对更多的关注。历时性的观察

显示（见图1），尽管存在具体调整，但是基本特征不变，因此在样本媒体中，职工议题媒介能见度的整体特征，可描述为“结构性稳定中的波动”。

表2　2000～2018年《工人日报》诸项职工议题的媒介能见度

单位：篇

序号	议题	年度主题文章数量	媒介能见度	
			等级	状况
1	工资	120.7	5级	高
2	就业	119.6	5级	高
3	讨薪/欠薪	30.3	4级	较高
4	工伤	23.8	3级	中等
5	安全生产	20.4	3级	中等
6	劳动争议	19.6	3级	中等
7	劳动合同	19.1	3级	中等
8	社保	18.8	3级	中等
9	失业	12.7	3级	中等
10	养老保险	10.2	2级	较低
11	职业病	10.2	2级	较低
12	尘肺病	4.1	2级	较低

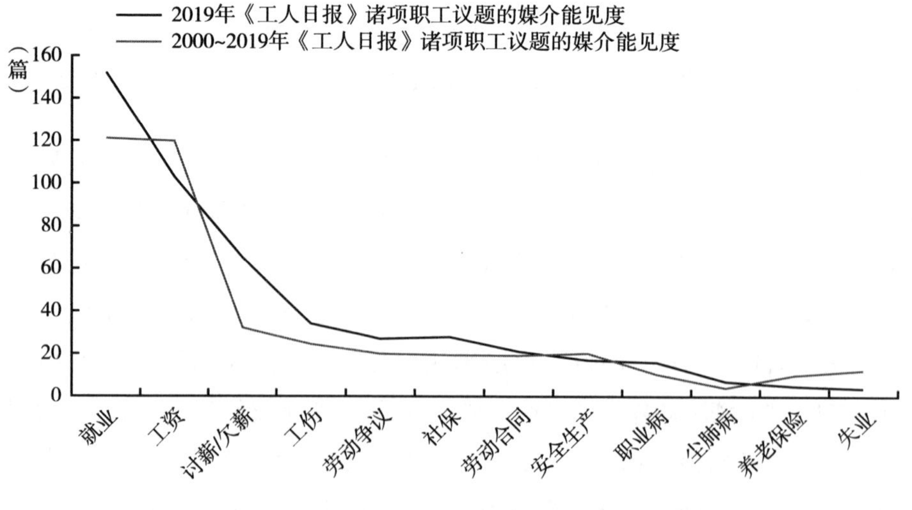

图1　《工人日报》诸项职工议题媒介能见度的整体特征

在当前中国新闻生态系统中，“专业媒体”主要由机关媒体和都市媒体两类构成，它们具有官方认可的新闻采编资质。其中，机关媒体的社会角色是“新闻舆论工作者”，承担“党和政府的耳目喉舌”功能。《工人日报》是典型的机关媒体，将其与有代表性的都市媒体《新京报》、“澎湃新闻”进行比较观察可以发现，在两类不同性质的专业媒体中，职工议题的媒介能见度呈现“异同相间”特征。具体而言，一是均重点突出基本议题，如“就业”议题，具体新闻框架要素虽有分际，但二者对其的关注度都为“高”。二是依据功能定位强调不同议题，《工人日报》对“劳动争议”“劳动合同”“安全生产”等相对特定的议题有着更多呈现，《新京报》、“澎湃新闻”则较多关注对“社保”“养老保险”等更具有普遍性的议题。三是对风险议题的呈现存在区别。“失业”以及“裁员”、“过度劳动”等典型风险议题，相较于机关媒体的“低度呈现”，都市媒体明显给予更多关注；至于“强冲突性”的“风险议题”，如劳动者群体性事件等，二者均是“低度呈现”。四是与职工群体相关的新政策、新实践、新现象等新兴议题，如“零工经济”“平台经济”“机器换人”等，两类媒体均是积极关注，不过基于功能定位差异，在新闻框架上存在一定分际。

按照“场域理论”（Field Theory），不难理解专业媒体内部何以存在上述“异同相间”特征。场域是“不同位置之间的客观关系的网络”，每一个场域均围绕相反的两极构成——“所谓的他律极（heteronomous pole）代表场域外部的力量，自律极（autonomous pole）代表那个场域特有的资本”。概言之，“场域”存在于关系之中，由其在社会中的相对位置来决定，是“力量的场域”，是“斗争的场域”。新闻场是一个“高度他律（heteronomy）”而“低度自律（autonomy）”的场域，行动者在他律与自律的两极间不断进行斗争。此即新闻场的自主性程度相当弱，媒体是一个高度受制于外力的社会体系。通常意义上，新闻场是处于政治场与经济场之间的，普遍具有“双重依附”特征。在中国现实语境中，以“新机构主义”（new institutionalism）的视角观察，国家权力是媒体“他律”的主要来源，新闻场是一个“新闻与政治融合的场域”（merged journalisticpolitical field）。由此，当前中国新闻业的空间大致可划分为三类——禁止区域（Forbidden Zone）、容许和受鼓励区域（Permitted and Encouraged Zone）以及协商区域（Negotiating Zone）。其中，协商区域边界是“流动”的，在自律与他律的协商中不断被重新界定，具有一种“液态”特征；当然，“自律”是有限的，“协商”是谨慎的，最终定义者仍是“他律”的政治权力。在“容许和受鼓励区域”内，机关媒体和都市媒体皆能有所作为，且会呈现具体特色；在“禁止区域”内，二者在公开报道中，都会以“规避风险”作为基本准则；在“协商区域”内如何具体行动，方是二者真正的差异所在。

三　中国职工议题的媒介话语权

社会意义上的“可见性”（visibility）是一种承认，“不可见意味着社会承认被剥夺”。究其实质，“可见”与否，是一个关乎权力的问题。福柯在翻阅18世纪法国的历史档案时，发现其中有一批“声名狼藉”之人，这些“无名者”能够被记录，只不过是因为与权力的偶然遭遇。在思考这些只言片语、兼具虚构与真实的档案时，福柯感叹：“所有这些生命，本来注定一世不为文字记录，甚至未被提及就了无踪迹，只有在刹那间与权力接触时，他们才留下了自己存在的痕迹，而且是那样短暂、激烈、谜团一般。”在他看来，那些简短而矛盾的文字，“往来于权力和这些无关紧要的生命之间，对于后者来说，无疑已经变成了赐予他们的唯一一座纪念碑”，使之流传下来，让我们得以窥见其中的生命。

在日益媒介化的社会中，媒介话语维度的“可见”，本质上是一个权力问题。在社会实践意义上，“权力”是一种“能够对一系列既定的事件进行干预以至于通过某种方式来改变它们”的改造能力。因而，“话语权”可界定为：个人或群体能够自主表达其利益、意见和思想，从而对其他个人或群体产生影响的能力。它反映了在社会话语系统中个人或群体话语表达的实际地位、拥有的话语表达资源，以及其话语表达的潜在效果。相应的，“媒介话语权”则指个人或群体运用媒介自主表达其利益、意见和思想，从而对其他个人或群体产生影响的能力。

（一）媒介话语权的具体测量与研究样本说明

本研究尝试以内容分析法，通过考察新闻框架以测量职工群体媒介话语权的具体状况。

追溯其源，“框架”概念旨在解答“人们如何建构社会现实”问题，即尝试理解人们在具体情景中如何组织经验及赋予意义。任何框架都提供了一种特定的理解、思路或视角，形成“诠释的基模”（schemata of interpretation），令人以之“分辨、觉察、确认和命名似乎无限多的具体事实”。选择以何种“框架”来建构“现实一隅”或“意义的一个特定范畴”则是动态的“架构”（framing）过程。人们在传播文本中会以具体框架，对现象的问题定义、因果解释、价值判断、处理措施给出特定描述。对于媒体而言，新闻框架是它们“认知、诠释和呈现当中的稳固模型，也是选择、强调和排除的常用规则”。

农民工是改革开放以来伴随我国社会经济体制和社会经济结构双重转型而出现的一个特殊群体。农民工群体是中国职工队伍的重要组成部分，2019年我国农民工总量已达29077万人。然而，诸多经验研究显示，农民工群体所享有的法律、政治、社会、经济等诸权利，在形式和实质层面均存在断裂，权益保护问题相当严峻。学者黄宗智研究劳动法规的历史演变，就曾发现：“他们大多处于劳动法律保护的范围之外，被认为是临时性的‘劳务人员’，处于‘劳务关系’而非‘劳动关系’之中。”因而，分析媒体有关农民工的报道，是探究职工群体媒介话语权的一个适宜切口。《工人日报》相当关注农民工问题，2011年11月6日该报开辟中央主流媒体首个“农民工专刊”，将目标读者设定为农民工，“随时反映农民工的心声，引导农民工正确表达自身的诉求和主张”。这项举措被视作“中华全国总工会为切实维护农民工利益、更好为农民工服务推出的又一力举”。综合考虑，本研究拟以2019年《工人日报》的农民工主题报道作为内容分析对象，从以下五个方面展开具体探索。

其一，基本议题。按照前述“职工议题”概念，本研究将《工人日报》对农民工群体的报道所涉议题分为下列类目：①收入问题；②就业问题；③社会保障；④职业安全；⑤职业卫生；⑥劳动关系；⑦综合；⑧其他。其中，一个研究样本中若同时涉及多个议题，选择其中相对最重要的作为基本议题；若多个议题的地位相对均衡，则视之为“综合”。

其二，报道主题。构建新闻框架的第一步是选择主题。在一定时间范围内，新闻媒体对主题的选择会限定受众关注的焦点。本研究将对农民工群体的报道分为下列类目：①政策举措；②先进典型；③权益维护；④综合；⑤其他。其中，一个研究样本中若同时涉及多个主题，选择其中相对最重要的作为主题；若多个主题的地位相对均衡，则视之为“综合”。

其三，消息来源。消息来源或称信源，通常被视为构建新闻框架的重要变项。信源问题关乎新闻生产的公正与客观，能反映不同群体的媒介近用权享有状况，是衡量话语权的一个重要指标。此处，消息来源指新闻报道的线索提供者，包括组织以及个人。新闻报道文本有些会明确交代消息来源；有些虽未具体直接标明消息来源，但从其叙述中可以推知。本研究将消息来源分为下列类目：①党政机构；②工会组织；③企业单位；④研究机构；⑤普通职工；⑥综合；⑦其他。若同一研究样本中出现不止一个信源，则选择其中占据主导地位的作为消息来源；若多个信源的地位相对平衡，无法判定谁占主导，则视之为“综合”。

其四，报道主角。它通常是指在报道中要直接或间接加以突出和表现的个人或组织。此处，报道主角是指在报道中出现并被突出、被引用的人，或者那些被报道所刻画、所描绘的人。本研究将报道主角分为下列类目：①党政官员；②工会干部；③代表/委员；④专业人士；⑤普通职工；⑥企业人士；⑦综合；⑧其他。若同一研究样本中出现多个人物，则选择其中最主要的作为报道主角；若多个人物的地位相对均衡，无法判定谁占主导，则视之为“综合”。

其五，话语引述。新闻报道中对特定群体的话语引述，是衡量该群体媒介话语权状况的一个重要指标。本研究侧重于探讨相关新闻报道中是否引述普通职工的话语以及话语的倾向，设置下列类目：①正面/满意；②中性/无明显的倾向；③负面/不满；④无话语引述。

新闻业的自主性相当弱，“新闻生产总是为社会，特别是政治和经济以及构成它的社会条件所强力规定”。现实意义上的不平等，必然会体现于媒介话语之中。因而，可将能否实现“主体性表达”作为衡量媒体报道弱势社群新闻框架优劣的重要标准。主体性与人的自由和解放具有内在的一致性。在本文中，“主体性表达”概念旨在强调话语表达能够彰显主体地位、反映主体意识、体现能动关系。讨论职工群体的媒介话语权，应着重分析他们在媒介话语空间中能否实现主体性表达。这可以通过考察媒体报道的具体状况来探索，诸如报道是否能涵盖相关基本议题，是否报道他们最为关心的主题，是否以他们作为消息来源，是否将他们当成报道主角，是否引述他们的负面评价话语。一言以蔽之，即职工群体是否可以自主、能动地表达其利益、意见和思想。

（二）有限的主体性：职工群体的媒介话语权

在“中国重要报刊全文数据库”中检索，2019 年 1 月 1 日至 12 月 31 日《工人日报》共刊发 227 篇题名中含关键词“农民工”的文章，剔除 1 篇新闻评论，共获得 226 篇新闻报道作为研究样本（N = 226）。之后，从基本议题、报道主题、消息来源、报道主角、话语引述五个方面逐篇编码，采用 SPSS for Windows 25.0 进行统计分析（见表 3）。

表 3　2019 年《工人日报》农民工议题报道情况

选项		频率	百分比	有效百分比	累计百分比
基本议题	收入问题	48	21.2	21.2	21.2
	就业问题	65	28.8	28.8	50.0
	社会保障	5	2.2	2.2	52.2
	职业安全	5	2.2	2.2	54.4
	职业卫生	5	2.2	2.2	56.6

续表

选项		频率	百分比	有效百分比	累计百分比
基本议题	劳动关系	18	8.0	8.0	64.6
	综合	22	9.7	9.7	74.3
	其他	58	25.7	25.7	100
报道主题	政策举措	118	52.2	52.2	52.2
	先进典型	40	17.7	17.7	69.9
	权益维护	28	12.4	12.4	82.3
	综合	8	3.5	3.5	85.8
	其他	32	14.2	14.2	100
消息来源	党政机构	78	34.5	34.5	34.5
	工会组织	47	20.8	20.8	55.3
	企业单位	19	8.4	8.4	63.7
	研究机构	5	2.2	2.2	65.9
	普通职工	25	11.1	11.1	77.0
	综合	50	22.1	22.1	99.1
	其他	2	0.9	0.9	100
报道主角	党政官员	69	30.5	30.5	30.5
	工会干部	36	15.9	15.9	46.5
	人大代表/政协委员	8	3.5	3.5	50.0
	专业人士	13	5.8	5.8	55.8
	普通职工	57	25.2	25.2	81.0
	企业管理人员	13	5.8	5.8	86.7
	综合	27	11.9	11.9	98.7
	其他	3	1.3	1.3	100
话语引述	正面/满意	87	38.5	38.5	38.5
	中性/无明显倾向	18	8.0	8.0	46.5
	负面/不满	15	6.6	6.6	53.1
	无话语引述	106	46.9	46.9	100

1. 基本议题分布情况

2019 年，《工人日报》上题名含“农民工”的新闻报道，基本议题分布情况为：“就业问题”居第 1 位，占比 28.8%；诸项职工议题外的“其他”居第 2 位，占比 25.7%；“收入问题”居第 3 位，占比 21.2%；同时涉及多个议题的“综合”居第 4 位，占比 9.7%；“劳动关系”居第 5 位，占比8.0%；“社会保障”“职业安全”“职业卫生”三项居于末位，占比均为2.2%。可见，“就业”“收入”作为职工群体最关注的基本议题得到重点呈现，两者共同占比达到50%。

进一步梳理发现，在本年度的“就业”议题中（N＝65），“返乡创业”问题关注度颇高，占比超过20%，多为报道政策支持、先进典型，诸如《吉林：选树典型再掀农民工返乡创业新高潮》（3月21日）、《青海农民工返乡创业可获奖励补助》（5月16日）、《南阳10万返乡农民工创造产值百亿元》（10月17日）等。值得强调的是，少数报道在肯定发展机遇时亦提醒潜在风险，如《返乡下乡创业创新为乡村注入新动能》（1月17日），既强调农村新产业新业态提供了“巨大的创业空间和机会”，也提醒“返乡下乡创业创新人员基本上是技能型、经验型和知识型人才”，“农民工返乡创业多为‘生存型创业’，与‘机会型创业’相比，其面临的困难也更多。比如从事行业扎堆、跟风现象严重，资金短缺、融资困难，人才缺乏、技术落后等”。至于“收入”议题（N＝48），“讨薪/欠薪”问题的关注度相对最高，占比超过50%，多报道各地政府部门、工会组织在欠薪治理上的举措及成绩，诸如《青海专项检查清欠农民工工资4853万元》（2月21日）、《上海“三本台账”堵住农民工欠薪“黑洞”》（8月8日）、《把被欠薪农民工纳入工会重点维权帮扶范围》（12月7日）等。其中，聚焦典型问题、经验、行动的报道很有价值，如《农民工凭企业负责人银行转账记录成功维权》（2月28日）、《跟着讨薪农民工去立案等》（12月14日）、《包工头“跑路”，劳务公司承担连带责任》（12月19日）等，体现出较鲜明的“公共服务”追求。在这一问题的报道中，《武汉7名农民工陷入讨薪“罗生门”》（7月4日）、《重庆13名农民工讨薪10年至今无果》（8月22日）两篇值得关注，反映出欠薪问题依然是痼疾，权益保障之路任重道远。占比居第2位的“其他”议题（N＝58），关注面颇广，诸如年关返乡之路、打工子弟学校、留守儿童看护、公益活动参与、消费理财观念、出国务工经历、先进模范人物，一定程度上反映了农民工群体生活的日常及其可能变迁。

2. 报道主题分布情况

2019 年，《工人日报》上题名含“农民工”的新闻报道，报道主题分布情况为：“政策举措”居第 1 位，占比 52.2%；“先进典型”居第 2 位，占比 17.7%；“权益维护”只居第 4 位，占比 12.4%，排在占比 14.2% 的“其他”之后；同时涉及多个主题的“综合”居于末位，占比 3.5%。

进一步梳理发现，本年度的“政策举措”（N = 118），多与“就业”“收入”两项议题相关，集中在工资保障支付、返乡创业就业、职业技能培训等方面，反映了当前农民工问题的重点难点所在，从《北京市就业新政重点帮扶农民工等群体》（4 月 11 日）、《广西多举措稳就业 支持农民工技能培训》（7 月 25 日）、《三省政府因保障农民工工资支付不力被约谈》（10 月 19 日）、《“千方百计保障农民工工资能拿到手”》（10 月 31 日）等报道中可窥一斑。至于“先进典型”（N = 40），首要是介绍地方典型经验，如《福建校企联合为农民工提供配套职业发展空间》（3 月 21 日）、《德阳工会以典型案例指导基层集体协商》（4 月 21 日）；其次是树立模范人物，如《一名农民工售票员的八年》（3 月 14 日）、《农民工守护瘫妻 26 年》（6 月 20 日）。其中对返乡创业精英的报道，如《“劳作是很有尊严的事”》（6 月 13 日）等，比例明显高于其他具体议题；此外，还有与时俱进能反映社会生活变迁的新型典范，如《一支农民工公益环保队的 13 年》（3 月 28 日）、《80 后小伙用直播帮农民工找工作》（4 月 4 日）。至于“权益维护”方面（N = 28），聚焦“劳动报酬权”的报道共有 18 篇，如《本欲讨薪两千五 却获赔偿三万八》（5 月 11 日）、《7 名外企农民工遇欠薪难题 律师驰援 10 天解困》，占比高达 64.3%；与“工伤赔偿”相关的报道，有《企业少缴社保致工伤待遇降低　农民工维权获 60 万元差额赔偿》（12 月 12 日）等 6 篇，占比 21.4%；余下 4 篇所关注的问题具体有别，如《云南一企业与农民工续签合同竟要求签离职书》（8 月 8 日）曝光一例典型违反《劳动合同法》的行为，《“想提升个学历，咋这么难”》（9 月 19 日）披露农民工遭遇网络教育培训机构的骗局，《活在“夹缝”中的超龄农民工》（9 月 26 日）则讨论如何保障超龄劳动者及其用工单位的合法权益，均有较突出的普遍意义。

3. 消息来源分布情况

2019 年，《工人日报》上题名含“农民工”的新闻报道，消息来源分布情况为：“党政机构”居第 1 位，占比 34.5%；含多个信源的“综合”居第 2 位，占比 22.1%；“工会组织”居第 3 位，占比 20.8%；“普通职工”居第 4 位，占比 11.1%；“企业单位”居第 5 位，占比 8.4%；“研究机构”居第 6 位，占比 2.2%；“其他”居于末位，占比 0.9%。

进一步的交叉分析可以发现，“党政机构”“工会组织”主要是充当“政策举措”主题的消息来源，“企业单位”则是“先进典型”主题的主要消息来源，“普通职工”主要作为“先进典型”和“其他”两项主题的消息来源；至于“综合”作为消息来源，则较为均衡地分布在“政策举措”“权益维护”“其他”三个主题上（见表 4）。具体分析“权益维护”主题，其消息来源依次是“综合”（42.9%）、“党政机构”（32.1%）、“工会组织”（17.9%）、“普通职工”（7.1%）（见图 2）。

表 4　2019 年《工人日报》农民工报道消息来源的具体分布

单位：篇，%

消息来源	政策措施		先进典型		权益维护		综合		其他	
	报道量	占比	报道量	占比	报道量	占比	报道量	占比	报道量	占比
党政机构	64	82.1	3	3.8	9	11.5	1	1.3	1	1.3
工会组织	37	78.7	3	36.4	5	10.6	1	2.1	1	2.1
企业单位	1	15.3	16	84.2	0	0	0	0	2	10.5
研究机构	0	0	0	0	0	0	0	0	5	100
普通职工	1	4	13	52	2	8	0	0	9	36
综合	15	30	4	8	12	24	6	12	13	26
其他	0	0	1	50	0	0	0	0	1	50

4. 报道主角分布情况

2019 年，《工人日报》上题名含“农民工”的新闻报道，报道主角分布情况为：“党政官员”居第 1 位，占比 30.5%；“普通职工”居第 2 位，占比 25.2%；“工会干部”居第 3 位，占比 15.9%；含多个人物的“综合”

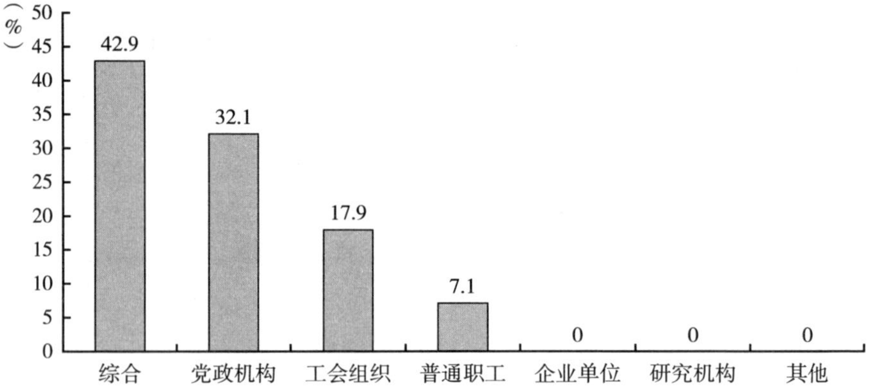

图2　2019年《工人日报》农民工报道“权益维护”主题消息来源情况

居第4位，占比11.9%；“企业管理人员”与“专业人士”并列第5位，占比5.8%；“人大代表/政协委员”居第6位，占比3.5%；“其他”居于末位，占比1.3%。

进一步梳理发现，“普通职工”作为报道主角（N=57），主要分布在“其他”和“就业”两个基本议题中。前者有26篇，占比高达45.6%，主要报道农民工群体日常生活中的现象、事件、问题，诸如《随迁子女的年：异乡团圆幸福不减》（2月14日）、《河南农民工意外身亡器官延续他人生命》（8月29日）、《三对农民工夫妻的工地婚纱照》（9月19日）、《家务重新分工成农民工必经“阵痛”》（10月24日）等。后者有19篇，占比达到33.3%，除聚焦于返乡创业就业、职业技能培训，也关注到“就业”议题中的新兴的现象、问题，如《“非遗菜系传承人”何以成了就业“蓄水池”?》（7月25日）、《新生代农民工的择业观变了》（12月5日）、《南昌散工超市如何让农民工更有获得感》（12月12日）。余下的11篇则零星分布在其他6个议题中，不乏有鲜明“问题意识”的报道，诸如《“新农合”异地结算：好政策还需实践中完善》（2月28日）关注农民工社会保障困境，《建筑行业“失宠”年轻农民工难留》（6月13日）探讨建筑行业劳动力短缺难题，较能反映农民工群体的利益诉求。

5. 话语引述分布状况

2019 年，《工人日报》上题名含“农民工”的新闻报道，话语引述情况分布为：“无话语引述”居于首位，占比 46.9%；“正面/满意”居第 2 位，占比 38.5%；“中性/无明显倾向”居第 3 位，占比 8.0%；“负面/不满”居于末位，占比 6.6%。本研究中“话语引述”特指是否引述普通职工的话语。从中可见，他们的利益表达力度整体而言比较弱，因为“负面/不满”话语往往是反映改善现状的迫切诉求。

进一步的分析可以发现，“职业卫生”外的 7 项议题中均含有“负面/不满”话语（见图 3）。再观察每项议题话语引述情况，“负面/不满”话语在“职业安全”外的 6 项议题中占比均相当低，这在“收入”“就业”两大基本议题中尤为突出（见表 5）。值得强调的是，尽管数量很少（N =15），这些报道还是颇有质量，如《部分用人单位和农民工联手“规避”缴纳社保》（1 月 24 日）、《合法的工伤赔偿，农民工不告拿不到钱》（9 月 12 日）等，关注劳动薪酬、工伤赔偿、社会保险等诸项权益保障。其中，部分报道

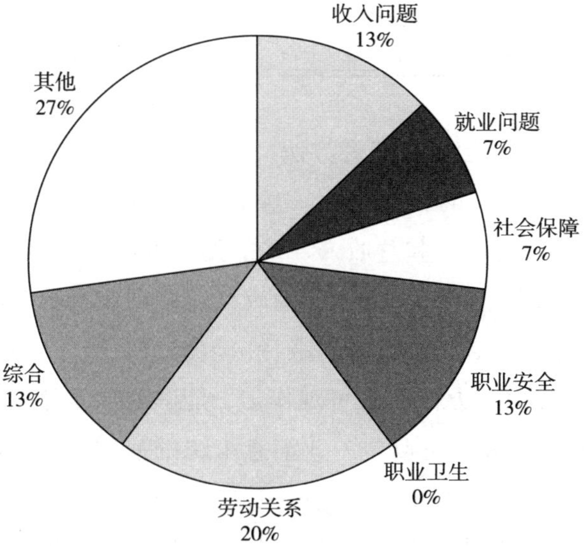

图 3　2019 年《工人日报》农民工报道“负面/不满”话语所涉议题分布情况

对当前农民工问题所透视出的制度性困境有一定呈现，诸如《非法劳务市场隐患暗藏 整治行动亟待深入》（7 月 18 日）反映了“非法用工”屡禁不止的现实动因，《午休还是挣钱，一些农民工面临两难选择》（10 月 31 日）提出了保障普通职工合理休息权的诉求，而《一个农民工家庭的人间大爱》（7 月 4 日）、《左手面包，右手爱情》（11 月 21 日）等则描述了新生代农民工在婚恋家庭问题上的城乡分离之痛。

表 5　2019 年《工人日报》农民工报道话语引述的具体分布

单位：篇，%

报道话题	正面/满意		中性/无明显的倾向		负面/不满		无话语引述	
	报道量	占比	报道量	占比	报道量	占比	报道量	占比
收入问题	10	20.8	1	2.1	2	4.2	35	72.9
就业问题	33	50.8	7	10.8	1	1.5	24	36.9
社会保障	1	20	0	0	1	20	3	60
职业安全	1	20	1	20	2	40	1	20
职业卫生	3	60	0	0	0	0	2	40
劳动关系	6	33.3	2	11.1	3	16.7	7	38.9
综合	5	22.7	0	0	2	9.1	15	68.2
其他	28	48.3	7	12.1	4	6.9	19	32.8

本研究主要运用内容分析研究方法，考察了 2019 年《工人日报》上题名含关键词“农民工”的新闻报道。基于已有数据分析，我们可以发现：①在诸项议题中，“就业”和“收入”的能见度最高，劳动经济权益保障依然是农民工问题的重心。②报道主题为政治议题所主导，“政策举措”和“先进典型”是报道重点，且积极紧跟特定形势进行政策宣传和社会动员；同时，在“权益维护”方面亦有可观作为，能够对严重违反劳动法律法规的具体问题、现象开展舆论监督。③消息来源的使用上相对稳定化、精英化，“党政机构”和“工会组织”是最主要的信源，体现出鲜明的行政和组织特色。④在一定程度上、范围内能够显示农民工的主体地位，反映其主体意识、体现其能动关系，从“报道主角”指标中可见一斑。然而，与理想的“主体性表达”尚有相当距离，关键在于提高他们媒介话语的自主性。

这至少需要改善目前绝大多数报道均无普通职工“话语引述”的状况。此外，虽然“正面/满意”话语未必不是心声反映，但是有必要努力提升“中性/客观”和“负面/不满”两类话语，它们通常更能体现利益表达的诉求及力度。综上，《工人日报》以“宣传+动员”框架为主、以“维权+服务”框架为辅进行报道，其间职工群体的主体性表达在一定程度上得以实现；表达的边界则由党的路线方针、当前政策形势、相关法律法规、媒体具体定位等要素综合划定。

在当前中国新闻生态中，“专业媒体”可分为机关媒体和都市媒体。《工人日报》是典型的机关媒体，至2019年7月15日已创刊70周年，一篇经验总结中提出：该报“立身之本”是“始终坚持正确的政治方向、舆论导向和价值取向”，“立命之本”则是“紧紧围绕党和国家的工作大局和工会工作全局，服务广大职工，突出‘工’特色”。其实，这一“立身之本”所强调的立场，不仅是对机关媒体的普遍要求，也适用于当前国内都市媒体。并且，有研究者还发现，由于生存环境和政策环境的变化，都市媒体在具体新闻生产实践中逐渐强化“宣传模式”，与机关媒体的差异不断减小。因而，上述对样本媒体的观察与判断，在较普遍的意义上能够成立，此即在当前专业媒体上，职工群体的媒介话语权状况基本可描述为“有限的主体性”。前述当前国内新闻场是一个“新闻与政治融合的场域”，鉴于这一本质特征，在基本议题、报道主题、报道主角、消息来源、话语引述等具体指标上，可能会存在“量”的分际，但很难出现“质”的差异。

四 结论与建议

以历史的视野观察，2019年是不寻常的一年。时局的不确定性显著增强，人的境况与之休戚相关。正如2020年《新京报》元旦社论所言，这一年“我们过得并不容易”——“经济下行压力加大，叠加中美贸易摩擦，实体经济困难重重……被花式裁员，被‘致良知’，让部分上班族身处螺旋”。话语即权力，在风雨兼程中更是如此。“话语的断片便是它们所处现实的残片。”置身日益媒介化的现实社会，能否在媒体空间中进行利益表达以及表达是否充分，关乎个人及群体的切身利益。在职工议题上，普通劳动者的真实诉求得到全面而深刻的呈现，关乎基本劳动权益保障，以及进一步实现体面劳动的愿景。通过具体的数据分析与个案考察，我们发现，专业媒体在此方面有可见的作为，不过还应进行更为系统的努力。其中关键在于，需要尽可能地提升风险性职工议题的能见度、重视普通职工媒介表达主体性，以增进“媒介现实”与“客观现实”之间的契合度。

在《中国职工状况研究报告（2018）》中，基于对2000～2017年《工人日报》的历时性考察，我们提出三项建议：①现有“国家—媒体”关系需要审慎而积极地调整；②主流媒体应提升公共性以更充分地履行社会责任；③媒体系统诸行动者共同致力于为多元主体赋权。在《中国职工状况研究报告（2018）》中，基于对2000～2018年《工人日报》的历时性考察，以及比较《工人日报》和《新京报》两类主流媒体在2018年的具体作为，我们再提三项建议：①主流媒体需要共同努力在公民权的视野下报道职工议题；②传统主流媒体应积极地在新闻生产中实践专业主义理念；③新主流媒体应突破固定的议程设置以更全面地反映现实。鉴于观察样本与测量指标的延续性，尤其是“新闻场”稳定的结构性特征，上述主张依然适用。同时，在系统观察本年度职工议题报道状况的基础上，根据媒体融合背景下新型传播架构的现实需求，我们进一步提出下述建议。

（一）拓宽“协商区域”边界以提升风险议题可见性

风险是现代社会的重要特征。“在发达现代性中，财富的社会化生产与风险的社会化生产系统相伴。”风险分配逻辑虽与传统社会分配逻辑存在系统差别，但依然具有“明确阶级属性”，即“风险常以阶层或阶级专属的方式来分配”，所谓“财富在顶层积聚，而风险在底层积聚”。风险在不同职业间是分布不均的，弱势社群更易遭受裁员失业、过度劳动、不安全的工作环境等职业风险，而且往往缺乏必要的应对、规避或补偿风险的机会与能力。前述研究显示，在当前新闻场域中，风险性职工议题的媒介能见度通常比较低。这不仅会直接影响普通劳动者的权益保障，而且会在更宏观的层面上危及社会总体。因为风险的扩散具有社会意义的“回旋镖效应”——“风险的制造者或受益者迟早都会和风险狭路相逢”，而且“并不只是向单一的源头发起还击，它会在总体层面上让每个人都受到相同的损害”。鉴此，提升风险性职工议题的可见性是必要而迫切的。在此问题上，建筑工地“脆皮安全帽”事件、程序员“反996运动”、“网易暴力裁员”等2019年典型案例显示，专业媒体、机构媒体、自媒体、平台媒体等多元行动者协同行动，以尽可能地拓展当前新闻业的空间中“协商区域”的边界，是一种具有可行性的进路。

（二）运用“复杂思维”以呈现具体问题的实践逻辑

收入、就业、社会保障、职业安全、职业卫生、劳动关系等诸项职工议题，通常多涉及社会经济关系。因而，媒体在报道职工议题时，在方法论层面应当具备一种“元问题”的自觉——“所有的经济活动都是社会性的”。此即经济行为确实嵌入在社会网络中，需要反对“化约主义”与“整体主义”，需要运用“复杂思维”分析社会经济现象。鉴此，“低度社会化”与“过度社会化”的阐释思路均不可取——因为“行动者既不会像原子一样孤立在他们的社会脉络之外做出决定、采取行动，也不会盲目遵从他们刚好所属的社会文化族群为他们的特殊类型所写的表演脚本。相反，他们有目的的行动背后的意图嵌入在社会关系具体且不断发展的系统中”。在具体新闻生产中，报道时尽可能地运用复杂思维，方有可能呈现其实践逻辑。实践是一种“非意识化的在习性引导下开展的行动”，是“在时间中逐渐展开的不可逆且不确定的历时性过程”；实践逻辑即人们“在实践中遵循的逻辑”，相较于理论逻辑或话语逻辑，其基本特征是“非连贯性（非总体性）和非严密性（模糊性）”。对于“政策议程”所设定的焦点问题，机关媒体多运用“宣传+动员”的报道框架，这有其必要性；然而，潜在的负面影响也不容忽视——简单地树先进、立典型，难以实现良好治理。譬如“返乡创业”

议题，农民工返乡创业活动是国家治理中的一项“适变”举措，其间交织着国家、基层政府、市场、乡村社会等多重主体行动逻辑，它们能否相互调适和趋向一致，是创业活动顺利与否的关键所在。报道此问题时，不能只讲述“模范”或“传奇”，更需要尽可能地呈现其实践逻辑，否则，就会在相当程度上模糊乃至遮蔽现实的复杂性。

（三）在融媒体环境下以“媒介可供性”视角守正创新

推动媒体融合向纵深发展、构建全媒体传播格局，已是当前的一项紧迫课题。2019 年 1 月 25 日，中央政治局进行第十二次集体学习，内容是“全媒体时代与媒体融合发展”，习近平总书记强调：“全媒体不断发展，出现了全程媒体、全息媒体、全员媒体、全效媒体，信息无处不在、无所不及、无人不用，导致舆论生态、媒体格局、传播方式发生深刻变化，新闻舆论工作面临新的挑战。”这一“四全媒体”论，揭示出媒体融合并非是传播渠道的简单叠加，而是各种媒介资源、生产要素的有效整合。从“相加”迈向“相融”，方能形成具有强大影响力、竞争力的新型主流媒体。那么，现有专业媒体在守住初心、担负使命的同时，如何适应媒体融合发展的新形势，增强自身在融媒体环境下的“传播力、引导力、影响力、公信力”？“守正创新”理念在相当程度上成为共识。其中，《工人日报》在具体实践上，除发展新媒体矩阵、建构立体的传播格局这一通行做法外，它还提出努力方向：媒体产品方面，将做大做强“三工”（工厂、工会、工人）特色报道，不断增强主流价值内容供给；继续以“有思想、有温度、有品质”为追求，“讲好普通职工的故事”。在新闻消息来源上，将弘扬“开门办报”的传统，聚焦基层产业工人，发展壮大全媒体时代的“通联部”“群工部”。至于平台建设，则以成为“国内劳动关系领域最具权威性和影响力的资讯传播与服务的平台”为目标。上述举措与设想，是值得肯定的，应有助于改善职工议题媒体报道现状。为尽可能地回应现实需求，专业媒体不妨以“媒介可供性”理论为参照，进一步做好媒介融合发展的功课。此处“媒介可供性”（affordance）是一种富有启示意义的研究视角，其理论框架被认为适用于探究“四全媒体”建设——“高效的媒介融合不仅是体量上的增加，更应该是媒介可供性不断提升的自然结果”。“媒介可供性”可分为“信息生产的可供性、社交可供性和移动可供性”三个维度。在媒体信息生产实践中，“信息生产的可供性”以“媒介灵活性与用户赋能”为特征，包括“可编辑、可审阅、可复制，可伸缩、可关联”。“社交可供性”以“信息的社交标签与情感属性”为特征，包括“可致意、可传情、可协调和可连接”。“移动可供性”以“媒介场景转向与智能驱动”为特征，包括“可携带、可获取、可定位和可兼容”。可供性越高的媒体，越可能是“新”媒体，往往也更具开放的力量；不断提升上述框架中的各项可供力（affordability），才有可能推动实现深度媒介融合。

（四）以“建设性新闻”路径激发媒体的治理参与潜能

当前经济新常态下，劳动关系治理面临严峻挑战。2019 年 10 月《中共中央关于坚持和完善中国特色社会主义制度 推进国家治理体系和治理能力现代化若干重大问题的决定》中提出，“增加劳动者特别是一线劳动者劳动报酬，提高劳动报酬在初次分配中的比重”，“坚决防止和纠正就业歧视，营造公平就业制度环境”等。那么，如何才能“健全劳动关系协调机制，构建和谐劳动关系，促进广大劳动者实现体面劳动、全面发展”？基于历年来职工议题媒体报道状况的经验研究体会，我们认为，应当充分重视媒介在劳动关系治理中的功能。同时，这一主张有其内在理论依据。推进国家治理体系现代化是一个全球性的浪潮，在追求实现“善治”这一理想目标的过程中，无论置诸何种具体社会政治框架，均需要遵循“从一元治理到多元治理”等普遍趋势。“互动式治理”是指“利益多元的多方行动者通过互动以形成、促进并达成共同目标的复杂过程”，是一种超越“新自由主义、新国家主义和新社群主义”的新范式。走向“互动式治理”被政治学学者视为国家治理体系创新的新方向。社会治理是国家治理的重要方面，媒体作为嵌入具体时空政经结构中的一种社会机制，是公众参与的重要载体，是实现“社会协同”效应的关键要素。经验观察或理论分析均显示，需要激发媒体参与劳动关系治理的潜能。鉴此，当前在新闻生产中，“建设性新闻”或可成为一种具体路径。什么是“建设性新闻”？综合而言，它是指“媒体着眼于解决社会问题而进行的新闻报道，是传统媒体在新媒体时代立足于公共生活的一种新闻实践或新闻理念”。作为近年来一种探索新闻业如何更好地服务于社会的运动，“建设性新闻”发源于丹麦等国并在全球呈现一种扩散趋势。其实，“建设性”是内置于现代新闻业的基本信念；在当前中国语境中，也是马克思主义新闻观的应有之义。因而，至少在专业新闻生产中，可尝试融合“公共服务、参与、平衡”三个核心理念，突出“主动记者”的角色定位，积极关注劳动关系治理中的诸多复杂议题。例如，以技术革新驱动的制造业转型升级掀起了一股“机器换人”的浪潮，然而有研究者发现，这种“以企业为主导、缺乏工人参与、以机器为中心”的技术升级方式，正在让车间里的一线工人经历愈发不稳定的劳动关系、劳动过程的“执行替代”以及强化的技术控制等“劳动降级”。技术的演变历程兼具物理属性与社会属性，那么如何发展“以人为中心的人机协作机制”，以避免劳动者过度承受技术进步的“社会风险”？再如，互联网技术的发展，促使“零工经济”勃兴，满足了劳动力供需双方对“灵活性”的共同需要，是这一新型用工形式存在与发展的基础；然而，当中存在“灵活性的悖论”，即“巨大灵活性却以不确定性和不稳定性为代价”，企业的商业风险其实被转移至零工者个体。那么如何在避免过度规制平台的同时，有效保障平台劳动者的权益？对于这些意义重大、多元面向的议题，专业媒体应积极开展具有“问题解决导向、面向未来的视野、包容与多元、赋权、提供语境、协同创新”等特征的建设性报道。

参考文献

戴宇辰：《媒介化研究：一种新的传播研究范式》，《安徽大学学报》（哲学社会科学版）2018 年第 2 期。

顾昕：《走向互动式治理：国家治理体系创新中“国家－市场－社会关系”的变革》，《学术月刊》2019 年第 1 期。

潘祥辉：《“无名者”的出场：短视频媒介的历史社会学考察》，《国际新闻界》2020 年第 6 期。

潘忠党：《导言：媒介化时代的公共传播和传播的公共性》，《新闻与传播研究》2017 年第 10 期。

徐桂权、雷丽竹：《理解“泛媒介”时代：媒介环境学、媒介学与媒介化研究的三重视角》，《现代传播》2019 年第 4 期。

芮必峰、余跃洪：《他山之石：从“建设性新闻”看我国新闻传播理论和实践的创新发展》，《新闻大学》2020 年第 6 期。

史安斌、王沛楠：《建设性新闻：历史溯源、理念演进与全球实践》，《新闻记者》2019 年第 9 期。

唐绪军、殷乐编著《建设性新闻实践：欧美案例》，社会科学文献出版社，2019。

王辰瑶：《论“建设性新闻”适用性与可操作性》，《中国出版》2020 年第 8 期。

王海燕：《自治与他治：中国新闻场域的三个空间》，《国际新闻界》2012 年第 5 期。

吴麟：《赋权与商议：媒体与新工人劳资关系治理研究》，北京大学出版社，2017。

吴麟：《寻求呈现实践逻辑：当前中国媒体参与劳动关系治理的一种进路》，《现代传播》2019 年第 12 期。

夏倩芳、王艳：《“风险规避”逻辑下的新闻报道常规——对国内媒体社会冲突性议题采编流程的分析》，《新闻与传播研究》2012 年第 4 期。

许怡、叶欣：《技术升级劳动降级？——基于三家“机器换人”工厂的社会学考察》，《社会学研究》2020 年第 3 期。

燕晓飞主编《中国职工状况研究报告（2018）》，社会科学文献出版社，2019。

燕晓飞主编《中国职工状况研究报告（2019）》，社会科学文献出版社，2020。

杨滨伊、孟泉：《多样选择与灵活的两面性：零工经济研究中的争论与悖论》，《中国人力资源开发》2020 年第 3 期。

俞可平：《国家治理的中国特色和普遍趋势》，《公共管理评论》2019 年第 1 期。

喻国明、赵睿：《媒体可供性视角下“四全媒体”产业格局与增长空间》，《学术界》2019 年第 7 期。

张志安、汤敏：《新新闻生态系统：中国新闻业的新行动者与结构重塑》，《新闻与写作》2018 年第 3 期。

赵巧萍：《回望来时路 扬帆再出发——〈工人日报〉与共和国同行 70 年》，《传媒》2019 年第 20 期。

〔德〕乌尔里希·贝克：《风险社会：新的现代性之路》，张文杰、何博闻译，译林出版社，2018。

〔丹麦〕施蒂格·夏瓦：《文化与社会的媒介化》，刘君等译，复旦大学出版社，2018。

〔法〕米歇尔·福柯著、汪民安编《声名狼藉者的生活：福柯文选 I》，北京大学出版社，2016。

调研报告

Research Reports

2020年新冠肺炎疫情背景下职工工作与生活状况调查

郭宇强　赵思羽*

摘　要： 2020年春节前，新冠肺炎疫情暴发并波及全国，对经济与社会以及企业、职工的工作与生活产生了重要影响。本文通过个人访谈、参与式观察等方法对山西省四家企业及部分职工进行调查，从工作状况、劳动权益、日常生活、群体心态与社会支持等方面展现职工的工作与生活状况，并在此基础上得出一些结论和建议。

关键词： 新冠肺炎疫情　职工　工作状况　生活状况

* 郭宇强，中国劳动关系学院副教授，劳动关系与工会研究院研究员，主要研究领域为劳动关系与工会；赵思羽，中国劳动关系学院劳动关系与人力资源学院2018级人力资源管理专业学生。

一　研究背景与意义

2020年春节前，新冠肺炎疫情暴发，迅速波及全国，对国民经济与社会各领域均产生了较大影响。面对新形势与新挑战，党中央采取果断措施，要求全力打好疫情防控总体战阻击战。中央政治局常务委员会召开会议，聚焦疫情形势，做出积极部署。2月3日会议提出，聚焦疫情对经济运行带来的冲击和影响，围绕做好“六稳”工作，做好应对各种复杂困难局面的准备；要在做好疫情防控工作的前提下，全力支持和组织推动各类生产企业复工复产。这是常委会会议首次对“复工复产”工作做出部署。2月12日会议强调，要在确保做好防疫工作的前提下，分类指导，有序推动央企、国企等各类企业复工复产。2月26日会议强调要精准稳妥推进复工复产。3月18日会议要求，积极有序推进企事业单位复工复产，努力把疫情造成的损失降到最低限度。要以省域为单元推动经济社会秩序恢复，所辖县区均为低风险的省份，要全面恢复正常生产生活秩序。4月8日会议要求落实常态化疫情防控举措，并提出全面推进复工复产。截至4月14日，全国规模以上工业企业平均开工率已达99%，人员复岗率达到94%。①4月17日，中央政治局召开会议指出，“全国复工复产正在逐步接近或达到正常水平”。

在党中央的坚强领导下，各级政府积极应对，取得阶段性重要成果。国民经济统计数据显示，2020年1~2月，中国经济经受住了新冠肺炎疫情冲击。工业生产下滑，规模以上工业增加值同比下降13.5%；重要物资生产保持增长，医疗防护和生活所需物资增长较快，口罩、发酵酒精产量分别增长127.5%和15.6%；基本原材料生产平稳，生铁、粗钢、平板玻璃产量分别增长3.1%、3.1%、2.3%。截至2月25日，大中型制造业企业复工率达

① 国务院联防联控机制新闻发布会，2020年4月16日，中国政府网，http://www.gov.cn/xinwen/gwylflkjz94/index.htm。

到85.6%，生产经营活动正有序恢复；[①] 市场销售减少，社会消费品零售总额52130亿元，同比下降20.5%；生活必需品销售和实物商品网上零售继续增长，与居民生活密切相关的商品呈现增长态势，限额以上单位粮油、食品类，饮料类和中西药品类商品分别增长9.7%、3.1%和0.2%；调查失业率有所上升，主要群体就业总体稳定，全国企业就业人员周平均工作时间为40.2小时，比1月份减少6.5小时。2020年3月，主要经济指标降幅明显收窄，统筹疫情防控和经济社会发展成效显著，规模以上工业增加值同比下降1.1%，降幅较1~2月份收窄12.4个百分点。[②] 2020年4月，国民经济运行继续改善，主要指标呈现积极变化，工业生产由减转增，全国规模以上工业增加值同比增长3.9%。[③] 2020年5月，国民经济运行延续复苏态势[④]，工业生产继续回升，装备制造业和高技术制造业较快增长，全国规模以上工业增加值同比增长4.4%，增速比4月份加快0.5个百分点。

二　调研说明

本次调查关注新冠肺炎疫情形势下企业职工的工作与生活状况，探析疫情期间企业职工的工作、生活、心态等各方面的变化，对于把握职工队伍状况、改进工会工作方法、提高职工队伍满意度具有积极意义。本次调查选择了山西4家企业的干部、职工进行访谈，组织了一次企业人员座谈会，并对部分企业、社区进行了实地调研。企业A、B分别位于TY市、YQ市，其上级集团公司为省属国有企业，在省内拥有众多的分（子）公司，业务范围

① 《1~2月份国民经济经受住了新冠肺炎疫情冲击》，国家统计局网站，http://www.stats.gov.cn/tjsj/zxfb/202003/t20200316_1732232.html。

② 《统筹疫情防控和经济社会发展成效显著　3月份主要经济指标降幅明显收窄》，国家统计局网站，http://www.stats.gov.cn/tjsj/zxfb/202004/t20200417_1739327.html。

③ 《国民经济运行继续改善 主要指标呈现积极变化》，国家统计局网站，http://www.stats.gov.cn/tjsj/zxfb/202005/t20200515_1745627.html。

④ 《5月份国民经济运行延续复苏态势》，国家统计局网站，http://www.stats.gov.cn/tjsj/zxfb/202006/t20200614_1760155.html。

包括钢铁冶金、资源开发、房地产开发等领域，访谈对象为在生产、技术、物业等岗位的职工。企业 C 位于 JC 市，所有制类型为民营企业，业务范围包括汽配行业；课题组成员在遵守防控要求、确保安全的情况下，利用暑期实习机会，近距离观察了解企业的相关情况，访谈对象包括管理、技术等岗位的干部与职工。D 企业位于 TY 市，所有制类型为民营企业，主要从事货物道路运输等业务，访谈对象为企业工会干部与一线职工。同时，课题组也收集了部分社区、企业的工作方案、汇报总结与新闻报道、照片等资料，为进一步了解相关内容提供了基础信息。

三　调研结果与分析

（一）工作状况

疫情暴发后，城市、乡村、街道、社区全面加强社会管控，机关、工厂、企业等实行了严格的封闭管理，执行出入体温检测及人员登记，出入需要所在单位或社区出入证，同时禁止人员出现集聚现象。4 月 17 日，中共中央政治局常务委员会提出“六保”任务（保居民就业、保基本民生、保市场主体、保粮食能源安全、保产业链供应链稳定、保基层运转）。

疫情期间，不同企业的生产经营状态各不相同。有的企业一直处于生产状态，有的则处于初期停工、后续复产的状况。随着疫情发展与防控效率的提升，根据政府的统一部署和安排，企业陆续进入全面复工状态，并制定了针对性的应对措施。第一，灵活安排工作时间与上岗人员。根据防疫需求，春节期间离开工作地的，暂不返回公司，全部居家防疫，日常生活与出行按所在地区与社区的防疫要求进行。第二，在岗职工，重新编制工作任务与人员安排，确保完成相关生产任务；暂未开工的企业与部门，组织主要干部与在岗职工开展必要的防疫、设备维修与检测等工作，为抗击疫情与复工复产做准备。第三，建立日报制度，完善沟通与联络工作，了解职工所在位置、本人及家庭健康等状况。第四，了解职工的生活需求与存在困难等情况，并协助解决。第五，部分企业开展灵活多样的在线防疫知识、生产安全、工作技能等培训工作。

A 企业的主要生产任务是为集团公司的其他企业提供石灰等原料，属于连续生产行业，机器不停工，职工按作业班轮流上岗。资料显示，根据疫情防控与复工复产要求，A 企业重点从三个方面对疫情防控、复工复产做出了安排。第一，对生产组织、物资进厂、产品发运、医疗卫生、职工通勤、酒店服务、职工食堂、澡堂以及出入厂人员包括外来协力人员的管理提出明确要求。第二，坚决做好疫情防控工作，广泛宣传科学防控知识，切实加强个体防护，合理组织安全活动。第三，加强现场安全管控，认真制定复工方案和安全措施，进行全面的开工前检查。

> 疫情期间，企业是一直生产的。我们是给集团公司提供原料的，生产没受太大的影响。比如我的上班时间吧，上午 11 点上班，19 点下班。然后上夜班，23 点上班，第二天早上 6 点下班，休息一白天加一晚上，相当于上一天一夜，休一天一夜……主要是人员方面有影响，就是职工不能流动。因为有人不能来上班，我们（公司）就把上班时间调了一下。我们多干了 1 个礼拜（星期）吧，就是不能回家[①]，回家的人也不能来……我们就多干了几天。那会儿管得挺严的。
>
> （访谈记录 SX-A1）

C、D 企业则有短暂停工现象，但是很快就进入复工复产状态。随着复工复产工作的推进，企业制定了工作方案，分批、分阶段安排职工从外地返回公司进行工作。首先，职工确保身体健康，采取符合政府规定的防疫标准。其次，职工通过汽车、私家车、火车等交通工具陆续返回公司所在地。最后，职工在居住地继续隔离，确保身体状况符合防疫要求。复工复产之初，各单位均对车间生产、办公的各个地区进行消毒，创建一个安全的工作

① 这里指的是由于行业去产能、进行异地就业的职工。

环境；对于车间、办公室等人员容易密集的地区按时测温、消毒；要求每日测体温、戴口罩，做好员工在工作期间的防护工作。

> 疫情期间，公司是处于停产停工的一个状态，我们这些车间的生产是暂停的，但是厂里的机械定期都会有值班人员进行检测、维修、消毒啊这些，防止设备发生故障。好不容易等来了上班的通知，每天厂区的门卫处挨个测体温、登记，上下班打卡必须保持相应距离，（像我们）车间的班前会每人保持 1 平方米的范围，等安环员（安环办的相关负责人）宣读完疫情防控工作及注意事项后，后勤维修人员调配好消毒液，备好一些消毒工具，对车间、厂区、气体储存区这些地方进行全方位的消毒工作，随后做好记录表，安环员每天都要来检查，也是防患于未然吧。……自从开始上班后，我们吃饭都是分批次进行，按部门、车间将员工分为 4 个批次依次去排队吃饭，最早的 11：40 就能去吃饭，每（间隔）10 分钟一批。（访谈记录 SX-C1）

（二）劳动权益

疫情期间的职工权益成为政府、企业、工会、职工等主体高度关注的话题。确保职工的劳动权益、推进企业与职工的有效沟通互动，这对于经济发展、社会稳定、和谐劳动关系建设等具有重要作用。2020 年 2 月，人力资源社会保障部、全国总工会、中国企业联合会/企业家协会、全国工商联发布《关于做好新型冠状病毒感染肺炎疫情防控期间稳定劳动关系支持企业复工复产的意见》，从高度重视疫情对劳动关系领域带来的新挑战，灵活处理疫情防控期间的劳动用工问题，协商处理疫情防控期间的工资待遇问题，采取多种措施减轻企业负担，统筹各方力量加大指导服务力度五个方面提出了工作要求。2020 年 3 月，中华全国总工会办公厅下发《关于做好新冠肺炎疫情防控期间支持企业安全有序复工复产和劳动关系协调工作的通知》，要求各级工会组织进一步做好疫情防控期间支持企业安全有序复工复产和维护职工合法权益、协调劳动关系工作。

疫情期间，企业与职工面临多种劳动关系领域的风险与挑战。在所调研单位与群体中，这些风险与挑战主要包括：企业处于停工、停产等状态，无法进行正常的生产经营，企业经济效益严重下滑，职工收入下降；企业经营困难，部分职工存在解除劳动合同的可能；未返岗职工无法提供有效劳动；职工的劳动收入减少，生活有困难；在复工复产过程中，企业有效劳动供给不足，一些在岗职工面临超时、超额劳动情形，部分职工还可能存在感染新冠肺炎的风险。此外，受岗位变化、收入减少、居家隔离、超时劳动等因素影响，在一定时期内，职工往往处于焦虑不安、人际关系紧张、不安全感上升等负面心理状态中。

不同公司职工的收入状况有所不同。A、B 公司职工的基本工资收入受到影响较小。

> 工资没啥变化，多了点补助吧。差不多每人补助了 2000（元），像我这（补助）少的话，就是 1800、1900（元）吧，（补助）多的话，有的人可以拿到 2200、2300（元）。（访谈记录 SX-A1）

> 工资，我看了下，3000 多（元）吧，好像没啥变化；听他们说，半年的绩效可能会取消。（访谈记录 SX-B3）

C 公司处于停工停产的状态，员工将近 2 个月没有收入来源，公司也采取一些措施尽可能地降低这一影响，不仅提供物质上的帮助，而且还有精神上的支持，定期给每个员工发放一些补助，减缓了职工的经济压力。

> 公司给每个员工定期会发放一些补助……也发了挺多福利的，像我们这些就住在公司家属楼的，公司封闭的时候出不去，公司给我们发了好多生活用品，比如什么洗发水、沐浴露、洗洁精之类的。
>
> （访谈记录 SX-C1）

D 企业属于物流行业，经营业务受疫情影响较大，但是也在维护职工经济收益方面做了必要的努力。

> 疫情开始的时候，影响挺大的，很多都停了，很多货物都不能运了。那会儿，公司减少大概 40% 的业务量；工资也就发一些，一般在 3500（元）。今年疫情影响挺大的，公司多数都是老员工，多数是（居住）在（企业）周边的，大家都能理解（这种形势），职工也有一定的忠诚度；疫情期间，政府有政策，运输不要过路费，大概是从 3、4 月份开始的吧，持续到 5～7 月，企业的压力就小了一些。
>
> （访谈记录 SX-D3）

随着复工复产的推进，各企业的生产任务逐步加大，各个部门和车间分配到的任务量也随之增加。随之而来的是，对员工尤其是车间一线员工而言，加班就是不可避免的。A 公司的生产保持相对稳定，随着职工返岗数量的增加，职工的工作量也相对保持稳定。C 公司则由于之前停工造成工作任务的积压，复工复产后，工作量骤然增加，这对企业和职工都形成了挑战。虽然公司按照劳动法的相关规定支付加班费，但是职工不可避免地会产生抵触心理，既降低了工作效率，又影响了工作积极性。

> 复工复产后，我们堆积的生产任务首先就加重了，停工了这么多天，都得靠我们（车间的工人）日日夜夜地加班，还要保证质量，大家负担也挺重的……有时候刚刚上完夜班回宿舍大概 5、6 点，肯定会发出一些声音，容易影响上白班的人休息（白班 8 点上班），为这事师傅们闹过不少矛盾，不光我们车间，其他车间也是。
>
> （访谈记录 SX-C1）

> 现在也全面复工了，（车间的）生产进程都提上来了，这可是让我们每天都得加班啊。……我最近已经连续加 5 天班了，3 天夜班，2 天

中午就没休息，一坐就是几个小时，精神也不能松懈，还要去一线看看机器的运作情况，这几天下来真是吃不消啊。（访谈记录 SX-C2）

复工复产状态下，新老员工也呈现不同的状态。C 公司有不少新入职的员工，在经过公司培训之后被分配到各个部门和车间。由于新员工经验不足，而车间和相关部门的老员工也会因为自己手头的任务重而腾不出时间去教他们，任务的重担还是压在老员工的身上。与此同时，疫情带给公司的连锁反应也持续发生，部分员工选择离职，有的是承受不了连续加班带来的高强度的生产工作，有的是想从事灵活度更高的工作。

复工后的第一批新入职的员工是我在跟进的，我们（办公室）提前在单位的微信公众号、招聘网站啊这些媒体平台上发布（关于招聘的）信息，就比如液压工程师、机械工程师、电气工程师、数控加工、焊工和装配工这些工种都是我们需要招聘的。自从发布信息以来，可能是由于疫情让好多人没有收入来源，应聘的人有很多。

（访谈记录 SX-C3）

前几天还新进来几个实习生，上面领导说人给你们了，所以图纸的任务量也要加上去，但是这些新人什么也上不了手，我们忙起来也没时间手把手教他们，最后还是我们这几个人加班加点地赶图纸。

（访谈记录 SX-C2）

（三）日常生活

新冠肺炎疫情对社会运行与管理提出了新要求，这些要求以高度执行力向社会生活进行辐射，对职工的日常生活形成了多方面的影响。

1. 生活居住

小区实行封闭式管理成为疫情期间的一种常态。以 A 公司职工的生活地所住小区为例，该小区约 20 栋楼，数百户居民，只保留 1 个大门作为出入口，同时关闭了其他 2 个大门。物业公司在小区门口的显著位置张贴了政府的防疫政策、防疫宣传口号与标语；小区门口配置了录音喇叭，用简洁的话语不断重复“戴口罩、测体温”等防疫要求。在原有保安人员的基础上，物业公司增加了专门的防疫人员、志愿者，包括下沉一线的机关干部，并统一佩戴红色袖标；在观察区域看到，小区执勤人员数量长时间保持在 5 人左右，并且有明确分工；执勤工作实行 24 小时轮流值班；居民出入实行严格的登记制度。疫情初期，由于存在对疫情的恐惧心理、防疫物资缺乏等因素，小区出入人员相对较少；随着疫情防控力度加大、防控效果显著以及生活采购、上下班等刚性需要，有出入需求的人员逐步增加，小区门口出现争执的现象时有发生。这对小区出入的管控工作提出了较高要求。部分小区开始为居民办理出入证，凭证件进出小区；社区也告知小区居民，不要接待访客。小区居民生活在严格防控要求下基本保持良好有序的状况。

2. 交通出行

疫情初期，一些地区的部分公共交通线路停驶或者减少了班次；病例数的持续增加，加重了人们的出行顾虑，降低了人们的出行意愿。疫情严重时期，长途汽车站、火车站、机场等人员密集区域均实行严格的出行管控，在安全优先的原则下，便捷性降低了许多。处于停工状态企业的职工以居家为主，出行次数显著减少。随着疫情信息发布机制的改进，疫情信息愈发详细与丰富，包括人数、籍贯、出行轨迹、交通工具、航班号或车次等出现在各类媒体平台上。城市公共交通线路发挥了重要作用，维护着城市的交通运转，确保了社会基本的交通出行需求。同时，出租车、私家车、自行车等成为出行工具的重要补充。

那会儿，哪里也不能去，也不敢去；你去谁家，人家也不让你进。其他地方都关门了。后来（疫情）好点了吧，我看到（从）家门口到高铁（站）的公交车开通了，（公交车上）人少是少，但是起码能坐车了。

（访谈记录 SX-B5）

一天两天不出去，还行。长期的话，也不是个事情。那会儿谁也不知道这个疫情啥时候结束。总有事情需要坐车，比如去买东西，或去医院啥的，总得出去吧。我还得去看看父母的情况……后来，街上的车就多了，也能打车了。（访谈记录 SX-B4）

3. 饮食购物

疫情期间，人们按照要求居家生活，尽量不出门或者少出门。通过访谈可以发现，在家做饭成为常态，人们开始有更多时间围坐在一起吃饭、聊天与交流。为了应对居家生活，各类 App 的下载频率与使用频率显著增加，包括证券、视频、购物、新闻、游戏等成为访谈对象提到的高频 App。针对A、B 公司员工的访谈发现，大家每日使用手机的普遍时长在 5 小时以上。职工说，家里的老人也开始主动尝试学习使用手机上的各类 App，但是由于语言障碍、操作不熟悉、担心被骗等，日常网络购物等行为仍由家庭中的中青年成员完成。

疫情对政府基层治理提出了较高要求，满足居民日常生活需要成为重大考验。调研样本职工普遍反映，所在生活区的超市、便利店等保持着基本生活供应。

我们这边疫情不是很严重。基本上很快恢复了。大家出门戴口罩，也不串门了。买菜也方便，生活用品也方便。有人说，买点粮食放在家里，怕闹粮荒，我看不需要。生活用品都能买到。这点（政府）做得还是挺不错的，起码没有恐慌、疯抢。（访谈记录 SX-B2）

4. 文化生活

疫情的不同阶段，不同的职工处于不同的状态。

疫情初期，处于工作状态、居住在公司外的职工，基本保持着“家（住宿地）—单位”两点一线的状态。居住在公司宿舍的职工，基本是工作场所、宿舍、食堂三点一线的生活。在这个阶段，手机、电视等成为职工文化生活的主要渠道，其关注内容包括时政新闻、娱乐游戏、招聘就业、产品资讯、健康养生、人生感悟等。

> 宿舍有电视可以看。那会儿，哪里也不能去，即使出去了，也没有地方可以去，都关门了。新闻、体育、电影，啥也看，广告也看。有那么多频道，换着看呗。（访谈记录 SX-A1）

疫情中后期，各公司开始适时安排一些文化活动，丰富职工的业余生活。C 公司在发展生产的同时，也注重员工在精神层面的需求。为员工提供休闲场所，定期举办一些活动，来促进员工间的交流沟通，增加员工之间的凝聚力。而且车间的生产任务相对单一，在不影响生产的前提下增加一些娱乐项目，对车间员工来说也是一种消遣方式，在短暂的放松之后进行接下来的工作，积极性也会增强。

> 我提出这些问题后，公司也及时做出了调整，在我们办公室的一楼搭建了一个运动室，像乒乓球，还有一些运动器材（都在里面）……还会定期举办一些友谊赛，让我们在上班之余也有时间能放松一下。
> （访谈记录 SX-C2）

> 不过平时（在车间）休息的时候我们也有娱乐项目，有的歌唱得不错的就来几句，我们车间跟我（年龄）差不多的有好几个，我们平时也活跃活跃气氛，干活儿之余也能放松放松。（访谈记录 SX-C4）

5. 疫情应对

随着疫情防控工作的需要，党中央、国务院要求各级政府和有关部门加强疫情防控物资生产供应保障，推动医疗物资等领域复工复产、转产扩产工作。第一阶段主要是为了应对疫情，保障一线的医护人员所需要的重点医疗物资。2 月 24 日国务院新闻办举行的发布会信息显示，五大类的医疗物资企业复工复产率、开工率有的达到或超过了100%；医用防护服产能供应方面，1月28日的日产量还不到1万套，到目前为止，日产量已经达到了20多万套；2月22日N95口罩日产量已经达到91.9万只，这是2月1日的8.6倍。第二阶段是逐步转向消杀用品、医用口罩和普通口罩的供应。截至2月22日，我国口罩的日产量已经达到5477万只，比2月1日增长2.8倍，近20天以来累计生产口罩5.7亿只。①

调研期间，我们重点关注了职工疫情信息的获取渠道与防疫物资的获取途径。

第一，疫情信息获取途径。新冠肺炎疫情暴发后，有效信息不足给广大职工带来的心理恐慌与焦虑是存在的，疫情能持续多长时间、是否可控、发展情况如何等成为职工关注的重要内容，获取疫情信息的渠道就成为解决问题的关键一环。调研发现，职工获取信息的途径主要包括以下几类。一是移动互联网，这是样本群体获取信息的最主要渠道。本次调研对象以中青年群体为主，人手一部智能手机，一些职工由于工作需要，拥有两部以上。在访谈中，职工提到的信息源主要为移动互联网平台，包括今日头条、学习强国、抖音、快手等App，朋友圈、微信群等。通过这些渠道获取的信息会在朋友圈、微信群中进一步分享与传播，同时他们也会告诉自己的亲朋好友。二是电视媒体，以央视新闻与本省卫视、地方电视台为主。央视新闻用来获取湖北、武汉以及全国的信息，本省卫视用来获取本省的疫情信息，地方电视台用来获取所在区域的具体疫情信息。疫情期间，新增病例、疫情政策等会在地方电视台以新闻、字幕的形式滚动播出，这种传统方式的传播效率极高，是手机渠道的重要补充。三是基层社区的宣传，主要包括防控人员数量、标语、横幅、出入措施等。访谈中，有职工提到，他们一般也不会专门关注这些内容，但是会根据标语的数量、管控的严格程度、宣传手段的变化、街上的人车数量等信息感知疫情发展程度。四是报纸。在所调研的群体

① 《国务院新闻办举行发布会介绍统筹新冠肺炎疫情防控和经济社会发展工作》，中国政府网，http：//www.gov.cn/xinwen/2020－02/24/content_5482612.htm。

中，没有职工通过这种途径获取即时信息。但有职工反映，其父母喜欢看报纸，会通过这种途径获取信息。疫情期间，小区封闭式管理，报纸一度无法派送。这类渠道的信息在实效性、及时性等方面大大逊色于前几类渠道。

第二，防疫物资的获取途径。疫情发生后，口罩、消毒液、一次性手套等防疫物质需求激增。职工所在小区附近的药店都贴出了“口罩售罄”等字样，不时仍有人进店询问是否有口罩、消毒液等防疫物品。在疫情的不同阶段，抗疫物资获取的情况有所不同。疫情初期，主要包括自己采购、亲朋互助等行为。这个时期，职工社会关系网络发挥了重要作用。那些在医院、超市、药店等单位有同学、朋友、亲戚、熟人等关系的职工，往往容易获得防疫物品或信息。也有部分职工曾经因为应对雾霾、预防流感、自身呼吸道疾病等而有一定备货。这一时期的行为多是基于个体资源禀赋、社会关系网络而发生的自助行为。疫情中后期，随着政府对疫情防控指令的层层下达，防疫物资供给量迅速增加。中国政府展示了强大的动员能力，基层政府、单位、社区等被充分动员，这些组织开始通过组织渠道采购口罩、消毒液等，为所负责单位、群体提供一定数量的防疫物品。为了组织复工复产，各生产单位优先获取了口罩等重要防疫物资，并开始按在岗需求发放一定数量的口罩，满足了基本的疫情预防与复工复产需求。

（四）群体心态

疫情初期，由于山西与湖北武汉有一定地理距离，多数人对此未有足够的畏惧感。之后，山西省开始出现病例，中部城市 PY 的病例数增长较快。这个城市属于山西省南北交通线的重要节点，如果防控不力，很容易造成不利局面，加之对未知病毒的恐惧，人们开始高度关注并加强自我保护措施。这一时期，由于对新冠病毒传播、治疗等信息的了解程度极不充分，一些民间偏方、小道消息开始在网络与微信中肆意传播，人们普遍存在一种不正确信息主导下的心理恐慌，“权威信息饥渴”成为一种暂时的状态。随着疫情报道的丰富化与精准化，疫情进展、科学防疫、抗疫故事、研究动态等信息成为各种媒体报道的主流。每日公布的疫情数据成了人们的中心话题，信息的透明与及时性缓解了群体压力，增强了人们战胜疫情的信心。即使在短期内有一定数量的病例增加，但是公众对政府的信心在逐步增强，社会生产生活秩序得到有效恢复。调研情况显示，疫情期间，职工普遍认为自身的安全意识提高了，自身的安全感也保持着较高水平；自己所在社区疫情扩散的可能性是有的；即使有病例，也相信疫情是可防可控的。

> 信息越详细越好，这样我就会注意点。我们又不傻，对不对？你要是不说，我也不知道哪里有危险。有的新闻里说有人感染了，但是去过哪，我也不知道。更害怕了。后来新闻里说了2个感染（者）的详细情况，去过哪，做过什么车，待了多久，和谁联系过，这些（信息）都重要。这样，我就不会去那些地方了。起码知道，他去过的地方是不能去的。（访谈记录SX-B2）

在对政府和社会充满信心的同时，部分职工也对自己的前景表示了一定的担忧。疫情期间，人们对网购的需求量成倍增长，电商平台与快递业发挥了极为重要的作用，外卖员、快递小哥被称作维持城市正常运转的“摆渡人”。当前，互联网、大数据、人工智能和实体经济的深度融合与发展是大势所趋。数字经济提速已经成为全社会的共识，企业技术升级、自动化对人工的替代等消息则进一步进入公众的视野。作为互联网的用户，这些职工搭上了移动互联网快速发展的列车，充分享受到了数字经济带来的种种便利。与此同时，作为个体化的职工，这些信息也加重了部分职工心中的就业焦虑，他们表现出了对自己未来的担忧，矛盾的情绪映射在企业职工心头。“我们还能生存吗”成为中年职工不得不面临的一个“时代之问”。生存不仅是温饱问题，更是维持原有生活水准，或者在原有的基础上继续向好。但是，“我们又能怎么样呢？”这是部分中年职工的困惑。

> 我们都40多了，不知道还能怎么办？（企业）还要继续替代（工

人）吗？企业不是已经自动化了吗？继续替代之后，我们做什么？

（访谈记录 SX-A1）

我们企业现在还在消化之前合并后带来的工人，让我们去劳务市场，还说让创业。我们也听说了，企业还在招新人。新闻上说对我们进行培训，我是没有接受过什么培训，也不知道要学什么。我现在就盼着企业慢点（换机器），等我退休了就好了。（访谈记录 SX-B5）

当时厂里让我们去考（快递）证，干快递用的，我还去交了钱，考了个证。后来也没有干（快递这个工作）。听说有去做快递的，但是没干多久，就不干了。我们能拼过那些年轻人吗？（访谈记录 SX-B1）

这么多年了，政策也没有什么大变化。工作是有，领导说了，有比没有强。但是也没劲，收入不高，也没前途。我也想明白了，干脆辞（职）了。以前学过点技术，家里帮着一起干。这样下去不行，得试试。

（访谈记录 SX-B2）

疫情期间的居家隔离也让部分职工开始思考自己的未来。疫情后期，一些职工选择走出舒服区、迈入市场化浪潮中进行探索，另一些人则在犹豫中观望、止步不前。于是，这样一种社会景象呈现在我们的面前。一方面，大量年轻人进入数字经济中的相关行业，被媒体誉为“用脚投票”，其背后是对工业化中严格纪律与不自由的反抗；另一方面，一些传统企业的职工，尽管厌恶工业化背后的不自由与枯燥，但或是习惯了工业化的运行方式，或是自己感觉无力，放弃了试探新工作的机会。

（五）社会支持

疫情对职工的生活与心理、家庭关系、人际关系等产生了巨大影响。在这个过程中，社会支持系统凸显了重要的力量，在稳定职工情绪、缓解社会压力、增进社会信心等方面发挥了极为重要的作用。社会支持主要包括情感支持、物质支持、信息支持等多种内容与形式，这些内容可以由单一主体提供，也可以由不同的主体共同提供，不同主体之间的支持可以形成互为支撑与补充的关系。

面对疫情，党和政府的影响力进一步得到增强。武汉封城、全国支援、免费救治、疫情地图、专家解读、方舱医院等信息以图片、视频等形式在各主流媒体上广为传播，党员先锋岗、防疫政策宣传、社区志愿行动等社区工作有序展开。关于防疫要求、出入管理等政策均是按照上级要求严格实行，上级组织会不断通过微信群、文件通知等形式强化这种力量。在进一步落实党和政府政策的同时，这些信息与工作也增进了职工和社区的互动，拉近了社区和居民的距离，让职工与居民感受到了社区价值的存在。

> 我看了武汉的直播①，还挺有意思的，也是适应现在的需要吧。里面有很多人说话，说这说那的，还起了名字，感觉大家还挺乐观的……建设速度挺快的，政府做得还行……网上信息挺多的，有阵子，医生、干部、社区的很多事情，网上转得挺快的，我天天刷（新闻），（因为）大家都比较关心。（访谈记录SX-B5）

> 门口有很多人，主要是物业的吧，可能还有街道的，反正都是戴个红袖章。他们就是检查证件，看看你是不是这个小区的。不是（小区住户），就不让进。还有，你得戴口罩，没有口罩不让进。之前，还有人吵架，警察都来了。（访谈记录SX-A1）

> 以前没有想到社区还有这么大作用，我以为就是看门、收费的。这次不一样的，应该有很多事情可以做。希望疫情结束后，（有些事情）

① 指武汉“火神山”和“雷神山”两家医院建设现场的直播。

还可以保留。（访谈记录 SX-B2）

来自企业的支持则强化了职工和企业之间“命运共同体”的联系。企业积极采取有效应对措施，关心员工在特殊时期的日常生活，为职工提供多种类型的帮助与支持。这些措施在一定程度上安抚了大部分员工的情绪，有利于降低员工由于疫情的影响产生的焦虑心理，一定程度上也降低了员工疫情期间的离职率。

（公司）担心我们买不到口罩，每个星期都会集中发一次，每次发一包，一包 10 个左右，还是挺方便的。疫情期间不上班，食堂也没开门，（公司）会定期给家属楼送一些蔬菜、鸡肉、猪肉这些（日常食物），还会发点补贴，一天差不多 30 ~ 40 元左右，一个月下来有 1000 出头吧，虽然不多，但是也知足了。（访谈记录 SX-C2）

疫情期间微信公众号上有关抗击疫情的内容一直是我在跟进，公司在疫情期间也是高度重视，2 月初的时候，我接到领导的通知，要通过微信平台把一些最新的疫情防控的工作安排发布出去，当时我还在休假中……（复工）之后陆陆续续也有一些任务，我被分配的就是收集各种防疫知识、居家运动的技巧等等，（为了）缓解大家居家隔离期间紧张、焦虑的心情，这些资料都是以视频和图文的形式向员工进行宣传的。（访谈记录 SX-C3）

来自工会的支持提升了工会的影响力与凝聚力。疫情发生后，各级工会组织迅速行动起来，主要提供信息支持、情感支持与物质支持等多个方面，在信息沟通、物资发放、复工复产、权益维护等方面展现了独特价值，维护了社会稳定，充分发挥了工会的组织优势，凸显了“桥梁与纽带”的作用。

工会与企业沟通了，工人不能上班，不是工人的问题。现在有困难了，大家商量着来，一起想办法。职工让一些，企业让一些。企业不容易，职工也不容易。大家都在一条船上。我们也争取上级工会多给点支持。（访谈记录 SX-D4）

我们单位的工会是有作用的。开始的时候，和我们联系说不能来上班，让我们在家待着等通知。后来通知上班了，工会也帮助买了口罩和其他的东西。（访谈记录 SX-D3）

复工复产后，我们（工会）也和职工说，之前的任务拉下了，大家要想办法多赶进度。工人真的特别好，加班加点，把任务一点点追回来了。（访谈记录 SX-D4）

此外，疫情发生后，职工或居民自己的组织情况如何呢，对此我们也进行了调查。当问到“有没有自己想办法组织起来应对疫情”时，有职工说道：“自己组织？谁来组织？你是说我们自己吗？我们怎么组织？这个不是政府的事情吗？……开始那会大家都比较乱，都不知道该咋办。”这个回答代表了多数样本职工的想法。在疫情初期，多数职工和居民基本处于自助和等待中，范围也仅仅局限于信息支持、有限的物质支持等，更大范围的互助行为基本没有。当基层政府被动员起来之后，社区和单位迅速填补了防疫主体的空白，开始占据主导地位，在疫情信息、防疫物质等方面展现了独有的组织优势与资源优势。在本次调查中，多数职工对于单位的防疫表现给予了肯定，但是对于如何平衡防疫要求与个体需求也提出了一些建议。此外，对于异地就业的职工来说，居住地社区和就业地单位发挥了重要作用。不足之处是，两地部门并没有有效的沟通与交流，他们分别且多次与职工核对出行轨迹、本人与家庭健康状况等信息，这对职工造成了一定的信息困扰。值得欣慰的是，调研中的多数职工表示，疫情暴发突然，大家都没有经验，虽然重复多次报送了信息，但是不出问题就是最好的结果。

四　一些结论与建议

从调查的四个样本企业和职工来看，我们可以得出以下一些结论。第一，疫情对不同行业、不同个体的冲击和影响程度是有差异的。小型企业职工受到的影响大于大型企业职工受到的影响，服务型行业职工受到的影响大于生产制造业职工受到的影响。第二，劳动关系主体均承受了较大压力。企业能够从大局出发，积极与职工进行沟通协商，确保职工的基本经济收入，但仍面临着生产经营、产品销售、用工管理等压力。职工面临着劳动就业、工资保障、心理适应等多种风险。国家政策在一定程度上缓解了企业经营压力并降低了劳动领域风险，但是由于经济环境面临着不确定性等因素，社会风险仍在一定范围内存在。第三，非常态下的职工权益保护机制有待进一步改进。这一时期的劳动政策是针对疫情背景形成的，政策研判时间短、实施效率高、涉及主体众多，具有显著的应急属性。系统总结相关工作经验、构建应急形势下的多方工作机制，无论是政府还是企业都有进一步完善的空间。第四，特殊时期彰显了工会组织的力量与价值。工会积极参与疫情防控工作，组织动员广大职工投身复工复产工作中，在工资工时、劳动用工、劳动保护等方面与政府、企业积极沟通协商，取得了良好的经济与社会效果，进一步增强了工会组织的政治性、先进性与群众性。第五，党的领导是取得疫情防控与复工复产双重胜利的政治保证，党和政府具有较高的动员能力，在社会动员方面居主导地位。与此同时，来自职工、企业与社会的组织力量仍显单薄。

根据本次调研情况和样本单位与职工的情况，后疫情时代我们可以进一步改进各项工作，更好地维护职工权益。第一，系统评估疫情期间的应急性劳动政策，构建具有普适性的劳动政策的制定与协调工作机制。第二，充分发挥工会的组织优势、政治优势与人员优势，完善与政府、企业等主体的三方工作机制。第三，加强协商机制建设，培育协商文化，进一步丰富协商内容，将劳动用工、工资工时、劳动保护等纳入常规协商内容中，推进企业与职工命运共同体的认同感。第四，高度重视并积极应对职工的思想与工作状况变化。一方面，要积极关注经济形势变化对职工技能水平的影响，加大培训力度，推进劳动者技能提升；另一方面，也要关注职工的心理状况，提升应对形势变化的信心，增强职工的心理适应性。

参考文献

李玉赋：《忠诚党的事业　竭诚服务职工——全面学习贯彻习近平总书记关于工人阶级和工会工作的重要论述》，中国工人出版社，2019。

李玉赋：《第八次中国职工状况调查（报告卷）》，中国工人出版社，2017。

赵鼎新：《新冠疫情与中国改革》，《文化纵横》2020 年第 4 期。

陈晖、豆振江、龙志文：《“新冠”疫情对我国宏观经济和部门产业的影响》，《商业经济研究》2020 年第 20 期。

张桂文、吴桐：《新冠肺炎疫情对中国就业的影响研究》，《中国人口科学》2020 年第 3 期。

高文书：《新冠肺炎疫情对中国就业的影响及其应对》，《中国社会科学院研究生院学报》2020 年第 3 期。

赵岩、高明华：《新冠疫情冲击下的社会信任——基于黑龙江省调查数据的阶层分析》，《哈尔滨工业大学学报》（社会科学版）2020 年第 4 期。

郭菲、蔡悦等：《新冠肺炎疫情下民众的情绪健康和社会心态现状》，《科技导报》2020 年第 4 期。

周裕琼、杨洸、许广梅：《新冠疫情中的数字代沟与健康代沟》，《新闻与写作》2020 年第 10 期。

代玉启、李桦：《重大疫情中的民众心态分析——以新冠肺炎疫情为例》，《学校党建与思想教育》2020 年第 3 期。

李学兵、李友钟：《重大突发公共卫生事件应对中的工会作为与思考——以工会参与新冠肺炎疫情应对为例》，《工会理论研究》2020 年第 2 期。

非公企业职工状况与工会工作研究

——基于S市W区的调查

叶鹏飞　吴建平　原会建　孟宪红　王彬彬*

摘　要： 非公有制经济对我国经济社会发展的贡献越来越大，非公企业职工已成为我国职工队伍的重要组成部分。相应的，非公企业工会的组建和作用发挥，也成为我国工会工作面临的重大问题。通过在S市W区的调研，本研究描述了W区非公企业职工的基本状况和现实需求，呈现了职工对工会活动的参与和评价，从思想政治引领、服务企业发展、维护职工权益、职工服务工作、推动改革创新五个方面总结了W区非公企业工会工作的主要实践。在此基础上，分析了目前W区非公企业工会工作面临的发展不均衡、主体性不突出、队伍薄弱和影响力不能充分发挥等基本困境。在这些困境背后，非公企业生产经营活动与非经济活动之间的张力是深层原因，工会工作方面的制度设置和体制机制是宏观制约因素，而对老板的依赖性则是非公企业工会工作难以全面发展的直接原因，这些因素又造成非公企业工会工作难以得到职工的深度参与和广泛支持。针对这些问题，需要在制度、职工、运作机制、干部队伍和借力等方面做

* 叶鹏飞，中国劳动关系学院社会工作学院副教授，主要研究职工问题；吴建平，中国劳动关系学院社会工作学院教授，主要研究工会工作；原会建，中国劳动关系学院社会工作学院副教授，主要研究工会社会工作；孟宪红，中国劳动关系学院社会工作学院讲师，主要研究社区工作；王彬彬，中国劳动关系学院社会工作学院教师，主要研究社会服务。

出相应的改革和突破。

关键词： 职工状况 工会工作 非公企业

一 引言

改革开放以来，非公有制经济对我国经济社会发展作出了越来越大的贡献。目前，非公有制经济已经成为我国城镇就业的主渠道。2019 年，我国城镇就业人员达 44247 万人，其中城镇私营企业、个体就业人员分别为 14567 万人、11692 万人，分别占城镇就业人员的 32.9%、26.4%。由此可见，非公企业职工已经成为我国职工队伍的重要组成部分。相应的，非公企业职工的就业、劳动和权益状况也成为经济社会发展和工会工作中的重要问题。在市场经济条件下，集体维权方式（主要是集体协商）是调整劳动关系的基本手段之一，职工需要通过组织化的方式，依靠工会组织来保护劳动权益和实现职业发展。

基层工会特别是非公企业工会组建以及如何有效发挥作用，是我国工会工作长期面临的一个重大问题。如果工会都无法建立起来，那么履行维护职工合法权益、竭诚服务职工群众的基本职责也就无法得到有效落实。早在 1998 年召开的中国工会十三大上，全总就正式提出要求，“哪里有职工，哪里就必须建立工会组织”，“最大限度地把职工组织到工会中来”。1999 年底召开的全总十三届二次执委会议，以及 2000 年 6 月召开的全总十三届五次主席团（扩大）会议，都特别指出要把新建企业工会组建作为“重中之重的任务”“重大紧迫的第一任务”来抓。2000 年 11 月召开全国新建企业工会组建工作会议，提出要把工会组建率、职工入会率纳入党的工作的考核目标，[①] 这也就逐渐形成了后来的“党建带工建”“工建服务党建”的

① 《在全国新建企业工会组建工作会议上的讲话》（2000 年 11 月 12 日），载尉健行《工会的基本职责》，中国工人出版社，2008，第 166 ~ 167 页。

工作机制。

全总这种自上而下的推动，很快取得了巨大成效：1999 年到 2000 年，全国基层工会组织数从 50.9 万个增加到 85.9 万个，其中，企业基层工会组织从 26.4 万个增加到 75.7 万个，而在企业基层工会中，又以非公企业工会组织数增加最显著，以私营企业为例，从 1999 年的 1 万多个，增加到 2000 年的 15.2 万个。[①] 此后，基层工会的组建工作更是稳步推进，取得了很大成绩。在 2018 年中国工会十七大报告中提到，全国工会会员总数已达 3 亿人，基层工会组织 280.9 万个，覆盖单位 655.1 万个。

不过，在这些成绩的背后，仍然存在不少问题。首先是宏观数据可能掩盖了发展不平衡不充分所带来的区域差异。由于经济发展程度的不同，不同区域所面临的经济增长压力不同，对企业工会组建的态度仍然会存在差异。其次是基层工会数和工会会员数的增长，并不必然意味着这些基层工会组织就能够有效发挥服务职工和维护职工合法权益的功能。事实上，不少基层工会并不能有效发挥作用，“数字工会”以及职工“被动入会”等问题仍然存在。

针对这些问题，全总先后颁布了一些重要文件，以推动基层工会工作的开展，比如 2014 年颁布了《中华全国总工会关于新形势下加强基层工会建设的意见》，提出了“通过 3～5 年努力，使基层工会覆盖面明显扩大，服务职工能力明显提高，工会组织吸引力凝聚力明显增强，力争实现全国 80% 以上的基层工会基本达到‘六有’目标”。[②] 2016 年更是根据习近平总书记“三个着力”的重要指示精神，颁布了《中华全国总工会关于增强基层工会活力发挥基层工会作用的实施意见》，其中明确要

① 《中国工会统计年鉴（2000）》《中国工会统计年鉴（2001）》《2004 年中国工会维护职工合法权益蓝皮书》《2005 年中国工会维护职工合法权益蓝皮书》。

② 这“六有”分别是：有依法选举的工会主席，建设心系职工、善于维权、开拓进取的骨干队伍；有独立健全的组织机构，完善工会委员会、经费审查委员会、女职工委员会等组织；有服务职工的活动载体，满足职工的多样化需求；有健全完善的制度机制，实现工会工作的群众化、民主化、制度化、法制化；有自主管理的工会经费，真正用于服务职工和工会活动；有会员满意的工作绩效，切实让职工群众感受到工会是“职工之家”。

求，“创新基层工会组织形式和入会方式，有效扩大工会组织覆盖面”，“创新基层工会活动方式和工作方法，增强工会组织的吸引力凝聚力战斗力”。[①]

全总对基层工会工作的重视，是新时代以来我国工会组织改革创新的内在要求。中央党的群团工作会议指出，“群团组织基层基础薄弱、有效覆盖面不足、吸引力凝聚力不够问题突出，特别是在非公有制经济组织、社会组织和各类新兴群体中的影响力亟待增强”[②]。增强政治性、先进性和群众性的工会改革方向，只有通过激发基层工会的活力，才能得以贯彻落实。在私人资本主导的非公企业中，由于企业主或经营管理者常常会担心工会活动带来不必要的非生产性成本，或者担心工会可能成为抗衡自己的组织力量，工会组建和作用发挥面临更多的阻碍。因此，解决非公企业工会建设面临的难题，发挥非公企业工会的重要作用，切实提高工会对职工群众的团结动员能力，是党中央对工会组织改革创新的要求，也是全总近几年重要的改革任务之一，具有重大的理论意义和现实意义。

二　调研情况

（一）调查简介

2019 年 10 ~ 12 月，课题组在江苏省 S 市 W 区进行了相关调研工作。W 区地处江苏省东南部，改革开放以来，通过民营经济和外向型经济的“双轮驱动”，形成了丝绸纺织、电子信息、光电缆和装备制造四大主导产业，新能源、新材料、生物医药和新型食品四大新兴产业，以及现代服务业的“4 +4 +1”产业体系。从企业所有制类型来看，W 区是典型的民营经济占

---

① 李玉赋主编《新的使命和担当——全国总工会改革试点制度文件与释义》，中国工人出版社，2017，第 149 ~ 151 页。

② 李玉赋主编《新的使命和担当——全国总工会改革试点制度文件与释义》，中国工人出版社，2017，第 4 页。

主导地位，辖区企业绝大多数为非公企业，而且以民营企业为主。而且从企业规模来看，各种规模的企业都有，既有数万人的大型集团公司，也有千人左右的中型企业，还有大量的小微型企业。因此，从产业或行业类型、企业所有制结构特点和企业规模等方面来看，W 区完全可以作为一个典型的调研地点。

具体来说，调研共涉及 16 家企业，其中有传统的丝绸服装业、机械制造业、能源化工业，还有现代的电子通信业、餐饮住宿服务业等，涵盖的行业面较广，总体上比较有代表性。在每个企业中，我们都与企业高层经营管理者、工会主席、工会干部、职工代表等进行了座谈，访谈对象涉及企业不同层级，也具有一定的代表性。

此外，2019 年 11 月底至 12 月初，课题组利用问卷星平台发布电子问卷，对 W 区非公企业职工进行问卷调查，了解职工的工作情况、活动参与程度、对工会工作的评价和期盼等。在区总工会、镇（区）工会和企业工会的支持下，共获得有效问卷 1870 份。问卷调查未经过随机抽样，不能从样本数据对整体进行统计推断，但考虑到非公企业工会工作存在很多共性的问题，因此调查的数据能够为我们认识当前非公企业的职工状况和工会工作提供一定的参考。

（二）调查职工的基本特征

从性别构成来看，本次调查的 W 区职工共 1870 人，其中男性 1162 名，占总数的 62.1%；女性 708 名，占总数的 37.9%。

从年龄来看，最小年龄为 16 岁，最大年龄为 63 岁，平均年龄为 30.4 岁，整体年龄比较年轻，反映了新生代农民工已经成为农民工群体的主体部分。

从调查职工的来源地区看，外省人数的比例达到 61.9%，远多于江苏省本地人。在江苏省本地职工中，W 区的本地职工数量最多，超过 1/5（见表 1）。

表1　调查职工的地区来源

单位：人，%

地区	人数	占比
W区本地人	430	23.0
S市其他地区	21	1.1
江苏省其他地区	262	14.0
外省人	1157	61.9
合计	1870	100.0

从职工的户口类型看，调查的职工中大多数为农业户口，也就是农民工，比例达到76.4%。

从调查职工的婚姻状况看，已婚群体超过六成，比例为63.9%，并且男性职工和女职工的情况差异不大，女职工已婚比例略高于男职工（见表2）。

表2　调查职工的婚姻状况

单位：人，%

婚姻状况	性别				合计	
	男		女			
	人数	百分比	人数	百分比	人数	占比
未婚	415	35.7	212	29.9	627	33.5
已婚	724	62.3	471	66.5	1195	63.9
丧偶	6	0.5	3	0.4	9	0.5
离婚	17	1.5	22	3.1	39	2.1
合计	1162	100.0	708	100.0	1870	100.0

在政治面貌上，调查对象中约66%的职工为群众，其次是共青团员，占比为25.1%，然后是中共党员，比例为7.8%，还有0.4%的民主党派。从党员和共青团员比例较高的现象来看，在调查过程中，身份为党员、共青团员的职工更为积极地参与了填答问卷。

在文化程度方面，整体上看，初中及以下文化程度的职工比例为25.3%，高中的职工占比为13.7%，中专、中技、职高的职工比例为17.2%，大专的职工比例为29.7%，本科学历的职工比例为13.6%，硕士研究生及以上的比例为0.4%。从图1可以看出，男女职工的文化程度基本差不多。

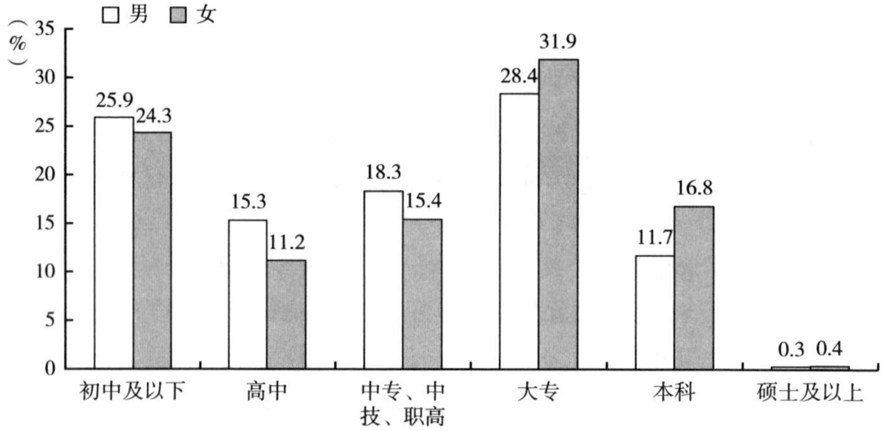

图1　调查职工的文化程度

三　职工的职业状况与现实需求

（一）工作岗位和收入状况

在W区调查中，有42.2%的职工选择了自己所在企业的员工总数在5000人以上，企业员工总数在201～1000人的占比36.5%，100名员工及以下的占比仅3.2%。这说明在本次调查中，大企业的员工填答了较多问卷（见表3）。

表3　调查职工所在企业的规模

单位：人，%

企业规模	人数	占比
(1)100人及以下	59	3.2
(2)101～200人	78	4.2

续表

企业规模	人数	占比
(3)201 ~500 人	394	21.1
(4)501 ~1000 人	288	15.4
(5)1001 ~2000 人	118	6.3
(6)2001 ~5000 人	143	7.6
(7)5000 人以上	790	42.2
合计	1870	100.0

从工作岗位的类型来看，填答问卷的职工中，选择“普通职工”的人数最多，达到 1080 人，比例超过一半，为 57.8%。其次是基层管理人员，人数为 421 人，占比 22.5%。再次是专业技术人员 205 人，占比 11%；中层管理者 151 人，占比 8.1%；高层管理者 13 人，占比 0.7%（见图 2）。

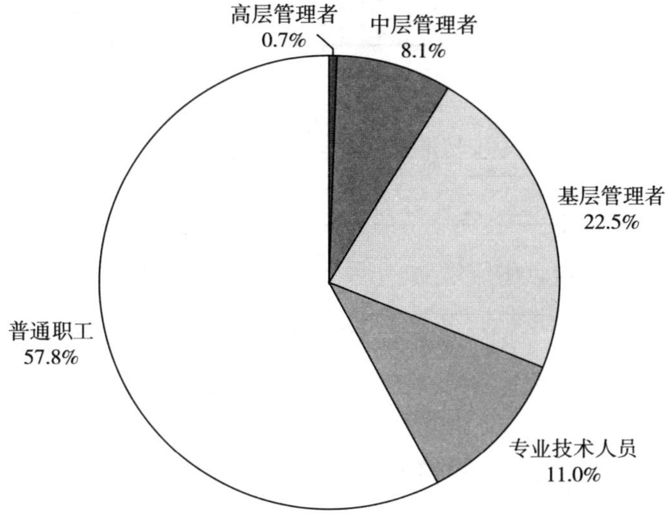

图 2　调查职工所在的工作岗位类型

数据显示，调查职工的月平均收入（包括奖金、补贴在内）主要集中在 4001 ~6000 元档，比例超过一半，达到 53.5%。3000 元以下、1 万元以上的职工人数都比较少，分别只占总数的 4% 和 3.9%（见表 4）。与 S 市城镇单位从业人员的人均劳动报酬相比，非公企业职工的收入相对偏低。根据 S 市统计局的数据，2019 年城镇单位从业人员的人均劳动报酬是 105356 元。

表 4　调查职工每个月的平均收入（包括奖金、补贴在内）

单位：人，%

收入档次	人数	占比
2000 元及以下	9	0. 5
2001～3000 元	65	3. 5
3001～4000 元	286	15. 3
4001～5000 元	555	29. 7
5001～6000 元	445	23. 8
6001～7000 元	214	11. 4
7001～8000 元	117	6. 3
8001～10000 元	105	5. 6
10001～15000 元	53	2. 8
15000 元以上	21	1. 1
合计	1870	100. 0

（二）专业技术职称与职业技能等级

在调查的职工中，有 57. 5% 的职工没有专业技术职称，这里面主要是普通职工。获得初级、中级职称的职工比例分别为 25. 5% 和 12. 5%，高级职称的职工所占比例较小，仅为 4. 6%。获得职称的职工主要属于专业技术人员和管理人员（见表 5）。

表 5　调查职工的专业技术职称

单位：人，%

职称状况	人数	占比
没有技术职称	1075	57. 5
初级职称	476	25. 5
中级职称	233	12. 5
高级职称	86	4. 6
合计	1870	100. 0

在职业技能方面，拥有技能等级（从初级工到高级技师、首席技师）的比例超过一半，达到53.9%；其中中级工及以上的高技能人才占比达到27.4%。对于非公企业而言，高技能人才的比例相当不错，但由于调查并非随机抽样，数据可能高于实际情况。862名职工没有技能等级，占比46.1%，这其中包括了大多数的基层管理人员和专业技术人员（见表6）。

单独就普通职工来看，在1080名普通职工当中，拥有技能等级的比例接近一半，为48.5%。这个比例说明在调研的非公企业中，职工的整体技能素质还不错。但是也存在问题，即在管理者、专业技术人员之外的普通职工中，高级工及以上的高技能人才还非常缺乏，比例合计只有6.7%（参见表6）。这意味着很大一部分高技能人才，目前已经是管理者或者是专业技术人员的身份。

表6　不同类型职工的职业技能等级

单位：人，%

技能等级	全部职工		普通职工	
	人数	占比	人数	占比
没有技能等级/不是工人岗位	862	46.1	556	51.5
初级工	496	26.5	369	34.2
中级工	211	11.3	83	7.7
高级工	152	8.1	53	4.9
技师	103	5.5	14	1.3
高级技师	43	2.3	3	0.3
首席技师等更高等级	3	0.2	2	0.2
合计	1870	100.0	1080	100.0

（三）职工的担心与关切

从调查情况看，目前非公企业职工最担心的问题是收入太低，选择的人数达到71.2%，在所有回答的答案中占25.8%；其次是物价太高，担心的职工比例达到58%，在所有回答中占21%；第三是看病太贵，害怕生病，担心的职工占比36.6%；第四是子女教育问题，选择的职工比例为31.6%

（见表7）。在企业座谈中，不少职工也提到希望地方政府能够在幼儿园、小学等教育资源配置上，为外地户口的员工子女提供更多的支持。

表7　目前职工个人最担心的问题（多项选择题）

单位：人，%

选择项	回答数		调查职工中的占比
	人数	回答数中的占比	
工作不稳定，害怕下岗失业	428	8.3	22.9
收入太低	1332	25.8	71.2
看病太贵，害怕生病	684	13.3	36.6
婚姻危机	181	3.5	9.7
物价太高	1084	21.0	58.0
社保方面没有保障	255	4.9	13.6
子女教育问题	590	11.4	31.6
技术技能比较欠缺	561	10.9	30.0
其他	38	0.7	2.0
总计	5153	100.0	275.6

在工作方面，职工最关心的问题主要是收入水平，选择的职工高达84.3%，在所有回答的答案中占比23.5%；其次是工作稳定性，选择的职工达到53%；再次是职业发展空间，选择的职工占比50.6%；又次是个人能力和素质提升，占比41.5%（见表8）。

表8　职工在工作上最关心的问题（多项选择题）

单位：人，%

选择项	回答数		调查职工中的占比
	人数	回答数中的占比	
工作稳定性	992	14.8	53.0
收入水平	1576	23.5	84.3
职业健康和安全卫生	571	8.5	30.5
职业发展空间	947	14.1	50.6
医疗、养老等社会保障水平	639	9.5	34.2
文化娱乐活动	201	3.0	10.7
企业提供的福利	642	9.6	34.3

续表

选择项	回答数		调查职工中的占比
	人数	回答数中的占比	
个人能力和素质提升	776	11.6	41.5
人际关系状况	319	4.8	17.1
其他	30	0.4	1.6
总计	6693	100.0	357.9

（四）职工与企业的关系

首先，从职工与企业管理者的关系来看，非公企业中多数职工对双方关系给予了比较正面的评价。如表 9 所示，认为关系融洽的职工（很融洽和比较融洽之和）达到 1262 人，占比 67.5%；认为关系一般的职工有 545 人，占比 29.1%；而认为关系不融洽的职工仅有 63 人，占比 3.4%。

表 9　调查职工对“您所在企业，领导/管理者与普通职工之间的关系怎么样”的看法

单位：人，%

选择项	人数	占比
很融洽	682	36.5
比较融洽	580	31.0
一般	545	29.1
不太融洽	43	2.3
很不融洽	20	1.1
合计	1870	100.0

其次，在职工关心企业前途和发展的程度上，数据显示，调查的非公企业职工普遍关心本企业的前途和发展，表示关心的人数（非常关心和比较关心之和）共有 1330 人，占比 71.1%；表示一般的职工有 444 人，占比 23.7%；而不关心企业前途和发展的职工仅有 96 人，占比 5.2%（见表 10）。这说明在很多员工心目中，企业是与自己相关联的一个利益共同体。

表 10　调查职工对“您关心企业的前途和发展吗”的看法

单位：人，%

选择项	人数	占比
完全不关心	46	2.5
不太关心	50	2.7
一般	444	23.7
比较关心	773	41.3
非常关心	557	29.8
合计	1870	100.0

四　职工对工会活动的参与和评价

（一）职工的工会活动参与情况

第一，在入会问题上，非公企业职工存在实际的工会会员身份与主观身份认同的差异现象。从数据来看，调查职工中仅有 679 人明确回答自己是工会会员，占比 36.3%；有 848 人明确表示自己不是会员，占比 45.3%；另有 18.3% 的职工表示不清楚自己是不是会员。很多企业由于已经建立工会，绝大多数员工都已经成为工会会员，但由于这种入会方式不是主动选择的结果，以及很多工会活动并没有触及全部职工，因此部分职工没有加入工会的概念，没能形成对工会身份的认同。

第二，与入会问题相关，不少非公企业职工与工会干部的接触相对较少，因而在“是否知道工会主席名字”的问题上，相当一部分人给出了否定的回答。数据显示，有 1000 名调查的职工表示，在本次调查之前知道企业工会主席的名字，占比为 53.5%；有 46.5% 的职工在本次调查之前不知道企业工会主席的名字。这说明非公企业工会干部与职工之间的联系还存在一定的问题。

第三，非公企业职工较少利用工会组织来表达自身的利益诉求。在

“是否通过工会向企业管理层表达自身的利益诉求”的问题上，调查的非公企业职工中，仅有20.7%的职工曾经通过工会向企业管理层表达自身的利益诉求或提出利益要求，近八成的职工没有采用类似的行为。这反映了非公企业工会在职业权益维护方面的影响力还不够大。

第四，在工会活动的参与方面，不同活动的参与度存在一定差异，与公司生产经营相关的活动参与度较高。从非公企业职工的角度看，在企业工会开展的活动中，表示“参加过”的职工人数最多的活动是教育、培训活动，达到1183人，占比63.3%；其次是劳动安全、卫生状况的监督检查，人数有943人，占比50.4%；再次是文体娱乐活动，人数有900人，也接近一半（48.1%）。参加过的职工人数最少的活动是志愿服务活动，仅有591人参加过，占比31.6%；此外，参加过劳动争议调解，工会代表或职工代表的选举，征求意见会、民主协商会等活动的职工也相对较少（见表11）。

表11　调查职工对“您有没有参加过企业工会开展的以下活动”的看法

单位：人，%

选择项	参加过		不知道有没有开展		没有参加	
	人数	占比	人数	占比	人数	占比
文体娱乐活动	900	48.1	201	10.7	769	41.1
合理化建议活动	855	45.7	270	14.4	745	39.8
劳动竞赛、技术评比、技术革新等	871	46.6	226	12.1	773	41.3
工会代表或职工代表的选举	615	32.9	343	18.3	912	48.8
征求意见会、民主协商会等	629	33.6	399	21.3	842	45.0
困难帮扶、送温暖等慰问活动	846	45.2	290	15.5	734	39.3
志愿服务活动	591	31.6	438	23.4	841	45.0
与企业进行集体协商、签订集体合同	715	38.2	429	22.9	726	38.8
组织召开职工代表大会	709	37.9	361	19.3	800	42.8
劳动安全、卫生状况的监督检查	943	50.4	313	16.7	614	32.8
劳动争议调解	594	31.8	410	21.9	866	46.3
教育、培训活动	1183	63.3	233	12.5	454	24.3

第五，职工参加志愿服务活动的意愿。我们设置“是否愿意参加社会志愿服务活动”的问题，是想了解非公企业职工在工会活动的参与之外，对于社会公共活动参与的意愿。如表 12 所示，表示“愿意积极参加”的职工有 692 人，占比 37%；表示“愿意偶尔参加”的职工达到 1022 人，占比 54. 7%；明确表示“不愿意参加”的职工仅有 156 人，占比 8. 3%。可见，绝大多数职工都有参与社会志愿服务的意愿。

表 12　调查职工对“是否愿意参加社会志愿者服务活动”的看法

单位：人，%

选择项	人数	占比
不愿意参加	156	8. 3
愿意偶尔参加	1022	54. 7
愿意积极参加	692	37. 0
合计	1870	100. 0

（二）职工对工会工作的评价

第一，职工对工会组织开展权益保护工作效果的评价。如表 13 所示，超过四成的非公企业职工（42. 5%）认为工会向管理层提出利益要求或者维护职工权益的效果不错（非常好与比较好之和），47. 3% 的人认为效果一般，另有 10. 3% 的职工认为效果不好。总体上非公企业职工的评价比较正面，对工会组织维权作用的发挥比较肯定。

表 13　调查职工认为通过工会来向管理层提出相关利益要求或维护利益的效果

单位：人，%

选择项	人数	占比
非常好	331	17. 7
比较好	463	24. 8
一般	885	47. 3
不太好	89	4. 8
不好	102	5. 5
合计	1870	100. 0

第二，职工对企业工会影响力的评价。在调查中，49.1%的非公企业职工认为在自己所在企业中，工会的影响力一般；37.8%的职工对企业工会的影响力作出肯定性回答（非常大与比较大之和）；另有13.1%的职工认为工会影响力小（见表14）。总体上看，非公企业职工对工会影响力的评价较为一般，企业工会的作用还没有得到广泛的认可。

表14　调查职工对“在你们企业，您认为工会的影响力怎么样”的看法

单位：人，%

选择项	人数	占比
非常大	235	12.6
比较大	472	25.2
一般	918	49.1
比较小	114	6.1
非常小	131	7.0
合计	1870	100.0

第三，职工关于对工会和工会干部的看法。如表15所示，在提供的关于工会和工会干部的相关表述中，给出正面评价的非公企业职工基本上在40%～50%，其中评价相对较高的内容表述是“工会干部工作水平和能力很高”“工会还是给会员争取到了一些实惠”“工会干部积极替会员说实话、办实事”等；相对较低的有“我有困难时会想到去找工会”（40.5%的职工）、“会员身份对我平时工作生活没影响”（41%的职工）等。总体上看，非公企业职工对工会和工会干部的相关评价偏向于积极和肯定。

表15　职工对以下关于工会和工会干部各种说法的看法

单位：人，%

选择项	同意		一般		不同意	
	人数	占比	人数	占比	人数	占比
工会干部工作水平和能力很高	913	48.8	758	40.5	199	10.6
工会干部积极替会员说实话、办实事	884	47.3	733	39.2	253	13.5

续表

选择项	同意		一般		不同意	
	人数	占比	人数	占比	人数	占比
工会经常组织会员进行交流活动	819	43.8	800	42.8	251	13.4
我很信任单位里的工会干部	871	46.6	763	40.8	236	12.6
会员身份对我平时工作生活没影响	767	41.0	868	46.4	235	12.6
我有困难时会想到去找工会	758	40.5	783	41.9	329	17.6
工会还是给会员争取到了一些实惠	901	48.2	719	38.4	250	13.4
我觉得工会干部说话办事很公正	860	46.0	772	41.3	238	12.7

第四，职工对企业工会的综合评分。在调查中，我们设定对企业工会评价的满分为 10 分，请被调查的非公企业职工给所在企业工会打分，得到的平均值为 7.53 分，总体上处于中等偏上的水平。分性别来看，女职工给出的平均分为 7.8 分，略高于男性职工的 7.36 分。并且从标准差来看，女职工之间给分的相互差异要比男职工之间的分值差异小，也就是说，女职工评分的一致性比较高，男职工评分之间的差异性相对大一些（见表 16）。

表 16　分性别调查职工对企业工会打分的描述性统计

单位：分，人

性别	均值	人数	标准差
男	7.36	1160	2.264
女	7.80	707	1.805
合计	7.53	1867	2.113

注：满分 10 分。

（三）职工对未来工会工作的期待

从调研来看，非公企业工会在服务职工的实践中产生了一定的影响，这也使非公企业职工对所在企业的工会工作抱有期待。从表 17 的数据来看，他们希望未来工会工作的重点首先是“开展技术技能培训”，选择的职工人数达到 1025 人，占调查职工总数的 54.8%，占所有回答数的 17.5%；其次是“维护职工劳动权益”，选择的职工比例达到 46.7%；再次是“开展困难职工帮扶”，选择的职工比例为 35.2%；又次是“提供创业服务”，选择的职工比例为 32.5%。可以发现，这些排在前面的重点工作，基本上都是与职工的职业、劳动经济权益密切相关的内容。

表 17　调查职工对“未来，您希望工会组织重点做哪些工作”的看法（多项选择题）

单位：人，%

选择项	回答数		调查职工中的占比
	人数	回答数中的占比	
提供创业服务	607	10.3	32.5
开展技术技能培训	1025	17.5	54.8
开展困难职工帮扶	658	11.2	35.2
举办各类文体活动	553	9.4	29.6
加强安全生产监督	547	9.3	29.3
开展工资集体协商	452	7.7	24.2
提供法律援助	386	6.6	20.6
维护职工劳动权益	873	14.9	46.7
弘扬劳模精神、劳动精神	329	5.6	17.6
开展劳动竞赛、技术比武活动	381	6.5	20.4
其他	61	1.0	3.3
总计	5872	100.0	314.0

五　工会工作的主要实践

（一）思想政治引领

W 区总工会、镇（区）工会、企业工会形成三级联动的机制，协同推进非公企业的工会工作。各级工会坚持服从服务大局，以增强政治性、先进性、群众性为主线，突出职工思想引领，引领全区广大职工群众坚定不移地听党话、跟党走。

1. 坚持党的领导，履行工会政治责任

W 区总工会在工作中完善向党委请示报告制度，在寻访时代工匠、服务长三角一体化发展、开展三地工会合作、组织长三角示范区技能竞赛等重点工作方面，积极争取党组织的支持，保证正确的政治方向。

一些非公企业工会坚持以党建带工建、以工建促党建的原则，把党的政治优势转化为企业发展优势，引导职工听党话、跟党走。具体做法有工会与党委干部交叉任职、发挥劳模党员双重引领作用、融入式党建带工建等。如 ZD 公司建立建有党委和工会委员会两个组织，每个厂区都有党支部和工会委员；工会成立了调解委员会，党支部书记担任主任，下设 9 个委员，平均分布在每个厂区，形成良好的合作共建的组织基础。此外，非公企业工会也通过党群服务中心平台，开展丰富多彩的职工服务活动，增强工会组织的凝聚力、吸引力、影响力。

2. 开展宣传和调研，回应职工需求，提高职工思想政治觉悟

W 区总工会和一些非公企业工会利用微信群、公众号、职工艺术展览中心等平台，向企业行政、广大职工群众传递党和国家的声音、上级工会的工作动态和最新政策法规等，使广大工会干部和职工会员经常受到党的教育，提高政治觉悟和整体素质，同时也增强企业行政对党工工作的支持力度。

有些非公企业工会非常关注职工思想状况。如 TD 集团的各级分工会主席及工会委员每月深入一线，开展思想动态调研，主动了解员工的“所思、所想、所惑”，编制《员工思想动态报告》，将员工反映的共性和个性问题上报集团工会。集团工会在进行汇总后，逐一与相关部门沟通，形成“从个案、到共识、到反馈、到落实”的正反馈，不仅有利于企业的稳定发展，更是打通“员工思想最后一公里”的有效途径。

（二）服务企业发展

在 W 区总工会的指导和镇（区）工会协调支持下，很多非公企业的工

会组织与其他行政和业务部门相互协作，通过组织劳动竞赛、加强职工培训等方式，为非公企业发展提供助力。

1. 弘扬劳模精神、劳动精神、工匠精神，发挥优秀职工模范带头作用

W 区非公企业主要通过寻访“时代工匠”，劳模、工匠、大师创新工作室的创建，评选、表彰、宣传企业杰出人才，发挥优秀职工的模范带头作用。HT 集团工会连续五年开展“技能工匠”评选，累计评出技能工匠 200 多名。在国家级技能大师工作室创建中，培育技能工匠，传承工匠精神。已获批 1 个国家级工作室、1 个省级大师工作室、2 个 S 市大师工作室、2 个 W 区大师工作室。在各类先进评比中，人才不断涌现，形成了一支能征善战、面向国际化的经营管理团队、高素质高技能工匠团队、钻研创新的技术团队。

2. 开展劳动竞赛，推动职工建功立业

劳动竞赛是 W 区非公企业工会工作的重要内容。

首先，通过创新劳动竞赛模式，形成以赛促训常规化育人机制，促进人才培育、选拔与交流。HT 集团工会形成日日机台赛、周周班组赛、月月车间赛、季季公司赛、年年集团赛格局，以赛代训带动了多个系统、上百个工种技能的不断提升。一线职工技能认证率 75% 以上，技师、高级技师占 12%，考评产生 170 多个首席技师、技能标兵。

其次，鼓励全员微创新，为企业减损增效。TD 集团工会每年联合人资部、企划部、设备部、质检部、后勤部、物流部开展多工种劳动技能竞赛、知识比拼竞赛、“五小”（小发明、小革新、小设计、小点子、小建议）创新活动，营造职工主动创新、人人创新、创新光荣的浓厚氛围。2019 年，集团工会举办了检验工技能大赛，参与人员达 300 余人，收到合理化建议 2112 条，为公司节省经济损失 1690 万元。

最后，设立“工作示范岗”，形成争创先进的企业氛围。TD 集团工会开展“三亮、三比、三评”活动，通过亮标准、亮身份、亮承诺，比技能、比作风、比业绩，日考评、月考评、季考评，形成争创先进的企业氛围。

3. 重视职工培训，实现职工赋能成长

在W区非公企业工会工作中，职工培训在组织层次上呈现多元化，在培训内容上具有丰富多样性，在培训效果方面既有岗位技能提升的短期目标，又注重提高职工综合素质以拓展职业发展空间的长期发展规划。例如，TD集团工会形成“四点式”教育培训模式，即理论培训“点题式”、需求培训“点菜式”、业务培训“点播式”、培训讲师“点将式”，内容涵盖职业素质培训、职业技能培训、职业安全知识、身心健康保健、职工法律常识等多类别。YD集团工会2018年编制了60次培训计划纲要，主要从基层管理、质量管控、技能操作、安全生产、文化教育等方面着手。HT集团工会培养对象包括公司高管、业务部门、人才梯队、并购公司，培训内容涵盖战略理念、策略工具、制度流程、知识理论四大板块。

（三）维护职工权益

在不同经济类型中，非公企业劳动关系的不稳定性相对更强，职工所面临的权益问题相对更多。在区总工会的推动下，W区非公企业工会以维护职工合法权益、促进企业发展为工作原则，在协调企业劳动关系、推动建设和谐企业方面进行了各项基础性工作。

1. 贯彻落实劳动关系协调的基本制度和机制

首先，在W区非公企业当中，规模较大的企业普遍建立了集体合同制度，集体协商工作相对比较规范。HT集团工会不仅与企业行政方签订了企业工资专项集体合同，还签署了企业女职工特殊保护专项集体合同。YD集团工会严格按照《集体合同条例》等有关规定，依法做好集体合同的签订工作，重大制度民主协商、公示，并在职工代表大会上通过。

其次，推动建立民主管理制度，组织职工参与企业管理活动。部分非公企业工会督促和协助行政方，通过公告栏、新媒体平台、员工沟通会等方式，公开企业发展的重大战略问题、职工关心的热点问题和切身利益问题，确保职工的基本知情权。不少非公企业工会定期召开职工代表大会（多数是每年召开一次），听取企业发展战略、年度经营等方面的报告，并对涉及职工利益的重大事项进行审议。

最后，贯彻落实劳动争议调解制度，积极介入企业劳动争议处理。W区非公企业较多地建立起劳动争议调解委员会，工会组织在该委员会中担当重要角色，一般由工会主席担任主任或副主任职务。

2. 多种方式维护职工合法权益

一是畅通职工利益表达渠道。从调研的企业来看，不少非公企业工会在构建多样化的职工利益和诉求表达渠道方面，结合信息化时代的新特点，进行了很多新的尝试和创新。如TD集团工会坚持的职工代表联席会议制度、每个月开展的员工思想动态调研等，都是职工表达所思、所想、所惑的创新渠道。MSZ公司建立的微信群“议事厅”，是职工与管理层进行有效互动的线上平台。

二是指导和规范劳动合同的签订。W区非公企业工会大多数与企业人力资源部门有重合，因此特别强调以法律法规为准绳，有效保障了劳动合同签订过程的规范性。HT集团人资管理中心为完善劳动合同管理制度，保障劳动合同双方当事人的合法权益，专门制定了《HT集团劳动合同管理办法》，对集团及所属各公司与员工建立劳动关系，订立、履行、变更、中止、解除或者终止劳动合同进行了详细规定，劳动合同签订率亦为100%。

三是提供法律援助和服务。工会组织作为职工权益的代表者和维护者，在主动维权的同时，也要坚持依法维权和科学维权。从W区非公企业工会角度来看，坚持依法维权主要集中在对职工进行法律法规培训和提供必要的法律援助。

四是督促企业做好劳动安全与保护工作。W区非公企业工会普遍重视职工的劳动保护权利，督促和协助企业加强职工劳动安全与保护工作，有些工会按照《企业工会工作条例（试行）》的要求，建立了劳动保护监督检查委员会；有的工会也签订了《劳动安全卫生专项集体合同》。

（四）职工服务工作

面对职工群体的结构变化和职工需求的多样化，W区非公企业工会在职工服务工作方面也体现出较明显的多样化和创新性特征，很多企业建构出从服务阵地、运行机制到服务内容的完整职工服务体系。

1. 强化职工服务阵地建设

建设形式多样的职工服务阵地，完善职工服务基础设施，是推进职工服务工作精准化和普惠化的重要基础和保障。在 W 区非公企业中，职工服务阵地建设得到很多企业行政方和工会组织的高度重视，呈现不同的空间形式，承载了多元化的服务内容。如 MSZ 公司坚持党工共建，以党群服务中心为依托，打造员工满意、舒适、充满爱的职工之家。MSZ 职工之家占地 3000 多平方米，目前配备的设施有爱美书吧、爱美休吧、多功能室、党员活动室、超市、健身馆、体育公园、民族角、党群服务中心等，承载的服务项目有爱心互助、临时救助、爱心助学、法律维权、心理疏导、技能培训、文化活动、联谊活动等。

2. 开展形式多样的职工服务活动

一是开展困难职工帮扶活动。W 区大多数非公企业工会都能够通过基层调研，了解职工群众及其家庭情况，开展扶贫救助行动。区总工会也发挥着重要的组织和指导作用，特别是区总工会组织的爱心互助基金，吸引了大量非公企业的积极参与，起到了为非公企业职工健康保驾护航的重要作用。

二是常态化开展各种文化体育活动。W 区非公企业工会普遍利用企业职工之家等服务阵地以及相应的公共设施，积极开展各种文化体育活动，丰富职工的业余生活，锻炼员工身体，营造健康向上的企业文化氛围。

三是积极开展职工心理健康服务。W 区非公企业工会普遍关心职工的精神需求和心理健康，提前做好各项服务工作，普及心理健康知识，帮助职工加强自我认识，提升情绪管理能力和心理品质。很多企业工会通过引入心理健康促进课程，回应和满足员工对心理服务的需求，同时也能够对员工开展一对一的心理服务。

四是与企业共同提供多样化的职工福利。非公企业中，员工福利待遇的优厚与否在一定程度上影响员工工作的积极性。在提升员工的福利保障方面，W 区非公企业工会各显神通，争取企业行政方的支持，共同打造具有企业特色的职工福利项目。通勤班车、健康体检、过节慰问、春节返乡车票报销、员工生日福利、员工旅游、海外探亲休假、高温福利发放、住房优惠等，体现在不同企业的福利设置中。

五是为女职工群体提供特殊服务和保障。W 区非公企业普遍重视女职工群体的特殊利益，关爱女性和母亲，满足女职工的特殊需要。JL 公司工会女职工委员会在全体女职工中开展多项活动，如每年“三八节”为全体女职工送去节日慰问，组织女职工进行妇科病普查，组织先进女职工外出旅游活动，有效地维护了女职工的合法权益和特殊权益。大多数非公企业都关爱准妈妈，在食堂设置准妈妈爱心餐桌，为哺乳期妈妈提供哺乳场所等，得到了广大女职工的肯定。

六是创新性地引入社会工作服务。在 W 区部分非公企业中，创新性地引入了社会工作服务，为职工个人发展、和谐劳动关系构建提供更加系统化的服务和保障，提高职工服务工作的专业性水平。

（五）改革创新工作

工会工作和工运事业的发展，需要一支信念坚定、充满活力、敢于担当的工会干部队伍，需要不断改革创新，增强工会组织的吸引力、凝聚力和战斗力。在 W 区非公企业中，工会工作做得有声有色的工会，基本上都体现出组织体系比较完备、干部队伍比较整齐、干部作风过硬的一些特点。

1. 建立健全企业工会的组织体系

工会的组织体系是企业工会发挥作用的基础和可靠保障。W 区已建工会的非公企业中，绝大多数都建立起比较齐备的工会组织架构，为工会工作的顺利开展提供基本保障。如 TD 集团工会除“三会”以外，还设立政策咨询委员会、劳动争议调解委员会和劳动竞赛委员会，各部门下设分工会，如机关分工会、光纤事业一部分工会等，各分工会设有不同的工会小组。

2. 加强企业工会干部队伍建设

首先是形成多样化的兼职企业工会干部队伍。工会是职工利益的代表者和维护者，企业工会干部必须最广泛地代表企业职工的利益。W 区非公企业工会在搭建兼职工会干部队伍时，比较重视干部来源的广泛性，注重从企业不同的业务部门吸纳工会委员，做到“把优秀员工发展成为工会委员，把工会干部发展为企业的优秀员工”，促进工会工作在不同部门之间得到更好的协调和推进。

其次是加强企业工会干部的培训和能力提升。W 区非公企业的工会主席和工会干部大多是兼职，对工会工作方面的法律法规和相关政策认识有限，也缺乏开展工会工作的经验和方法。少数非公企业工会重视提升工会干部的综合素质。例如，ZD 公司工会主席考取了人力资源管理师、中级社会工作师、二级心理咨询师证书，并鼓励和支持兼职工会干部考取相关资格证书，提升从事职工服务的综合能力。

3. 不断改进和创新工会工作方法

新时代背景下，非公企业的职工队伍也日益多元化，需求明显多样化，职工的价值取向、生活方式和工作态度都发生相应的改变。面对这些新的变化，不少非公企业工会也在积极探索新的有效工作方式，以满足职工的多样化需求。例如，很多公司工会根据网络时代职工沟通方式的变化，积极运用网络、社交媒体和自媒体，如贴吧、微信、QQ 等，建立联络群和同辈关系网络，让“90 后”等年轻员工“有处可说”，表达自己的需求和感受，提出问题和寻求帮助，互相沟通、支持，实现资源的流动与整合。还有公司工会针对年轻职工的兴趣爱好，不断创新活动形式和内容，在职工之家设立 K 歌房、健身步道等设施，定期组织员工一起唱歌、一起健身等，满足职工多样化的娱乐需求。

六　工会工作存在的问题及原因分析

（一）主要问题

1. 非公企业工会工作发展不平衡

从调研的 16 家非公企业来看，各企业的工会工作发展不平衡，呈现明显的差异性。一些规模较大的企业，党组织、工会组织的机构设置比较健全，通过党建带工建，有效地促进了工会工作的顺利开展。但也有部分非公企业对工会工作的重视度不足，工会活动非常零散，个别企业在年度工作即将结束的时候，工会经费仍然没有任何支出。此外，调研企业一般是与区总工会、镇（区）工会联系较多、相对比较容易进入的企业，其工会工作的开展也相对较好，更多非公企业工会运作情况不太理想。

2. 非公企业工会工作的主体性不突出

在调研的企业中，由于工会主席的身份多为企业管理部门或业务部门的负责人，很多工会工作是与企业行政业务交叉融合在一起的。客观上说，由行政或业务部门负责人来推动的工作项目或内容，能够得到更为快速有效的实施，这使得工会组织能够借助企业行政的力量，把相关的职工服务工作做得更好。但是也存在一些相关的问题，一是这种行政作用的突出，可能会导致职工对工会认知的弱化，使职工难以清晰地、准确地认识到工会在代表和维护自身利益上能够发挥的积极作用，甚至可能会把工会看作企业行政方的代表。二是企业行政方主导的工会活动，基本的出发点更多是企业利益，活动可能也具有一定的倾向性。

3. 非公企业工会干部队伍比较薄弱

在 Y 集团公司等少数大型企业，由公司党委委员兼任工会主席，负责公司的党务和群团工作，具有专职群团干部、工会干部的性质。但总体上看，绝大多数非公企业的工会主席均由人力资源、总经办等管理和业务部门的负责人兼任，工会委员也多由各个业务部门的管理人员兼任，这样一支兼职化的工会干部队伍，面对非公企业中多样化的职工需求和新时代工会工作改革创新的需要等问题，战斗力还相对薄弱，具体表现在两个方面。第一，非公企业工会干部队伍在工会工作的理论和实践上都有不足。尽管区总工会不仅为企业工会主席举办“上岗培训”，还不定期提供相关培训课程、开展指导交流活动，但仍然难以保证非公企业工会主席能够系统地了解工会工作的理论和方法。第二，非公企业工会主席和工会委员的兼职属性，决定了他们的主要精力仍然是企业的生产经营活动，难以投入有效的时间和精力来开展工会工作。

从前文的职工调查数据来看，在询问职工“本次调查之前，是否知道企业的工会主席叫什么名字”的问题上，1870 名受访职工中，870 人（占 46.5%）表示“不知道”。特别是在询问职工“是工会会员吗”的问题上，高达 45.3% 的职工表示“不是会员”，还有 18.3% 的职工表示“不太清楚”，说明一些工会工作并没有真正触及职工，很多职工仅仅表现为一种“被入会”的状态，而并未感受到工会干部和工会工作对自身的影响。

4. 非公企业工会工作的作用和影响力未能充分发挥

虽然不少非公企业的工会工作都有各具特色的一些亮点，都在一定程度上满足了职工的需要，得到企业方和职工群众的肯定。但总体上看，与上述几个问题相对应，非公企业的工会工作还没有发挥广泛的、系统性的作用和影响力。在工会工作所涵盖的众多方面，非公企业工会在职工生活服务、促进企业发展上的体现相对更多，而在政治上对职工的引领作用、在权益上对职工的保护作用等方面相对较弱，最终体现在职工群众的评价上，尚未达到良好的状态。

从职工调查数据来看，第一个问题是“在你们企业中工会的影响力怎么样”，选择影响力大的职工有 707 人，占调查总数（1870 人）的 37.8%，49.1% 的职工认为影响力一般，另有 13.1% 的职工认为影响力小。第二个问题是“您认为通过工会来向管理层提出相关利益要求或维护利益，效果如何”，选择效果好的职工有 794 人，占调查总数的 42.5%，认为“效果一般”的比例达到 47.3%，另有 10.3% 的职工认为效果不好。此外，在其他诸如“工会干部的水平和能力很高”“信任企业中的工会干部”等问题上，肯定性回答的比例也都不超过一半。

（二）主要原因

1. 非公企业生产经营活动与非经济活动之间的张力

这种张力和矛盾是市场经济条件下企业竞争和发展所固有的属性，也是非公企业工会工作面临困境的深层原因。作为市场经营的主体，企业的核心目标是追求最大化的经济利润，因此焦点自然集中在生产经营活动上，同时企业又通常将工会工作视为不产生经济效益的非经济活动，因而不会给予足够的重视。面对党和国家在政策上对组建工会的规定和要求，企业必然会面临在两种活动之间如何平衡的问题。当然，对工会工作的不同理解会影响企业方的抉择。特别是中国工会的社会职能中，包含建设和教育的部分，这些功能的有效实现，客观上有利于企业获取更高的经济效益，能够为企业发展提供一定的支撑。这种意识和思维的加强和普及，是未来非公企业工会工作发展的内在动力。

2. 非公企业工会工作方面的制度设置和体制机制问题

立法、制度和体制问题，是非公企业工会工作遭遇困难的宏观因素。首先，从立法和制度设置看，有关非公企业工会工作的法律和制度规定主要体现在《工会法》和《企业工会工作条例（试行）》中，特别是条例对企业工会的组织建设、工作内容、工作机制等方面提出了明确的要求。但条例自2006年颁布以来，在实施过程中面临很大的问题，甚至出现被虚置的现象。尤其是对于非公企业而言，像专职工会干部的配备（“工会专职工作人员一般按不低于企业职工人数的千分之三配备”）这样的条款，在实践中基本不可能施行。条例作为全国总工会颁布的部门规章，远远达不到全国人大立法的刚性，也缺少约束力。其次，从工会体制机制来看，目前企业工会主席和工会干部，除地方工会派驻人员以外，无论是专职还是兼职工作人员，基本都依附于企业，其劳动关系、工资待遇都由企业来发放，很难摆脱这种身份约束来开展工作，独立性无法得到保证。

3. 非公企业工会工作过于依赖企业老板的个体态度

对老板的依赖性是非公企业工会工作难以全面发展的直接原因。在工会工作相对较好的非公企业中，工会干部陈述的最重要的经验和条件是“老板很关键”，企业工会工作必须得到董事会和总经理的支持。诚然，老板在人、财、物方面的支持会极大地推动企业工会的各项工作，但如果这一因素是非公企业工会工作的关键要素，那么缺少老板的支持，就意味着工会工作会陷入寸步难行的境地。从地方工会的角度看，需要找到一条能够推进非公企业工会工作的规范化途径，要让老板的支持成为工会工作的助力，而不是核心动力。

4. 非公企业工会工作尚未得到职工的深度参与和广泛支持

我们常说工会是职工的坚强后盾，反过来讲，职工也是工会最根本的依靠和力量来源。对于非公企业工会而言，广大职工的支持同样是依靠和力量。来自职工群众的需求、声音，就是工会干部开展各项活动的底气所在。得不到广大职工的参与和支持，工会工作就相当于失去土壤，无法支撑起庞大的任务和目标。然而，由于上述几个因素的影响，非公企业工会工作在联系广大职工、服务广大职工方面还不够深入，因此也未能得到来自广大职工的最广泛支持，从而影响非公企业工会工作的深入发展。

在本次调查中，涉及“职工参与工会组织的各项活动”的问题，从整体上看，除“教育、培训活动”参加的职工达到63.3%，“劳动安全、卫生状况督查检查”涉及的职工达到50.4%外，其他各项活动中，参与的职工均不到一半。在“工会代表或职工代表的选举”中，参加过的职工只占32.9%，“不知道有没有开展”的职工占18.3%，没有参加的职工占48.8%。在“企业工会开展的征求意见会、民主协商会”问题上，参加的职工只占33.6%。

七　加强非公企业工会工作的思考

（一）完善法律法规和相关制度

中央党的群团工作会议后，在全国总工会的改革方案中，增强基层工会活力是基本目标之一。在群团改革背景下，全总也明确要求基层工会组织创新工会组织形式、工作方式，增强工会组织的吸引力、凝聚力、战斗力。贯彻落实党中央要求，推进实施全总的工作部署，需要在法律法规和制度层面，为基层工会工作的改革创新提供法律和制度保障。特别是对于非公企业工会工作而言，2006年颁布的《企业工会工作条例（试行）》已经不太适应形势和实践的需要，需要做出相应的修改，“宽严并济”，即一些标准需要放宽，使其符合非公企业的实际状况，但要确保条例的指导性和权威性，能够得到真正的执行，产生实际的约束力。同时，上位法《工会法》也需要进行相应修订。

（二）以职工为中心，坚持“双维护”原则

工会的最终依靠力量始终是职工群众，非公企业工会要坚持以职工为中心的理念，紧紧依靠职工办工会。只有坚持这一理念，才能得到广大职工的信赖和支持，将工会打造成真正的职工之家，工会干部也才能成为真正值得信赖的“娘家人”。

工会还必须坚持“双维护”的原则，维护企业整体利益，维护职工合法权益。职工利益与企业利益是对立统一的关系，对立是双方各有独立的利益诉求，但又统一在企业的生产经营和发展壮大的实践中。工会工作只有以企业和职工的双赢为目标，才能构建和谐的企业劳动关系，赢得企业支持，真正把“以职工为中心”的理念落到实处。

（三）地方工会联系和指导企业工会工作的制度化

地方工会需要针对非公企业工会工作的薄弱环节，提供更多、更具有针对性的指导和帮助，当然也包括对企业工会工作开展情况进行监督检查。目前地方工会与企业工会之间的联系相对比较松散，地方工会与企业工会之间的联系，更多地依赖于地方工会干部的主动作为、个人魅力或私人关系。这种方式在推进非公企业工会工作方面，不具有稳定性、长期性、普遍性，也必然会导致不同企业之间工会工作的发展不平衡。因此，实践中需要在宏观的法律和制度框架下，探索一条地方工会与企业工会制度化、常态化的联系和指导机制。

（四）探索培养非公企业工会干部队伍的方式方法

非公企业工会工作的质量和效果，与工会干部队伍的能力、素质、作风

密切相关。在目前非公企业工会主席、工会干部大多为企业管理人员、业务人员兼职的情况下，可能需要从几个方面来探索加强企业工会干部队伍建设的方式方法。一是为企业工会干部的权利和责任、履职行为提供法律和制度保障，这是前文已经提到的部分。二是加强现有企业工会干部的培训和赋能工作，提高工会干部的基本素质，培养工会干部以职工为本的基本理念。当然，地方工会要督促企业方为工会干部的必要培训提供力所能及的便利。三是探索向非公企业派驻专职工会干部的方法。各个地方都有类似实践，也各有不同的具体做法。可以根据本地非公企业的发展状况，选择重点企业，或者同一类企业，派驻专职工会工作者进行工会活动的组织和指导。

（五）借助党政之力推动工会工作

非公企业工会工作要尽可能整合资源，广泛借助党委、政府和其他组织的资源和力量。在党中央要求加强非公企业党建工作和群团工作的背景下，工会组织要树立全面工会工作的思维，将工会工作作为党的事业的一部分，积极融入党建带工建、党工共建的过程中，借助党政力量、党群共建体系，把维护职工权益、服务职工群众的工作深入开展起来。当然，在这个过程中，企业工会工作的发展也与非公企业党建工作的发展密切相关。

附录

W区非公企业职工状况调查（2019）

A1. 您的性别：

（1）男　（2）女

A2. 您的年龄是________周岁。

A3. 您的婚姻状况：

（1）未婚　（2）已婚　（3）丧偶　（4）离婚

A4. 您的政治面貌：

(1) 中共党员　(2) 共青团员　(3) 民主党派　(4) 群众

A5. 您的文化程度：

(1) 小学及以下　(2) 初中　(3) 高中

(4) 中专、中技、职高　(5) 大专/高职　(6) 本科

(7) 硕士研究生及以上

A6. 您的户口类型是：

(1) 农业（农村）户口　(2) 城镇（非农）户口　(3) 其他（请填写）________

A7. 请问您是哪里人？

(1) W 区本地人　(2) S 市其他地区

(3) 江苏省其他地区　(4) 外省人

B1. 您参加工作有__________年？

B2. 您在目前的单位工作了__________年？

B3. 您目前每个月的平均收入（包括奖金、补贴在内）有多少？

(1) 2000 元以下　(2) 2001 ~ 3000 元　(3) 3001 ~ 4000 元

(4) 4001 ~ 5000 元　(5) 5001 ~ 6000 元　(6) 6001 ~ 7000 元

(7) 7001 ~ 8000 元　(8) 8001 ~ 10000 元　(9) 10001 ~ 15000 元

(10) 15000 元以上

B4. 您在目前企业中的岗位是：

(1) 高层管理者　(2) 中层管理者　(3) 基层管理者

(4) 专业技术人员　(5) 普通职工

B5. 您的专业技术职称是或相当于：

(1) 没有技术职称　(2) 初级职称　(3) 中级职称　(4) 高级职称

B6. 您的职业技能等级是：

(1) 没有技能等级/不是工人岗位　(2) 初级工　(3) 中级工

(4) 高级工　(5) 技师　(6) 高级技师

（7）首席技师等更高等级

B7. 您是工会会员吗？

（1）是　（2）不是　（3）不太清楚

B8. 在您所在的企业，领导/管理者与普通职工之间的关系怎么样？

（1）很融洽　（2）比较融洽　（3）一般

（4）不太融洽　（5）很不融洽

B9. 您关心单位/企业的前途和发展吗？

（1）完全不关心　（2）不太关心　（3）一般

（4）比较关心　（5）非常关心

B10. 本次调查之前，您是否知道您企业的工会主席叫什么名字？

（1）不知道　（2）知道

B11. 在工作方面，您最关心哪些问题？（可多选，不超过三项）

（1）工作稳定性　（2）收入水平

（3）职业发展空间　（4）职业健康和安全卫生

（5）医疗、养老等社会保障水平　（6）文化娱乐活动

（7）企业提供的福利　（8）人际关系状况

（9）个人能力和素质提升　（10）其他（请填写）__________

B12. 目前您个人最担心的问题有哪些？（可以多选，不超过三项）

（1）工作不稳定，害怕下岗失业　（2）看病太贵，害怕生病

（3）收入太低　（4）婚姻危机

（5）物价太高　（6）社保方面没有保障

（7）子女教育问题　（8）技术技能比较欠缺

（9）其他（请注明）__________

C1. 在你们企业，您认为工会的影响力怎么样？

（1）非常大　（2）比较大　（3）一般　（4）比较小　（5）非常小

C2. 您有没有参加过企业工会开展的以下活动？

	有	没有	不知道有没有开展
1. 文体娱乐活动			
2. 合理化建议活动			
3. 劳动竞赛、技术评比、技术革新等			
4. 工会代表或职工代表的选举			
5. 征求意见会、民主协商会等			
6. 困难帮扶、送温暖等慰问活动			
7. 志愿服务活动			
8. 与企业进行集体协商、签订集体合同			
9. 组织召开职工代表大会			
10. 劳动安全、卫生状况的监督检查			
11. 劳动争议调解			
12. 教育、培训活动			

C3. 对于以下有关您所在企业工会的各种说法，您的看法是？

	非常同意	比较同意	一般	不太同意	完全不同意
1. 工会干部工作水平和能力很高					
2. 工会干部积极替会员说实话、办实事					
3. 工会经常组织会员进行交流活动					
4. 我很信任单位里的工会干部					
5. 会员身份对我平时工作生活没影响					
6. 我有困难时会想到去找工会					
7. 工会还是给会员争取到了一些实惠					
8. 我觉得工会干部说话办事很公正					

C4. 您是否曾经通过工会来向企业管理层表达自身的利益或提出利益要求？

（1）是　（2）否

C5. 您认为通过工会来向管理层提出相关利益要求或维护利益，效果如何？

（1）非常好　（2）比较好　（3）一般　（4）不太好　（5）不好

C6. 您是否愿意参加社会志愿者服务活动？

（1）不愿意参加　（2）愿意偶尔参加　（3）愿意积极参加

C7. 未来，您希望工会组织重点做哪些工作？（可以多选，不超过三项）

(1) 提供创业服务　(2) 开展技术技能培训　(3) 开展困难职工帮扶　(4) 举办各类文体活动　(5) 加强安全生产监督　(6) 开展工资集体协商　(7) 提供法律援助　(8) 维护职工劳动权益　(9) 弘扬劳模精神、劳动精神　(10) 开展劳动竞赛、技术比武活动　(11) 其他（请填写）__________

C8. 如果满分是10分，您在总体上，对本企业工会打__________分？

参考文献

《在全国新建企业工会组建工作会议上的讲话》（2000年11月12日），载尉健行《工会的基本职责》，中国工人出版社，2008。

李玉赋主编《新的使命和担当——全国总工会改革试点制度文件与释义》，中国工人出版社，2017。

黄绍国：《关于非公企业组建工会的几个问题》，《中国劳动关系学院学报》2011年第3期。

汤洪伟、杜星：《上海顾村经验：非公企业工会改革的范本》，《工会理论研究》2018年第1期。

赖拥军：《非公有制企业工会改革的实践与思考——以上海市宝山区为例》，《工会理论研究》2019年第6期。

钟冬生、李力东：《基于新合作主义视角的非公企业职工参与探析——以浙江慈溪非公企业工资集体协商为个案》，《学术论坛》2012年第8期。

牛雪峰、范本国：《非公企业工会主席履职激励研究》，《工会理论研究》2017年第6期。

论农民工劳动权益的工会效应

——来自原国家卫计委流动人口动态监测数据的经验验证

张艳华*

摘　要： 我国正处于经济增速放缓、产业结构快速调整期，农民工权益容易遭受侵犯，工会在这方面发挥了怎样的作用广受社会关注。本文利用2014年国家卫计委流动人口动态监测调查数据，主要运用两阶段最小二乘法（TSLS）、扩展回归模型（ERM）和Multinomial Logit Model进行估计。结果表明，工会不仅可以显著提高农民工的工资收入，降低农民工的工作时间，减少过度劳动问题，而且可以大幅度改善农民工的社会保险福利，提高农民工加入养老保险、失业保险、城镇职工医疗保险、工伤保险、生育保险的比率。因此，要维护农民工的基本劳动权益，工会部门首当其冲要做的是下大力气提高农民工的入会率。

关键词： 农民工　劳动权益　工会

一　问题的提出

随着城镇化的加速推进，农民工已经成为中国社会经济发展的重要推动

* 张艳华，中国劳动关系学院副教授，研究领域为劳动经济。

力量。国家统计局所做的农民工监测调查报告显示，2019 年农民工总量达到 2. 90 亿人，占当年全国全部就业人员的 37. 4%。农民工就业比较集中，主要分布在制造业，建筑业，批发和零售业，居民服务、修理和其他服务业，交通运输、仓储和邮政业，住宿和餐饮业，这些行业的就业比重达 84. 1%。由于长期的城乡分割，农民工就业被隔离在一级劳动力市场之外，主要就职于工资福利低、就业不稳定、保障性差的次级劳动力市场，这使得他们经常游走于失业的边缘，工资被拖欠，休息休假权益、社会保障权益被侵犯的问题时有发生。

工会是平衡劳资关系的重要组织力量，《工会法》明确规定“中华全国总工会及其各工会组织代表职工的利益”“维护职工合法权益是工会的基本职责”。在全总“哪里有企业，哪里有职工，哪里就要有工会组织”的普遍建会目标的动员下，我国工会会员的数量迅速增加，到 2017 年 9 月底全国工会会员已达 3 亿多人，其中农民工会员 1. 4 亿人。[①] 尽管如此，大部分农民工，特别是灵活就业人员、劳务派遣工还未加入工会，无法通过组织的力量维护自己的合法权益。当权益受损时，农民工主要选择与对方协商解决、向政府相关部门反映、通过法律途径解决等方式，只有 2. 8% 的人会向工会寻求帮助，可见，农民工对工会的信心不足。

党的十八大以来，习近平总书记对工会工作有众多论述，他进一步强调工会要坚决维护职工合法权益，把竭诚为职工群众服务作为一切工作的出发点和落脚点，扎扎实实解决好职工群众最困难最忧虑最急迫的实际问题。我国当前正处在经济新常态及产业结构快速调整期，处于弱势地位的农民工权益更容易受到侵犯，工会在维护农民工权益中发挥的作用如何，既关系工会职能的履行效果，更关系社会的稳定与和谐。对于就业于非公有部门的广大农民工而言，最急迫的事情莫过于获得稳定的就业岗位，工资水平合理增长，享有基本的社会保障。工会在这些方面是否有所作为，是否切实保障了农民工的权益，在新经济形势下这是一个颇具现实意义的问题。当前国内对

① 来自中国工会第十七次全国代表大会新闻发布会的报道。

于工会作用的实证研究与规范研究不少，但将焦点聚集在农民工群体方面的研究并不多。

本文接下来的内容将做如下安排：第二部分进行文献回顾，第三部分是介绍数据来源、对主要变量做描述性统计分析，第四部分是工会对农民工劳动权益的影响，第五部分是主要结论与启示。

二　文献回顾

工会是一国劳动关系的重要调节者，其作用的发挥既关系劳动者的权益保障，也关系和谐劳动关系的建设。工会在劳动者权益保障方面的作用，一直以来是工业化国家劳动经济学领域关注的重点（Bennett and Kaufman，2007；Blanchflower and Bryson，2010；Walsworth，2010），也是我国近些年社会各界广泛讨论的热点，国内外在相关方面已积累了丰硕的成果。

国外主流的观点认为工会具有“两张面孔”（Freeman andMedoff，1984）：一是垄断面孔（the monopoly face），即工会凭借其垄断劳动力供给的力量，通过罢工等方式向企业施压，迫使企业提高劳动者工资和福利；二是集体发声的面孔（the collective voice face），即工会通过其组织力量收集劳动者偏好信息，向雇主传达劳动者的意愿，推动雇主改善劳动者就业条件和提高工资福利水平。正是因为工会的作用，在美国，工会工人要比那些非工会工人的工资高出10%～20%。大部分国外的研究支持工会对劳动者工资有溢价作用。如Blanchflower and Bryson（2010）利用英国劳动调查数据研究发现，不论是公有部门还是私有部门，均存在明显的工会工资溢价；Booth and Bryan（2004）采用1998年英国工作场所雇员关系调查（WERS）数据，估计的工会工资溢价为6.9%。然而，这方面的研究结论也并非完全一致，这主要体现在对中国的研究中，例如，Yuan，Chen and Wong（2011）对中国的实证研究发现，工会不仅没有提高劳动者的工资水平，而且还导致了收入分配的分化，其原因主要在于中国工会的行政化特征。Budd等（2014）使用中国1994～2008年的省级面板数据进行估计，结果表明工会密度（工会成员/总雇员数）对劳动者平均工资水平没有显著影响。由上述可见，中外工会对于工资的作用表现出截然不同的影响，这可能与欧美国家的工会组织以联合工会、行业工会为主，而中国的工会依附于政府、不独立、代表性不强，且工会组织多为企业内工会这种组织形式有关。

在工会对劳动者福利的影响方面，Richard Freeman（1981）和 Freeman and Medoff（1984）指出，在没有工会的企业，工人只能通过进入和退出机制来表达他们的偏好，企业雇用数量以及工人的福利是由流动性高的年轻人决定的。而在有工会的企业中，工会会考虑流动性较低的年长的工人的偏好，并通过集体谈判来提高工人的小额福利（fringe benefits），为工人争取更多培训机会和离职补偿金，降低工人离职率以及随之而产生的流动成本。之后，Buchmueller 等（2002）的研究也得出类似的结论，即工会能够大幅度地提高工人获得养老保险和医疗保险的概率。Ge（2007）利用 2004 年中国第一次全国经济普查的企业层面数据，发现工会化企业劳动者除了有更高的工资和福利外，还拥有更多的人力资源培训费。就现有研究来看，比较一致的结论是工会对于改善工人福利无疑具有积极的影响，但是也应该注意到不同地区、不同所有制结构的企业，工会对工人的保护程度是不同的（Ge，2007；Lee，2009）。

国外关于工会作用的实证研究已非常丰富，相比之下，由于微观数据的匮乏，国内实证研究还比较少（Budd et al.，2014），相关研究还主要停留在定性研究和个案研究的阶段。迫于经济全球化、国内市场化改革、劳动争议案件的升级以及群体性事件的爆发，近年来，在中国政府的推动下，工会获得了很大的发展，是世界上会员人数最多的国家。然而，由于中国的企业工会奉行“党政主导”的工作模式，缺乏独立运行机制，面对激烈的劳资冲突甚至不敢直面矛盾（乔健、钱俊月，2010），没有建立起真正的集体谈判机制（collective bargaining），而且更不拥有劳动供给垄断权和合法的罢工权，因此，关于中国工会是否能够真正代表和维护工人的劳动权益，作用有多大，饱受众多学者（Chen，2003；Clarke et al.，2004；Taylor and Li，2007）的质疑。

可喜的是，近些年涌现出来的实证研究成果表明，中国工会并非无所作为。例如，Yao and Zhong（2013）与 Lu 等（2010）利用实际调研数据进行的实证分析，发现工会能够显著地提高工人的小时平均工资，缩短每月的劳动时间。这些微观研究至少在样本范围内，说明中国的企业工会在提高会员工资福利，维护劳动者的基本劳动权益方面发挥了一定作用，在一定程度上缓和了紧张的劳资关系。相关领域更多的实证成果可以用一张表来总结（见表 1）。从表 1 中展示的文献来看，国内多数研究认为中国工会在劳动者工资与社会保险等福利方面发挥了积极的作用，但在具有政治关联的企业中，工会的工资效应会被显著地削弱（杨继东、杨其静，2013），只有个别研究（易定红、袁青川，2015）得出工会没有明显的工资溢价效应的结论。

表 1　国内工会对劳动者权益保护的实证研究归纳

研究	数据来源	自变量	因变量	实证方法	主要结论
姚先国等，2009	浙江省 2004 年经济普查数据	工会覆盖率、个人禀赋变量、企业特征变量	平均工资和分类的福利变量	OLS 估计	工会对职工工资、劳动和待业保险费、养老保险和医疗保险费的作用也有积极影响
孙中伟、贺霞旭，2012	2010 年对珠三角和长三角 19 个城市外来工进行的问卷调查数据，共 4000 多个样本	有无工会、是否为工会会员、地区变量、行业特征变量、企业特征变量	小时最低工资标准执行情况、月平均工资、劳动权益类变量	OLS 估计与 Logit 模型	工会对外来工的最低工资符合率、强迫劳动、社会保险等劳动权益具有显著的保障作用，但对工资增长无显著作用，反而可能降低工资水平
李永杰等，2013	2008 年中国社会综合调查开放数据库（CGSS）2766 个观测值	工会身份、个人特征变量、企业特征变量、是否签订劳动合同	职工年度工资	分位数回归模型	工会工人相比于非工会工人具有显著更高的工资水平和更低的工资不平等

续表

研究	数据来源	自变量	因变量	实证方法	主要结论
魏下海等,2013	2010 年全国民营企业调查数据	是否建立工会、企业特征变量、企业主个人特征变量、人力资本变量、地区与行业效应变量	工资率、劳动生产率	Ttreatment-effect Model	工会有助于企业工资率的提升,但无助于缩小收入分配差距
刘海洋等,2013	第一次全国经济普查的企业微观数据,共25 万多家企业	是否成立工会的虚拟变量、工会人数占比、国有企业、外资企业、企业规模、人均固定资本、企业成立年限,地区与行业效应变量	人均工资水平、三险一金、人均培训费用、人均福利费用	OLS 估计	工会对人均工资、三险一金和福利费有显著的正向影响
杨继东、杨其静,2013	2006 年春季对全国 12 个城市 1268 家企业的调查	企业是否有工会、是否存在政治关联、企业特征变量、企业绩效、行业与地区特征变量	平均小时工资对数	OLS 估计与工具变量法	工会能够普遍地提高工人工资,但在具有政治关联的企业中工会的工资效应被显著地削弱
王鸣、李永杰,2014	2013 广东佛山南海企业—员工匹配数据,共 3101 个有效样本	工会会员身份、企业是否建立工会、企业特征变量、个人特征变量、生产要素性质	工资、员工工作时间、参加社会保险情况、参与企业培训情况	OLS 估计	工会对员工的工资、社会保险福利等经济利益有明显的促进作用,能关注员工的培训发展,但对工作时间没有显著影响
魏下海等,2015	2012 年第十次全国私(民)营企业抽样调查,共2169 个样本	企业是否建立工会、行业效应变量、企业特征变量、平均工资、市场需求困境、企业缴纳税费、企业主政治身份	长期雇佣占比、短期雇佣占比、临时雇佣占比	Treatment-effect Model	工会可以显著增加企业长期雇佣占比,减少短期雇佣占比,即工会显著地促进了雇佣关系稳定性

续表

研究	数据来源	自变量	因变量	实证方法	主要结论
明娟、曾湘泉，2015	中国雇主—雇员匹配数据追踪调查(2012)，350家企业样本和3566名员工样本	企业是否设专职工会主席和企业特征变量	提高员工工资、发加班费、工伤补偿、改善工作环境、减少解雇员工等	多变量probit模型	工会主席专职化强化了工会在工伤补偿、改善工作环境及改善住宿方面的作用，而在提高员工工资、发加班费及减少解雇方面的作用并不显著
易定红、袁青川，2015	2008年中国社会综合调查数据，有效样本为5977个	工人是否加入工会、资源禀赋、工作特征禀赋、组织特征禀赋等变量	平均工资对数	Blinder-Oaxaca分解法	工会对工资没有明显的直接影响

在具有显著劳动力市场制度分割的中国，长期处于二级劳动力市场的农民工是否也能享受到工会的工资福利效应呢？这方面还缺乏广泛的关注和深入的研究，且研究结论也缺乏一致性。孙中伟、贺霞旭（2012）对以农民工为主体的外来工的调查研究发现，中国工会只能保障劳动者底线型的权益，而对工资增长没有作用，甚至可能降低工资水平，他们对此的解释是，这是由中国工会独特的作用机制所致，虽然中国工会对于保护外来劳工的权益具有一定正面的效果，但其作用的发挥不是通过集体谈判、集体合同和意见表达，而是通过一种类似田间的“稻草人机制”，只具有威慑和宣示存在的作用。另外两项研究则显示工会参与能够显著提升农民工工资率（李龙、宋月萍，2017），工会对流动人口群体的维护作用更大，不仅可以提升流动人口的工资收入，还可以有效地减少工人的工作时间（纪雯雯、赖德胜，2019）。

综观现有研究有两点明确的发现。第一，工会在不同国家、不同性质的组织中、不同群体中的维权效应不同（Ge，2007；Lee，2009；纪雯雯、赖德胜，2019），这可能源于工会发挥作用的体制、机制不同，也可能在于研究方法和样本的差异。第二，目前对于工会在农民工群体中的维权效应的研究还处于零星的、不系统的状态，近期的两项研究主要集中在工会对农民工或流动人口的工资效应、工作时间效应方面，对于工会在就业岗位维护、社会保障方面的作用并未关注。事实上，在社会经济实践中，农民工就业不稳定，加班严重，社会保险覆盖率远低于城镇其他职工，合法劳动权益遭受侵犯的现象屡见不鲜。农民工已经成为职工的重要组成部分（燕晓飞，2018），工会在维护农民工劳动权益中是否有所作为，发挥了怎样的作用，这是本文关注的焦点。

本文可能的贡献在于两个方面：一是构建了多维的劳动权益分析框架，将研究的焦点聚焦在农民工群体，全面分析了工会在农民工工资确定、工作时间、就业稳定性、“五险一金”社会福利方面发挥的作用；二是采用 TSLS 估计和扩展回归模型（Extended Regression Models）来解决工会二分类解释变量的内生性问题，在研究方法上拓展了相关领域的研究，丰富了这个领域的研究技术。

三　数据来源说明及主要变量描述统计

（一）数据来源说明

目前未看到公开发布的农民工调查数据库，因流动人口中的主体为农民工，故本文使用了原国家卫生和计划生育委员会流动人口动态监测调查数据，根据研究的需要，从中选择了 2014 年社会融合专题调查数据库 C 卷，该数据库调查对象为调查前一个月前流入本地但非本区（县、市）户口且年龄在 15 ~59 岁的流入人口，调查区域涵盖北京市朝阳区、浙江省嘉兴市、福建省厦门市、山东省青岛市、河南省郑州市、广东省深圳市和中山市、四川省成都市共 8 个地区，这些均属于农民工流入人口规模比较大的地区，基本能够反映我国农民工就业的主要特征和面临的问题。该数据库与本文相关的调查信息包括基本情况、流动人口的就业与收入支出、公共服务与社会保障、社会融合等方面的问题。数据库最终共获得 15999 个流动人口样本。

按照国家统计局对农民工的界定，农民工是指有农村户口，有承包土地，但离开户籍所在地，主要从事非农产业的人员。根据这一界定可以从流动人口样本中筛选出13759个农村户籍的流动人口，再根据工会发挥作用的现实条件，即流动人口的“就业身份”为雇员，从中去除掉雇主身份、自营人员与其他兼职人员、信息缺失样本后可供研究的工会可以干预的农民工样本为8586个。

（二）农民工工会参与及权益保障状况统计描述

在受雇农民工样本中，只有10.7%的农民工加入了工会。早在2017年，中华全国总工会书记处书记张茂华在全国工会基层工作会议上的讲话提出“在各类法人单位工会组建率和职工入会率要动态保持在80%以上”。2018年底，中华全国总工会党组书记、副主席李玉赋在全国工会推进货车司机等群体入会工作现场经验交流会上提出，力争“到2020年底实现全国农民工入会率达到55%”。就本文的样本显示农民工入会率与全体职工的入会率相比是较低的，与全国农民工入会的目标相比差距是比较大的。如表2、表3所示，按照农民工是否加入工会将其分为工会组与非工会组，显然，工会组农民工的权益更容易得到保障，这可以通过四个类别的劳动权益性统计指标来反应。第一，无论从均值、中值还是四分位上的农民工收入来看，工会组农民工收入明显偏高100~200元。第二，如果用签订合同的类型来表示农民工就业稳定性状况的话，工会组农民工签订劳动合同率及无固定期限劳动合同率更高，无工会组农民工有近1/3未签订劳动合同，工会组农民工的就业明显更加稳定、更有保障。第三，工会组农民工平均每周工作6天及以上的比例比非工会组低10.7个百分点，平均每天工作9小时以上的比例比非工会组低4.6个百分点，即非工会组农民工的工作时间更长。第四，工会组农民工拥有养老、医疗、失业、工伤、生育、住房保障的比率高于非工会组22~60个百分点，尤其在失业保险、医疗保险、工伤保险的覆盖率方面，工会组比非工会组均高出44个百分点以上。

表 2　农民工上个月工资性收入

单位：元

统计量		工会组	非工会组
均值		3421	3229
中值		3100	3000
百分位数	25 分位	2594	2400
	50 分位	3100	3000
	75 分位	4000	3800
合计		922	7664

表 3　农民工权益保障状况描述性统计

农民工权益保障状况		工会组		非工会组	
		频率	百分比(%)	频率	百分比(%)
签订何种合同	无固定期限	109	11.8	889	11.6
	有固定期限	764	82.9	3858	50.3
	完成一次性工作任务或试用期	6	0.7	150	2.0
	未签订劳动合同	38	4.1	2487	32.5
	不清楚及其他	5	0.5	280	3.6
	合计	922	100	7664	100
上个月(或上次就业)平均每周工作几天	4 天及以下	12	1.3	89	1.2
	5 天	264	28.6	1377	18.0
	缺失值	0	0	7	0.1
	6 天及以上	646	70.1	6191	80.8
	合计	922	100	7664	100
上个月(或上次就业)平均每天工作几小时	8 小时及以下	509	55.2	3821	50.6
	9 小时及以上	413	44.8	3843	49.4
	合计	922	100	7664	100
是否有失业保险	有	653	70.8	1947	25.4
	无	257	27.9	5501	71.8
	不清楚	12	1.3	216	2.8
	合计	922	100	7664	100
是否有住房公积金	有	291	31.6	698	9.1
	无	621	67.4	6781	88.5
	不清楚	10	1.1	185	2.4
	合计	922	100	7664	100

续表

农民工权益保障状况		工会组		非工会组	
		频率	百分比(%)	频率	百分比(%)
是否有城镇职工养老保险	有	699	75.8	2398	31.3
	无	213	23.1	5060	66.0
	不清楚	10	1.1	206	2.7
	合计	922	100	7664	100
是否有城镇职工基本医疗保险	有	692	75.1	2287	29.9
	无	230	24.9	5370	70.1
	不清楚	0	0	7	0.1
	合计	922	100	7664	100
是否工伤保险	有	736	79.8	1537	20.1
	无	186	20.2	6117	79.8
	不清楚	0	0	10	0.1
	合计	922	100	7664	100
是否有生育保险	有	584	63.3	1538	20.1
	无	338	36.7	6116	79.8
	不清楚	0	0	10	0.1
	合计	922	100	7664	100

尽管上述工会组农民工拥有更高的工资收入、更为稳定的就业、更多的休息时间、更好的社会保障，但能就此认为工会在维护农民工权益中发挥了积极的作用吗？显然答案是不确定的。对此很多学者进行过探讨。首先，在没有控制其他变量的情况下很难断然下结论，如个人特征、企业特征变量、行业与地区变量等都是决定农民工工资福利水平的重要因素（李龙、宋月萍，2017）。其次，农民工是否加入工会并非一个随机行为或随机选择的结果（纪雯雯、赖德胜，2019；李龙、宋月萍，2017；魏下海、董志强、金钊，2015；姚洋、钟宁桦，2008），而可能遵循某些选择机制，即农民工是否加入工会具有一定的内生性。这可能和农民工所在企业性质有一定的关联，国有企业组织化程度高，政府对其的影响力和强制力强，组建工会的可能性大，民营私营企业组织化程度低，政府介入少，工会组建率低，在这种情况下农民工入会就是一种被选择机

制。文化程度高的农民工加入工会的可能性大，工资福利也更好，这是农民工入会的自选择机制。

四 工会对农民工劳动权益的影响

（一）分析框架

劳动权益是在劳动关系中的劳动者在履行劳动义务的同时所享受的基本权益（常凯，1995；孙中伟、贺旭霞，2012）。劳动权益的主体是劳动者，其存在的前提是“受雇佣”，因此，本文所用样本中的农民工的就业身份均为雇员。劳动权益包含个体层面的权益和集体层面的权益。个体层面的劳动权益主要指工资性收入权益、休息休假权益、就业的稳定性及就业的保障性。集体层面的权益则主要指常凯教授（2002）所提的“劳动三权”，即劳动团结权、集体谈判权和集体行动权。受数据的限制，本文主要关注农民工个体层面的四类权益，分别用工资收入水平、工作时间、工作的稳定性（是否签订劳动合同或劳动合同的时限）及是否享受社会保险与公积金来衡量。

劳动者权益保护状况主要取决于哪些因素呢？美国明尼苏达大学劳资关系教授约翰·W. 巴德（2007）做出过明确的阐述，他认为劳动者权益保障状况从根本上取决于劳动关系所涉及的劳动、资本和政府三方力量的对比。不言而喻，劳动者素质越高、工会的力量越强大、劳动立法保护越严格，劳动者的权益越容易实现；反之，资方管理水平、控制能力越强，劳动者权益越容易受到侵害。劳动一方的力量主要表现为劳动者本人的人力资本积累，以及劳动者的利益代言人——工会组织的作用；资方力量主要体现为雇主的性质、所处行业、管理水平等；政府则主要通过劳动立法、劳动监察等手段保障劳动者的合法劳动权益。由于在一定时间内劳动立法水平是既定的，假定其对所有劳动者的影响是无差异的，在本文中不做重点讨论。排除政府的因素之外，本文将以巴德（2007）的分析框架设定模型，解释变量包括三类。第一类是本文重点关注的是否加入工会的二值虚拟变量 Union。第二类是农民工个人特征类变量，具体包括：性别 gender_ 1、受教育程度 edu_ stat_ 1、年龄 age、职业 vocation、是否参加政府提供的培训 whe_ training3、个人健康状况 health_ eva。第三类是企业、行业与地区类控制变量，包括就业单位性质 unit_ quality、行业 job_ indu、工作地点 job_ place（市区、城乡接合部、县城、乡镇、农村）。

（二）工会对农民工权益发挥作用的实证估计

1. 工会对农民工工资的影响

原国家卫计委提供的关于工资的原始调查数据是月工资，为了剔除工作时长对工资的影响，本文利用数据库中有关工作时间的信息，分离出了小时工资数据，因此，本文实证部分所涉及的工资变量为小时工资的概念。回归模型以 Mincer 的工资决定模型为基础，加入了除人力资本之外的其他控制变量，具体估计模型如下：

$$\text{lnwage} = \beta_{w0} + \beta_{w1} Union + \beta_{wi} X_i + \varepsilon_{wi} \tag{1}$$

其中，wage 为小时工资，*Union* 为是否加入工会的二值变量，若农民工加入工会组织，取值为 1，否则为 0，X 为其他控制变量，ε 为随机误差项。

（1） OLS 估计

采用 OLS 方法对农民工小时工资的决定因素进行估计，结果如表 4 所示。工会对农民工工资的估计系数为正，且在 1% 的显著性水平下通过检验。具体地说，与没有加入工会的农民工相比，工会会员的身份使农民工的工资提高了 6.5%。其他性别、受教育程度、年龄、健康状况、农民工所处行业、工作地点、工作单位性质等变量也是重要的解释变量，在统计上均非常显著，都通过了 1% 的显著性水平检验。

本文重点关注工会对农民工权益的影响，故暂不对其他控制变量做详细讨论。虽然 OLS 的估计结果表明工会对提高农民工工资有明显的积极影响，但正如前述农民工加入工会并非一种随机选择，那些支付高工资的企业可能有更大的动机组建工会，更愿意接受工资集体协商（姚洋、钟宁桦，2008），即工会变量可能是内生的，OLS 方法可能会导致有偏且非一致性的估计，为了克服这一内生性问题，下面采用两阶段最小二乘法（TSLS）进行估计。

表 4　工会对工资的影响估计

	OLS 估计		TSLS 估计				LIML 估计	
			第一阶段		第二阶段			
	回归系数	t 值	回归系数	t 值	回归系数	z 值	回归系数	z 值
性别	0.171***	18.27	0.010	1.68	0.170***	18.22	0.170	18.50
受教育程度	0.129***	22.30	0.031***	7.88	0.126***	20.61	0.126	19.88
工会	0.065***	4.33			0.128**	2.33	0.128	2.36
职业	0.003***	-7.40	-0.000***	-3.07	-0.003***	-7.20	-0.003	-6.89
工作行业	0.009***	-8.63	-0.008***	-11.36	-0.009***	-7.72	-0.009	-7.17
就业单位性质	0.019***	6.26	0.010***	4.97	0.018***	5.92	0.018	5.56
工作地点	0.017***	-5.21	0.003	1.58	-0.017***	-5.27	-0.016	-5.20
健康状况	0.015***	-3.17	0.006*	1.80	-0.016***	-3.23	-0.015	-3.25
是否参加政府提供的培训	0.035***	-3.35	0.000***	0.07	-0.039***	-3.55	-0.038	-3.54
年龄	0.005***	9.37	0.001	3.25	0.005***	9.19	0.005	8.83
截距项	2.024***	42.47	-0.086***	-2.63	2.028***	42.42	2.028	41.09
是否参加过社区文体活动			0.136***	16.33				
是否参加过社会公益活动			0.077***	8.69				
是否参加过选举活动			0.175***	8.65				

注 * 表示 $p<0.1$，** 表示 $p<0.05$，*** 表示 $p<0.01$。

（2）TSLS 估计

TSLS 估计最重要的是寻找工具变量，工具变量需要满足两个条件：一是能够很好地解释内生变量；二是工具变量要来自系统之外，具备外生性。根据这两个要求，本文在所用数据库中选择了 parti_ commES（近期是否在本地参加过社区文体活动）、parti_ charity（近期在本地是否参加过社会公益活动)、election（近期在本地是否参加过选举活动）三个工具变量。这三个变量均能从一定程度上反映农民工主观的服务意识、责任意识、公益意识、参与意识、权利意识，这些认识与工会维护会员劳动经济权益、为会员谋福利的职能要求是高度一致的，也就是说，参与选举活动、社会公益活动和文体活动有助于促进农民工对工会的了解，进而强化加入工会的动机的和实践行动。因此，我们将这三个变量作为本文的候选工具变量，预测这三个变量与工会变量（Union）具有正的相关性。第一阶段估计结果也印证了我们的预测，三个变量不仅在统计上显著，通过了1%显著性水平的检验，而且在经济上也非常明显地正向影响，即参与社区文体活动、社会公益活动与选举活动的农民工更愿意加入工会，具体估计结果见表4第一阶段估计。但工具变量是否有效还需要进行外生性检验和弱工具变量检验。在统计上可以利用过度识别检验（Tests of overidentifying）来验证工具变量的外生性，Sargan与Basmann统计量的P值都达到0.7，说明不能拒绝工具变量外生的原假设，即在控制了其他变量的情况下，工具变量是外生的，与误差项不相关，TSLS估计是一致的。但不能排除存在有偏估计，还需进行弱工具变量检验，Minimum eigenvalue statistic统计量达到232.5，远大于10，说明可以拒绝“弱工具变量”的原假设，不存在弱工具变量的问题。但为了稳健起见，使用对弱工具变量更不敏感的最大似然法（LIML）进行估计（如表4)，结果显示，LIML的系数估计值与TSLS高度相似，这进一步从侧面证明“不存在弱工具变量”。

究竟使用TSLS估计还是OLS估计取决于工会变量是否为内生的，这需要借助豪斯曼检验或异方差更为稳健的杜宾—吴—豪斯曼（DWH检验）来判断。本文使用DWH检验的P值为0.09，这表明不能接受工会变量是外生的这一原假设，说明工会变量具有一定的内生性，使用利用工具变量的TSLS估计更准确。TSLS估计显示工会变量在5%的显著性水平下通过检验，和OLS估计结果相比，系数明显变大，达到0.128，即相比那些没有加入工会的农民工，加入工会可以使农民工工资上升12.8%，同时也说明由于工会的自选择机制，采用OLS估计会低估工会的工资效应。

2. 工会对农民工工作时间的影响

《工会法》规定“企业、事业单位违反劳动法律、法规规定，随意延长劳动时间，工会应当代表职工与企业、事业单位交涉，企业、事业单位应当予以研究处理，并向工会作出答复；企业、事业单位拒不改正的，工会可以请求当地人民政府依法作出处理”。可见，工会维护劳动者的休息权利以避免过度劳动具有法律依据，那么在实践中工会在这方面是否发挥了作用？如果发挥了作用，发挥了什么样的作用呢？本文通过下面的模型回归来加以验证。

根据现有文献，工作时间回归模型采用一般线性模型，具体形式如下：

$$\text{hours} = \beta_{h0} + \beta_{h1} Union + \beta_{hi} X_i + D_i + \varepsilon_{hi} \tag{2}$$

式中因变量 hour 含义为上个月（或上次就业）平均每天工作的小时数，解释变量与方程（1）相同。

工作时间决定模型的估计方法和步骤与上面工资决定模型的估计一样，首先采用 OLS 估计，再考虑工会的内生性问题，采用两阶段最小二乘法（TSLS）予以克服。回归结果如表 5 所示。OLS 估计显示，工会变量并未通过检验，即工会对农民工工作时间没有明显的作用。但在随后的 TSLS 估计（工具变量与上同）中，工会变量通过了 1% 的显著性水平的检验，工会系数为 -0.831，表明和没有加入工会的农民工相比，加入工会的农民工平均每天工作时间减少 0.8 小时。当然这一结果是否可靠，还需经过与上述工资决定方程回归类似的一系列检验。Sargan 与 Basmann 统计量的 P 值均为 0.52，表明工具变量是外生的，使用 TSLS 估计是一致的。Minimum eigenvalue statistic 统计量达到 254.1，加之进一步用最大似然法（LIML）估计的结果与 TSLS 非常接近，说明不存在弱工具变量的问题。内生性检验（endogeneity test）得到的 DWH 检验的 P 值均为 0.00，表明检验结果可以在 1% 的显著性水平下拒绝工会变量是外生的这一原假设。在存在内生性问题的情况下，TSLS 估计更为准确。因此，从表 5 的两阶段回归结果来看，工会确实在缩短农民工工作时间方面发挥了积极的作用，这和很多研究的结论是一致的（纪雯雯、赖德胜，2019；姚洋、钟宁桦，2008）。其他控制变量除了就业单位性质外，性别、受教育程度、职业、行业、工作地点、健康状况与年龄变量均在1%的显著性水平下通过检验，都是影响农民工工作时间的特征变量。

表5　工会对工作时间的影响估计

	OLS 估计		TSLS 估计				LIML 估计	
			第一阶段		第二阶段			
	回归系数	t 值	回归系数	t 值	回归系数	z 值	回归系数	z 值
性别	0.187***	5.86	0.010	1.68	0.192***	5.91	.192***	5.93
受教育程度	-0.270***	-13.65	0.031	7.88	-0.235***	-11.07	-.235***	-11.32
工会	0.022	0.43			-0.831***	-4.52	-0.832***	-4.67
职业	0.011***	8.03	-0.000	-3.09	0.010***	7.15	0.010***	7.77
工作行业	-0.008***	-2.27	-0.008	-11.35	-0.014***	-3.64	-0.014***	-3.70
就业单位性质	-0.003	-0.34	0.010	4.98	0.005	0.52	0.005	0.50
工作地点	0.068***	6.25	0.003	1.57	0.070***	6.27	0.070***	6.29
健康状况	0.051***	3.09	0.006	1.80	0.055***	3.23	0.055***	3.18
年龄	-0.009***	-4.72	0.001	3.26	-0.008***	-4.06	-0.008***	-3.96
截距项	9.486	58.18	-0.085	-2.63	9.445	57.00	9.445	58.33
是否参加过社区文体活动			0.136	16.58				
是否参加过社会公益活动			0.077	8.77				
是否参加过选举活动			0.176	8.67				

注：* 表示 $p<0.1$，** 表示 $p<0.05$，*** 表示 $p<0.01$。

3. 工会对农民工就业稳定性的影响

就业的保障性（security）一直以来是西方国家政府与理论界高度关注的社会问题，Witlhagen（2004）对就业的保障性做了清晰的界定，概括为四个方面，包括就业岗位的保障性、就业状态的保障性、收入的保障性和组合保障性。其中首当其冲的是就业岗位的保障性，即指雇员能够就职于同一企业或雇主并保持其工作任期的持续性，即就业的稳定性。灵活化、短期化、保障性差是农民工就业的主要特点，频繁的变换工作客观上造成农民工社会保险难以接续，在退出劳动力市场后缺乏保障。因此，稳定的就业不论对农民工自身还是对社会均有重要意义。国内对于农民工是否能够就业、农民工工资及其决定方面有海量的研究，而对农民工就业的稳定性方面关注不够（张艳华、沈琴琴，2013）。在全球经济低迷、我国经济增速放缓、产业结构升级加速时期，农民工作为劳动力市场的弱势群体最先受到失业的冲击，因此，在这一经济环境下，强调就业的稳定性非常重要和现实。纵观欧美各国的经济转型历程，工会的作用是影响就业稳定性变化的一个重要制度性因素。中国工会在这方面的作用是否有所体现，可以通过以下模型予以验证。

关于就业稳定性，学界经常用劳动合同期限来衡量。在本文所使用的数据库中，排除掉一些“不清楚”的回答，劳动合同期限分无固定期限合同、固定期限合同、完成一次性工作任务或试用期的合同和未签订劳动合同四种类型，属于分类变量。经平行性检验，P 值小于 0.05，不符合有序 Logit 回归的条件，故模型形式适于采用因变量各类别之间无序次关系的 Multinomial Logit Model。模型设定形式如下：

$$\text{In}\left[\frac{p(y=j/x)}{p(y=J/x)}\right]=\alpha_j+\sum_{k=1}^{K}\beta_{jk}x_k \quad (3)$$

反应就业稳定性的第 j 种合同类型相对于参照合同类型的发生概率可以由下式进行估计：

$$p(y=j/x)=\frac{e^{\alpha_j+\sum_{k=1}^{K}\beta_{jk}x_k}}{1+\sum_{j=1}^{J-1}e^{\alpha_j+\sum_{k=1}^{K}\beta_{jk}x_k}} \quad (4)$$

由于在本文所用数据库中劳动合同期限有 4 个类别，因此，对应有 3 个对数发生比方程：

$$\ln\left(\frac{p_1}{p_4}\right)=\alpha_1+\sum_{k=1}^{K}\beta_{1k}x_k \quad (5)$$

$$\ln\left(\frac{p_2}{p_4}\right) = \alpha_2 + \sum_{k=1}^{K} \beta_{2k} x_k \tag{6}$$

$$\ln\left(\frac{p_3}{p_4}\right) = \alpha_3 + \sum_{k=1}^{K} \beta_{3k} x_k \tag{7}$$

其中，p_1、p_2、p_3、p_4分别表示合同期限为无固定期限、固定期限、完成一次性工作任务或试用期合同和未签订劳动合同，x 为解释变量。

由于农民工多从事餐饮、建筑、保安、家政、生产、装修等职业，这些职业的就业灵活性都偏高，同质性强。另外，男女性在就业期限方面区别度不大。因此，在初次回归中职业变量与性别变量不显著，剔除了这类变量后模型的统计值更加理想，回归结果如表6 所示。logit 模型回归系数 B 的含义与一般线性回归模型不同，它反映的是在控制其他变量的情况下，该自变量变化引起不同类别因变量的对数发生比的变动，要反映两类因变量的发生比，需要将 B 转换为 Exp（B），如表 6 中最后一列。可以看出，文化程度、工会、行业因素、就业单位的性质、工作地点、年龄都是决定农民工就业稳定性的因素，其中工会变量的 Exp（B）最大，其含义为和没有加入工会的农民工相比，加入工会的农民工签订无固定期限合同、固定期限合同和一次性工作任务合同的概率更大。具体来说，加入工会，农民工签订无固定期限合同、固定期限合同和一次性工作任务合同的可能性分别是没有加入工会农民工的 7. 14 倍、11. 03 倍和 2. 45 倍。《劳动合同法》第 6 条明确规定“工会应当帮助、指导劳动者与用人单位依法订立和履行劳动合同，维护劳动者的合法权益”，由此推断工会可能在依法帮助农民工签订劳动合同、维护农民工就业稳定性方面发挥了重要的作用。

同样地，与上述工资收入的决定、工作时间的决定模型一样，在就业稳定性的回归方程中也可能存在工会变量的内生性问题，遗憾的是，目前的研究对因变量为无序分类变量的模型缺乏有力的解决措施。有少量文献探索了 Logit Model 与 Probit Model 的内生性检验方法及其在 Stata 软件中的应用，但是这一检验方法应用的前提是内生变量是连续变量（袁微，2018），而本文中涉及的内生变量——工会变量为分类变量。另外，最近两年 Stata 15. 0 软件支持的扩展回归模型（Extended Regression Models）可以解决大部分内生性问题，这其中也包括定序多元选择回归的内生性处理（Ordered probit regression with endogenous treatment），但对于因变量为无序分类变量的情况也没有切实可行的解决办法。

表 6　工会对就业稳定性的影响估计

合同期限	Coef.（B）	Std. Err.	z	P > |z|	Exp(B)
无固定期限					
受教育程度	.453	.048	9.37	0.000	1.57
工会	1.966	.193	10.16	0.000	7.14
工作行业	-.044	.008	-5.10	0.000	0.96
就业单位性质	.096	.025	3.80	0.000	1.10
工作地点	-.102	.027	-3.75	0.000	0.90
年龄	.024	.004	5.41	0.000	1.02
截距项	-3.429	.329	-10.39	0.000	0.03
固定期限					
受教育程度	.539	.035	15.38	0.000	1.71
工会	2.401	.169	14.16	0.000	11.03
工作行业	-.063	.006	-10.43	0.000	0.94
就业单位性质	.114	.018	6.31	0.000	1.12
工作地点	.036	.017	2.04	0.041	1.04
年龄	.014	.003	4.67	0.000	1.01
截距项	-2.202	.229	-9.59	0.000	0.11
完成一次性任务或试用期					
受教育程度	.491	.099	4.92	0.000	1.64
工会	.895	.448	2.00	0.046	2.45
工作行业	.005	.017	0.33	0.739	1.01
就业单位性质	.047	.058	0.82	0.413	1.05
工作地点	.080	.057	1.41	0.158	1.08
年龄	-.020	.010	-1.91	0.056	0.98
截距项	-2.202	.229	-9.59	0.000	0.11
未签订劳动合同(base outcome)					

4. 工会对农民工“五险一金”法定福利的影响

工会维护职工的社会福利有明确的法律依据，《工会法》共有三条相关的规定。第 6 条规定“维护职工合法权益是工会的基本职责，工会通过平等协商和集体合同制度代表和维护职工的合法权益”，第 30 条规定“工会协助企业、事业单位、机关办好职工集体福利事业，做好工资和社会保险工作”，第 38 条规定“企事业单位召开讨论有关工资、福利、社会保险等涉及职工切身利益的会议，必须有工会代表参加”。《劳动合同法》（2012 修正）第 4 条也规定用人单位在制定、修改或者决定有关劳动报酬、保险福利等直接涉及劳动者切身利益的规章制度或者重大事项时，应当经职工代表大会或者全体职工讨论，与工会或者职工代表平等协商确定。按照法律规定，工会虽然对劳动者社会福利没有直接决策权，但有知情权、参与权，工会可以依法为改善劳动者的社会福利水平发声。但在实践中，工会这方面的作用受到诸多质疑，不少学者认为工会主席等成员通用行政任命产生（Chen Feng，2003），工会工作不独立，集体谈判形式化、立法滞后、主体缺位和内容僵化（吴清军，2012；王越乙，2014；程延园，2004），工会更大程度上是政府的附属机构（姚先国、郭东杰，2004）。但如前面文献所述，近年来的实证研究成果表明工会在保障劳动者福利方面发挥了积极的作用，究竟工会对农民工这方面的权益保障如何，下面的实证分析将予以验证。

在本文所用数据库中，关于农民工是否有“五险一金”问题的回答共有 3 个选项，即是、否与不清楚，剔除掉不清楚的答案，是否拥有“五险一金”这类因变量是二分类变量，因此，回归方程形式与方程（4）相同，式中因变量分别为是否拥有养老保险、失业保险、城镇职工医疗保险、工伤保险、生育保险与公积金的二分类变量，主要解释变量与前述方程相同，个别变量根据回归统计的效果进行相应调整。

考虑到工会可能的内生性问题，本部分回归将采用 Extended Regression Models，此模型为目前解决二元选择模型中分类变量内生性问题的最佳方法，回归结果如表 7 所示。从工会与误差项的相关系数一行可以看出各模型的相关系数均不为 0，除了公积金模型在 10% 的显著性水平下通过检验以外，其他五个模型均在 1% 的显著性水平下通过检验，说明工会变量确实存在内生性问题。由于工会与误差项的相关系数为负，因此，工会变量的未观察到的因素会在一定程度上降低农民工加入社会保险的比率。

表 7　工会对法定福利的影响估计

	养老保险模型	失业保险模型	医疗保险模型	工伤保险模型	生育保险模型	公积金模型
工会 c. 受教育程度 0 1	.2280 *** .1192 ***	.3147 *** .1773 ***	0.2098 *** .1354 ***	.2724 *** .1372 ***	.2564 *** .0802 **	.4270 *** .4346 ***
工会 c. 职业 0 1	–.0052 *** –.0125 ***	–.0040 *** –.0140 ***	–.0048 *** –.0110 ***	–.0020 * –.0032	–.0068 *** –.0108 ***	–.0061 *** –.0137 ***
工会 c. 工作行业 0 1	–.0309 *** –.0548 ***	–.0273 *** –.0604 ***	–.0262 *** –.0528 ***	–.0459 *** –.0609 ***	–.0203 *** –.0550 ***	–.0167 *** –.0327 ***
工会 c. 单位性质 0 1	.0542 *** .0370	.0536 *** .0177	.0494 *** .0170	.0558 *** .0283	.0498 *** –.0587 ***	.0915 *** .0769 ***
工会 0 1	–1.1592 *** 1.6621 ***	–1.7361 *** 1.7725 ***	–1.1835 *** 1.5811 ***	–1.3370 *** 1.3216 ***	–1.6133 *** 2.1557 ***	–2.996 –1.7023
Exp(B)	*5.27*	*5.89*	*4.86*	*3.75*	*8.63*	*0.18*
工会 单位性质　社区文体活动 _cons	.06653 *** .8383 *** –1.9361 ***	.0674 *** .8528 *** –1.9431 ***	.0663 *** .8372 *** –1.9406 ***	.0663 *** .8353 *** –1.9406 ***	.0665 *** .8544 *** –1.9438 ***	.0643 *** .8280 *** –1.9240 ***
工会与误差项的相关系数	–.4329 ***	–.6100 ***	–.4251 ***	–.4262 ***	–.5841 ***	–.0168 *

注：* 表示 p<0.1，** 表示 p<0.05，*** 表示 p<0.01。

模型总体回归结果良好，所有模型的大部分变量在1%的显著性水平下通过了检验，农民工受教育程度、是否加入工会、所从事职业、工作所在行业、就业单位的性质都是影响农民工拥有法定福利的因素。各模型的受教育程度的系数均为正，且在有工会的情况下系数更小，说明工会解释了一部分文化程度的影响，加入工会的农民工的“五险一金”福利部分来自工会的保障。除了公积金模型外，其余各模型主方程中工会的系数均为正，表明加入工会对改善农民工的社会保障水平有积极的影响。从 Exp（B）值来看，加入工会的农民工获得养老保险、失业保险、城镇职工医疗保险、工伤保险、生育保险的概率分别是没有加入工会农民工的5.27倍、5.89倍、4.86倍、3.75倍和8.63倍。尽管工会的未观察到的因素会对农民加入社会保险有一定的负面影响，据测算这一影响在各模型中仅仅在6个百分点以下，可以忽略不计。值得注意的是，工会对农民工的公积金福利没有明显影响，在回归中未通过检验，其中可能的原因是工会维护劳动者的公积金福利缺乏明确的法律支持，且公积金福利相对于社会保险福利而言是更高层级的保障，在这方面主要取决于雇主的决策。

五　结论与启示

中国存在明显的劳动力市场分割，农民工处于工资福利保障比较弱的二级劳动力市场，在我国经济增速放缓的背景下，劳动争议呈多发态势，农民工权益极容易遭受侵犯。工会作为保障劳动者权益的制度性力量，在维护农民工工资收入、休息权、就业稳定性、社会保险与公积金福利权益方面发挥了怎样的作用，工会的内生性问题该如何控制和解决，针对这些问题，本文基于2014年原国家卫生和计划生育委员会流动人口动态监测调查数据，主要运用两阶段最小二乘法和扩展回归模型，研究发现：①工会不仅可以显著提高农民工的工资收入，降低农民工的工作时间，减少过度劳动问题，而且可以大幅度改善农民工的社会保险福利，提高农民工加入养老保险、失业保险、城镇职工医疗保险、工伤保险、生育保险的比率；②成为工会会员对农民工的公积金福利没有明显的影响；③工会在促进农民工就业稳定性方面发挥了积极的作用，加入工会的农民工签订无固定期限合同、固定期限合同和一次性工作任务合同的可能性是没有加入工会农民工的数倍，但由于技术上无法解决 Multinomial Logit Model 的内生性问题，对于这一结论应谨慎看待。

本文的经验研究证明工会在保障农民工的工资收入、休息权、就业岗位稳定性和社会保险福利方面发挥了积极的作用，补充了我国有关工会职能方面的研究文献，为驳斥工会无用论提供了新的证据。同时，本研究也具有明确的政策含义，即不论工会发挥作用的途径如何，是通过如 Freeman and Medoff（1984）所说的与雇主进行真正的集体协商、集体谈判的方式，或收集会员反馈信息的集体发声机制，还是如孙中伟、贺霞旭（2012）所说的仅仅发挥威慑作用的田间“稻草人机制”，平均而言，只要加入工会，农民工的工资、社会保险福利、休息权益就得好更好的保障。因此，要改善农民工的工资福利状况，减少过劳问题的发生，当务之急是坚定不移地组织农民工入会，提高农民工的入会率。从本文样本数据来看，在 8586 个样本中，只有 10.7% 的农民工入会。从国家统计局发布的《2018 年农民工监测调查报告》来看，加入工会组织的进城农民工占已就业进城农民工的比重为 9.8%，可见，目前我国农民工入会率低，还有很高的提高空间，工会部门至少可以在三个方面做出应对。第一，着力利用微信、微博、短视频、新闻报道等多种媒体加大对工会作用的宣传，改变农民工对工会不了解、有误解的状况，增强农民工对工会的信心和信任。第二，在农民工聚集的社区、楼宇、工地等地积极主动作为，推动建立一批楼宇工会和区域工会。第三，针对农民工就业的非公企业规模小，人员流动性大的特点，优先在农民工集中的快递、外卖、卡车司机、餐饮等行业建立行业工会。在做好这些工作的同时扩大工会的影响力，增加农民工对工会的认可度，进而利用农民工的亲缘关系、地缘关系继续推进农民工在其他企业、行业和区域建会。

参考文献

程延园：《集体谈判制度在我国面临的问题及其解决》，《中国人民大学学报》2004年第2期。

纪雯雯、赖德胜：《工会能够维护流动人口劳动权益吗》，《管理世界》2019年第2期。

李龙、宋月萍：《工会参与对农民工工资率的影响——基于倾向值方法的检验》，《中国农村经济》2017年第3期。

刘海洋、刘峥、吴龙：《工会提高了员工福利和企业效率吗？——来自第一次全国经济普查的微观证据》，《产业经济研究》2013年第5期。

明娟、曾湘泉：《工会主席专职化对工会维权活动的影响效应——来自雇主—雇员匹配调查的证据》，《经济与管理研究》2015年第1期。

乔健：《在国家、企业和劳工之间：工会在市场经济转型中的多重角色——对1811名企业工会主席的问卷调查》，《当代世界与社会主义》2008年第2期。

乔健、钱俊月：《对民营企业工会建设问题的思考》，《中国人力资源开发》2010年第10期。

孙中伟、贺霞旭：《工会建设与外来工劳动权益保护——兼论一种"稻草人机制"》，《管理世界》2012年第12期。

王鸣、李永杰：《中国工会是否改善员工工资福利？——来自2013年广东佛山南海企业—员工匹配数据的证据》，《华南师范大学学报》（社会科学版）2014年第6期。

10. 王永丽、郑玉：《双重角色定位下的工会跨界职能履行及作用效果分析》，《管理世界》2012年第10期。

王越乙：《企业集体谈判制度的困境及其优化路径》，《管理世界》2014年第10期。

魏下海、董志强、黄玖立：《工会是否改善劳动收入份额？——理论分析与来自中国民营企业的经验证据》，《经济研究》2013年第8期。

魏下海、董志强、金钊：《工会改善了企业雇佣期限结构吗？——来自全国民营企业抽样调查的经验证据》，《管理世界》2015年第5期。

吴清军：《集体协商与"国家主导"下的劳动关系治理——指标管理的策略与实践》，《社会学研究》2012年第3期。

燕晓飞：《中国职工状况研究报告（2018）》，社会科学文献出版社，2018。

杨继东、杨其静：《工会、政治关联与工资决定——基于中国企业调查数据的分析》，《世界经济文汇》2013年第2期。

姚先国、郭东杰：《改制企业劳动关系的实证分析》，《管理世界》2004年第5期。

姚洋、钟宁桦：《工会是否提高了工人的福利》，《世界经济文汇》2008年第5期。

易定红、袁青川：《中国工会存在工资溢价吗——基于控制样本选择性偏差的Blinder-Oaxaca回归分解》，《经济理论与经济管理》2015年第2期。

袁微：《二值选择模型内生性检验方法、步骤及Stata应用》，《统计与决策》2018年第6期。

Alison L. Booth and Mark L. Bryan, 2004, "The Union Membership Wage-Premium Puzzle: Is There a Free Rider Problem?" *Industrial and Labor Relations*, 57 (3): 402 – 421.

Bennett and Kaufman (eds), 2007, What Do Unions Do: A Twenty-year Perspective. New Brunswick, NJ: Transaction Publishers.

Buchmueller, T. C., J. Dinardo and R. G. Valletta, 2002, "Union Effects on Health Insurance Provision and Coverage in the United States," *Industrial and Labor Relations Review*, 55 (4): 610 – 627.

Budd, J. W., W. Chi, Y. Wang and Q. Xie, 2012, "What Do Unions in China Do? Provincial-Level Evidence on Wages, Employment, Productivity, and Economic Output," *Journal of Labor Research*, 35: 185 – 204.

Chen, F., 2003, "Between the State and Labor: the Conflict of Chinese Trade Unions' Double Identity in Market Reform," *The China Quarterly*, 176 (4): 1006 – 1028.

Clarke, S., Lee, C. H. and Q. Li, 2004, "Collective Consultation and Industrial Relations in China," *British Journal of Industrial Relations*, 42 (2): 235 – 254.

D. G. Blanchflower, A. Bryson, 2010, "The wage Impact of Trade Union in the UK Public and Private Sectors," *Economica*, 77 (305): 92 – 109.

Freeman, B., 1981, "The Effect of Unionism on Fringe Benefits," *Industrial and Labor Relations Review*, 34 (4): 489 – 509.

Freeman, B. andMedoff, J., 1984, What Do Unions do? New York: Basic Books Press. Yuan, Z., Chen, J. and Wong, P., 2011, "Effect of Trade Unions on Industrial Labor Income in China," *Asian Politics and Policy*, 3 (1): 95 – 114.

Ge, Y., 2007, "What Do Unions Do in China?", Working Paper.

Lee, C. H., 2009, "Industrial Relations and Collective Bargaining in China," Working Paper, Industrial and Employment Relations Department, InternationalLabour Office, Geneva.

Lu, Y., Z. Tao and Y. Wang, 2010, "Union Effects on Performance and Employment Relations: Evidence from China," *China Economic Review*, 21 (1): 202 – 210.

Taylor, B. and Q. Li, 2007, "Is the ACFTU a Union and Does It Matter?", *Journal of Industrial Relations*, 49 (5): 701 – 715.

Walsworth, S., 2010, "Unions and Employment Growth: the Canadian Experience," *Industrial Relations*, 49 (1): 142 – 156.

Yao, Y., and N. Zhong, 2013, "Unions and Workers' Welfare in Chinese Firms," *Journal of Labor Economics*, Forthcoming.

Yuan, Z., Chen, J. and Wong, P., 2011, "Effect of Trade Unions on Industrial Labor Income in China," *Asian Politics and Policy*, 3 (1): 95 – 114.

京津冀地区农民工群体就业质量现状调查

高雪原 *

摘　要： 农民工群体作为产业工人队伍的主体，其就业质量一直是学术与实践关注的重点。京津冀一体化是国家发展的重大战略，区域内农民工就业质量的提升对推进产业转型升级、促进区域协调发展具有重要的现实意义。本研究结合文献分析与定量调查的方法，对京津冀地区农民工群体的就业质量现状展开调研，补充了已有研究中对主观就业质量评价的不足，并结合区域就业环境因素对就业质量现状展开进一步分析，以期丰富学者与管理者对京津冀地区农民工群体就业质量现状的认知，为学术研究与实践决策提供有益参考，推动形成京津冀目标同向、措施一体、协同向好的发展新格局。

关键词： 农民工　就业质量　京津冀

国家统计局2020年4月30日发布的《2019年农民工监测报告》中的数据显示，2019年我国农民工总量已达到29077万人。随着农业和农村经济结构的调整以及工业化和城镇化的提速，目前已有超过1/3的农村劳动力转移到非农产业。党中央、国务院明确指出，进城就业的农村劳动力已成为

* 高雪原，中国劳动关系学院讲师，研究领域为个体职业发展与组织行为。

我国产业工人的主体力量，是支撑我国产业转型升级的重要劳动力资源。这一庞大的劳动力群体为农村增加了收入，为城市创造了财富，为改革发展增添了活力，为我国现代化建设作出了重大贡献。

京津冀城市圈是我国北方最大、现代化程度最高的城镇和工业密集区，该区域以北京、天津为核心，包括河北省的石家庄、廊坊、保定、沧州、承德、张家口、唐山、秦皇岛、邢台、衡水、邯郸，共 13 个城市（纪韶，2012）。《2017 年农民工监测调查报告》显示，京津冀地区对农民工群体有较强的吸引力，在该地区的务工人数已达 2215 万人。农民工务工人数的攀升在一定程度上反映了地区经济的发展，但是在新时期高质量发展的要求下，围绕我国社会主要矛盾的变化，广大农民工群体的就业质量状况更值得关注。作为产业工人队伍的主体，农民工群体就业的独特性体现在何处，应如何全面衡量与评价其就业质量，农民工就业质量的现状如何，农民工就业质量研究已取得哪些成效，又存在哪些问题，如何解决现有的问题，如何围绕经济高质量发展的目标提出提升农民工就业质量的有效对策，这些都是当前值得思考和回答的问题。此次调研着眼于京津冀地区，以农民工群体为调查对象，围绕“就业质量”展开调研，以期尝试性地对上述问题进行回答，并以点带面，对更大范围甚至全国农民工的就业质量现状研究提供启示。

一　京津冀协同发展背景下农民工就业质量研究的现实意义

经济发展进入新常态，我国发展面临转变经济发展方式、化解产能过剩、实现高质量发展等一系列挑战，而加快进行产业结构调整、推进产业结构优化升级是应对这些挑战最有效的途径。京津冀协同发展战略的提出是适应我国经济发展进入新常态，培育经济增长新动力，形成京津冀目标同向、措施一体、优势互补、互利共赢的协同发展新格局的现实需要，具有重大的现实意义。从我国产业发展的进程来看，目前我国已成为世界上公认的制造业大国，2014 年我国制造业总产值就占到全球制造业总产值的 1/3 以上，但同时也应清醒地认识到，我国产业结构布局不甚合理、制造业竞争力不强，整体制造业水平仍处于生产链条的低端。随着工业智能时代的到来，2015 年《政府工作报告》中提出利用现代技术改造传统产业的发展思路。随着劳动力等生产要素成本的不断攀升，京津冀地区要利用区域经济一体化的优势，通过互联网、大数据等新技术联合优势产业，推进传统产业转型升级。

农民工群体作为产业工人队伍的主力，其劳动产出直接关系我国产业发展的整体水平。产业结构调整、产能水平提升是京津冀协同发展战略实施的关键环节，促进提升农民工的就业质量对于创造新的“人口红利”、推动产业结构升级具有重要的现实意义。另外，京津冀区域的协同发展对我国其他地区的发展模式有一定的参考价值，研究和关注该地区农民工的就业质量问题对其他地区产业队伍建设与产业结构调整都有一定的借鉴意义。

二　本研究关键概念界定

（一）农民工群体

“农民工”是我国社会转型时期出现的一个特殊群体。随着改革开放的深入推进，大量农村剩余劳动力流向城镇，在很大程度上推动了农村的现代化建设，也极大地推进了我国的工业化与城镇化进程。目前不同学者对“农民工”群体的认识存在细微差异，例如李培林（2003）认为农民工是一种社会身份与职业的结合，农民是一种社会身份，工是一种职业；郑功成（2006）等认为农民工是具有农村户口却在城镇务工的具有特殊身份标识的劳动力群体；韩俊（2009）认为农民工主要是指户籍身份在农村、主要从事非农产业、依靠工资收入生活的劳动力。国家统计局《2017 年全国农民工监测调查报告》中则把农民工界定为“户籍仍在农村，在本地从事非农产业或外出从业 6 个月及以上的劳动者”①。贺雪峰（2017）通过实地调研发现，“当前中国大约 70% 的农民家庭选择了这样一种‘半工半农’的家计模式”。随着代际的迁移，农民工群体出现了“老一代”与“新生代”的区分。学界将 20 世纪 80 年代以后出生的农民工称为“新生代农民工”（淦未宇，2018；王向阳，2019）。虽然新生代与老一代农民工在打工目的、职业类型等方面都存在明显的差异，但同作为农民工群体，其最主要的特征依旧是“半工半农”，即政治身份保留在农村，其本人进入城市谋求生存或经济权利。本研究主要聚焦农民工群体的共性，所关注的京津冀地区的农民工既包括老一代也包括新生代的农民工。

（二）就业质量

习近平总书记在党的十九大报告中明确指出，“我国经济已由高速增长阶段转向高质量发展阶段”，高质量发展是我国新时代经济的基本特征，也是我国当前和未来一个时期制定经济政策的根本要求。具体来说，高质量发展是优化经济结构与产业结构，构建经济共同体，不断满足人民群众在经济、政治、文化、社会、生态等方面日益增长的需要。总之，高质量发展是指以人民为中心的发展，是充分体现创新、协调、绿色、开放、共享发展理念的发展。高质量发展与就业质量密不可分，一方面，经济高质量发展带动产业结构优化调整，加快培育壮大新产业、新动能，为广大劳动者提供更多高质量的就业岗位与机会，促进劳动者就业质量的提升；另一方面，提升就业质量，提升劳动者的劳动技能水平，是实现高质量发展的必要前提，另外，就业质量的提升能够保障劳动者有更高的满意度，进而激发其劳动的动能，加快推动产业结构与经济的高质量发展。

国外学者更早关注就业质量问题的研究。20 世纪 70 年代末，美国职业培训和开发委员会提出“工作生活质量”的概念，强调“改善员工的生活福利和工作环境”。1999 年，国际劳工组织提出“体面劳动”的概念，具体

---

① 国家统计局：《2017 年农民工监测调查报告》，《中国信息报》2018 年 4 月 28 日，第 3 版。

指“持续性的工作，工人权利受保护，有足够的工资，享受社会保险，可实现劳工、雇主和政府之间的有效对话等”。Schroeder（2007）在研究中明确提出“高质量就业是指个人在其认为既具有挑战性又能获得满意感的工作的综合环境中获得谋生所需收入的能力”。农民工作为产业工人队伍的主体，其就业质量与我国产业的转型优化升级、经济的高质量发展都有密不可分的关系。作为全国区域经济一体化发展的典型代表，京津冀地区农民工群体的就业质量现状与就业质量提升的问题亟待探讨。

三　农民工就业质量的评价指标

就业质量是一个复杂、多维的概念，因此对于职业质量的评价不同学者观点不一。农民工的就业质量是指与农民工这一群体就业质量相关的要素。国内外学者对就业质量评价的研究多围绕客观要素展开，如宏观层面就业环境的稳定性、劳动关系的和谐度（Johri，2005），中观层面的工作环境与工作待遇（Davoine，2008），也有学者关注就业质量评价的微观要素，并从个体能力的角度，通过能力水平的高低评价个体的就业质量（Messier，2008）。受西方已有研究的影响，我国学者大多从职业发展的机会、职业的稳定性、工作环境、收入水平（林竹，2012；彭国胜，2009）等客观要素出发评价就业质量，尽管已有学者开始关注农民工对就业质量的主观评价，如张凯（2015）认为就业质量是指劳动者的基本需要在劳动过程中得到满足的程度，但现有研究还不足以体现我国社会发展的历史背景，也不足以反映从农民工个人情感因素评价就业质量的全貌。

对社会问题的研究应基于一定的社会文化背景之中。我国的社会意识形态和历史发展阶段与西方国家截然不同，特别是人民日益增长的美好生活需要和不平衡不充分的发展之间的矛盾已成为我国现阶段社会发展的主要矛盾。以往学者通过客观要素的视角关注就业质量问题符合当时我国工业化发展的需要，随着我国社会主要矛盾的转变，个体的主观情感因素应作为衡量就业质量的主要评价标准。考虑到对农民工客观就业质量指标的研究已有较丰富的研究成果（钱芳，2014；赵蒙成，2016），因此此次对京津冀地区农民工就业质量现状的调研主要围绕主观评价指标展开，包括农民工个体在工作中的安全感、幸福感与获得感，以填补已有研究的空白。

一是安全感。在现实社会中，农民工群体处于弱势地位，工作安全感是提高其工作积极性和工作效率的基本前提，对社会的稳定与发展也有着积极意义。李晓玉等（2016）将农民工群体的安全感划分为“满意现在”、“把握未来”、“归属认同”与“感知支持”四个方面。本研究认为，无论是对现在的满意还是对未来的乐观都取决于个体面对外在环境中的不确定性时对自身能力的感知。因此本研究将具体采用“可雇佣性感知”反映农民工群体的工作安全感。作为我国环首都经济圈，京津冀地区农民工的就业质量现状为了解全国范围内农民工的就业质量提供有益参考。

二是幸福感。幸福感是指农民工个体主观产生的、能够满足自身满足感的一系列喜悦的情绪，是对个人工作状态与情感状态整体水平的感知。已有研究表明，影响个体幸福感的因素除了个人的收入、财富等经济因素外，还包括非经济因素，并且非经济因素对个体幸福感发挥着更大的影响效用（张雅欣、孙大鑫，2019）。此次调查研究关注农民工幸福感非经济要素中的“劳动时间”与“社会融入”两个方面。

三是获得感。党的十九大提出，要“保证全体人民在共建共享发展中有更多获得感”。获得感反映了人们期待发展公平公正、满足美好生活需要的诉求。获得感为人类积极体验的增强与国民幸福的全面实现提供了现实基础与可行性路径（邢占军、牛千，2017）。获得感是指多元利益主体在改革和发展客观过程中对自身实际所得的主观评价（王浦劬、季程远，2018）。本研究中农民工群体的获得感将通过“自身发展”和“工作保障”两个要素来衡量。

四 京津冀地区农民工群体就业质量现状调查结果

作为新时期产业工人队伍的重要组成部分，农民工群体的职业行为对地区发展具有重要影响。在京津冀协同发展的背景下，产业融合、转型升级必将对三地的劳动力配置进行调整，区域内农民工工作流动已成必然。流动是自由开放社会的重要特征，也是人力资源合理配置、经济健康发展的基本要求。在协同与流动的背景下，本研究在已有研究的基础上梳理、总结了京津冀地区农民工群体的客观就业质量现状，并进一步通过收集数据，从安全感、幸福感与获得感三个方面对区域内农民工的主观就业质量进行了评价（调查问卷见附录）。

（一）京津冀地区农民工群体客观就业质量现状

已有研究发现，京津冀地区农民工群体的客观就业质量普遍偏低，主要表现为工资收入偏低、工作环境恶劣、社会保障水平低、工作稳定性差、生活水平不高等（肖小勇等，2019；樊茜等，2018；韩永宝，2018）。

1. 工资收入偏低

韩永宝（2018）对京津冀地区近3000名农民工的调查结果显示，一半以上的农民工平均月收入在3000元以下，工资收入较低，与城镇职工的收入水平有很大差距。据统计，农民工的月收入仅占城镇居民月收入的60%左右，并且农民工个体间的收入存在较大的差异，技能水平越高的个体收入也会相应更高，造成该群体内部收入不均衡。另外，农民工本身对收入的期待与用人单位的实际管理存在严重的信息不对称现象，多数农民工认为收入水平会随着工作时间的增加有所提升，而大多数用人单位并没有建立起针对农民工群体的健全的收入增长机制。

2. 工作环境恶劣

农民工工作环境的优劣主要从工作强度、工作的危险性方面衡量。由于农民工大多在生产制造类企业，主要从事流水线或其他体力劳动，这类劳动一般具有低技能高替代性的特点，因此，大多数个体认为工作强度较大，近七成农民工每周工作六天，日工作时间近10小时（何亦名，2012）。在工作的危险性方面，近一半的农民工对工作的危险性评估较高，特别是在建筑行业，超过70%的农民工从业者认为工作安全是对个体最大的威胁。此外，用人单位对农民工的就业保护缺位，特别是新生代的农民工群体，他们更加注重个人在工作中的健康与安全。

3. 社会保障水平低

京津冀地区农民工就业质量普遍偏低还体现在社会保障水平方面，主要表现为劳动合同的签订与社会保险的覆盖两个方面。已有研究显示，京津冀地区农民工劳动合同整体签订率低，包括不签订劳动合同与劳动合同短期化两种情况（唐美玲，2013；何亦名，2012），具体的，仅有近三成的农民工与用人单位签订了劳动合同，而签订三年及以上劳动合同的农民工仅占总人数的11.7%。从社会保险覆盖范围来看，参加工伤保险、医疗保险、养老保险的农民工比例分别为27.1%、25.9%和23.2%，均不足三成，而参保失业保险的农民工更少，比例仅为16.7%（韩永宝，2018）。与此同时，在一些用人单位还存在农民工的“退保潮”。

4. 工作稳定性差

由于农民工本身大多从事于高替代性工作，加之工资收入、工作环境以及社会保障水平普遍偏低，农民工在职业变动上表现出更强的流动性。据统计，有近七成农民工有过至少两次转换工作的经历。与职位的升迁不同，农民工的工作流动大多因为就业质量不高，而不是因为就业水平或技能水平提升而转换的工作，工作稳定性差也是制约其就业质量提升的一大因素。

5. 生活水平不高

农民工群体的生活环境与工作环境虽然较以往有所改善，但实际的生活水平与农民工的现实需求之间还存在较大差距，总体生活水平不高。韩永宝（2018）从居住环境与消费方式两个角度调研了京津冀地区农民工的实际生活水平。调查结果发现，目前该地区超过60%的农民工没有自己的住房，只能租房居住，并且近九成农民工与他人合租居住。从消费方式来看，农民工的消费大多以生活性消费为主，在休闲娱乐、个人提升等方面的消费明显偏低，这表明京津冀地区的农民工群体的生活水平仍停留在追求物质生活的阶段，目前还无法满足其“日益增长的美好生活需要”。

（二）京津冀地区农民工群体主观就业质量现状

为填补已有研究的空白，本研究围绕主观就业质量指标，从安全感、幸福感与获得感三个方面对京津冀区域内农民工群体的就业质量展开调查。如前文所述，农民工的安全感通过“可雇佣性感知”加以评价，幸福感通过非经济要素中的“劳动时间”与“社会融入”两个方面进行评价，获得感通过“自身发展”和“工作保障”两个要素来衡量。此次调查对象既包括京津冀区域内本地农民工，也包括户籍在外地而在本地就业的农民工。研究者选择三地制造业、建筑业类型的公司，在北京、天津、河北分别发放问卷100份，共计300份，最终回收有效问卷262份，有效回收率为87.3%。从调查对象的基本情况来看，男性农民工117人，女性农民工145人；受教育水平大多集中在中专、职高或技校以及大专，占总调查对象的近70%。

1. 安全感

农民工的可雇佣性感知是指个体对自身能力、工作稳定性的主观感受，感知知觉越强说明个体对自身的职业技能、现在或未来的职业稳定性更自信，也是安全感的主要来源。此次评价“1”为最低分，“4”为最高分，从数据分析的结果来看，总体上京津冀地区农民工的可雇佣性感知在中上水平，说明区域内农民工整体对自身的就业能力与技能水平较乐观，并且认为自己的工作相对比较稳定或者即使发生变动也能顺利找到新的雇主（见表1）。

表1　京津冀地区农民工安全感总体状况

	N	最小值	最大值	平均数	标准差
可雇佣性感知(安全感)	262	1.25	4.00	2.98	0.53

本研究中的可雇佣性感知具体从四个方面展开测量（见表2），其中“感知1”代表“虽然与我手头的工作不同，但我觉得自己很容易找到其他的工作机会”，体现了个体对自身技能水平或就业转换能力的肯定；“感知2”代表“我在单位的人际网络有助于自己的职业发展”，体现了个体对自

身人际关系的积极认知；“感知3”代表“与做同类工作的同事相比，我会得到更多的尊重”，体现了个体对自身工作地位的积极认知；“感知4”代表“即使公司裁员我也相信自己能留下来”，体现了个体对自身能力与不可替代性的积极认知。数据分析的结果显示，四种具体的可雇佣性感知之间没有较大的差异，其中感知2与感知4，即京津冀区域内农民工群体对自身人际关系以及自身能力与不可替代性方面的安全感较高，相对而言，在自身技能水平、转换能力以及在工作中地位获得方面的安全感较低（见表2）。

表2　京津冀地区农民工安全感不同维度状况

	N	最小值	最大值	平均数	标准差
感知1	262	1.25	4.00	2.90	0.67
感知2	262	1.00	4.00	3.03	0.63
感知3	262	1.00	4.00	2.97	0.66
感知4	262	1.00	4.00	3.01	0.68

2. 幸福感

此次调研对幸福感的评价从1到4记分，其中“1”为最低分，“4”为最高分。如表3的数据分析结果显示，总体上，京津冀地区农民工的幸福感的平均值为3.05，处于中等偏上的水平。具体的，本研究中的幸福感包括“劳动时间”和“社会融入”两个方面，其中，劳动时间具体包括“具有常态的工作时间”和“工作后有充足的业余时间”，社会融入具体包括“通过付出劳动作出社会贡献”和“受人尊重”。表4中京津冀地区农民工幸福感不同维度状况的统计结果显示，农民工对幸福感的“劳动时间”和“社会融入”两个维度的感知基本持平，平均数分别为3.04和3.05，但从标准差的统计结果可以看出，在劳动时间维度上，京津冀地区农民工的个体差异较大，社会融入度基本相当。

表3　京津冀地区农民工幸福感总体状况

	N	最小值	最大值	平均数	标准差
幸福感	262	1.75	4.00	3.05	0.44

表4　京津冀地区农民工幸福感不同维度状况

	N	最小值	最大值	平均数	标准差
劳动时间	262	1.00	4.00	3.04	0.50
社会融入	262	1.50	4.00	3.05	0.46

3. 获得感

此次调研对获得感的评价从1到4记分，其中“1”为最低分，“4”为最高分。如表5所示，对京津冀地区农民工获得感总体状况的统计结果显示，区域内农民工群体的整体获得感的平均数为2.98，处于中等偏上的水平。具体地，本研究中的获得感通过个体“自身发展”以及“工作保障”两个方面来体现，其中，自身发展具体包括“提供多样化的任务”、“允许建立自己的工作方法”和“满足自身的文化和审美情趣”，工作保障具体包括“对工作环境满意”和“提供工作保障”。表6中京津冀地区农民工获得感不同维度状况的统计结果显示，个体对“工作保障”的评价更高，说明相比于“自身发展”，区域内农民工的获得感更多来自单位所提供的满意的工作环境和实际可获得的工作保障。

表5　京津冀地区农民工获得感总体状况

	N	最小值	最大值	平均数	标准差
获得感	262	1.83	4.00	2.98	0.45

表6　京津冀地区农民工获得感不同维度状况

	N	最小值	最大值	平均数	标准差
自身发展	262	1.67	4.00	2.86	0.53
工作保障	262	1.00	4.00	3.10	0.49

综合比较以上京津冀地区农民工的主观就业质量指标不难发现，区域内农民工整体的主观就业质量处于中等偏上水平，幸福感水平相对较高，安全感与获得感水平相当，相对较低。不同的个体对安全感、幸福感与获得感的

评价均有所不同。以上每个指标中的最大值的统计结果表明，个体对主观就业质量的评价最高为4，即“非常满意”，结合比较就业质量主观评价指标的平均值，结果说明京津冀区域农民工群体的安全感、幸福感与获得感方面仍有很强的提升空间。

五　结论

本研究结合以上京津冀地区农民工主观就业质量现状的结论，进一步与该地区就业环境因素进行匹配，探究并分析了区域内就业环境因素与农民工主观就业质量间的关系。就业环境是指与就业活动有关的政治、经济、文化等社会环境，受到经济水平、科技水平、政府政策、企业文化等诸多因素的影响。农民工群体的就业环境受经济发展水平、政府政策因素的影响更大。

分析发现，京津冀地区农民工主观就业质量总体处于中等偏上的水平，其中幸福感水平相对较高，安全感与获得感水平相对较低，这与区域内经济发展水平、工业化进程以及政策导向紧密相连。具体的，伴随着区域经济的持续增长和产业结构的优化升级，京津冀地区就业容量持续扩大、就业灵活性不断增强，极大地加速了区域内农民工群体的就业流动，整体上实现了区域内经济增长与扩大就业的良性循环，就业的灵活性与就业机会的增加使得农民工个体对自身可雇佣性的感知增强，因此其安全感水平整体较高。由于农民工群体大多集中在生产制造类企业、建筑行业或者服务业，他们的工作时间很难得到有效保障，且大多以按时计酬的方式获取报酬，另外一些行业（如建筑业）的工作有较强的危险性，并已对劳动者的职业安全构成威胁，这很难使外来务工的农民工融入城市文化，无法保障自身的劳动权益甚至人身安全，企业能够提供给农民工的自身发展的机会更是少之又少。幸福感可通过“劳动时间”和“社会融入”两个因素来衡量，获得感通过“自身发展”与“社会保障”予以衡量，因此该群体的幸福感和获得感整体水平偏低。随着我国社会主要矛盾的转移，如何改善农民工群体的就业环境，为其就业提供有利条件，促进就业质量的提升从而推动经济的高质量发展越来越成为政府和社会关注的焦点。

参考文献

樊茜、金晓彤、徐尉：《教育培训对新生代农民工就业质量的影响研究——基于全国 11 个省（直辖市）4030 个样本的实证分析》，《经济纵横》2018 年第 3 期。

淦未宇：《身份认同、情感承诺与新生代农民工离职意愿——基于组织支持视角的实证研究》，《管理学刊》2018 年第 2 期。

韩永宝：《京津冀产业结构调整背景下农民工就业质量提升研究》，博士学位论文，首都经济贸易大学，2018。

韩俊：《中国农民工现状及其发展趋势总报告》，《改革》2009 年第 2 期。

何亦名、王翠先、黄秋萍：《珠三角新生代农民工就业趋势与就业质量调查分析》，《青年探索》2012 年第 1 期。

贺雪峰：《最后一公里村庄——新乡土中国的区域观察》，中信出版集团，2017，第 3 页。

李培林：《农民工：中国进城农民工的经济社会分析》，社会科学文献出版社，2003。

李晓玉、高冬东、乔红晓：《新生代农民工心理安全感的结构探索及问卷编制》，《中国临床心理学杂志》2016 年第 1 期。

纪韶：《“十二五”期间京津冀都市圈农民工流动就业影响因素——微观决策模型分析视角》，《经济学动态》2012 年第 8 期。

唐美玲：《青年农民工的就业质量：与城市青年的比较》，《中州学刊》2013 年第 1 期。

王浦劬、季程：《远新时代国家治理的良政基准与善治标尺——人民获得感的意蕴和量度》，《中国行政管理》2018 年第 1 期。

王向阳：《县域城市化：我国新生代农民工城市化的时代特征及其启示——基于“进城意愿—进城能力—价值引力”的分析框架》，《兰州学刊》2019 年第 8 期。

肖小勇、黄静、郭慧颖：《教育能够提高农民工就业质量吗？——基于 CHIP 外来务工住户调查数据的实证分析》，《华中农业大学学报》（社会科学版）2019 年第 2 期。

邢占军、牛千：《获得感：供需视阈下共享发展的新标杆》，《理论导刊》2017 年第 5 期。

张凯：《就业质量的概念内涵及其理论基础》，《社会发展研究》2015 年第 1 期。

张雅欣、孙大鑫：《人口流动如何影响主观幸福感——基于主观社会地位的中介效应》，《系统管理学报》2019 年第 6 期。

郑功成、黄黎若莲：《中国农民工问题：理论判断与政策思路》，《中国人民大学学报》2006 年第 6 期。

附录：京津冀地区农民工群体就业质量现状调查问卷

亲爱的朋友：

为了了解您的就业质量，进行学术研究并向政府等有关部门提出改进性的政策建议，我们通过这份问卷向您进行调查。调查不涉及个人隐私，对问题的回答没有对错之分，只要真实就好。所有资料只进行统计汇总，用于学术研究。同时，我们将对您的个人资料绝对保密，请您不必担心。

谢谢您对我们的支持和协助！

中国劳动关系学院职工状况调查课题组

2020 年 7 月

个人基本情况：

01. 性别：

1. 女；　2. 男。

02. 您现在的受教育程度：

1. 小学；　2. 初中；　3. 高中；　4. 中专；

5. 职高、技校；　6. 大专；　7. 本科；　8. 硕士及以上。

主观就业质量评价：

安全感(可雇佣性感知)	1. 非常不同意	2. 比较不同意	3. 比较同意	4. 非常同意
1. 虽然与我手头的工作不同,但我觉得自己很容易在公司中找到其他的工作机会	○	○	○	○
2. 我在公司的人际网络有助于自己的职业生涯发展	○	○	○	○
3. 与做同类工作的同事相比,我在公司得到更多的尊重	○	○	○	○
4. 即使公司裁员,我相信自己也能留下来	○	○	○	○

幸福感	1. 非常不同意	2. 比较不同意	3. 比较同意	4. 非常同意
1. 有常态的工作时间和地点	○	○	○	○
2. 工作后提供充足的业余时间	○	○	○	○
3. 通过你做的工作作出社会贡献	○	○	○	○
4. 受人尊重	○	○	○	○

获得感	1. 非常不同意	2. 比较不同意	3. 比较同意	4. 非常同意
1. 满足你的文化和审美情趣	○	○	○	○
2. 允许建立自己的工作方法	○	○	○	○
3. 提供多样化的任务和活动	○	○	○	○
4. 提供工作保障	○	○	○	○
5. 提供舒适的工作环境	○	○	○	○

非常感谢您帮助我们完成这次调查！

关于建立职工劳动安全权益定期协商制度的思考

颜 峻*

摘 要： 集体协商机制是工会作为职工方代表与企业方就涉及职工权利的事项，为达到一致意见而建立的沟通和协商解决机制。《工会法》规定，工会通过平等协商和集体合同制度，协调劳动关系，维护企业职工的劳动权益。但是目前集体协商制度在推行过程中往往侧重于企业职工的劳动报酬、工作时间和休息休假、保险福利、劳动争议的预防和处理等方面的问题，对劳动安全卫生、女职工和未成年工的特殊保护、职工安全培训等方面职工安全权益的协商存在明显不足。导致这方面不足的原因主要存在于工会引导不足、劳动者安全意识不强以及对自身劳动安全权益认识不清等短板。因此，作为工会组织应在致力于推行工资集体协商制度的同时，加大工会组织及内部人员自身劳动安全法律法规、安全素质与技能等方面的提升，引导企业建立安全生产重大问题协调协商、职工劳动权益定期协商制度，对关系劳动者职工安全的普遍性、倾向性、苗头性的问题进行及时协商，督促改进。

关键词： 职工　工会　劳动安全权益　集体协商

---

* 颜峻，中国劳动关系学院副教授，主要研究领域为安全生产事故统计与分析、安全生产管理与技术。

一　劳动安全权益在集体协商实践中的必要性

职业安全与健康是劳动者全面发展的前提和基础。劳动者的生命和健康是基本人权，保障劳动者在安全生产中的权益，最基本的是保护其生命健康权，这既是实现其他权利的基础，也是进行其他生产活动的前提。劳动者有了安全的劳动环境、有了健康的体魄和智慧的头脑，就会追求更高远的目标，实现自身更大的价值，从而为其全面发展与进步创造前提和基础。

目前，我国安全生产形势依然严峻，重特大事故频繁发生，对社会的和谐稳定带来的负面影响是难以用数字来统计的，劳动者生命健康和财产安全难以得到及时有效的保护，并且制约我国经济社会的健康发展。有效保障劳动者权益有利于安全生产，一方面能够促使用人单位加强监督和管理，及时解决隐患问题；另一方面能够督促劳动者严格按照操作规程来进行生产，积极参加生产技能培训，在面对突发情况时能够妥善避险和自救，劳动者权益得到保障在一定程度上能够促进安全生产。反之，加强安全生产有利于保障劳动者权益。只有实现安全生产，加强生产事故的防范，才能减少生产中出现的对生命安全和健康造成威胁的因素。因此，必须确保劳动者在安全的环境中从事生产活动，以切实保障劳动者的权益。

二　工会职责与职工劳动安全健康权的法律保障

（一）《安全生产法》中职工劳动安全权益的保障

2015 年 12 月，修改后的《中华人民共和国安全生产法》（以下简称《安全生产法》）正式实施。《安全生产法》第 7 条规定，工会依法对安全生产工作进行监督。生产经营单位的工会依法组织职工参加本单位安全生产工作的民主管理和民主监督，维护职工在安全生产方面的合法权益。生产经营单位制定或者修改有关安全生产的规章制度，应当听取工会的意见。与原法相比，增加了工会依法对安全生产工作进行监督；生产经营单位制定或者修改有关安全生产的规章制度，应当听取工会的意见。修改目的是加强工会在安全生产方面的作用。因此，工会的安全生产权利得到了法律的进一步明确，主要体现在以下四个方面。

1. 工会对安全生产工作的监督

工会的基本职责是维护劳动者的合法权益，因此对生产经营单位事关劳动者生命安全的安全生产工作有权进行监督。按照《中华人民共和国工会法》（以下简称《工会法》）的规定，工会组织有权监督有关劳动安全卫生法律法规和政策措施的落实，督促企业认真执行国家有关劳动保护的法律和政策，落实安全生产责任制，不断改善职工的劳动安全卫生条件。按照规定，工会对安全生产工作的监督可以表现在以下方面：工会有权对建设项目的安全设施与主体工程同时设计、同时施工、同时投入生产和使用进行监督，提出意见；对生产经营单位违反安全生产法律、法规，侵犯从业人员合法权益的行为，有权要求纠正；发现生产经营单位违章指挥，强令冒险作业或者发现事故隐患时，有权提出解决的建议；有权依法参加事故调查，向有关部门提出处理意见。

2. 组织职工参加本单位民主管理

生产经营单位的工会依法组织职工参加本单位安全生产工作的民主管理和民主监督。由于生产经营单位的安全生产工作直接涉及职工群众的人身安全，职工群众有权参加对本单位工作的民主管理和民主监督。由工会通过职工代表大会或者其他形式，组织职工群众参加本单位安全生产工作的民主管理和民主监督，可以使职工群众在安全生产方面的民主管理和民主监督权利得到更充分的保证和更有效的行使。各级工会组织应当依法履行好自己在这方面的职责。

3. 维护职工在安全生产方面的合法权益

工会是劳动者利益的代表，是职工利益的表达者和维护者。表达和维护广大职工群众的合法权益，是工会的基本职责，是工会一切工作的出发点和落脚点。依照《工会法》《劳动法》等法律的规定，工会在维护职工安全生产方面权益的主要职责与工会的监督职责基本一致，主要包括监督生产经营单位落实职工群众在安全生产方面的知情权。发现生产经营单位违章指挥、强令工人冒险作业或者在生产过程中发现重大事故隐患，有权提出解决的建议。发现危及职工生命安全的情况时，有权建议生产经营单位组织职工撤离危险现场。对侵害职工在安全生产方面的合法权益的问题进行调查，代表职工与生产经营单位进行交涉，要求单位采取措施予以改正，单位拒不改正的，工会可以请求当地人民政府依法处理。参加对生产安全事故的调查处理，向有关部门提出处理意见等。各级工会组织应当依照法律的规定，在安全生产方面替职工说话，为职工办事，认真履行自己在保证职工生产安全方面的合法权益和职责。

4. 对规章制度制定的参与权

工会作为职工维权的第一知情者、第一责任者和第一实施者，用人单位制定或者修改有关安全生产方面的规章制度，应当听取工会的意见。生产经营单位制定或者修改有关安全生产的规章制度，应当听取工会的意见。有关安全生产规章制度，主要包括安全生产职责、安全生产投入、文件和档案管理、隐患排查与治理、安全教育培训、特种作业人员管理、设备设施安全管理、建设项目安全设施“三同时”管理、生产设备设施验收管理、生产设备设施报废管理、施工和检修维修安全管理、危险物品及重大危险源管理、作业安全管理相关方及外用工管理、职业健康管理、防护用品管理、应急管理、事故管理等管理制度。

（二）在《工会法》中职工劳动安全权益的保障

1. 《工会法》对工会组织在职业安全卫生方面的职责规定

《工会法》要求工会要从自己的性质、特点出发，做好劳动保护工作。要关心职工劳动条件的改善，维护职工在劳动中的安全健康，监督国家有关劳动保护、安全技术、工业卫生等法律、法规、规章的贯彻执行。向职工进行安全教育，督促行政方面解决影响职工安全健康的问题，参加安全检查和伤亡事故的调查处理，工会要通过开展群众性的监督检查活动，进行群众性的劳动安全卫生宣传教育，组织预防事故和职业病的群众活动等，搞好劳动保护工作。

2001 年 10 月 27 日第九届全国人民代表大会常务委员会对《工会法》进行了修正。《工会法》对工会组织在职业安全卫生方面的群众监督作出了明确规定，包括工会的权利和义务及工会的各级组织的作用，如企业、事业单位违反劳动法律、法规，侵犯职工合法权益，工会有权要求企业、事业单位行政方面或者有关部门认真处理，工会可以提出意见调解处理；企业研究决定有关工资、福利、劳动保护以及职业安全卫生、劳动保险等涉及职工切身利益的问题时，应当有工会代表参加，应当听取工会的意见，工会有权参加伤亡事故和其他严重危害职工健康问题的调查，向有关部门提出处理意见，并有权要求追究直接行政领导人和有关责任人员的责任等内容。

2.《工会法》在劳动安全方面的具体规定

工会依照国家规定对新建、扩建企业和技术改造工程中的劳动条件和安全卫生设施与主体工程同时设计、同时施工、同时投产使用进行监督。对工会提出的意见，企业或者主管部门应当认真处理，并将处理结果书面通知工会。

工会发现企业违章指挥、强令工人冒险作业，或者生产过程中发现明显重大事故隐患和职业危害，有权提出解决的建议，企业应当及时研究答复；发现危及职工生命安全的情况时，工会有权向企业建议组织职工撤离危险现场，企业必须及时做出处理决定。

（三）在《劳动法》中职工劳动安全权益的保障

1. 在《劳动法》中对职工劳动安全权益方面的规定

劳动者享有平等就业和选择职业的权利、取得劳动报酬的权利、休息休假的权利、获得劳动安全卫生保护的权利、接受职业技能培训的权利、享受社会保险和福利的权利、提请劳动争议处理的权利以及法律规定的其他劳动权利。劳动者应当完成劳动任务，提高职业技能，执行劳动安全卫生规程，遵守劳动纪律和职业道德。

2. 在《劳动法》中对劳动安全卫生的规定

用人单位必须建立、健全劳动安全卫生制度，严格执行国家劳动安全卫生规程和标准，对劳动者进行劳动安全卫生教育，防止劳动过程中的事故，减少职业危害。用人单位必须为劳动者提供符合国家规定的劳动安全卫生条件和必要的劳动防护用品，对从事有职业危害作业的劳动者应当定期进行健康检查。

3. 在《劳动法》中对女职工和未成年工特殊保护的规定

禁止安排女职工从事矿山井下、国家规定的第四级体力劳动强度的劳动和其他禁忌从事的劳动。不得安排女职工在经期从事高处、低温、冷水作业和国家规定的第三级体力劳动强度的劳动。不得安排女职工在怀孕期间从事国家规定的第三级体力劳动强度的劳动和孕期禁忌从事的劳动。对怀孕 7 个月以上的女职工，不得安排其延长工作时间和夜班劳动。女职工生育享受不少于 90 天的产假。不得安排女职工在哺乳未满一周岁的婴儿期间从事国家规定的第三级体力劳动强度的劳动和哺乳期禁忌从事的其他劳动，不得安排其延长工作时间和夜班劳动。

对未成年工的保护包括，不得安排未成年工从事矿山井下、有毒有害、国家规定的第四级体力劳动强度的劳动和其他禁忌从事的劳动。用人单位应当对未成年工定期进行健康检查。

4. 在《劳动法》中对职业培训的规定

用人单位应当建立职业培训制度，按照国家规定提取和使用职业培训经费，根据本单位实际，有计划地对劳动者进行职业培训。从事技术工种的劳动者，上岗前必须经过培训。现行法律法规对工会履行维护职工合法权益做了明确的规定，给工会履行维护职工合法权益提供了法律依据和保障。

三　国内外研究学者对劳动者安全与健康权益的探讨

（一）国内研究现状

我国学者对安全生产中劳动者权益保障的研究多侧重于对劳动者职业安

全权和职业病防治等。其中，以职业安全权为主的研究成果包括以下几个方面。

1. 解释了职业安全权的定义

郭捷认为，职业安全权是指劳动者依法享有的在劳动过程中不受职场危险因素侵害的权利。这是对劳动者人身权保障的重要内容，也是保证其生命安全和身心健康的途径。杨春平将职业安全权界定为一种对劳动中人身权的保护。职业安全权保护的是劳动者的生命和健康，而生命和健康权是最高的人格利益，也是人存在的价值基础，因此职业安全权是对劳动者的人身权的保障。由此可见，职业安全权是对生命健康权在劳动法领域的拓展和延伸，集中反映了劳动法的目标和使命。常凯认为，职业安全权包含了国家、用人单位（雇主）和劳动者三个方面。分别包括了国家与雇主的关系、雇主与劳动者的关系、国家和劳动者的关系。因此，国家作为法律法规的制定者，应通过立法手段将职业安全权确立下来，使职业安全得到法律上的确认；用人单位作为法律法规的遵守者，有促进安全生产、保障劳动者职业安全的义务；劳动者作为职业安全权的直接受益者，应积极行使自己的权利，保护自身安全，维护自身的合法权益。

2. 对职业安全权的法益诉求展开研究

冯彦君认为，职业安全权以劳动者的生命安全和健康安全为法益。其中，健康安全尚局限于身体健康层面。职业危害除了包括身体上的伤害以外，还包括受到的精神伤害。从劳动法制度的发展趋势来看，劳动者健康安全不应仅局限于身体健康的层面，更应该延伸到心理健康和精神健康的层面，以消除生产事故给劳动者造成的恐慌和忧虑。这样才能够实现对劳动者身体和精神的全方位保护，使劳动者在得到满足生存的物质保障的同时，能够更有尊严地生活，更能体现出劳动法对劳动者人身权益的保障，也符合法治建设的发展趋势。

3. 对职业安全权的法律性质和地位进行了探讨

刘超捷、傅贵认为职业安全权是劳动者最重要的权利。因为职业安全权保护的对象是劳动者的生命与健康，而生命是权利的载体，没有生命，其他权利便无从谈起；即使没有丧失生命，健康的损害也会直接导致其他权利的行使受阻。生产事故的发生给劳动者生命和健康带来威胁，职业安全权如果受到了侵害，那么劳动者的其他权利也就无法得到保障。职业安全权不仅包括生命健康权，还派生出了一系列权利，例如劳动者的知情权，劳动者有权对职业安全进行监督，有权拒绝危险工作，有权对不安全因素提出控告，有权获得医疗救助等。

4. 从宪法权利的角度对职业安全权进行研究

杨春平认为将职业安全权纳入宪法基本权利体系是十分必要的。他认为职业安全权是指对劳动过程中的物质性人身权的保护，它是劳动者最基本的权利，体现的是对人生命价值的尊重。我国宪法对加强劳动者保护、改善劳动环境做了明确规定，但是未能明确规定职业安全权。保障劳动者职业安全权是对人生命的尊重。在我国涉及安全生产中劳动者权益保障的众多法律法规中，对职业安全权还缺少明确规定。例如，《安全生产法》规范了企业的生产经营活动，防范生产事故的发生；《中华人民共和国职业病防治法》（以下简称《职业病防治法》）加强了对职业病防治工作的指导，以预防减少和消除职业病对劳动者造成的危害。然而两部法律缺乏衔接，难以起到真正实现安全生产、保障劳动者利益的作用。如果宪法能够明确规定职业安全权，协调各法律之间的“合作”关系，不仅能够起到促进安全生产的作用，也能够有效保障劳动者的权益；不仅能够促进司法和执法资源的优化配置，提高司法和执法效率，也能够实现社会公平和稳定。

除上述职业安全权研究成果之外，还有研究者以劳动权为视角来研究劳动者权益保障。周子凡针对劳动权保障失灵的社会现实，将马克思劳动力价值理论和社会分配理论等引入我国劳动关系领域，对我国劳动权保护现状进行研究，并从法律的视角探析了我国劳动权保障的法律完善路径。他认为，劳动权包括劳动者的就业权、休息休假权、接受职业技能培训的权利、获得社会保险的权利以及提请争议处理的权利等，而这些权利都已经通过劳动法确立下来了，还应该依据当今劳动权利的新发展，将工作环境权、劳动者知情权等纳入劳动权的权利结构中，对劳动权的研究对安全生产中劳动者权益的法治保障同样具有借鉴意义。此外，从立法来看，目前国内对安全生产中劳动者权利法治保障依然有待完善，例如《劳动法》和《安全生产法》的衔接仍不够紧密，《安全生产法》和《职业病防治法》的联系仍需进一步加强。目前现行的保障劳动者权益的法律主要包括《劳动法》、《中华人民共和国劳动合同法》（以下简称《劳动合同法》）、《工伤保险条例》、《职业病防治法》等，关于安全生产的法律有《安全生产法》、《中华人民共和国矿山安全法》（以下简称《矿山安全法》）、《中华人民共和国煤炭法》（以下简称《煤炭法》）等行业特别法，以及一些分散于相关行政法规和部门规章中的规定，例如工厂安全卫生规程等。这些法律法规保障了劳动者在安全生产中的权益，目前我国已基本形成了一个在宪法宏观指导下的多层次立法相结合的劳动者权益的法治保障体系。

（二）国外研究现状

对于国外安全生产中劳动者权益的法治保障研究，从立法实践中看，国际劳动立法主要有以下两种形式，一个是国际劳工公约，另一个是建议书，二者都是国际劳工大会通过的立法文件。英国、美国、德国等发达国家也都制定了有关职业安全的法律，形成了完善的职业安全保障的法律体系。例如，德国作为世界上最早建立社会保障制度的国家，早在 13 世纪就对矿山安全进行了立法。1996 年德国颁布了《劳动保护法》，其中第 3 条第 1 款规定，雇主有义务“根据具体情况采取必要的劳动保护措施，确保雇员的安全和健康”。还规定了雇主应当从源头上防范可能存在的危险，尽量避免对雇员的生命健康造成危害，并且将无法避免的危害影响降低到最小。同时还规定了这种危害包括心理和精神上的压力。根据《劳动保护法》第 11 条，雇主必须让雇员“根据工作对生命和健康的危害程度经常性地接受劳动安全防护方面的检查”。2004 年颁布的《设备和产品安全法》对机器可能造成的危险做了规定。2004 年颁布的新版本的《有害物质条例》对工作中接触有害物质时的防范措施进行了规范。此外，德国建立了专门负责监管劳动安全健康的机构——企业监督局和法定工伤保险机构。企业监督局属于劳动管理部门，负责监督企业对法律的遵守情况，检查企业进行生产活动的情况，有权要求企业整顿其违法行为，处以罚款，甚至可以引导刑事责任的追究。法定工伤保险机构，即各个同业工伤事故保险联合会。在德国，每个行业都有自己的同业工伤事故保险联合会，每个行业都对自身非常了解，因此更能防范本行业所潜在的风险。在德国，联邦政府颁布了一系列职业安全条例，涉及职业病的防治、工作场所的要求等许多方面，例如《职业病条例》《生产安全条例》《噪声和振动职业安全卫生条例》等，以及针对航运、矿山等特殊行业和母亲、青少年等特殊群体。

英国作为工业革命的发源地，随着资本主义的发展和无产阶级队伍的壮大，也较早地开展了职业安全立法。1833 年颁布了《工厂法》，对工人在工作中的安全、卫生和福利等做了规定。以《劳动安全法》为基础，英国的安全生产和劳动法形成了有效衔接，对规范安全生产和加强职业保护都形成了配套的法律体系，例如《矿山和采石场法》《爆炸物法》《核装置法》等，并且建立了十分系统而具体的安全生产领域劳动者权益保障的法律法规体系，例如《人员保护设备法规》规定了用人单位应该为劳动者在生产活动中提供防护装备，使各行业、各方面都做到了有法可依，形成了法中有法、依法管法的良好机制。日本在 19 世纪 60 年代明治维新之后走上了资本主义道路，先后制定了《制造厂管理规程》和《工厂法》等法律法规。20 世纪 70 年代颁布了《劳动安全健康法》，从而形成了一个以《劳动安全健康法》为中心，以大批法令、规则、标准等为辅的完整的劳动安全健康立法体系。

四　劳动者在职业安全中的权利梳理

随着依法治国的深入推进，在法律体系建设方面，我国安全生产和劳动者权益保障已经做到了有法可依，既有对安全生产起宏观指导作用的《安全生产法》，也有针对规范行业安全生产的《煤炭法》等法律；既有宏观上保障劳动者权益的《劳动合同法》，也有专门针对具体领域的《职业病防治法》。在安全生产这一特定领域，一是法律赋予了劳动者在生产过程中对涉及人身和财产安全的情况具有求偿权、知情权、监督权、拒绝权、获得工伤保险等权利；二是对劳动者也设定了在安全生产中应当履行的遵章守规、服从管理，正确佩戴和使用劳防用品，接受培训、掌握安全生产技能，报告事故隐患等义务；三是劳动者权益面临受侵害的威胁或受到侵害后，劳动者有权以检举、控告、申诉、复议、诉讼等救济手段维护自身的合法权益。具体说来，安全生产中劳动者权益主要有以下几种。

（一）职业安全权

对于职业安全权的名称，除职业安全权的说法以外，国内学术界类似的称谓有职业安全卫生权、安全卫生保护权、劳动保护权等。从国际劳工公约和建议书的规定来看，职业安全权包括“工作的物质要求与进行或监督工作的人员之间的关系，以及机器、设备、工作时间、工作组织和工作过程对工人身心能力的适应”的“主要行为领域”所产生的安全问题。职业安全权是指劳动者在劳动过程中应该享有的获得劳动保护的权利，以及劳动者在受到侵害后有权获得赔偿和救济的权利，以保护劳动者的生命安全和健康。其中“健康”既包括身体健康，也包括心理精神健康。

（二）职业技能培训权

职业技能培训权是指劳动者接受职业培训、提高文化知识水平的权利，以促进安全生产，提高生产技术。职业技能培训旨在使劳动者掌握安全生产技术知识，并严格执行安全生产操作程序，从而在一定程度上预防和减少生产事故的发生。

（三）社会保险权

《劳动法》总则规定劳动者享有社会保险和福利待遇的权利。养老保险、医疗保险、失业保险、工伤保险和生育保险都属于社会保险。安全生产领域的社会保险特指工伤保险，也就是说劳动者在生产过程中遇到工伤事故和职业病等劳动风险时，有权享有获得医疗救治、经济补偿和职业康复帮助的权利，以维持劳动者及其亲属的基本生活水平。工伤保险制度和安全生产紧密相连，在保障劳动者的权益的同时，也促进了生产事故的防范，有利于安全生产的开展。

（四）职业安全知情权

知情权原本是一个广泛的概念，是指公民有权知道的事情。知情权一般是公民通过宪法了解、获取信息的权利。知情权并不是劳动关系中的专有名词，随着社会的不断进步，如今知情权的内容已得到延伸和拓展，例如在日常生活中听到最多的是消费者的知情权。在本文的研究中，知情权特指劳动者的知情权。在劳动关系方面，由于劳资双方对劳动信息的了解不对等，对于工作岗位中存在的或潜在的危险因素，用人单位没能及时向劳动者公开，劳动者常常因为无法了解这些工作信息而使自身权益受到侵害。劳动者的知情权是劳动者对用人单位的安全性掌握足够的信息，这些信息既包括劳动者工作环境和场所中存在的和潜在的危险因素，也包括生产过程中的防范措施和事故应急措施。

生产经营单位的从业人员有权了解其作业场所和工作岗位与安全生产有关的三方面情况。一是存在的危险因素。危险因素一般是指能对人造成伤亡或者对物造成突发性损害的因素。二是防范措施。三是事故应急措施。根据2009年发布的国家标准《生产过程危险和有害因素分类与代码》，生产过程危险和有害因素是指可对人造成伤亡、影响人的身体健康甚至导致疾病的因素，包括人的因素、物的因素、环境因素和管理因素。知情权是劳动者的一项重要权利，一些法律也有着相应的规定，如《劳动合同法》中规定：用人单位应当将直接涉及劳动者切身利益的规章制度和重大事项决定公示，或者告知劳动者；用人单位招用劳动者时，应当如实告知劳动者工作内容、工作条件、工作地点、职业危害、安全生产状况、劳动报酬，以及劳动者要求了解的其他情况等。《职业病防治法》中规定：劳动者享有了解工作场所产生或者可能产生的职业病危害因素、危害后果和应当采取的职业病防护措施的权利；用人单位与劳动者订立劳动合同（含聘用合同，下同）时，应当将工作过程中可能产生的职业病危害及其后果、职业病防护措施和待遇等如实告知劳动者，并在劳动合同中写明，不得隐瞒或者欺骗；劳动者在订立劳动合同期间因工作岗位或者工作内容变更，从事与所订立劳动合同中未告知的存在职业病危害的作业时，用人单位应当依照规定，向劳动者履行如实告知的义务，并协商变更原劳动合同相关条款。

（五）对本单位的安全生产工作的建议权

从业人员作为生产经营单位的主体，当然会关心生产经营单位的生产经营情况，且本单位的经济效益与从业人员的切身利益息息相关，特别是安全生产工作更是涉及从业人员的生命安全和健康。从业人员尤其是工作在第一线的从业人员，对于如何保证安全生产、改善劳动条件及作业环境具有优先发言权，也更切合实际。因此，从业人员有权利参与用人单位的民主管理。从业人员通过参与生产经营的民主管理，可以充分调动其积极性与主动性，可以充分发挥其聪明才智，为本单位献计献策，对安全生产工作提出意见与建议，共同做好生产经营单位的安全生产工作。生产经营单位要重视和尊重从业人员的意见和建议，并对他们的意见和建议及时做出答复。合理的意见应当采纳，对不予采纳的意见应当给予解释和说明。

（六）从业人员批评、检举、控告权

批评、检举、控告权是从业人员的基本权利。一些法律也有相应规定，如《劳动法》规定，劳动者对危害生命安全和身体健康的行为，有权提出批评、检举和控告。《劳动合同法》规定，劳动者对危害生命安全和身体健康的劳动条件，有权对用人单位提出批评、检举和控告。这里规定的批评权是指从业人员对本单位安全生产工作中存在的问题提出批评的权利。法律规定这一权利，有利于从业人员对生产经营单位进行群众监督，促使生产经营单位不断改进本单位的安全生产工作。这里规定检举权、控告权，是指从业人员对本单位及有关人员违反安全生产法律、法规的行为，有权向主管部门

和司法机关进行检举和控告的权利。检举可以署名，也可以不署名；可以用书面形式，也可以用口头形式。但是，从业人员在行使这一权利时，应注意检举和控告的情况必须真实，要实事求是，不能道听途说，无中生有，更不能凭空捏造。法律规定从业人员的检举权、控告权，有利于及时对违法行为做出处理，保障生产安全，防止生产安全事故。

（七）拒绝违章指挥、强令冒险作业权

从业人员享有的拒绝违章指挥、强令冒险作业权，是保护从业人员生命安全和健康的一项重要的权利。我国《劳动法》也规定，劳动者对用人单位管理人员违章指挥、强令冒险作业，有权拒绝执行。这里规定的违章指挥，主要是指生产经营单位的负责人、生产管理人员和工程技术人员违反规章制度，不顾从业人员的生命安全和健康，指挥从业人员进行生产活动的行为。强令冒险作业是指生产经营单位管理人员对于存在危及作业人员人身安全的危险因素而又没有相应的安全保护措施的作业，不顾从业人员的生命安全和健康，强迫命令从业人员进行作业。这些都对从业人员生命安全和健康构成极大威胁。为了保护自己的生命安全和健康，对于生产经营单位的这种行为，劳动者有权予以拒绝。

禁止生产经营单位因从业人员行使职业安全方面的权利而降低其工资、福利等待遇或者解除与其订立的劳动合同。这一规定包含四项含义：一是生产经营单位不得因从业人员对本单位安全生产工作提出批评、检举、控告而降低其工资、福利等待遇，二是生产经营单位不得因从业人员对本单位安全生产工作提出批评、检举、控告而解除与其订立的劳动合同，三是生产经营单位不得因从业人员拒绝违章指挥、强令冒险作业而降低其工资、福利等待遇，四是生产经营单位不得因从业人员拒绝违章指挥、强令冒险作业而解除与其订立的劳动合同。

（八）从业人员紧急情况的处置权

从业人员发现直接危及人身安全的紧急情况时，有权停止作业或者在采

取可能的应急措施后撤离作业场所。这是在法律所限定的特定情况下，法律赋予从业人员采取特定措施的权利，简称紧急撤离权，目的是保护从业人员的人身安全。法律所限定的特定情况是“发现直接危及人身安全的紧急情况”，这是从业人员行使紧急撤离权的前提条件，也就是从业人员的紧急撤离权，需要在法律所限定的特定情况下行使，即发现直接危及人身安全的紧急情况，如果不撤离会对其生命安全和健康造成直接的威胁。在这种情况下，法律赋予从业人员有权采取特定措施：停止作业或者在采取可能的应急措施后撤离作业场所。例如，在矿山井下开采中，发生矿压活动显现激烈、巷道（或工作面、采场）底板突然鼓起、支架破坏、煤（岩）层变软、湿润等沼气喷出的预兆时，井下作业人员在此情况下有权停止作业，及时撤离。人的生命是最为宝贵的。法律对从业人员的紧急撤离权做出规定十分必要。紧急撤离权包含两层含义：一是停止作业马上撤离作业场所，二是在采取可能的应急措施后撤离作业场所。需要注意的是，行使权利和选择权在从业人员，不要求从业人员应当在采取可能的应急措施后或者在征得有关负责人员同意后撤离作业场所。当然，在条件允许的情况下，从业人员可以事先报告或者采取可能的应急措施后再撤离作业场所。同时，实践中要加强对从业人同紧急撤离权的宣传，以最大限度减少人员生产安全事故中的伤亡。

（九）从业人员享受社会保险和民事赔偿的权利

我国《社会保险法》规定，生产经营单位必须依法参加工伤保险，为从业人员缴纳工伤保险费。工伤保险制度既有利于分散生产经营单位的经营风险，又可以为从业人员提供一定的保障。从业人员因安全生产事故受到损害的，如果经过工伤认定构成工伤，可以依法享受相应的工伤保险待遇。我国工伤保险制度对解决劳动者工伤情况下的相关费用发挥了很大的作用，用人单位为劳动者参加工伤保险，并不意味着绝对排除了其在劳动者遭受工伤时的民事赔偿责任。因此，为了确保从业人员在因生产安全事故遭受损害的情况下可以获得充分、合理的救济，从业人员依法享受工伤保险待遇和依法向用人单位主张民事赔偿的相关权利，从业人员在依法行使相关权利时，用人单位不得无故推诿，拒绝承担其依法应当承担的法律责任。

五　国内关于职工劳动安全权益保障的实践

（一）全总规划

《中华全国总工会深化集体协商工作规划（2014～2018年）》要求，中华全国总工会深化集体协商工作目标为以下几个。

（1）进一步巩固集体协商建制率。已建工会组织企业集体协商建制率保持在80%以上，其中百人以上已建工会组织企业建制率保持在90%以上。

（2）不断提升集体协商质量。已建立集体协商制度的企业，协商内容针对性强、程序规范、沟通充分、履约到位、效果明显。建制企业职工对集体协商的参与率达到70%以上，知晓率达到90%以上，对开展集体协商和签订集体合同工作的综合满意度稳步提高。

（3）逐步扩大集体协商指导员队伍规模。全国专兼职集体协商指导员队伍规模达到15万人以上，其中专职集体协商指导员队伍规模达到1万人以上，努力培养一批工会集体协商谈判专家。

（4）加强集体协商业务培训。全国各级工会每年培训从事集体协商工作的工会干部和集体协商指导员24万人次，其中全国总工会每年重点培训师资600人次，每个省级总工会每年培训不少于300人次，每个地市级总工会每年培训不少于200人次，每个县级总工会每年培训不少于60人次，通过扩大培训规模、提升培训层次，不断提高从事集体协商工作的工会干部和集体协商指导员的能力水平。

（5）分级分类培育一批集体协商典型。全国每年培育20个不同层次、不同类型、在国内外有一定影响的行业集体协商典型，培育60个企业、10个区域协商效果突出、影响广泛的集体协商典型。5年共形成100个行业、300个企业、50个区域集体协商典型，充分发挥集体协商典型的示范引领作用。

（二）部分省市地区具体工作实施

2001年，江苏省劳动和社会保障厅、原江苏省安全生产监督管理局、江苏省总工会、江苏省企业家协会联合发出《关于加强劳动安全卫生集体协商和集体合同工作的意见》。该意见要求，集体协商和集体合同要体现和落实安全生产责任制的内容，明确企业法人代表为安全生产第一责任人，同时要明确工会组织有权代表职工与企业就劳动安全卫生等内容依法进行集体协商，签订集体合同。集体合同中劳动安全卫生内容和标准等要符合我国现行劳动保护法律、法规的要求和政策规定；企业与职工个人订立的劳动合同中劳动安全卫生等标准，不得低于集体合同的规定。签订集体合同既要严格按照劳动法律办事，又要根据实际情况创造条件达到劳动安全卫生标准。对集体协商和集体合同中有关劳动安全卫生目标，安全设施改善、安全技措经费投入、隐患治理项目、劳动条件等内容要从企业的实际出发，尽可能地具体化、量化，对劳动安全卫生方面存在的突出问题和应重点防范的部位、环节，要有控制目标和措施，以便于操作、检查、考核和监督。

苏州市人力资源和社会保障局《关于加强劳动安全卫生集体协商和集体合同工作的意见》（苏劳社护〔2001〕13号）中对加强劳动安全卫生集体协商和集体合同工作提出了以下要求。

（1）企业就涉及劳动安全卫生工作内容进行集体协商，签订集体合同过程中都应坚持“安全第一、预防为主”的原则，具体细化有关劳动安全卫生条款。企业在检查集体合同履行情况时，一定要检查劳动安全卫生条款的履行情况；企业工会（职工代表）在向职工代表大会汇报集体合同履行情况时，一定要汇报劳动安全卫生的履约情况。

（2）企业在进行集体协商，签订综合性集体合同时，一定要专门列章或单独签约规定劳动安全卫生的有关问题；建筑、化工、交通、冶金、矿山等危险程度较高、职业危害严重、事故多发行业的企业行政和工会认为有必要的，可以单独签订劳动安全卫生协议，作为企业集体合同的附件。

（3）企业就劳动安全卫生开展集体协商时，企业工会或职工代表与相应的企业代表应着重围绕以下内容进行：执行国家有关劳动保护的法律、法规、规章、标准，制定本企业的劳动安全卫生管理制度；提供符合国家标准的劳动条件、生产设备、设施和生产工具，定期对有害作业场所进行卫生检测，对查出的事故隐患和超过国家劳动安全卫生标准的有害作业场所要提出整改治理措施；新建、改建、扩建的工程项目的劳动安全卫生设施必须与主体工程同时设计、同时施工、同时竣工投产使用；对职工进行劳动安全卫生教育、培训，坚持对新工人的三级教育，换岗工人培训上岗、特殊工种持证上岗；按照国家规定，向职工发放符合国家标准的劳动防护用品，并规范穿戴；对从事有毒有害作业的职工按期进行体检，做好职业病患者的工作安排、调动、健康检查和医疗待遇；按照国家规定，做好女职工的特殊保护和未成年工的保护；企业应建立危险源点的管理、监控制度、定期安全检查制度、隐患整改登记制度。发现违章指挥、强令工人冒险作业、重大事故隐患和职业危害时，企业行政必须及时采取紧急措施消除隐患或限期解决；工会有权向企业行政或现场指挥人员提出改正意见，当发现威胁职工生命安全的紧急情况时，有权要求立即停止作业，并组织职工撤离危险现场；企业在制定或修改劳动安全卫生规章制度时，应有工会组织派员参加并征求工会组织意见，涉及职工安全健康的重大问题，必须经职工（会员）代表大会讨论审议通过；企业发生伤亡、急性中毒事故，企业应保护事故现场，迅速抢救受伤者，及时通知工会参与调查处理，并在规定时间内向上级有关部门和上级工会报告；企业工会应协助行政做好职工的劳动安全卫生教育培训工作，提高职工的安全意识和安全操作技能，引导职工自觉遵守企业的劳动安全卫生规章制度，规范操作；其他由企业、职工提出要求协商的与劳动安全卫生有关的问题。

（4）企业签订的劳动安全卫生集体协议应提交职工（会员）代表大会讨论通过，并由企业行政、工会双方代表签字、盖章。在七日内报送劳动保障行政部门审核。

（5）集体合同中的劳动安全卫生条款和单独签订的劳动安全卫生集体协议经当地劳动保障行政部门审核生效后具有法律效力，双方必须依法履行；在合同有效期内，任何一方违反合同，必须按照国家有关法律、法规的规定承担违约责任。

（6）企业要按照该意见要求，认真对照检查，进一步补充完善集体合同中有关劳动安全卫生条款，在开展劳动安全卫生集体协商，签订集体协议中出现重大意见分歧时，上级劳动保障行政部门和工会组织应进行协调并参与处理有关争议。

（7）各地劳动行政部门要加强集体合同中有关劳动安全卫生条款的审核，并在合同实施后定期进行监督检查，发现问题及时协调处理。各级工会组织要加强对企业工会参加劳动安全卫生集体协商、签订集体合同的工作帮助、指导和监督检查。

2017 年，青岛市总工会印发《关于深化全市劳动安全卫生专项集体合同签订工作的意见》，明确了劳动安全集体合同协商内容。一是劳动安全集体合同必须针对以下内容进行集体协商，并确定具体标准。①执行国家有关劳动保护的法律、法规、条例、标准，制定本企业的劳动安全卫生管理制度。②提供符合国家标准的劳动条件、生产设备、设施和生产工具。③对新建、改建、扩建的工程项目进行劳动安全卫生预评价，以保障安全生产设施与主体实行“三同时”。④定期对职工进行劳动安全卫生教育、培训，落实先培训后上岗、每年再培训、转岗再培训和新工艺、新技术、新设备、新材料、新标准培训制度。⑤按照国家规定，向职工发放符合国家标准的劳动保护用品。⑥定期组织职工进行健康体检，对从事有毒有害作业的职工按期进行职业健康体检，并做好职业病患者的工作安排、健康检查，落实有关医疗待遇。⑦支持工会组织职工开展“查保促”群众性安全生产活动和“安康杯”竞赛活动。⑧制定或修改劳动安全卫生规章制度时应有工会组织派员参加，涉及职工安全健康的重大问题，必须经职代会讨论审议通过。⑨工会对企业违反安全生产法律、法规，侵犯从业人员合法权益的行为，有权要求纠正；发现企业违章指挥、强令冒险作业或者发现事故隐患时，有权提出解决的建议，企业应当及时研究答复；发现危及从业人员生命安全的情况时，有权向企业建议组织从业人员撤离危险场所，企业必须立即做出处理。二是非公中小微企业工会要从实际出发，依照求同存异、循序渐进的原则，可以先就协商一致的劳动保护、福利待遇等方面的问题同企业签订劳动安全集体合同。对暂未达成共识的问题，可在协商一致后，作为劳动安全集体合同的补充协议进行签订。

浙江省总工会提出建立职业安全卫生联合委员会，在总结台州市临海医化园区工会主动参与职业病防治工作的基础上，在杭州市拱墅区的石材行业、临安区的节能灯制造行业、丽水市的汽修等职业危害问题突出行业，推动建立区域性（或行业性）职业安全卫生联合委员会，组织开展劳动安全卫生专项集体合同的签订、职业危害治理等工作。

（三）企业的工作落实与创新

中唐国盛承德公司组织签订《集体合同》《工资专项集体合同》《女职工权益保护专项集体合同》《劳动安全卫生专项集体合同》。2018 年 12 月 18 日，在中唐国盛承德公司举办了集体合同的签约仪式。企业方首席代表公司董事长苗宁、职工方首席代表公司工会主席叶红分别在《集体合同》《工资专项集体合同》《女职工权益保护专项集体合同》《劳动安全卫生专项集体合同》上签字。

云南华联锌铟股份有限公司自 2006 年签订集体合同以来，合同主体双方在劳动关系、劳动报酬、劳动保护、安全卫生、工作时间、休息休假、职业培训、保险福利、女工权益等方面共同遵守合同约定，执行情况良好。最新签订的《云南华联锌铟股份有限公司企业工资集体协商协议》《云南华联锌铟股份有限公司女职工权益保护专项集体合同》，在原合同的基础上结合公司实际进行了修订完善，并经 2018 年 1 月 30 日公司第四届职工代表大会第二次会议讨论通过。

2014 年 2 月，在东北制药公司第一届第五次职工代表大会上，532 名职工代表一致表决通过 2014 年集体合同（草案），董事长与工会主席分别代表企业方和员工方签订《集体合同》《劳动安全卫生专项集体合同》。会前，工会组织职工代表对《集体合同》和《劳动安全卫生专项集体合同（草案)》进行了多轮讨论。

2014 年 3 月，南京市首份劳动安全集体合同在江宁区签约，甲方是秣陵街道工会联合会，乙方为秣陵街道工商联，合同保障了秣陵街道 25 个社区 708 家企业 28400 个职工的劳动安全权益，该专项集体合同中指出，企业应当按照国家规定，做好上岗前、在岗期间、离岗时的职业健康体检，并建立、保管好职工的监护档案。不得安排女职工从事特别繁重或者有害生理机能的工作。

四川大竹县煤炭建材工会强力推进非公煤矿职业病防治专项集体合同工作，大竹县煤炭建材工会要求企业工会在平等协商时，把工资集体协商、集体合同、女职工保护专项集体合同、职业病防治专项集体合同（简称 1 + 3 合同）一并纳入平等协商范围。对职业病防治专项集体合同初稿，行业工会先后与相关安全监管部门共同讨论，并多次修改。

六　对策及建议

（1）加强工会组织及其成员“安全第一”理念教育，真正将职工劳动安全权益的协商放在首要地位，协商前提应是职工劳动安全权益的保障。

（2）强化落实工会对企业劳动安全卫生条件的监督工作，然后才是企业层面集体协商。

（3）加强工会组织及其内部成员的安全管理知识和能力的培训，通过多种方式提升工会组织对生产安全事故的应对能力。

（4）在企业制定规章制度的过程中，应明确员工参与劳动安全权益的定期协商制度，在劳动合同中明确劳动者对自身劳动安全权益维护的话语权。

（5）建立独立劳动者劳动安全与健康的保护法，加强全总及地方工会对劳动者劳动安全与健康权益的监督职能，推进成立劳资联合、政府指导的职业安全与健康委员会。

（6）针对重点行业制作劳动安全权益协商示范文本，成立以企业相关负责人为组长的集体协商工作推进小组，同时加强政府监督职能，配合安全检查等多种手段确保职工劳动安全权益协商工作落地。

参考文献

王涵：《安全生产中劳动者权益的法治保障》，硕士学位论文，河北工业大学，2015。

《中华人民共和国安全生产法》。

石小娟、王涵：《安全生产中劳动者健康权益的保障》，《佳木斯职业学院学报》2017 年第 9 期。

何川：《推动安全生产社会化的思考》，《中国安全生产科学技术》2015 年第 5 期。

龚廷泰、谢冬慧：《列宁的劳动法思想体系述论》，《江苏社会科学》2012 年第 2 期。

杨春平：《职业安全权应当纳入宪法基本权利体系》，《重庆科技学院学报》（社会科学版）2011 年第 10 期。

冯彦君：《论职业安全权的法益拓展与保障之强化》，《学习与探索》2011 年第 1 期。

常凯：《职业安全卫生权利与职业安全卫生法治》，《法学论坛》2010 年第 5 期。

吴丽萍：《国外经验背景下我国劳动者职业安全的法律保护》，《江南社会学院学报》2010 年第 2 期。

刘超捷、傅贵：《论职业安全卫生权》，《学海》2008 年第 5 期。

孙冰心：《职业安全权的价值透视》，《当代法学》2007 年第 5 期。

郭捷：《论劳动者职业安全权及其法律保护》，《法学家》2007 年第 2 期。

孙树菡、余飞跃：《构建科学的工伤保险预防机制》，《中国社会保障》2007 年第 3 期。

郑尚元：《侵权行为法到社会保障法的结构调整——以受雇人人身伤害之权利救济的视角》，《现代法学》2004 年第 3 期。

陈胜、刘铁民：《对工伤保险和工伤预防相结合的探讨》，《劳动保护》2003 年第 6 期。

周子凡：《劳动权的法律保障研究》，博士学位论文，华中师范大学，2013。

常凯：《劳权论》，中国劳动社会保障出版社，2004。

周晓锋：《论劳动者在职业安全权中的知情权》，硕士学位论文，苏州大学，2011。

龚小平：《新安全生产法以及其对企业的用途的浅析》，《现代企业文化》2014 年第 26 期。

邢承木：《设立安全生产审判庭是依法治安的有益尝试》，《劳动保护》2015 年第 1 期。

苏源：《我国劳动争议仲裁机制的完善研究》，硕士学位论文，吉林大学，2012。

数字经济背景下新就业发展与职工队伍建设

纪雯雯*

摘　要： 近年来，中国经济发展处于新旧动能转换期。一方面，以大数据、人工智能等新一代信息技术为动能的数字经济持续上行；另一方面，以劳动力和资源要素为驱动的传统经济缓慢下行。中国数字经济发展令人瞩目，相关领域逐渐成为新就业的沃土，新增就业数量持续上升。2020 年受新冠肺炎疫情冲击，经济下行压力显著加大，许多线下产业停摆或恢复缓慢，而新就业形态顺势崛起，无疑缓解了传统经济中吸纳就业不足的问题，发挥了就业蓄水池和稳定器的作用。本文聚焦数字经济背景下中国新就业形态的发展现状，结合相关理论，进一步分析这种发展对我国职工队伍建设的意义，以及未来的可能性趋势。

关键词： 数字经济　新就业　职工队伍

根据中国信息通信研究院历年发布的数据，2002～2019 年，中国数字经济总量从 1.2 万亿元增加到 35.8 万亿元，其中以新产业、新业态和新商业模式为代表的数字经济增加值 2019 年达到 28.8 万亿元，相当于 GDP 比

* 纪雯雯，中国劳动关系学院副教授，研究领域为劳动经济、教育经济。

重的29%。数字经济在国民经济中的地位进一步凸显。2014～2019年数字经济对GDP增长的贡献率始终保持在50%以上，其中2019年数字经济对GDP增长的贡献率达到67.7%，超越部分发达国家水平，显著高于我国三次产业对经济增长的贡献，成为带动我国国民经济发展的核心关键力量。

与数字经济上行形成鲜明对比的是我国传统经济一直处于下行。如图1所示，全球金融危机以来，我国GDP增长率从2007年的14.2%下滑到2014年的7.3%。2015年供给侧结构性改革正式拉开大幕。2019年我国全年GDP超99万亿元，增速为6.1%，较2015年下降0.9个百分点。根据奥肯定律，经济下行必然会给就业带来巨大压力。然而数据显示，同期城镇新增就业人数反而从1204万人稳步上升到1352万人。2020年受新冠肺炎疫情的影响，我国第一季度GDP呈现负增长，而根据人社部的预计，2020年新增就业人数依旧保持在1000万人以上。蓬勃发展的“新就业形态”无疑成为稳就业的重要保障。

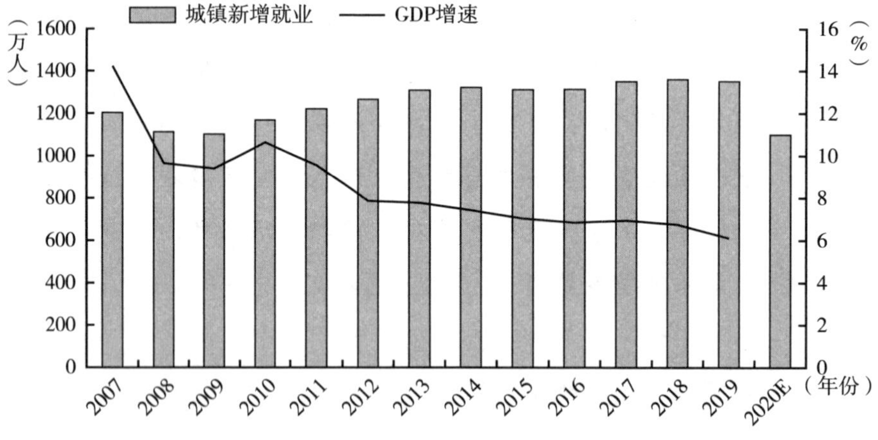

图1　2007～2020年我国国内生产总值增长率及城镇新增就业人数

资料来源：国家统计局历年《国民经济和社会发展统计公报》。

一　中国新就业形态发展的特征事实

就业是民生之本、财富之源。“新就业形态”首次出现于党的十八届五中全会公报（2015 年 10 月 29 日通过）。2019 年，国务院《政府工作报告》首次将就业优先政策置于宏观政策层面，旨在强化各方面重视就业、支持就业的导向。发展数字经济，加强对新就业形态的支持，既保障城镇劳动力就业，也为农业富余劳动力转移就业创造空间，将成为中国优化就业结构、实现稳定就业目标的重要选择。经过几年的发展，新就业形态呈现以下特征事实。

（一）数字经济中的新就业成为拉动中国就业增长的重要动力

中国信通研究院测算数据显示（见图 2），2007 年中国数字经济占 GDP 比重为 14.7%，吸纳就业人数 4411 万人。十几年来，数字经济继续保持规模化高速扩张态势。2018 年数字经济规模达到 31.3 万亿元，按可比口径计算，名义增长 20.9%，占 GDP 比重为 34.8%，数字经济领域就业岗位为 1.91 亿个，占当年总就业人数的 24.6%，同比增长 11.5%，显著高于同期全国总就业规模增速。波士顿国际咨询机构（BCG）预测，2035 年中国整体数字经济规模接近 16 万亿美元，数字经济渗透率 48%，总就业容量达 4.15 亿人。新就业形态既推动传统就业升级，也带来新增就业。初步统计结果显示，新就业中每 100 就业人口中，72 个为升级原有就业，28 个为新增就业岗位。

（二）数字经济吸纳就业呈现“3－1－2”结构特征

随着数字产业化发展，数字经济吸纳就业能力显著提升。2018 年中国数字经济就业岗位为 1.91 亿个，占当年总就业人数的 24.6%，同比增长 11.5%，显著高于同期全国总就业规模增速。此外，数字经济对就业结构造成巨大影响，从产业就业结构看，第三产业的就业比例将持续上升，第一产业将进一步提高规模化、集约化、智能化水平以及农业劳动生产率，更多的农业劳动力将会被农业自动化释放出来。第二产业（传统制造业）就业规模将持续降低。

2018 年，第一产业数字化转型相关岗位约有 1928 万个，占第一产业总

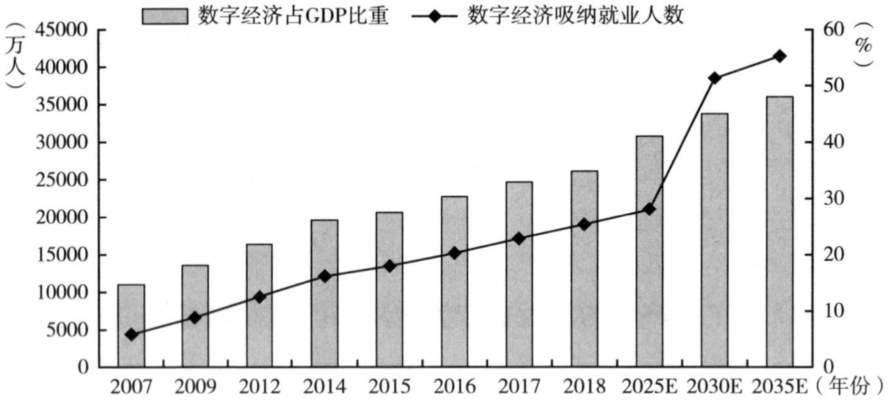

图 2　2007～2035 年数字经济发展与就业吸纳人数

资料来源：中国信通研究院：《2015 中国信息经济研究报告》、《中国数字经济发展白皮书》（2017 年）、《中国数字经济发展与就业白皮书》（2018 年、2019 年）；中国信息化百人会：《2016 中国信息经济发展报告》；波士顿国际咨询集团（BCG）：《数字经济下的就业与人才研究报告（迈向 2035：4 亿数字经济就业的未来）》。

就业人数的 9.6%，占比提升约 2%。第二产业数字化转型岗位为 5221 万个，占第二产业总就业人数的 23.7%，占比提升约 1.4%。第三产业数字化转型就业岗位约 13426 万个，占第三产业总就业人数的 37.2%，占比提升约 4%。可见，第三产业数字化转型岗位占比提升最快，第二产业占比提升最慢，数字经济吸纳就业呈现出“3－1－2”的结构特征，这是因为第三产业劳动力数字化转型难度最小，第二产业劳动力数字化转型难度最大。

（三）新就业持续优化劳动力市场技能结构

随着技术进步，当代高收入国家呈现明显的就业极化现象（又称“空心化”）①，表现为低技能就业岗位占比呈现向下极化，高技能就业岗位占比呈现向上极化。中等技能岗位就业比重逐步下降。② 这种现象在 20 世纪 80

① WORLD BANK. World Development Report 2016：Digital Dividends. Washington DC，2016.

② Wolfgang Keller，Hale Utar. International trade and job polarization：evidence at the worker-level. NBER Working Paper No. 22315，2016.

年代的德国、21 世纪初的欧盟及英国均曾出现。[①] 2008 ~2018 年，我国高技能劳动力就业占比从 6.8% 增长到 20.2%，中等技能劳动力就业占比从 12.7% 增长至 12.8%，低技能劳动力就业占比从 80.4% 下降至 61.8%。[②] 在数字经济浪潮中，随着新就业形态不断涌现，我国劳动力市场并未出现就业极化的现象和趋势。图 3 显示的是 2008 ~2018 年我国按行业不同受教育水平就业份额变化。整体而言，随着劳动力技能水平的提高，就业呈现向上极化，然而，不同技能水平表现有所不同。在低技能就业岗位区域，随着受教育水平上升，就业份额减少的份额逐渐放缓；高技能就业岗位随着技能水平上升，就业份额以边际递增的趋势向上极化；在中等技能岗位区域，随着技能水平上升，就业份额以较为缓慢的线性趋势呈现向上极化。未来，随着数字技术进步，中国新就业发展对劳动力市场结构的影响将受到“教育与技术的竞赛”[③] 的影响。

（四）新就业群体受教育水平显著提升

从新就业群体的受教育结构来看，2016 年中国的网络平台专职司机中 55.1% 的为高中教育程度，20.7% 的为高等教育程度；兼职司机中，43% 的为高中教育程度，44.8% 的为高等教育程度，比例也大大高于全国就业人口相应比例。[④] 中国劳动关系学院职工调查报告课题组于 2019 年 5 ~7 月对途家在线信息技术（北京）有限公司进行了半结构式访谈调研，结果显示，途家员工大多数为本科学历，而且占据公司人数 1/4 的互联网技术岗位的均

---

① Dustmann and Schonberg. Training and Union wage. IZA working paper No. 1435, 2009; Goos. M., Manning. A. Lousy and lovely jobs: The rising polarization of work in Britain. Review of Economics and Statistics, 2007 (89): 118 – 133; Goos. M., Manning. A, Salomons A. Job polarization in Europe. The American Economic Review, 2009 (2): 58 – 63.

② 高技能劳动力就业占比是指受过大学专科及以上教育的就业人员占全部就业人员的比重，中等技能劳动力就业占比是指受过高中教育的就业人员占全部就业人员的比重，低技能劳动力就业占比是指初中及以下教育的就业人员占全部就业人员的比重。

③ 〔美〕克劳迪娅·戈尔丁、劳伦斯·凯兹：《教育与技术的竞赛》，陈津竹、徐黎蕾译，商务印书馆，2015。

④ 纪雯雯：《数字经济下的新就业与劳动关系变化》，社会科学文献出版社，2019。

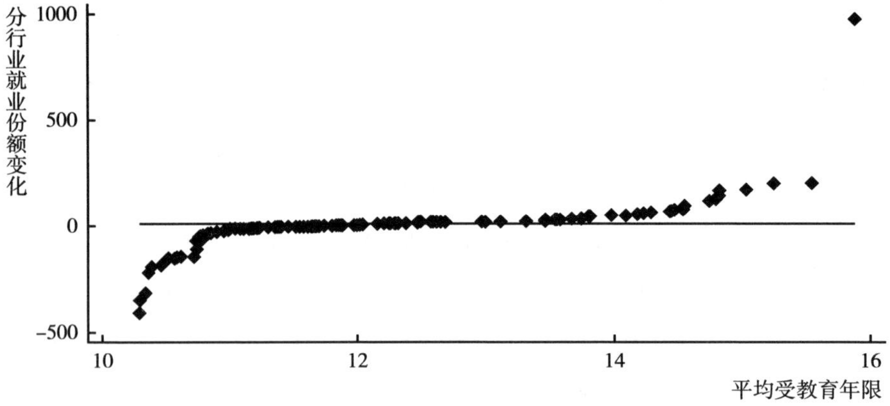

图 3　2008～2018 年中国按行业不同受教育水平就业份额变化

资料来源：《中国经济普查年鉴》、历年《中国劳动统计年鉴》。

是硕士学历；客服岗位基本是专科学历。目前尚未拥有博士学历的员工。总体来看，学历层次与岗位要求直接相关，国际人才主要集中在海外事业部，其中 60% 以上的是具有海外学习经历的国内人才，受教育水平达到硕士及以上。

从新增就业群体受教育结构来看，1999～2020 年进入劳动力市场的高等教育毕业生由 84.8 万人增加到 874 万人，增幅为 930.66%；未升学直接进入劳动力市场的高中毕业生从 1999 年的 458.5 万人先上升至 2009 年的 819.2 万人，随后又呈现下降趋势，到 2019 年降至 371.24 万人；中等职业教育毕业生从 350.1 万人增加到 2012 年 674.9 万人，随后降至 493.47 万人；初中教育毕业生从 841.9 万减少到 125.3 万人，降幅达到 82.71%。在 2001 年前，新增劳动力还以初中教育水平为主，并且这一比例持续上升，2001 年达到 61.8% 并在随后迅速降低，2012 年新增劳动力初中教育构成仅为 8.1%。新增劳动力为高中教育水平占比在 2009 年达到 56.5%，随后逐渐下降，而这当中又是以中等职业教育水平为主。与此趋势截然相反的是高等教育劳动力显著增加，从高等教育扩招后第一批大学生进入劳动力市场（2002 年和 2003 年）的 13.8% 和 17.1% 增加到 2019 年的 67.8%。在中国的城镇劳动力市场上，新增劳动力教育程度由初中毕业生为主演变为以高等教育毕业生为主（见图4）。根据北京大学公布的2019年毕业生就业质量年度报告，北京大学硕博毕业生的灵活就业比重都在增加，其中2019年硕士毕业生灵活就业比重达到42.44%，较2018年上升4.01个百分点；博士毕业生灵活就业比重为25.67%，较2018年上升3.11个百分点。①

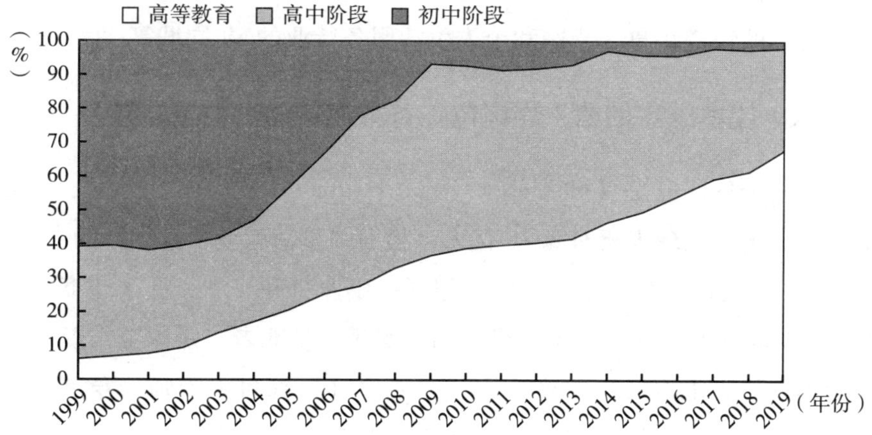

图4　1999～2019年中国新增劳动力教育构成变化

（五）新就业形态的特征与类型灵活多样

平台经济、共享经济、众包、众创等新业态新模式的快速发展，引发就业深刻变革，除了产生传统的雇佣型就业外，还催生了自主创业、自由职业、兼职就业等灵活就业新模式。中国社会科学院人口与劳动经济研究所发布的2017年"人口与劳动绿皮书"数据显示，中国"灵活用工"复合增长趋势由2013年的2.7%增长至2017年的9.1%，成长态势良好，走势上升明显。② 数字技术、互联网平台等打破了传统组织边界，向个体提供市场、研发、生产等资源，降低个体进入市场的壁垒，个体不必进入传统企业就可

① 《2019年北京大学毕业生就业质量年度报告》，北京大学招生办，2019。

② 张车伟：《中国劳动与人口问题报告 No.18》，社会科学文献出版社，2017。

以从事经济活动，相应的，就业形式变得更加灵活多样，成为吸纳就业的重要途径。数字经济新就业平台主要包括众包和零工两大类。根据工作任务指向性，众包分为指向特定个人的自由职业群体（如抖音）和指向人群的微任务处理平台（如猪八戒网和 Amazon M Turk）。根据工作任务指向性，零工分为指向特定个人的零工和指向人群的微任务处理平台，其中指向个人的零工行业特征较为明显，比如住宿餐饮行业的 Airbnb、交通客运行业的滴滴、物流业的快递小哥、家庭和个人生活服务行业的 58 同城等。

（六）技术进步创造工作岗位，各类岗位需求数量差异大

麦肯锡全球研究院（McKinsey Global Institute）发布的报告称，随着科技的进步，未来全球大概有 3.75 亿人口将面临重新就业，其中中国占 1 亿，将近 1/3，岗位创造数量高于美国、德国、墨西哥和日本，低于印度。如图 5 所示，在创意人员（艺术家、设计师、娱乐业从业者、媒体工作者）大类中，中国岗位需求将增长 85%；在技术专家（计算机工程师、专家）大类中，中国岗位需求将增长 50%；在教师（学校教师、高等教育、其他教育业专业人士）大类中，中国岗位需求将增长 119%；在经理及管理人员大类中，中国岗位需求将增长 40%；在建筑人员（建筑工程师、建筑工人、安装及维修人员）大类中，中国岗位需求将增长 9%；在医护人员（医生、护士、医师助手、药剂师、理疗师、保健员、保育员以及保健技师）大类中，中国岗位需求将增长 122%；在专业人士（客户经理、工程师、商业及金融专家、律师及法官、数学专家、科学家以及学者）大类中，中国岗位需求将增长 26%；在可预测环境中进行物理活动的工作（机器安装修理人员、安保服务、博彩业从业者、洗碗工、清洁人员、食物准备工人）大类中，中国岗位需求将下降 4%；在社会互动（包含餐饮服务人员、零售及线上销售人员、一对一理疗师、娱乐业服务员、造型师、酒店及旅行相关从业者）大类中，中国岗位需求将增长 36%；在难以预测环境中进行物理活动的工作（特别领域的机械工人、紧急应急人员、搬运工、机器安装及维修工人、农业从业者、交通维修人员、建筑清洁工人）大类中，中国岗位需求将增长 12%。

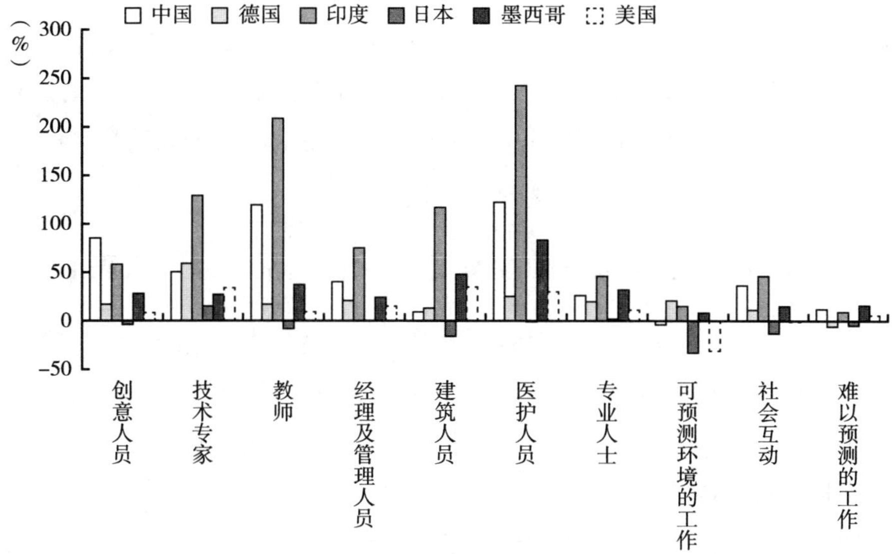

图5　六国岗位需求变化情况

二　数字经济、就业与我国职工队伍建设

数字经济发展对就业产生互补效应、替代效应、规模效应和匹配效应，[①] 进一步影响新时期我国职工队伍建设。

（一）数字经济对就业的互补效应或替代效应，有利于职工队伍提效率调结构

数字经济有两种趋势：一种是沿着以往技术进步的路线，对低技能劳动、重复性劳动进行替代；另一种是为了安全、高效的工作而对已有工作进行反应和协同的技术，比如协作机器人，不是替代人类工作，而是提高人类工作的生产力，同时降低工作场所的伤害风险。

① 纪雯雯：《数字经济与未来的工作》，《中国劳动关系学院学报》2017年第6期。

顺应数字经济发展的需要，新就业从“质”和“量”两个维度明确数字经济发展中，职工队伍建设“需要什么样的人”“需要多少符合要求的人”。当互补效应凸显时，关注数字技术进步过程中职工职业发展，推进创新领域人才数量增加和能力提升；当替代效应凸显时，借助利用数字技术升级推动队伍提效率调结构，实现职工企业共赢。

（二）数字经济对就业的规模效应，有利于进一步壮大职工队伍

作为一种新的虚拟的生产要素，数据以更低的成本加速新企业涌现，并开辟新的经济增长空间。一方面，随着新经济规模不断扩大，相应派生出新的岗位需求；另一方面，利用数据创业的企业，创造出许多新工作岗位，比如大数据运行平台。

数字经济对新就业产生的规模效应，有利于进一步壮大职工队伍。中华全国总工会数据显示，我国现有快递从业人员约 400 万人，非公快递占比 90% 左右。2020 年中国邮电工会将发展劳务派遣员工和业务外包员工入会作为工作重点，大力发展农民工快递员加入工会，全年快递员入会率实现 20% 的增加。2020 年 10 月 29 日，中国国防邮电工会在江苏省举行“快递员万人网上集中入会仪式”，北京、武汉等全国 100 个分会场的万名快递员在网上同步举行入会仪式，并获颁工会会员证和会徽。

（三）数字经济对就业的匹配效应，有利于畅通职工内外流动渠道

借助高效的运算，数字经济有效的信息平台避免了传统劳动力市场中的供求信息不匹配。数字经济将借助互联网、大数据，时时共享信息，动态匹配供求信息，以更为灵活的用工方式创造各种工作机会。

数字经济对就业的匹配效应，为促进职工双通道发展搭建了平台。加强新时期产业队伍建设，需要发挥人才在产业优化升级和产业数字化中的作用，发挥高端创新人才在数字产业化中的创新和引领带动作用。更为灵活的就业机会，有利于完善各级各类职业技能等级认定。多样化的用工方式，畅通职工内外部流动渠道。一方面，鼓励基础领域人员流入创新领域人才特

区；另一方面，完善职工退出机制、搜寻匹配和再就业机制，保证职工退出规范有序。

三　劳动力市场发展趋势

过去劳动力市场中的工作岗位就像是一个个的小盒子，严丝合缝地嵌套在企业的大盒子中，小盒子里坐着适合该工作岗位的员工。相应的，劳动力市场制度需要从工资、工时制度，招聘、解雇程序，就业保障等方面给出统一的标准，就像用砖头盖房子，虽然费时费事，但可以造出坚固稳定的房屋。未来劳动力市场，大盒子套小盒子的时代已经一去不复返，新就业形态将呈现一种开源模式。

（一）新职业、新岗位、新人才不断涌现

2018 年 12 月，中央经济工作会议将 5G、人工智能、工业互联网、物联网等纳入新型基础设施建设，即“新基建”。2020 年 4 月 20 日，国家发改委明确新型基础设施的范围，包括信息基础设施、融合基础设施、创新基础设施三大类。新基建可以增加就业、刺激消费和生产，新技术、新基建的加快推进，将涌现许多新产业、新业态、新模式，也将催生更多的新职业和新岗位。

我国自 2015 年颁布《中华人民共和国职业分类大典》（2015 年版）以来，先后于 2019 年 2 月、11 月以及 2020 年 6 月进行了三批新增职业修订，共发布 38 个新职业。随着数字经济的深入发展，未来会孕育更多新职业，同时政府将加大支持灵活就业，为新就业形态开启顶层制度设计。2020 年 7 月，国家发改委等 13 个部门联合发布《关于支持新业态新模式健康发展 激活消费市场带动扩大就业的意见》，共同支持各种类型的新就业形态。如图 6 所示，产业方面包括平台化发展生态和虚拟化产业集群带来的新就业，行业方面包括数字技术与教育、医疗、办公以及公共治理深度融合后产生的一系列新就业，企业方面包括传统企业数字化转型过程中的新就业，新技术方

面包括智能化、自动化以及无人化技术进步过程中的新就业，个体新职业方面包括借助新技术、新业态的市场化劳动参与认定，新就业方式包括创业型就业以及弹性分时就业、副业就业以及多点执业，共享平台方面包括从服务共享新就业扩大到生产力和生产资料共享新就业，生产要素方面包括数据建设和数据流通过程中的新就业。

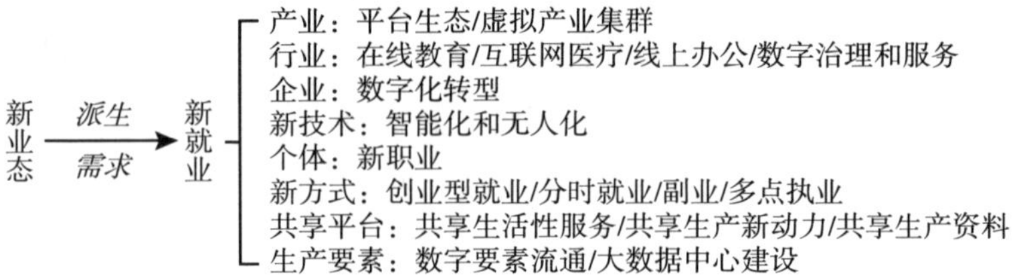

图 6　新产业新业态新模式引领带动新就业

（二）应用技术全面渗透，替代效应与互补效应并存

据清华大学发布的《中国人工智能发展报告 2018》，截至 2018 年 6 月，中国人工智能企业数量达 1011 家，居世界第二位，中国人工智能领域的投融资占全球的 60%，成为全球人工智能投融资规模最大的国家。人工智能在提高企业生产效率和人们生活便利性的同时，减少了许多重复性强、技能性低的就业岗位，改变了劳动力结构，对劳动力需求产生了负面的冲击。2016 年世界银行发布的《世界发展报告》显示，目前中国有 55% ~77% 的就业将因技术水平较低而被自动化或人工智能取代。

孙文凯等（2018）参考 Frey 等（2017）的思路，基于 1990 年、2000 年和 2010 年三次全国人口普查数据，估算出中国城镇就业分布的 19 个大行业的就业替代率，再通过加总来估计大致的总替代规模。① 该就业替代率指标是中国目前衡量人工智能对劳动力市场的影响程度的重要指标，具备权威

① 孙文凯、郭杰、赵忠、汤璨：《我国就业结构变动与技术升级研究》，《经济理论与经济管理》2018 年第 6 期。

性和前瞻性。该研究的估算结果表明（见图 7），在中国各行业的就业替代率中，房地产业的就业替代率最高，为 0. 888，说明房地产业中 88. 8% 的城镇就业人口存在被替代的风险。交通运输、仓储及邮电通信业，住宿和餐饮业，电力、燃气及水的生产和供应业的就业替代率也在 0. 6 以上。这些行业的程式化和重复性较高，被替代的概率较高。此外，中国城镇劳动力市场的总体就业替代率为 0. 45，与美国预测的 0. 47 相近。就业替代率高于 0. 45 的行业还有建筑业（0. 59），批发和零售业（0. 5706），金融业（0. 5654），农林牧渔业（0. 54）及水利、环境和公共设施管理业（0. 53）5 个行业。而就业替代率较低的有文化、体育和娱乐业（0. 2295），信息传输、计算机服务和软件业（0. 2），科学研究、技术服务和地质勘查业（0. 13），教育业（0. 088）等，这些属于服务业，对知识和技能的要求较高，被替代的概率较低。2017 年，中国制造业的就业人数占比为 28. 1%，服务业的就业人数占比为 44. 9%，可见，就业替代率较低的行业在中国的就业占比仍然不高。

（三）灵活稳定、兼容并包的劳动力市场逐渐形成

伴随着经济制度转型、产业结构升级以及技术进步，中国劳动力市场也逐渐从制度性分割、工作场所分割[①]以及线上线下分割[②]趋向兼容并包。从党的十八届五中全会公报第一次提出“新就业形态”的概念以来，政府从顶层设计上不断强化政策支持力度，打通新就业入市路径，兼容并包的劳动力市场逐步形成。

政府连续五年对新就业形态发展及未来趋势进行政策调控。如表 1 所示，2016 年以新就业形态作为产业结构转型过程中的劳动力“蓄水池”，以此进行就业指导。2017 年以新就业形态作为创业带动就业的方式，以包容审慎的态度进行管理。2018 年以新就业形态作为增量就业促进的渠道，以

① 〔美〕托马斯·寇肯、哈瑞·卡兹、罗伯特·麦克西：《美国产业关系的转型》，王侃等译，中国劳动社会保障出版社，2008。

② 纪雯雯、赖德胜：《网络平台就业对劳动关系的影响机制和实践分析》，《中国劳动关系学院学报》2016 年第 4 期。

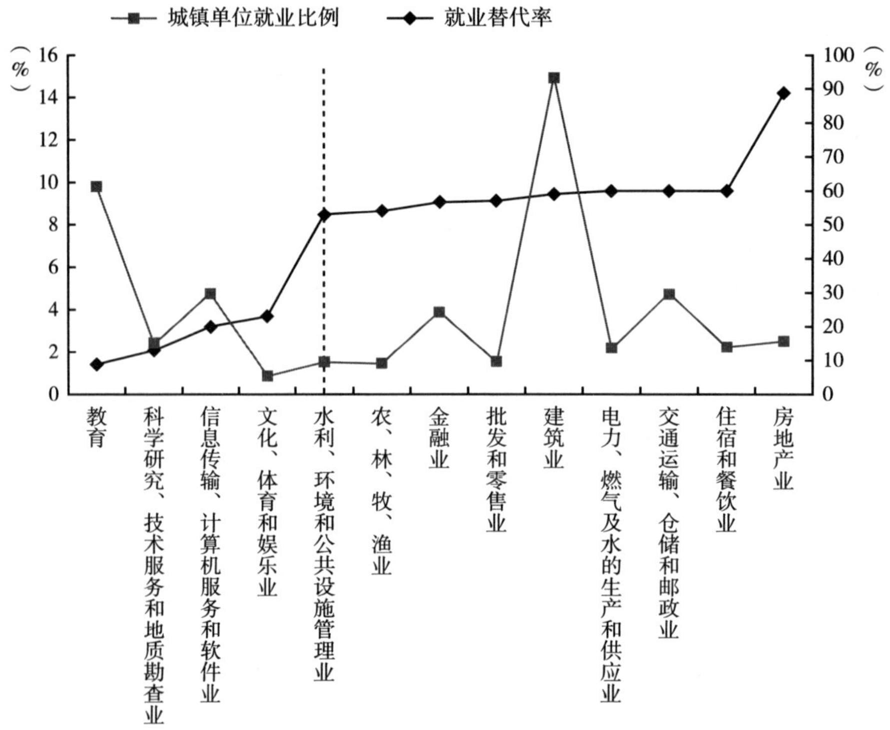

图 7　分行业就业比例和就业替代率

资料来源：孙文凯、郭杰、赵忠、汤璨：《我国就业结构变动与技术升级研究》，《经济理论与经济管理》2018 第 6 期；《中国劳动统计年鉴（2017）》。

调节手段进行放松管理。2019 年以“互联网 +”推动行业转型发展，继而促进新就业涌现。2020 年新冠肺炎疫情防控过程中，新就业形态脱颖而出，顺势成为就业的稳定器，并出台国家级领军人才认定政策，以“各显其能，各得其所”打通各行业各类人才的晋升通道。未来将在新就业形态劳动者法律保障问题、保护好消费者合法权益问题等方面，把法律短板及时补齐，在变化中不断完善。①

① 张晓松、邹伟：《习近平谈“新就业形态”：顺势而为、补齐短板》，新华网，http://www.xinhuanet.com/politics/2020lh/2020-05/23/c_1126023919.htm。

表 1　2016 ~ 2020 年中国政府支持新就业形态的政策

年份	政策	重点
2016	3 月,《政府工作报告》	加强对灵活就业、新就业形态的扶持
	7 月,交通运输部等七部门《网络预约出租车经营服务管理暂行办法》/《国务院办公厅关于深化改革推进出租汽车行业健康发展的指导意见》	对平台司机的户口、车辆牌照和车辆要求等资格进行了规定。给予网约车合法地位
	11 月,人力资源和社会保障部等多部门《关于开展东北等困难地区就业援助工作的通知》	鼓励网约车平台以试点城市对受去产能影响的工人或事业工人提供就业援助
2017	3 月,《政府工作报告》	完善就业政策,加大就业培训力度,加强对灵活就业、新就业形态的支持
	4 月,《国务院关于做好当前和今后一段时间内就业创业工作的意见》	支持劳动者通过新兴业态实现多元化就业,完善适应新就业形态特点的用工和社会保障等制度
	7 月,国家发改委等八部门《关于促进分享经济发展的指导意见》	“鼓励创新、包容审慎”的调控原则
	10 月,人力资源和社会保障部《人力资源服务业发展行动计划》	实施“互联网 + ”人力资源服务行动,大力推动和加速灵活用工行业的蓬勃发展
2018	3 月,《政府工作报告》	提出运用“互联网 + ”发展新就业形态
	8 月,《中华人民共和国电子商务法》	明确了 B2B 电商网站经营者的资质资格要求
	9 月,国家发改委等多部门《关于发展数字经济稳定并扩大就业的指导意见》	强调数字经济的发展应着眼于增加就业,改善产业结构,并要求政府推动劳动法律法规的完善,制定与新业态有关的劳动政策,切实保护工人的权益
	10 月,中国工会十七大报告	推动适应新业态的用工和社保制度,建立健全互联网平台用工等新就业形态劳动标准体系
2019	2 月,国家卫健委《关于开展“互联网 + 护理服务”试点工作的通知》《“互联网 + 护理服务”试点工作方案》	确定在北京市、天津市、上海市、江苏省、广东省 6 省市进行“互联网 + 护理服务”试点
	3 月,《政府工作报告》	加快在各行业各领域推进“互联网 + ”
	4 月,《降低社会保险费率综合方案》	对灵活就业人员参加养老保险做出规定

续表

年份	政策	重点
2019	8 月,《国务院办公厅关于促进平台经济规范健康发展的指导意见》	鼓励发展平台经济新业态,创造新职业、新工种和新岗位
	12 月,《国务院关于进一步做好稳就业工作的意见》	支持灵活就业和新就业形态。启动新就业形态人员职业伤害保险试点
2020	3 月,《国务院办公厅关于应对新冠肺炎疫情影响强化稳就业举措的实施意见》	取消灵活就业人员参加企业职工基本养老保险的省内城乡户籍限制,对就业困难人员、离校 2 年内未就业高校毕业生灵活就业后缴纳社会保险费的,按规定给予一定的社会保险补贴
	4 月,国家发改委、中央信网办《关于推进"上云用数赋智"行动 培育新经济发展实施方案》	实施灵活就业激励计划
	5 月,人力资源和社会保障部《关于开展新就业形态技能提升和就业促进项目试点工作的通知》	将浙江、广东、湖北、山东等 7 个省 15 个地区列为全国首批新就业形态技能提升和就业促进项目试点地区
	5 月,《政府工作报告》	我国包括零工在内的灵活就业人员数以亿计,2020 年对低收入人员实行社保费自愿缓缴政策,涉及就业的行政事业性收费全部取消
	7 月 14 日,《关于支持新业态新模式健康发展 激活消费市场带动扩大就业的意见》	对加快发展数字经济 15 大新业态新模式重点方向提出 19 项创新支持政策

资料来源：作者根据相关政策整理而得。

四　构建新时代和谐劳动关系

第一次工业革命时期，英国曾出现劳资冲突上升、劳动关系恶化等情况。统计表明，1741～1760 年，英国劳资冲突达到 57 起，此后到 1780 年的 20 年间猛增到 113 起，而 1781～1800 年的 20 年间上升到 153 起。[①] 随着英国工业生产能力逐渐达到巅峰以及各行业全国性工会联合会先后成立，工

① 刘金源：《〈反结社法〉与英国工业化时期的劳资关系》，《世界历史》2009 年第 4 期。

人在与雇主进行讨价还价过程中的地位也不断改善，为劳资关系缓和创造了良好的环境。技能型工人开始要求降低工作时间和强度，实行每日9小时工作制，每周的工作时间从59小时缩短至54小时，工资也得到了提升。1929年全球经济危机时期，美国失业人员达到1700多万，实施罗斯福新政（The New Deal）的第一项措施就是稳就业。一方面扩大新增就业，启动以工代赈的基建工程，争取中小企业主支持，以此带动新增就业；另一方面保障已就业岗位，采取《公平劳动标准法》（又称《工资工时法》），它的主要条款包括每周40小时工时，每小时40美分最低工资，以此保障工资劳动者的经济利益。在一系列措施的有效实施下，美国经济开始缓慢恢复，人民生活得到改善。

立足新时代，中国工会十七大报告强调，“要推动建立适应新业态的用工和社保制度，建立健全互联网平台用工等新就业形态劳动标准体系”。2020年5月23日，在全国政协经济界联组会上，习近平总书记指出，新冠肺炎疫情突如其来，“新就业形态”也是脱颖而出，要顺势而为。当然这个领域也存在法律法规一时跟不上的问题，当前最突出的就是“新就业形态”劳动者法律保障问题、保护好消费者合法权益问题等。要及时跟上研究，把法律短板及时补齐，在变化中不断完善。

我国的劳动标准正在从生存型向质量型转变，平衡工作和生活、就业发展以及消除就业歧视成为目标诉求。通过分析数字化发展指标与就业及劳动关系指标之间的相关性，可以为未来构建新时代和谐劳动关系有所启示。本文借助世界银行衡量数字鸿沟采用的指标，行业层面选取每百万人拥有电脑数代表数字化程度，选取行业就业占比、女性就业占比代表就业指标，选取每周工作时间、人均月工资代表劳动关系指标。① 采用皮尔逊相关系数（Pearson Correlation Coefficient）分析数字化程度与就业及劳动关系的相关性，这一方法并不能得出因果性结论，但有助于我们把握相关趋势（见图8）。随着各行各业人均数字化程度升高，人们的就业未被毁灭，反而工作

① 纪雯雯、赖德胜：《工会能够维护流动人口劳动权益吗》，《管理世界》2019年第2期。

时间将会缩短，并且收入上升。这无疑从另一个方面证明了科技向善，未来数字经济将带来更加多元化的就业形态和更高的就业质量。本文随后又将“每百万人拥有电脑数”指标换成“在人力资源管理方面使用信息化管理的企业占使用信息化管理企业比重”，以及“员工培训占使用互联网企业的比重”，代表企业数字化程度，结果保持一致，人力资源管理信息化与周工时负相关，员工培训比例与周工时负相关，并且在 10% 的水平上显著。也就是说，企业人力资源管理信息化和培训有利于缩短工作时间。

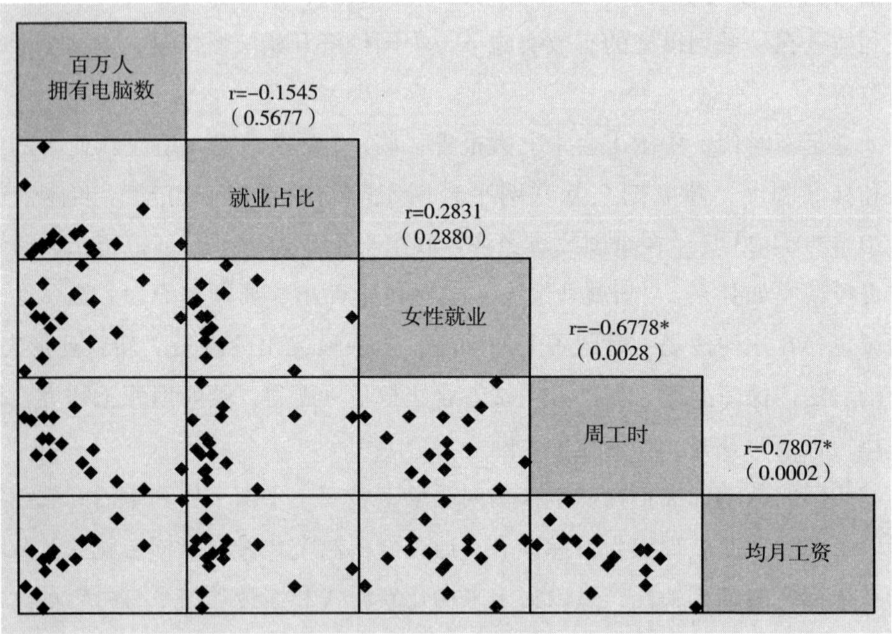

图 8　行业数字化程度与就业的皮尔逊相关系数矩阵的散点图矩阵

注：* 表示 t 值在 10% 的水平上显著。

资料来源：《中国劳动统计年鉴》《中国经济普查年鉴》。

地区层面选取电子商务交易额代表数字经济发展程度，选取地区就业人数、女性就业占比代表就业指标，选取基层工会组织数和年度工会劳动争议调解委员会受理劳动争议件数代表工会服务和劳动关系指标。皮尔逊相关系数分析结果如图 9 所示，数字经济发展与地区经济发展和就业人数呈现显著的正向相关关系，这也与经济逻辑保持稳健的一致性。在工会服务和劳动关系方面，数字经济发展与工会服务呈现显著正相关，这与中华全国总工会大力推行“互联网 +”工会服务成效一致。与此同时，结果也显示，数字经济发展与女性就业负相关，与劳动争议数显著负相关，这些无疑是未来构建新时代和谐劳动关系的重点工作方向。

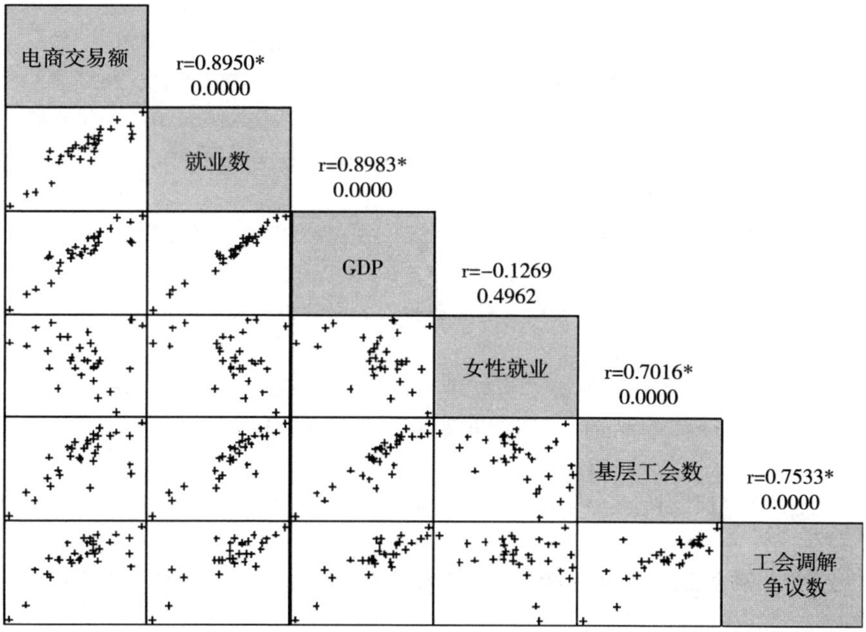

图 9　地区数字化程度与就业的皮尔逊相关系数矩阵的散点图矩阵

注：* 表示 t 值在 10% 的水平上显著。

资料来源：《中国劳动统计年鉴》《中国经济普查年鉴》。

参考文献

WORLDBANK. World Development Report 2016：Digital Dividends. Washington DC，2016.

Wolfgang Keller，HaleUtar. International trade and job polarization：evidence at the worker-level. NBER Working Paper No. 22315，2016.

Dustmann and Schonberg. Training and Union wage. IZA working paper No. 1435, 2009.

Goos. M. , Manning. A. Lousy and lovely jobs: The rising polarization of work in Britain. Review of Economics and Statistics, 2007 (89): 118 - 133.

Goos. M. , Manning. A, Salomons A. Job polarization in Europe. The American Economic Review, 2009 (2): 58 - 63.

〔美〕克劳迪娅·戈尔丁、劳伦斯·凯兹：《教育与技术的竞赛》，陈津竹、徐黎蕾译，商务印书馆，2015。

纪雯雯：《数字经济下的新就业与劳动关系变化》，社会科学文献出版社，2019。

《2019 年北京大学毕业生就业质量年度报告》，北京大学招生办，2019。

张车伟：《中国劳动与人口问题报告 No. 18》，社会科学文献出版社，2017。

纪雯雯：《数字经济与未来的工作》，《中国劳动关系学院学报》2017 年第 6 期。

孙文凯、郭杰、赵忠、汤璨：《我国就业结构变动与技术升级研究》，《经济理论与经济管理》2018 年第 6 期。

〔美〕托马斯·寇肯、哈瑞·卡兹、罗伯特·麦克西：《美国产业关系的转型》，王侃等译，中国劳动社会保障出版社，2008。

纪雯雯、赖德胜：《网络平台就业对劳动关系的影响机制和实践分析》，《中国劳动关系学院学报》2016 年第 4 期。

张晓松、邹伟：《习近平谈“新就业形态”：顺势而为、补齐短板》，新华网，http://www.xinhuanet.com/politics/2020lh/2020 - 05/23/c_ 1126023919.htm，2020 - 05 - 23。

刘金源：《〈反结社法〉与英国工业化时期的劳资关系》，《世界历史》2009 年第 4 期。

纪雯雯、赖德胜：《工会能够维护流动人口劳动权益吗》，《管理世界》2019 年第 2 期。

大 事 记

Memorabilia

2019年中国职工状况大事记

张佳楠*

2019 年 1 月 9 日 国务院召开全国安全生产电视电话会议。国务院总理李克强做出重要批示指出，安全生产工作是保障经济持续健康发展、人民安居乐业的大事。要树牢安全发展理念，以防范化解重大安全风险、坚决遏制重特大事故为重点，进一步完善应急应对措施和决策、指挥机制，深入开展道路交通、化工等重点行业领域专项整治，全面排查并消除安全隐患，切实提高防灾减灾救灾能力。

2019 年 1 月 11 日 人力资源社会保障部印发《关于充分发挥市场作用促进人才顺畅有序流动的意见》。该意见指出，以促进人才顺畅有序流动、激发人才创新创业创造活力为目标，以健全人才流动配置机制为重点，以充分发挥市场决定性作用和更好发挥政府作用为保障，加快建立政府宏观调控、市场公平竞争、单位自主用人、个人自主择业、人力资源服务机构诚信

* 张佳楠，中国劳动关系学院科研处，研究领域为马克思主义中国化。

服务的人才流动配置新格局，努力形成人尽其才、才尽其用的良好局面，让各类人才的创造活力竞相迸发，聪明才智充分涌流。

2019 年 1 月 21 日 省部级主要领导干部坚持底线思维着力防范化解重大风险专题研讨班在中央党校开班。中共中央总书记、国家主席、中央军委主席习近平在开班式上发表重要讲话。

2019 年 1 月 22 日 国家卫生健康委办公厅发布《关于开展“互联网 + 护理服务”试点工作》的通知，确定北京市、天津市、上海市、江苏省、浙江省、广东省作为“互联网 + 护理服务”试点省份。

2019 年 1 月 25 日 中共中央政治局在人民日报社就“全媒体时代和媒体融合发展”举行第十二次集体学习。中共中央总书记习近平主持学习并发表重要讲话。

2019 年 2 月 18 日 人力资源社会保障部、教育部、司法部、卫生健康委、国资委、医保局、全国总工会、全国妇联、最高人民法院共同下发《关于进一步规范招聘行为促进妇女就业的通知》，进一步规范招聘行为，促进妇女平等就业。

2019 年 3 月 14 日 中共中央组织部办公厅、人力资源社会保障部办公厅等共同下发《关于做好 2019 年高校毕业生“三支一扶”计划实施工作的通知》。

2019 年 3 月 16 日 《求是》杂志发表中共中央总书记、国家主席、中央军委主席习近平的重要文章《加快推动媒体融合发展　构建全媒体传播格局》。文章强调，推动媒体融合发展、建设全媒体成为我们面临的一项紧迫课题。要运用信息革命成果，推动媒体融合发展，做大做强主流舆论，巩固全党全国人民团结奋斗的共同思想基础，为实现“两个一百年”奋斗目标、实现中华民族伟大复兴的中国梦提供强大精神力量和舆论支持。

2019 年 3 月 21 日 江苏盐城市响水县陈家港镇天嘉宜化工有限公司化学储罐发生爆炸事故，并波及周边 16 家企业。事故共造成 78 人死亡、76 人重伤，640 人住院治疗，直接经济损失 19.86 亿元。中共中央总书记、国家主席、中央军委主席习近平做出重要指示，要求全力抢险救援，深刻吸取教训，坚决防范重特大事故发生。

2019 年 3 月 21 日　人力资源社会保障部、共青团中央联合印发《关于实施青年就业启航计划的通知》（以下简称《通知》）。《通知》提出，将16～35 岁有劳动能力、失业一年以上的青年纳入计划，以“就业启航，梦想扬帆”为主题，建立健全覆盖求职创业全过程的帮扶机制，使有需要的失业青年都能得到相应就业政策和服务帮扶。

2019 年 3 月 29 日　国务院办公厅发布《关于推进养老服务发展的意见》。该意见指出，党中央、国务院高度重视养老服务。按照 2019 年《政府工作报告》对养老服务工作的部署，为打通“堵点”，消除“痛点”，破除发展障碍，健全市场机制，持续完善以居家为基础、以社区为依托、以机构为补充、医养相结合的养老服务体系，确保到 2022 年在保障人人享有基本养老服务的基础上，有效满足老年人多样化、多层次养老服务需求，老年人及其子女获得感、幸福感、安全感显著提高，该意见提出了六个方面共28 条具体政策措施。

2019 年 4 月 1 日　国务院办公厅发布《降低社会保险费率综合方案》，降低社会保险费率，完善社保制度，稳步推进社保费征收体制改革。

2019 年 4 月 10 日　国务院启动 2018 年度省级政府安全生产和消防工作考核，国务委员王勇出席动员会议并讲话。他指出，对省级政府开展考核巡查，是督促落实加强安全生产和消防工作的重要制度安排。

2019 年 4 月 15 日　国务院对《中华人民共和国政府信息公开条例》进行了修订，于 2019 年 5 月 15 日起施行。该条例修订后共 6 章 56 条，新增18 条。

2019 年 4 月 26 日　国家医疗保障局、财政部发布《关于做好 2019 年城乡居民基本医疗保障工作的通知》，强调全面取消城乡居民医保个人账户，增强医保制度的互助共济功能。

2019 年 4 月 28 日　中共中央办公厅、国务院办公厅发布《关于解决部分退役士兵社会保险问题的意见》，该意见着重解决退役士兵社会保险转移接续问题。

2019 年 5 月 5 日　国务院总理李克强主持召开国务院常务会议，听取职业病防治工作汇报，要求更有力保障职工健康权益。为更好地保障劳动者职业健康权益，会议要求聚焦我国职业病主要病种尘肺病，在矿山、冶金、建材等行业开展粉尘危害整治，加强职业健康监管执法，严厉查处违法违规行为。全面强化预防，督促企业改进工艺和设备、配备个体防护用品、为员工办理工伤保险，重点行业新上项目职业病防护设施配备实施率达到 95%以上，坚决减少新发病例。建立和完善职业病防治体系，加大职业病专项经费投入，对患者实施分类救治，研究运用工伤保险、医疗救助等手段加强兜底保障。

2019 年 5 月 23 日　人力资源社会保障部、国家发展改革委、财政部、国务院扶贫办联合印发《关于做好易地扶贫搬迁就业帮扶工作的通知》，要求各地要把 16 周岁以上、有劳动能力的搬迁群众，特别是建档立卡贫困劳动力作为重点人群，把小城镇和工业园区安置区，特别是“三区三州”等深度贫困县安置区、800 人以上大型安置区作为重点区域，坚持普惠性政策和超常规举措并举，强化培训服务与兜底保障并重，全力做好搬迁群众的就业帮扶工作，努力促进有就业意愿和劳动能力的搬迁贫困劳动力就业创业，确保其家庭至少一人实现就业。

2019 年 6 月 17 日　国家卫生健康委办公厅印发《职业卫生监督协管服务技术规范》，将职业卫生监督协管工作纳入国家基本公共卫生服务监督协管项目。

2019 年 6 月 20 日　国家医疗保障局发布《医疗保障标准化工作指导意见》，同时陆续公布了 15 项相关标准，全面启动我国医疗保障体系标准化建设。

2019 年 6 月 25 日　人力资源社会保障部、国家发展改革委、工业和信息化部、财政部、民政部、国务院国资委、国家能源局、全国总工会共同下发《关于切实做好化解过剩产能中职工安置工作的通知》。

2019 年 7 月 3 日　人力资源社会保障部、教育部、公安部、财政部、中国人民银行共同下发《关于做好当前形势下高校毕业生就业创业工作的通知》。该通知强调，把高校毕业生就业作为重中之重，深入实施高校毕业生就业创业促进计划和基层成长计划，拓渠道、优服务、强保障，确保就业水平总体稳定、就业局势基本平稳。

2019 年 7 月 26 日 人力资源社会保障部、最高人民法院、中华全国总工会、中华全国工商业联合会、中国企业联合会/中国企业家协会共同下发了《关于实施“护薪”行动全力做好拖欠农民工工资争议处理工作的通知》。

2019 年 8 月 1 日 国务院办公厅印发《关于促进平台经济规范健康发展的指导意见》。

2019 年 8 月 13 日 人力资源社会保障部发布《关于保障农民工工资支付条例（草案征求意见稿）》公开征求意见的通知。

2019 年 8 月 16 日 人力资源社会保障部办公厅发布《关于在全国推广使用“互联网 + 调解”服务平台》的通知，“互联网 + 调解”服务平台在北京等七省（市）先行试点的基础上，决定在全国推广使用调解服务平台，为当事人提供高效便捷调解服务，让群众少跑腿。

2019 年 9 月 27 日 应急管理部自然灾害工程应急救援中心在中国安能建设集团有限公司挂牌成立。

2019 年 10 月 31 日 中国共产党第十九届中央委员会第四次全体会议通过《中共中央关于坚持和完善中国特色社会主义制度推进国家治理体系和治理能力现代化若干重大问题的决定》（以下简称《决定》）。《决定》指出，坚持按劳分配为主体、多种分配方式并存。坚持多劳多得，着重保护劳动所得，增加劳动者特别是一线劳动者劳动报酬，提高劳动报酬在初次分配中的比重。健全劳动、资本、土地、知识、技术、管理、数据等生产要素由市场评价贡献、按贡献决定报酬的机制。鼓励勤劳致富，保护合法收入，增加低收入者收入，扩大中等收入群体，调节过高收入，清理规范隐性收入，取缔非法收入。《决定》首次提出民生保障制度的概念，强调必须健全幼有所育、学有所教、劳有所得、病有所医、老有所养、住有所居、弱有所扶等方面国家基本公共服务制度体系，尽力而为，量力而行，注重加强普惠性、基础性、兜底性民生建设，保障群众基本生活。《决定》还提出，健全有利于更充分更高质量就业的促进机制。坚持就业是民生之本，实施就业优先政策，创造更多就业岗位。健全公共就业服务和终身职业技能培训制度，完善重点群体就业支持体系。建立促进创业带动就业、多渠道灵活就业机制，对就业困难人员实行托底帮扶。坚决防止和纠正就业歧视，营造公平就业制度环境。健全劳动关系协调机制，构建和谐劳动关系，促进广大劳动者实现体面劳动、全面发展。要完善覆盖全民的社会保障体系。《决定》指出，坚持应保尽保原则，健全统筹城乡、可持续的基本养老保险制度、基本医疗保险制度，稳步提高保障水平。加快建立基本养老保险全国统筹制度。健全公共安全体制机制。完善和落实安全生产责任和管理制度，建立公共安全隐患排查和安全预防控制体系。《决定》强调，完善坚持正确导向的舆论引导工作机制。构建网上网下一体、内宣外宣联动的主流舆论格局，建立以内容建设为根本、以先进技术为支撑、以创新管理为保障的全媒体传播体系。改进和创新正面宣传，完善舆论监督制度，健全重大舆情和突发事件舆论引导机制。

2019 年 11 月 9 日　国家综合性消防救援队伍组建一周年。

2019 年 11 月 13 日　国务院总理李克强主持召开国务院常务会议，听取江苏响水天嘉宜化工有限公司“3・21”特别重大爆炸事故调查情况汇报和责任追究审查调查工作情况通报。部署对安全生产尤其是危险化学品生产管理等问题开展专项整治，决定健全固定资产投资项目资本金管理，促进有效投资加强风险防范。

2019 年 11 月 21 日　中共中央、国务院发布《国家积极应对人口老龄化中长期规划》，这为完善我国应对老龄化政策体系及中长期行动方案提供了依据。

2019 年 11 月 23 日　本日起，人力资源社会保障部开展第十七届全国人力资源市场高校毕业生就业服务周活动。活动以 2020 届高校毕业生、往届有就业意愿的离校未就业高校毕业生以及“三支一扶”等基层服务项目期满未就业高校毕业生为服务对象，重点为“三区三州”高校毕业生、其他建档立卡贫困家庭毕业生提供就业服务。

2019 年 11 月 29 日 人力资源社会保障部等发布《香港澳门台湾居民在内地（大陆）参加社会保险暂行办法》，为港澳台居民在内地参加社会保险制度提供了依据。

2019 年 11 月 29 日 中共中央政治局就我国应急管理体系和能力建设进行第十九次集体学习。中共中央总书记习近平在主持学习时强调，应急管理是国家治理体系和治理能力的重要组成部分，承担防范化解重大安全风险、及时应对处置各类灾害事故的重要职责，担负保护人民群众生命财产安全和维护社会稳定的重要使命。要发挥我国应急管理体系的特色和优势，借鉴国外应急管理有益做法，积极推进我国应急管理体系和能力现代化。

2019 年 12 月 10 日 人力资源社会保障部、财政部、农业农村部印发《关于进一步推动返乡入乡创业工作的意见》。该意见强调，通过加大政策支持、提升创业培训、优化创业服务、加强人才支撑、强化组织实施，进一步推动返乡入乡创业工作，以创新带动创业，以创业带动就业，促进农村一二三产业融合发展，实现更充分、更高质量就业。

2019 年 12 月 24 日 国务院印发《关于进一步做好稳就业工作的意见》，其中强调要完善舆论宣传引导机制。大力宣传党中央、国务院稳就业决策部署和支持就业创业政策措施，引导广大劳动者树立正确的劳动观、价值观，选树一批促进就业创业工作典型经验、典型人物，发掘一批在中西部和东北地区、艰苦边远地区、城乡基层就业创业的先进典型，及时开展表彰激励。牢牢把握信息发布和舆论引导主动权，做好舆情监测研判，建立重大舆情沟通协调和应急处置机制，消除误传误解，稳定社会预期。

附　　录

Appendices

人力资源社会保障部关于《保障农民工工资支付条例（草案征求意见稿）》公开征求意见的通知

为了增强立法的公开性和透明度，提高立法质量，现将《保障农民工工资支付条例（草案征求意见稿）》公开征求意见。公众可以通过以下途径和方式提出意见：

（一）登陆人力资源社会保障部网站（网址：http：//www. mohrss. gov. cn），进入首页左侧的“政策法规”，在“征求意见”栏目里提出意见。

（二）通信地址：人力资源社会保障部法规司（地址：北京市东城区和平里东街3号，邮编：100013），并请在信封上注明“保障农民工工资支付条例（草案征求意见稿）征求意见”字样。

意见反馈截止时间为2019年9月12日。

人力资源社会保障部

2019年8月13日

保障农民工工资支付条例（草案征求意见稿）

第一章　总则

第一条　为确保付出劳动的农民工按时足额获得工资报酬，根治拖欠农民工工资现象，根据劳动法及有关法律规定，制定本条例。

第二条　保障农民工工资支付，适用本条例。

保障其他劳动者工资支付，参照本条例执行，但工程建设领域特别保障措施除外。

第三条　农民工提供劳动后有权依法按时足额获得工资报酬。任何单位、组织或者个人不得无故拖欠或者克扣。

第四条　各级人民政府应当把保障农民工工资支付工作摆在突出位置，采取多种措施，切实解决拖欠农民工工资问题。

第五条　省、自治区、直辖市人民政府应当在同级党委的领导下，对本行政区域内保障农民工工资支付工作负总责，建立由政府负责人牵头、相关部门参加的保障农民工工资支付工作协调机制，协调本行政区域内保障农民工工资支付工作中的重大问题。

市、县级地方人民政府具体负责本行政区域内保障农民工工资支付工作。

第六条　各级人民政府人力资源社会保障部门负责保障农民工工资支付的组织协调和监督管理工作，依法对农民工工资支付情况进行监督检查。

各级人民政府发展改革、财政、公安、住房城乡建设、交通运输、铁路、水利、司法、自然资源、人民银行、审计、税务、市场监管、国有资产管理等部门根据各自职责做好与保障农民工工资支付相关的管理监督工作。

工会、共青团、妇女联合会、残疾人联合会等组织依法维护农民工获得工资的权利。

第七条　县级以上地方人民政府应当建立健全保障农民工工资支付工作

目标责任制度和定期督查制度，对本级人民政府有关部门和下级人民政府进行考核和监督。

第二章　工资支付形式与周期

第八条　工资应当以法定货币形式支付给农民工本人，不得以实物或者有价证券等其他形式替代。

工资可以通过现金支付给农民工，也可以通过银行转账支付到农民工的社会保障卡或者工资支付银行卡。但是，本条例有特别规定的按特别规定执行。

第九条　用人单位应当按照与农民工依法约定的工资支付周期和具体支付日期支付工资。

第十条　用人单位应当每月至少向农民工足额支付一次工资。

用人单位与农民工约定或者依法制定的规章制度规定，实行周、日、小时工资制的，可以分别按周、日、小时支付工资。

用人单位实行计件工资制的，工资计算和支付周期由双方约定，但支付周期最长不得超过一个月。

第十一条　工资支付的具体日期由用人单位和农民工双方协商确定。若双方约定的具体支付日期遇节假日或者休息日，则应提前在该节假日或者休息日之前的工作日支付。用人单位因不可抗力未能在双方约定的具体支付日期发放工资的，应当在不可抗力消除后第一个工作日发放。

第十二条　用人单位应当按照工资支付周期如实编制书面工资支付台账，并至少保存至劳动合同解除或者终止后满三年。

书面工资支付台账应当包括用人单位名称、支付周期、支付日期、支付对象姓名、身份证号、工作时间、应发工资项目及数额，代扣、代缴、扣除项目和数额、实发工资数额、银行代发工资凭证或者农民工签名等内容。

用人单位支付工资时，应当向农民工提供其本人的工资清单。

第三章　拖欠农民工工资的清偿责任主体

第十三条　用人单位拖欠与其依法建立劳动关系的农民工工资的，应当依法承担清偿责任。

不具备合法经营资格的单位招用农民工，农民工已经付出劳动而未获得劳动报酬的，除本条例另有规定的外，由该单位或者其出资人依法承担清偿拖欠农民工劳动报酬的责任。

第十四条　劳务派遣单位应当依法承担向被派遣农民工支付工资的责任。

用工单位使用个人、不具备合法经营资格的单位或者未依法取得劳务派遣许可证的单位派遣的农民工，个人、不具备合法经营资格的单位或者未依法取得劳务派遣许可证的单位拖欠被派遣的农民工工资的，由用工单位依法承担清偿拖欠农民工工资的责任。

第十五条　有下列情形之一，出现拖欠为完成相关工作任务或施工任务提供劳动的农民工工资的，由发包单位依法承担清偿拖欠农民工工资的责任：

（一）用人单位将工作任务发包给个人或者不具备合法经营资格的单位的；

（二）建设单位将建设工程发包给个人或者不具备合法经营资格的单位的；

（三）承包单位将其所承包的建设工程分包给个人或者不具备合法经营资格的单位的；

企业允许个人、不具备合法经营资格或者未取得相应资质的单位以本单位的名义对外经营或者承揽建设工程，出现拖欠为该经营或施工提供劳动的农民工工资的，由该企业依法承担清偿拖欠农民工工资的责任。

第十六条　合伙企业、个人独资企业、个体经济组织等用人单位应当依法承担清偿拖欠农民工工资的责任；无力清偿的，由出资人依法承担连带清偿责任。

第十七条　用人单位依法合并或者分立时，存在拖欠农民工工资的，应当在实施合并或者分立前依法清偿农民工工资；但是，经与农民工协商一致的，可以由合并或者分立后承继其权利义务的用人单位承担清偿拖欠农民工工资的责任。

第十八条 用人单位被依法吊销营业执照、被责令关闭、被撤销或者被人民法院裁定解散的，应当依法清偿拖欠的农民工工资。用人单位决定自行解散的，应当在申请注销登记前依法清偿拖欠的农民工工资。

未依据前款规定清偿农民工工资的用人单位实际控制人、主要出资人，在拖欠农民工工资清偿前不得注册新用人单位或者作为新用人单位的出资人、实际控制人。

第四章 工程建设领域特别保障措施

第十九条 建设单位申请施工许可证，应当落实满足施工所需要的资金安排。未落实满足施工所需要的资金安排的，行业主管部门不予颁发施工许可证。

政府投资工程项目所需资金应当按照国家有关规定落实到位，不得由施工单位垫资建设。

第二十条 建设单位与施工总承包单位依法订立书面工程合同，应当约定工程款的计量周期或者工程进度结算办法，并可以约定人工费用占工程款的比例。建设单位应当按照合同约定及时拨付工程款。

工程施工合同未约定人工费用占工程款比例的，施工总承包单位应当将工程价款分解为人工费用和其他费用两部分，并书面告知建设单位。

人工费用占工程款的比例应当按照工程建设主管部门的定额标准确定。

第二十一条 施工总承包单位应当在工程建设项目开工之日起三十日内开设农民工工资专用账户，专项用于支付该工程建设项目农民工工资，并报工程建设项目所在地工程建设项目主管部门书面备案。

建设单位拨付工程款时，应当按照工程施工合同约定的比例或者施工总承包单位提供的人工费用数额，将应付工程款中的人工费用按期拨付到施工总承包单位开设的农民工工资专用账户。

第二十二条 开户银行负责农民工工资专用账户的日常管理，发现资金未按约定拨付等情况时，应当及时通知施工总承包单位，并报告工程建设项目主管部门。

工程竣工且经公示无拖欠工资后，农民工工资专用账户予以注销，账户内余额归开户单位所有。

第二十三条 工程建设领域应当实行分包单位农民工工资委托施工总承包单位代发制度。分包单位负责按月考核农民工工作量并编制工资支付表，经农民工本人签字确认后，与当月工程进度等情况一并交施工总承包单位。施工总承包单位应当根据分包单位编制的工资支付表，通过农民工工资专用账户直接将工资划入农民工的社会保障卡或者其本人工资支付银行卡。

第二十四条 建设单位与承包单位或者承包单位与分包单位因工程数量、质量、造价等产生争议的，建设单位不得因争议不按本条例第二十一条的规定拨付工程款中的人工费用部分，施工总承包单位也不得因争议不按本条例第二十三条的规定代发工资。

第二十五条 承包单位因发包单位未按照合同约定划拨工程款项导致拖欠工资的，由发包单位以未结清的工程款项为限先行垫付所拖欠的工资。

第二十六条 承包单位将建设工程转包，发生拖欠为该工程提供劳动的农民工工资的，由最初转包的发包单位承担清偿所拖欠工资的连带责任。承包单位将所承包的建设工程转包给个人或者不具有合法经营资格单位发生拖欠为该工程提供劳动的农民工工资的，由最初转包的发包单位承担清偿所拖欠工资的责任。

第二十七条 施工总承包单位应当按照有关规定存储工资保证金，专项用于支付为所承包工程提供劳动的农民工被拖欠的工资。

工资保证金实行差异化存储办法，对一定时期内未发生工资拖欠的单位实行减免措施，对发生工资拖欠的单位适当提高存储比例。工资保证金可以用工资支付银行或保险公司保函替代。

工资保证金具体办法由各省、自治区、直辖市人民政府制定。

第二十八条 工程竣工且经公示无拖欠工资前，除法律另有规定的外，农民工工资专用账户资金和工资保证金不得因支付为本项目提供劳动的农民工工资之外的原因被划拨、冻结或者查封。

第二十九条 工程建设领域实行劳动用工实名制管理。施工总承包单位或者分包单位应当依法与所招用的农民工订立劳动合同，并通过全国建筑工人管理服务信息平台进行用工实名登记及管理。未与施工总承包单位或者分包单位订立劳动合同并在全国建筑工人管理服务信息平台进行用工实名登记的人员，不得进入项目现场施工。

施工总承包单位应当在工程项目部配备劳资专管员，对分包单位劳动用工实施监督管理，掌握施工现场用工、考勤、工资支付等情况，分包单位应当予以配合。

施工总承包单位、分包单位应当建立用工管理台账，并保存至工程竣工且工资全部结清后至少三年。

第三十条 施工总承包单位应当在施工现场醒目位置设立维权信息告示牌，明示下列事项：

（一）建设单位、施工总承包单位及所在项目部、分包单位、行业监管部门、劳资专管员等基本信息；

（二）劳动用工相关法律法规、当地最低工资标准、工资支付日期等基本信息；

（三）属地行业监管部门和劳动保障监察投诉举报电话、劳动争议调解仲裁申请渠道等信息。

第三十一条 工程建设应当依法开展。自然资源管理、住房城乡建设、交通、水利等行政部门应当依法查处违反土地使用、城乡规划、住房建设等法律法规和政策的工程建设（以下简称违法建设）。

乡镇人民政府、街道办事处发现本行政区域内出现违法建设的，应当立即向上级人民政府报告，并配合上级人民政府相关部门依法查处。

违法建设项目使用农民工发生拖欠工资的，由施工单位承担工资清偿责任，违法建设单位承担清偿工资的连带责任。

第三十二条 工程建设行业主管部门、国有资产监管等部门和单位对本行政区域内工程建设项目组织定期巡查，监督工程建设项目工资支付情况，并将农民工实名制管理、农民工工资专用账户管理、银行代发工资、维权信息公示等制度实施情况纳入施工单位信用评价。

第五章　监督检查

第三十三条　县级以上地方人民政府应当建立工资支付监控和预警机制，根据市场监管、税务等部门和银行、水电供应、燃气供应、物业管理等单位反映的企业生产经营相关指标变化情况，及时预警工资支付隐患并做好防范工作。

县级以上地方人民政府应当建立欠薪预警系统，实现人力资源社会保障、发展改革、财政、住房城乡建设、水利、交通、市政等行政部门的工程项目审批、资金落实、施工许可、合同备案等信息实时共享。

第三十四条　人力资源社会保障行政部门应当完善劳动保障监察网格化、网络化管理，加强对用人单位工资支付情况的日常监督。

人力资源社会保障行政部门监督检查农民工工资支付情况时，有权查询相关当事人金融账户的开户、资金变动和拥有房产、车辆等情况，有关当事人、金融机构和登记部门应当予以配合。

第三十五条　人力资源社会保障行政部门责令拖欠农民工工资的清偿责任主体支付其所拖欠的农民工工资，相关单位不支付的，可以申请人民法院采取查封、扣押其财物等财产保全措施和强制执行。

第三十六条　人力资源社会保障行政部门应当建立用人单位及相关责任人劳动保障守法诚信档案，对用人单位开展守法诚信等级评价。

用人单位有严重拖欠工资违法行为的，由人力资源社会保障行政部门向社会公布，其中被依法追究刑事责任的，应当在省级以上广播电视等新闻媒体曝光。

第三十七条　用人单位有下列情形之一的，由人力资源社会保障行政部门将该用人单位及其法定代表人（实际控制人）、其他负责人列入拖欠农民工工资失信联合惩戒对象名单：

（一）克扣、无故拖欠农民工工资，达到认定拒不支付劳动报酬罪数额的；

（二）拖欠农民工工资造成严重不良社会影响的。

对列入拖欠农民工工资失信联合惩戒对象名单的用人单位、法定代表人（实际控制人）、主要经营管理人员，有关部门应当在政府资金支持、政府采购、招投标、生产许可、资质审核、融资贷款、市场准入、税收优惠、评优评先、高档生活消费等方面予以限制，并限制乘坐飞机、动车、列车软卧、轮船二等以上舱位等。

实行拖欠农民工工资失信联合惩戒对象名单制度的具体办法，由国务院人力资源社会保障行政部门制定。

第三十八条 农民工与用人单位因工资支付发生劳动争议向劳动人事争议仲裁委员会申请仲裁的，劳动人事争议仲裁委员会有权查询用人单位的相关账户，有关金融机构应当予以配合。

第三十九条 工程建设项目未依法取得施工许可而施工的，由住房城乡建设行政部门依法予以查处。

铁路、水利等工程项目向项目主管部门备案的情况，由交通运输、水利等行政部门进行监督检查。

第四十条 住房城乡建设、交通运输、铁路、水利等行业主管部门依法规范本领域建设市场秩序，对违法发包、转包、违法分包及挂靠等行为进行监督检查。

第四十一条 财政部门对政府投资项目建设单位按工程施工合同约定按期向农民工工资专用账户拨付资金情况进行监督检查。

第四十二条 建设单位未落实满足施工所需要的资金安排或者政府投资项目未依法提供预付款导致工程款拖欠引发拖欠农民工工资的，县级以上地方人民政府应当限制其新建项目。建设工程行业主管部门应当记入信用记录。

第四十三条 工会依法维护农民工工资报酬权益，对用人单位工资支付情况进行监督。

第四十四条 任何单位和个人对损害农民工合法权益、拖欠农民工工资的情形都有权向人力资源社会保障行政部门或者其他有关部门检举、控告、投诉。

第六章　法律责任

第四十五条　未根据本条例规定支付农民工工资的，由人力资源社会保障行政部门责令限期向农民工支付所拖欠的工资和自拖欠之日起按日加付万分之五的利息。逾期不支付所拖欠的工资及利息的，由人力资源社会保障行政部门责令按照拖欠金额百分之五十以上百分之一百以下的标准，向农民工加付赔偿金，并对单位处拖欠金额一倍以上二倍以下的罚款，对法定代表人、实际控制人或者主要负责人处二万元以上五万元以下的罚款；构成犯罪的，依法追究刑事责任。

第四十六条　有下列情形之一的，由人力资源社会保障行政部门责令改正，对单位处二万元以上五万元以下的罚款，对法定代表人、实际控制人或者主要负责人处一万元以上三万元以下的罚款：

（一）以实物、有价证券等形式代替法定货币支付农民工工资的；

（二）未编制工资支付台账并依法保存，或者未向农民工提供工资支付清单的。

第四十七条　有下列情形之一的，由人力资源社会保障行政部门责令改正，并处五万元以上十万元以下的罚款：

（一）施工总承包单位未开设、使用农民工工资专用账户的；

（二）施工总承包单位未履行代发工资义务的；

（三）分包单位未按月考核农民工工作量、编制工资支付表并经农民工本人签字确认的；

（四）施工总承包单位未在指定的银行账户存储工资保证金或者未开具银行或保险公司保函的。

第四十八条　有下列情形之一的，由工程建设行业主管部门责令改正，并处五万元以上十万元以下的罚款：

（一）施工总承包单位未对分包单位劳动用工实施监督管理的；

（二）分包单位未配合施工总承包单位对其劳动用工进行监督管理的；

（三）施工总承包单位、分包单位未实行用工实名制管理的；

（四）施工总承包单位未实行施工现场维权信息公示制度的。

第四十九条 建设施工单位存在本条例第四十七条、第四十八条所列情形之一的，在依法改正前，不得承包其他施工项目；拒不改正的，由工程建设行业主管部门降低其建筑施工资质等级；拒不改正且拖欠农民工工资的，取消其建筑施工资质。

第五十条 建设单位未按约定及时足额向农民工工资专用账户拨付资金的，由行业主管部门责令改正，并处未拨付资金额一倍的罚款。

第五十一条 有关当事人、金融机构不依法配合人力资源社会保障行政部门和劳动人事争议仲裁委员会查询相关单位金融账户等情况的，由人力资源社会保障行政部门责令改正，并可处二万元以上五万元以下的罚款。

第五十二条 地方各级人民政府及人力资源社会保障、发展改革、财政、公安、司法等行政部门和住房城乡建设、交通运输、水利等行业主管部门及其工作人员，未依法履行工资支付监督管理及相关职责的，由有关机关依法依规处理；情节严重的，对直接负责的主管人员和其他直接责任人员依法依规给予处分；构成犯罪的，依法追究刑事责任。

第五十三条 政府投资工程项目未批先建、建设资金不到位、未及时拨付工程款等导致拖欠农民工工资的，由有关机关依法依规追究相关监管部门的责任。

第五十四条 国有工程建设单位拖欠工程款引发拖欠农民工工资的，由上级主管部门约谈单位负责人，并作为其业绩考核、薪酬分配、评先评优等的重要依据。

第五十五条 对于建设资金不到位、未依法审批开工建设的工程项目拖欠农民工工资的，建立责任倒查制度，依法依规追究行业主管部门、审批部门负责人和其他直接责任人员的责任。

第七章 附则

第五十六条 本条例所称的“书面”，包括纸质的和电子数据的。

第五十七条 本条例自公布之日起施行。

国务院关于做好当前和今后一个时期促进就业工作的若干意见

国发〔2018〕39号

各省、自治区、直辖市人民政府，国务院各部委、各直属机构：

就业是最大的民生，也是经济发展的重中之重。当前，我国就业局势保持总体稳定，但经济运行稳中有变，经济下行压力有所加大，对就业的影响应高度重视。必须把稳就业放在更加突出位置，深入贯彻习近平新时代中国特色社会主义思想和党的十九大精神，全面落实党中央、国务院关于稳就业工作的决策部署，坚持实施就业优先战略和更加积极的就业政策，支持企业稳定岗位，促进就业创业，强化培训服务，确保当前和今后一个时期就业目标任务完成和就业局势持续稳定。为此，提出以下意见：

一　支持企业稳定发展

（一）加大稳岗支持力度。对不裁员或少裁员的参保企业，可返还其上年度实际缴纳失业保险费的50%。2019年1月1日至12月31日，对面临暂时性生产经营困难且恢复有望、坚持不裁员或少裁员的参保企业，返还标准可按6个月的当地月人均失业保险金和参保职工人数确定，或按6个月的企业及其职工应缴纳社会保险费50%的标准确定。上述资金由失业保险基金列支。（人力资源社会保障部、财政部负责。列第一位者为牵头单位，下同）

（二）发挥政府性融资担保机构作用支持小微企业。充分发挥国家融资担保基金作用，引导更多金融资源支持创业就业。各地政府性融资担保基金应优先为符合条件的小微企业提供低费率的担保支持，提高小微企业贷款可获得性。（财政部、工业和信息化部、人民银行、银保监会负责）

二 鼓励支持就业创业

（三）加大创业担保贷款贴息及奖补政策支持力度。符合创业担保贷款申请条件的人员自主创业的，可申请最高不超过 15 万元的创业担保贷款。小微企业当年新招用符合创业担保贷款申请条件的人员数量达到企业现有在职职工人数 25%（超过 100 人的企业达到 15%）并与其签订 1 年以上劳动合同的，可申请最高不超过 300 万元的创业担保贷款。各地可因地制宜适当放宽创业担保贷款申请条件，由此产生的贴息资金由地方财政承担。推动奖补政策落到实处，按各地当年新发放创业担保贷款总额的一定比例，奖励创业担保贷款基金运营管理机构等单位，引导其进一步提高服务创业就业的积极性。（财政部、人力资源社会保障部、人民银行、银保监会负责）

（四）支持创业载体建设。鼓励各地加快建设重点群体创业孵化载体，为创业者提供低成本场地支持、指导服务和政策扶持，根据入驻实体数量、孵化效果和带动就业成效，对创业孵化基地给予一定奖补。支持稳定就业压力较大地区为失业人员自主创业免费提供经营场地。（人力资源社会保障部、科技部、财政部、住房城乡建设部、市场监管总局，各省级人民政府按职责分工负责）

（五）扩大就业见习补贴范围。从 2019 年 1 月 1 日起，实施三年百万青年见习计划；将就业见习补贴范围由离校未就业高校毕业生扩展至 16 ~ 24 岁失业青年；组织失业青年参加 3 ~ 12 个月的就业见习，按规定给予就业见习补贴，并适当提高补贴标准。（人力资源社会保障部等有关部门和单位负责）

三 积极实施培训

（六）支持困难企业开展职工在岗培训。2019 年 1 月 1 日至 12 月 31

日，困难企业可组织开展职工在岗培训，所需经费按规定从企业职工教育经费中列支，不足部分经所在地人力资源社会保障部门审核评估合格后，可由就业补助资金予以适当支持。（人力资源社会保障部、财政部负责）

（七）开展失业人员培训。支持各类职业院校（含技工院校）、普通高等学校、职业培训机构和符合条件的企业承担失业人员职业技能培训或创业培训。对培训合格的失业人员给予职业培训补贴，补贴标准根据培训成本、培训时长、市场需求和取得相关证书情况等确定；2019 年 1 月 1 日至 2020 年 12 月 31 日，对其中就业困难人员和零就业家庭成员在培训期间再给予生活费补贴。生活费补贴政策每人每年只享受一次，且不可同时领取失业保险金。（人力资源社会保障部、财政部、教育部等有关部门和单位负责）

（八）放宽技术技能提升补贴申领条件。2019 年 1 月 1 日至 2020 年 12 月 31 日，将技术技能提升补贴申领条件由企业在职职工参加失业保险 3 年以上放宽至参保 1 年以上。参保职工取得职业资格证书或职业技能等级证书的，可在参保地申请技术技能提升补贴。所需资金由失业保险基金列支。（人力资源社会保障部、财政部负责）

四　及时开展下岗失业人员帮扶

（九）实行失业登记常住地服务。失业人员可在常住地公共就业服务机构办理失业登记，申请享受当地就业创业服务、就业扶持政策、重点群体创业就业税收优惠政策。其中，大龄、残疾、低保家庭等劳动者可在常住地申请认定为就业困难人员，享受就业援助。（人力资源社会保障部、财政部、税务总局，各省级人民政府按职责分工负责）

（十）落实失业保险待遇。对符合条件的失业人员，由失业保险基金发放失业保险金，其个人应缴纳的基本医疗保险费从失业保险基金中列支。（人力资源社会保障部、医保局负责）

（十一）保障困难群众基本生活。对符合条件的生活困难下岗失业人员，给予临时生活补助，补助标准根据家庭困难程度、地区消费水平等综合确定。对符合最低生活保障条件的家庭，及时纳入最低生活保障范围。对符合临时救助条件的，给予临时救助。通过综合施策，帮助困难群众解困脱困。（财政部、人力资源社会保障部、民政部等有关部门和单位按职责分工负责）

五 落实各方责任

（十二）落实地方政府主体责任。地方各级人民政府要切实承担本地区促进就业工作的主体责任，建立由政府负责人牵头、相关部门共同参与的工作机制，因地制宜，多措并举，统筹做好本地区促进就业工作，分级预警、分层响应、分类施策。各省、自治区、直辖市人民政府要在本意见印发之日起30日内，制定出台具体实施办法，组织有关部门结合本地实际和财力水平合理确定享受政策的困难企业范围，突出重点帮扶对象，合理确定补贴等标准，确保各项政策尽快落地。（各省级人民政府负责）

（十三）明确部门组织协调责任。人力资源社会保障部要统筹协调促进就业政策制定、督促落实、统计监测等工作。财政部要加大资金支持力度，保障促进就业政策落实。其他有关部门和单位要立足职能职责，积极出台促进就业创业的政策措施，开展更多有利于促进就业的专项活动，共同做好促进就业工作。（各有关部门和单位按职责分工负责）

（十四）切实抓好政策服务。各地各有关部门要积极开展政策宣传，向社会公布政策清单、申办流程、补贴标准、服务机构及联系方式、监督投诉电话，深入企业宣讲政策、了解困难、做好帮扶。对申请享受就业创业扶持政策和就业创业服务的困难企业、下岗失业人员，要建立实名制管理服务信息系统。要优化流程，精简证明，加强监管，确保各项政策资金规范便捷地惠及享受对象。（各有关部门和单位，各省级人民政府按职责分工负责）

（十五）指导企业等各方履行社会责任。要引导困难企业更加注重运用市场机制、经济手段，通过转型转产、培训转岗、支持“双创”等，多渠道分流安置职工，依法处理劳动关系。引导职工关心企业生存与发展，困难企业与职工协商一致的，可采取协商薪酬、调整工时、轮岗轮休、在岗培训等措施，保留就业岗位，稳定劳动关系。引导劳动者树立正确就业观，主动提升就业能力，通过自身努力实现就业创业。广泛调动社会各界积极性，形成稳定、扩大就业的合力。（各有关部门和单位，各省级人民政府按职责分工负责）

从工业企业结构调整专项奖补资金中安排部分资金并适时下达，由地方统筹纳入就业补助资金，专项用于当前稳就业工作。各地要对现有补贴项目进行梳理，在保持政策连续性、稳定性的基础上，对补贴项目、补贴方式进行归并简化，提高资金使用效益。各地贯彻落实本意见的有关情况及发现的重要问题，要及时报送人力资源社会保障部。

国务院

2018 年 11 月 16 日

国务院关于推行终身职业技能培训制度的意见

国发〔2018〕11号

各省、自治区、直辖市人民政府，国务院各部委、各直属机构：

职业技能培训是全面提升劳动者就业创业能力、缓解技能人才短缺的结构性矛盾、提高就业质量的根本举措，是适应经济高质量发展、培育经济发展新动能、推进供给侧结构性改革的内在要求，对推动大众创业万众创新、推进制造强国建设、提高全要素生产率、推动经济迈上中高端具有重要意义。为全面提高劳动者素质，促进就业创业和经济社会发展，根据党的十九大精神和“十三五”规划纲要相关要求，现就推行终身职业技能培训制度提出以下意见。

一　总体要求

（一）指导思想

以习近平新时代中国特色社会主义思想为指导，全面深入贯彻党的十九大和十九届二中、三中全会精神，认真落实党中央、国务院决策部署，统筹推进“五位一体”总体布局和协调推进“四个全面”战略布局，坚持以人民为中心的发展思想，牢固树立新发展理念，深入实施就业优先战略和人才强国战略，适应经济转型升级、制造强国建设和劳动者就业创业需要，深化人力资源供给侧结构性改革，推行终身职业技能培训制度，大规模开展职业技能培训，着力提升培训的针对性和有效性，建设知识型、技能型、创新型劳动者大军，为全面建成社会主义现代化强国、实现中华民族伟大复兴的中国梦提供强大支撑。

（二）基本原则

促进普惠均等。针对城乡全体劳动者，推进基本职业技能培训服务普惠性、均等化，注重服务终身，保障人人享有基本职业技能培训服务，全面提升培训质量、培训效益和群众满意度。

坚持需求导向。坚持以促进就业创业为目标，瞄准就业创业和经济社会发展需求确定培训内容，加强对就业创业重点群体的培训，提高培训后的就业创业成功率，着力缓解劳动者素质结构与经济社会发展需求不相适应、结构性就业矛盾突出的问题。

创新体制机制。推进职业技能培训市场化、社会化改革，充分发挥企业主体作用，鼓励支持社会力量参与，建立培训资源优化配置、培训载体多元发展、劳动者按需选择、政府加强监管服务的体制机制。

坚持统筹推进。加强职业技能开发和职业素质培养，全面做好技能人才培养、评价、选拔、使用、激励等工作，着力加强高技能人才队伍建设，形成有利于技能人才发展的制度体系和社会环境，促进技能振兴与发展。

（三）目标任务

建立并推行覆盖城乡全体劳动者、贯穿劳动者学习工作终身、适应就业创业和人才成长需要以及经济社会发展需求的终身职业技能培训制度，实现培训对象普惠化、培训资源市场化、培训载体多元化、培训方式多样化、培训管理规范化，大规模开展高质量的职业技能培训，力争2020年后基本满足劳动者培训需要，努力培养造就规模宏大的高技能人才队伍和数以亿计的高素质劳动者。

二　构建终身职业技能培训体系

（四）完善终身职业技能培训政策和组织实施体系。面向城乡全体劳动者，完善从劳动预备开始，到劳动者实现就业创业并贯穿学习和职业生涯全过程的终身职业技能培训政策。以政府补贴培训、企业自主培训、市场化培训为主要供给，以公共实训机构、职业院校（含技工院校，下同）、职业培训机构和行业企业为主要载体，以就业技能培训、岗位技能提升培训和创业创新培训为主要形式，构建资源充足、布局合理、结构优化、载体多元、方式科学的培训组织实施体系。（人力资源社会保障部、教育部等按职责分工负责。列第一位者为牵头单位，下同）

（五）围绕就业创业重点群体，广泛开展就业技能培训。持续开展高校毕业生技能就业行动，增强高校毕业生适应产业发展、岗位需求和基层就业工作能力。深入实施农民工职业技能提升计划——“春潮行动”，将农村转移就业人员和新生代农民工培养成为高素质技能劳动者。配合化解过剩产能职工安置工作，实施失业人员和转岗职工特别职业培训计划。实施新型职业农民培育工程和农村实用人才培训计划，全面建立职业农民制度。对城乡未继续升学的初、高中毕业生开展劳动预备制培训。对即将退役的军人开展退役前技能储备培训和职业指导，对退役军人开展就业技能培训。面向符合条件的建档立卡贫困家庭、农村“低保”家庭、困难职工家庭和残疾人，开展技能脱贫攻坚行动，实施“雨露计划”、技能脱贫千校行动、残疾人职业技能提升计划。对服刑人员、强制隔离戒毒人员，开展以顺利回归社会为目的的就业技能培训。（人力资源社会保障部、教育部、工业和信息化部、民政部、司法部、住房城乡建设部、农业农村部、退役军人事务部、国务院国资委、国务院扶贫办、全国总工会、共青团中央、全国妇联、中国残联等按职责分工负责）

（六）充分发挥企业主体作用，全面加强企业职工岗位技能提升培训。将企业职工培训作为职业技能培训工作的重点，明确企业培训主体地位，完善激励政策，支持企业大规模开展职业技能培训，鼓励规模以上企业建立职业培训机构开展职工培训，并积极面向中小企业和社会承担培训任务，降低企业兴办职业培训机构成本，提高企业积极性。对接国民经济和社会发展中长期规划，适应高质量发展要求，推动企业健全职工培训制度，制定职工培训规划，采取岗前培训、学徒培训、在岗培训、脱产培训、业务研修、岗位练兵、技术比武、技能竞赛等方式，大幅提升职工技能水平。全面推行企业新型学徒制度，对企业新招用和转岗的技能岗位人员，通过校企合作方式，进行系统职业技能培训。发挥失业保险促进就业作用，支持符合条件的参保职工提升职业技能。健全校企合作制度，探索推进产教融合试点。（人力资源社会保障部、教育部、工业和信息化部、住房城乡建设部、国务院国资委、全国总工会等按职责分工负责）

（七）适应产业转型升级需要，着力加强高技能人才培训。面向经济社会发展急需紧缺职业（工种），大力开展高技能人才培训，增加高技能人才供给。深入实施国家高技能人才振兴计划，紧密结合战略性新兴产业、先进制造业、现代服务业等发展需求，开展技师、高级技师培训。对重点关键岗位的高技能人才，通过开展新知识、新技术、新工艺等方面培训以及技术研修攻关等方式，进一步提高他们的专业知识水平、解决实际问题能力和创新创造能力。支持高技能领军人才更多参与国家科研项目。发挥高技能领军人才在带徒传技、技能推广等方面的重要作用。（人力资源社会保障部、教育部、工业和信息化部、住房城乡建设部、国务院国资委、全国总工会等按职责分工负责）

（八）大力推进创业创新培训。组织有创业意愿和培训需求的人员参加创业创新培训。以高等学校和职业院校毕业生、科技人员、留学回国人员、退役军人、农村转移就业和返乡下乡创业人员、失业人员和转岗职工等群体为重点，依托高等学校、职业院校、职业培训机构、创业培训（实训）中心、创业孵化基地、众创空间、网络平台等，开展创业意识教育、创新素质培养、创业项目指导、开业指导、企业经营管理等培训，提升创业创新能力。健全以政策支持、项目评定、孵化实训、科技金融、创业服务为主要内容的创业创新支持体系，将高等学校、职业院校学生在校期间开展的“试创业”实践活动纳入政策支持范围。发挥技能大师工作室、劳模和职工创新工作室作用，开展集智创新、技术攻关、技能研修、技艺传承等群众性技术创新活动，做好创新成果总结命名推广工作，加大对劳动者创业创新的扶持力度。（人力资源社会保障部、教育部、科技部、工业和信息化部、住房城乡建设部、农业农村部、退役军人事务部、国务院国资委、国务院扶贫办、全国总工会、共青团中央、全国妇联、中国残联等按职责分工负责）

（九）强化工匠精神和职业素质培育。大力弘扬和培育工匠精神，坚持工学结合、知行合一、德技并修，完善激励机制，增强劳动者对职业理念、职业责任和职业使命的认识与理解，提高劳动者践行工匠精神的自觉性和主动性。广泛开展“大国工匠进校园”活动。加强职业素质培育，将职业道德、质量意识、法律意识、安全环保和健康卫生等要求贯穿职业培训全过程。（人力资源社会保障部、教育部、科技部、工业和信息化部、住房城乡建设部、国务院国资委、国家市场监督管理总局、全国总工会、共青团中央等按职责分工负责）

三　深化职业技能培训体制机制改革

（十）建立职业技能培训市场化社会化发展机制。加大政府、企业、社会等各类培训资源优化整合力度，提高培训供给能力。广泛发动社会力量，大力发展民办职业技能培训。鼓励企业建设培训中心、职业院校、企业大学，开展职业训练院试点工作，为社会培育更多高技能人才。鼓励支持社会组织积极参与行业人才需求发布、就业状况分析、培训指导等工作。政府补贴的职业技能培训项目全部向具备资质的职业院校和培训机构开放。（人力资源社会保障部、教育部、工业和信息化部、民政部、国家市场监督管理总局、全国总工会等按职责分工负责）

（十一）建立技能人才多元评价机制。健全以职业能力为导向、以工作业绩为重点、注重工匠精神培育和职业道德养成的技能人才评价体系。建立与国家职业资格制度相衔接、与终身职业技能培训制度相适应的职业技能等级制度。完善职业资格评价、职业技能等级认定、专项职业能力考核等多元化评价方式，促进评价结果有机衔接。健全技能人才评价管理服务体系，加强对评价质量的监管。建立以企业岗位练兵和技术比武为基础、以国家和行业竞赛为主体、国内竞赛与国际竞赛相衔接的职业技能竞赛体系，大力组织开展职业技能竞赛活动，积极参与世界技能大赛，拓展技能人才评价选拔渠道。（人力资源社会保障部、教育部、工业和信息化部、住房城乡建设部、国务院国资委、全国总工会、共青团中央、中国残联等按职责分工负责）

（十二）建立职业技能培训质量评估监管机制。对职业技能培训公共服务项目实施目录清单管理，制定政府补贴培训目录、培训机构目录、鉴定评价机构目录、职业资格目录，及时向社会公开并实行动态调整。建立以培训合格率、就业创业成功率为重点的培训绩效评估体系，对培训机构、培训过程进行全方位监管。结合国家“金保工程”二期，建立基于互联网的职业技能培训公共服务平台，提升技能培训和鉴定评价信息化水平。探索建立劳动者职业技能培训电子档案，实现培训信息与就业、社会保障信息联通共享。（人力资源社会保障部、财政部等按职责分工负责）

（十三）建立技能提升多渠道激励机制。支持劳动者凭技能提升待遇，建立健全技能人才培养、评价、使用、待遇相统一的激励机制。指导企业不唯学历和资历，建立基于岗位价值、能力素质、业绩贡献的工资分配机制，强化技能价值激励导向。制定企业技术工人技能要素和创新成果按贡献参与分配的办法，推动技术工人享受促进科技成果转化的有关政策，鼓励企业对高技能人才实行技术创新成果入股、岗位分红和股权期权等激励方式，鼓励凭技能创造财富、增加收入。落实技能人才积分落户、岗位聘任、职务职级晋升、参与职称评审、学习进修等政策。支持用人单位对聘用的高级工、技师、高级技师，比照相应层级工程技术人员确定其待遇。完善以国家奖励为导向、用人单位奖励为主体、社会奖励为补充的技能人才表彰奖励制度。（人力资源社会保障部、教育部、工业和信息化部、公安部、国务院国资委、国家公务员局等按职责分工负责）

四　提升职业技能培训基础能力

（十四）加强职业技能培训服务能力建设。推进职业技能培训公共服务体系建设，为劳动者提供市场供求信息咨询服务，引导培训机构按市场和产业发展需求设立培训项目，引导劳动者按需自主选择培训项目。推进培训内容和方式创新，鼓励开展新产业、新技术、新业态培训，大力推广“互联网+职业培训”模式，推动云计算、大数据、移动智能终端等信息网络技术在职业技能培训领域的应用，提高培训便利度和可及性。（人力资源社会保障部、国家发展改革委等按职责分工负责）

（十五）加强职业技能培训教学资源建设。紧跟新技术、新职业发展变化，建立职业分类动态调整机制，加快职业标准开发工作。建立国家基本职业培训包制度，促进职业技能培训规范化发展。支持弹性学习，建立学习成果积累和转换制度，促进职业技能培训与学历教育沟通衔接。实行专兼职教师制度，完善教师在职培训和企业实践制度，职业院校和培训机构可根据需要和条件自主招用企业技能人才任教。大力开展校长等管理人员培训和师资培训。发挥院校、行业企业作用，加强职业技能培训教材开发，提高教材质量，规范教材使用。（人力资源社会保障部、教育部等按职责分工负责）

（十六）加强职业技能培训基础平台建设。推进高技能人才培训基地、技能大师工作室建设，建成一批高技能人才培养培训、技能交流传承基地。加强公共实训基地、职业农民培育基地和创业孵化基地建设，逐步形成覆盖全国的技能实训和创业实训网络。对接世界技能大赛标准，加强竞赛集训基地建设，提升我国职业技能竞赛整体水平和青年技能人才培养质量。积极参与走出去战略和“一带一路”建设中的技能合作与交流。（人力资源社会保障部、国家发展改革委、教育部、科技部、工业和信息化部、财政部、农业农村部、商务部、国务院国资委、国家国际发展合作署等按职责分工负责）

五　保障措施

（十七）加强组织领导。地方各级人民政府要按照党中央、国务院的总体要求，把推行终身职业技能培训制度作为推进供给侧结构性改革的重要任务，根据经济社会发展、促进就业和人才发展总体规划，制定中长期职业技能培训规划并大力组织实施，推进政策落实。要建立政府统一领导，人力资源社会保障部门统筹协调，相关部门各司其职、密切配合，有关人民团体和社会组织广泛参与的工作机制，不断加大职业技能培训工作力度。（人力资源社会保障部等部门、单位和各省级人民政府按职责分工负责）

（十八）做好公共财政保障。地方各级人民政府要加大投入力度，落实职业技能培训补贴政策，发挥好政府资金的引导和撬动作用。合理调整就业补助资金支出结构，保障培训补贴资金落实到位。加大对用于职业技能培训各项补贴资金的整合力度，提高使用效益。完善经费补贴拨付流程，简化程序，提高效率。要规范财政资金管理，依法加强对培训补贴资金的监督，防止骗取、挪用，保障资金安全和效益。有条件的地区可安排经费，对职业技能培训教材开发、新职业研究、职业技能标准开发、师资培训、职业技能竞赛、评选表彰等基础工作给予支持。（人力资源社会保障部、教育部、财政部、审计署等按职责分工负责）

（十九）多渠道筹集经费。加大职业技能培训经费保障，建立政府、企业、社会多元投入机制，通过就业补助资金、企业职工教育培训经费、社会捐助赞助、劳动者个人缴费等多种渠道筹集培训资金。通过公益性社会团体或者县级以上人民政府及其部门用于职业教育的捐赠，依照税法相关规定在税前扣除。鼓励社会捐助、赞助职业技能竞赛活动。（人力资源社会保障部、教育部、工业和信息化部、民政部、财政部、国务院国资委、税务总局、全国总工会等按职责分工负责）

（二十）进一步优化社会环境。加强职业技能培训政策宣传，创新宣传方式，提升社会影响力和公众知晓度。积极开展技能展示交流，组织开展好职业教育活动周、世界青年技能日、技能中国行等活动，宣传校企合作、技能竞赛、技艺传承等成果，提高职业技能培训吸引力。大力宣传优秀技能人才先进事迹，大力营造劳动光荣的社会风尚和精益求精的敬业风气。（人力资源社会保障部、教育部、全国总工会、共青团中央等按职责分工负责）

国务院

2018 年 5 月 3 日

人力资源社会保障部　财政部 关于全面推行企业新型学徒制的意见

人社部发〔2018〕66号

各省、自治区、直辖市及新疆生产建设兵团人力资源社会保障厅（局）、财政厅（局）：

为贯彻落实党的十九大精神，加快建设知识型、技能型、创新型劳动者大军，按照中共中央、国务院《新时期产业工人队伍建设改革方案》、《关于推行终身职业技能培训制度的意见》（国发〔2018〕11号）有关要求和全国教育大会有关精神，现就全面推行企业新型学徒制提出如下意见：

一　指导思想和目标任务

（一）指导思想。以习近平新时代中国特色社会主义思想为指导，全面贯彻党的十九大和十九届二中、三中全会精神，认真落实党中央、国务院决策部署，以服务就业和经济社会发展为宗旨，适应培育壮大新动能、产业转型升级和现代企业发展需要，大力推进技能人才培养工作，深化产教融合、校企合作，创新中国特色技能人才培养模式，面向各类企业全面推行企业新型学徒制，扩大技能人才培养规模，为促进劳动者更高质量就业，实现经济高质量发展提供有力人才支撑。

（二）目标任务。按照政府引导、企业为主、院校参与的原则，在企业（含拥有技能人才的其他用人单位，下同）全面推行以“招工即招生、入企即入校、企校双师联合培养”为主要内容的企业新型学徒制，进一步发挥企业主体作用，通过企校合作、工学交替方式，组织企业技能岗位新招用和转岗等人员参加企业新型学徒培训，促进企业技能人才培养，壮大发展产业工人队伍。从今年起到2020年底，努力形成政府激励推动、企业加大投入、培训机构积极参与、劳动者踊跃参加的职业技能培训新格局，力争培训50万以上企业新型学徒（以下简称“学徒”）。2021年起，继续加大工作力度，力争年培训学徒50万人左右。

二　企业新型学徒制的主要内容

（三）培养对象和培养模式。学徒培训以与企业签订一年以上劳动合同的技能岗位新招用和转岗等人员为培养对象。企业可结合生产实际自主确定培养对象，采取“企校双制、工学一体”的培养模式，即由企业与技工院校、职业院校、职业培训机构、企业培训中心等教育培训机构（以下简称“培训机构”）采取企校双师带徒、工学交替培养等模式共同培养学徒。

（四）培养主体职责。学徒培养的主要职责由所在企业承担。企业应与学徒签订培养协议，明确培训目标、培训内容与期限、质量考核标准等内容。企业委托培训机构承担学徒的部分培训任务，应与培训机构签订合作协议，明确培训的方式、内容、期限、费用、双方责任等具体内容，保证学徒在企业工作的同时，能够到培训机构参加系统的、有针对性的专业知识学习和相关技能训练。培训机构与企业签订合作协议后，对学徒进行非全日制学籍注册，加强在校学习管理。

（五）培养目标和主要方式。学徒培养目标以符合企业岗位需求的中、高级技术工人为主，培养期限为1～2年，特殊情况可延长到3年。培养内容主要包括专业知识、操作技能、安全生产规范和职业素养，特别是工匠精神的培育。要以企业为主导确定具体培养任务，由企业与培训机构分别承担。在企业主要通过企业导师带徒方式，在培训机构主要采取工学一体化教学培训方式。积极应用“互联网+”、职业培训包等培训模式。学徒培训期满，可参加职业技能鉴定或结业（毕业）考核，合格者取得相应职业资格证书（或职业技能等级证书、专项职业能力证书、培训合格证书、毕业证书，下同）。鼓励支持有条件的企业自主对学徒进行技能评价。

三　健全政策制度

（六）建立企校双师联合培养制度。企业应选拔优秀高技能人才担任学徒的企业导师。企业导师要着重指导学徒进行岗位技能操作训练，帮助学徒逐步掌握并不断提升技能水平和职业素养，使之能够达到职业技能标准和岗位要求，具备从事相应技能岗位工作的能力。培训机构应为学徒安排具备相应专业知识和操作技能水平的指导教师，负责承担学徒的学校教学任务，强化理论知识学习，做好与企业实践技能的衔接。

（七）学徒培养实行弹性学制和学分制。承担学徒培训任务的培训机构，要结合企业生产和学徒工作生活实际，采取弹性学制，实行学分制管理。鼓励和支持学徒利用业余时间分阶段完成学业。要建立和完善适合弹性学制和学分制的教学质量评价体系和考核制度。

（八）健全企业对学徒培训的投入机制。学徒在学习培训期间，企业应当按照劳动合同法的规定支付工资，且工资不得低于企业所在地最低工资标准。企业按照与培训机构签订的合作协议约定，向培训机构支付学徒培训费用，所需资金从企业职工教育经费中列支；符合有关政策规定的，由政府提供职业培训和职业技能鉴定补贴。承担带徒任务的企业导师享受导师带徒津贴，津贴标准由企业确定，津贴由企业承担。企业对学徒开展在岗培训、业务研修等企业内部发生的费用，符合有关政策规定的，可从企业职工教育经费中列支。

（九）完善财政补贴政策。人力资源社会保障部门会同财政部门对开展学徒培训的企业按规定给予职业培训补贴，补贴资金从就业补助资金列支。补贴标准由各省（区、市）人力资源社会保障部门会同省级财政部门确定，学徒每人每年的补贴标准原则上不低于4000元，并根据经济发展、培训成本、物价指数等情况逐步提高。企业在开展学徒培训前将有关材料报当地人力资源社会保障部门备案，经人力资源社会保障部门审核后列入学徒培训计划，财政部门按规定向企业预支不超过50%的补贴资金，培训任务完成后及时拨付其余补贴资金。对参加学徒培训的就业困难人员和毕业年度高校毕业生，按规定落实社保补贴政策。

四　加大组织实施力度

（十）加强组织领导。各级人力资源社会保障部门、财政部门要进一步提高认识，增强责任感和紧迫感，把推行企业新型学徒制作为推行终身职业技能培训制度、加强技能人才队伍建设的重要工作内容，制定工作方案，认真组织实施。要建立人力资源社会保障部门牵头，财政等有关部门密切配合、协同推进的工作机制，加强组织领导，全面推动实施。

（十一）规范组织实施。各省级人力资源社会保障部门、财政部门要制定具体实施办法，实行学徒培训备案审核制度，简化工作流程，探索政策创新。中央企业学徒培训按属地管理原则纳入当地工作范畴，享受当地政策，各级人力资源社会保障部门要主动对接属地中央企业，做好服务保障工作。各省、市、县人力资源社会保障部门要加大工作力度，加强工作力量，做好对各类企业特别是中小微企业学徒培训的管理服务工作，建立与相关企业的联系制度，做好工作指导。

（十二）建立培训质量评估监管机制。对学徒培训实施目录清单管理，制定企业目录、培训机构目录，及时向社会公开并实行动态调整。结合国家“金保工程”二期，建立基于互联网的职业培训公共服务和监管平台，积极推行网上备案审核制度，实现信息联通共享。实施学徒培训实名制信息管理，指导企业建立培训台账，详细记录参训人员的姓名、年龄、性别、身份证号、学历、培训职业（工种）、学校班次、培训时间、考核成绩、技能等级和联系方式等，以备查验。对培训机构和培训过程、培训结果要加强监管，实时监控，严格考核验收。

企业组织学徒培训要向人力资源社会保障部门报送如下备案材料：培训

计划、学徒名册、劳动合同复印件等有关材料。完成全部培训任务后企业申请其余补贴资金时需备案以下材料：职业资格证书编号或复印件、不低于10次的培训视频资料、培训机构出具的行政事业性收费票据（或税务发票）等符合财务管理规定的凭证。

（十三）提高服务能力。要切实做好学徒培训经费保障工作，及时足额拨付补贴资金。健全资金管理制度，提高资金使用效益，确保资金使用安全。有条件的地方可安排工作经费，对学徒培训教材开发、师资建设、管理人员培训、管理平台开发等基础工作给予支持。支持承担学徒培训任务工作的培训机构提升培训基础能力。职业技能鉴定机构要提供便捷高效的鉴定服务，相关部门按规定落实职业技能鉴定补贴。

（十四）加强宣传动员。广泛动员企业、培训机构和劳动者积极参与学徒培训，扩大企业新型学徒制影响力和覆盖面。强化典型示范，突出导向作用，大力宣传推行企业新型学徒制的典型经验和良好成效。创新宣传方式，充分运用各类新闻媒体，采取灵活多样的形式，做好推广动员工作，努力营造全社会关心尊重技能人才、重视支持职业技能培训工作的良好社会氛围。

请各省（区、市）及新疆生产建设兵团人力资源社会保障部门、财政部门在每年年底前将企业新型学徒制工作开展情况报送人力资源社会保障部、财政部。

人力资源社会保障部

财政部

2018年10月12日

人力资源社会保障部 国家发展改革委等八部委关于切实做好化解过剩产能中职工安置工作的通知

人社部发〔2019〕56号

各省、自治区、直辖市及新疆生产建设兵团人力资源社会保障厅（局）、发展改革委、工业和信息化主管部门、财政厅（局）、民政厅（局）、国资委（局）、能源局、总工会，有关中央企业：

近年来，各地区、各有关部门坚持以习近平新时代中国特色社会主义思想为指导，全面贯彻党中央、国务院决策部署，稳妥推进去产能职工安置工作，为顺利推进供给侧结构性改革、维护职工合法权益、确保社会和谐稳定作出了重要贡献。与此同时，供给侧结构性改革持续深化，做好职工安置工作仍是其中一项重要内容。为切实做好去产能职工安置工作，现就有关事项通知如下：

一、明确工作重点任务。2019年职工安置工作重点对象包括：2019年有关地区去产能任务涉及的分流职工，前期结转的未分流职工，前期分流安置后仍处于失业状态的人员。同时，要配合做好深化供给侧结构性改革重点工作涉及的职工分流工作。

二、做好实名信息管理。各地要继续做好分流职工基础台账，及时将信息录入职工安置实名制信息系统，动态跟踪分流安置进展。根据去产能计划任务锁定涉及职工分流安置的企业，通过实地调查、电话抽查、社保数据比对、用工凭证或工资发放记录核查等，对企业填报的职工信息进行摸底核实。对联系不上的职工，指导企业通过张贴公示、登报声明、上网公告等方式主动联系，并将有关情况报本地区人力资源社会保障部门核查备案。人力资源社会保障部将加强信息比对分析，确定职工动态并定期反馈地方，各地要及时联系跟进并做好服务工作。

三、妥善分流安置职工。有去产能任务和存在结转未分流职工的地区，要坚持企业主体、地方组织、依法依规，强化部门协调，指导督促企业依法制定并落实职工安置方案，妥善做好劳动关系处理和社会保险关系接续，进一步加大对企业内部分流职工的支持力度，畅通分流渠道。对因欠薪欠保等负担较重导致分流安置进度滞后的企业，督促企业及所属集团公司承担主体责任，推动上级集团公司加强专项支持，努力拓宽多元化筹资渠道，深入了解和耐心倾听职工诉求，主动细致开展思想工作，妥善有序推动问题解决。对分流职工较多、接续产业缺乏的困难地区，进一步加大就业创业攻坚力度，加强岗位信息定向推送和专场招聘，积极开展有组织劳务对接，强化针对性帮扶措施，适当加大奖补资金支持力度，积极稳妥推进职工分流安置工作。

四、巩固前期安置成果。各地要密切关注已分流安置职工情况，主动跟进、分类施策，着力提升职工安置质量。对内部分流后稳定性差甚至面临下岗失业的职工，主动对接相关企业，掌握职工技能水平、就业需求等情况，提供针对性就业服务，并按规定开展补贴性技能提升培训和转岗培训。对已经内退但面临生活费发放难的职工，督促企业强化责任意识，依法履行职工安置方案要求，确保生活费按时足额发放。对奖补资金已有支持但拒不履行法定义务、严重损害职工权益的，依法依规追究相关人员责任。对前期安置后仍处于失业状态的职工，及时办理失业登记，提供公共就业服务，纳入常住地就业创业政策扶持体系，促进其及早再就业。

五、强化兜底保障力度。各地要对符合条件的失业人员，按规定落实好失业保险待遇，简化优化发放程序。对符合条件的在岗职工、下岗职工和失业人员，及时纳入最低生活保障、临时救助和工会帮扶救助等范围。对符合就业困难人员条件的失业人员，及时纳入就业援助范围，落实好企业吸纳、灵活就业社保补贴政策，对确实难以市场化就业的，合理开发公益性岗位予以优先安置。

六、妥善化解矛盾风险。各地要切实增强底线思维，通过实地摸查、工作调度、舆情收集和信访分析等，全面排查职工分流安置过程中的风险隐患，深入跟踪分流职工思想动态，及时捕捉苗头性、倾向性问题，做好分析预判和应对准备。对可能出现的因规模性失业、劳动关系处理、社会保险关系接续等引发的突发事件，进一步建立健全预防和应急处置机制，做好政策解释和思想疏导，稳妥采取处置措施，努力把矛盾化解在萌芽状态。对职工身份界定难、安置结果攀比等问题，主动倾听职工诉求，合理的尽可能予以满足，不合理的做好引导解释，依法依规办事，力争把问题解决在基层。切实加强舆论引导，主动发声回应社会关切，着力防范化解利用职工分流安置炒作敏感事件，稳定社会预期。

七、健全长效工作机制。各地要全面梳理总结近年来去产能职工分流安置的工作经验，评估政策实施效果，配合做好深化供给侧结构性改革、国资国企改革、“僵尸企业”出清等过程中的职工分流工作。进一步健全企业主体、地方组织、部门协调的责任机制，强化去产能和职工安置工作同研究、同部署、同推动、同考核的联动机制，构建将职工安置纳入督查、激励、资金清算等工作重要依据的激励问责机制，形成经济政策与社会政策的协调联动。

各地要切实提高思想认识，坚持把职工安置作为化解过剩产能工作的重中之重，加强组织领导，落实工作责任，稳妥推进职工分流安置，切实保障职工合法权益。同时，为掌握职工分流安置进展情况，请各地人力资源社会保障部门认真填报2019年去产能职工安置计划表（附件1）、2019年职工安置进展情况表（附件2）、前期结转未分流职工安置进展情况表（附件3，仅吉林、山西、山东、陕西4省填报），第一次报送时间为7月19日，之后每季度初前5个工作日内上报。

人力资源社会保障部　国家发展改革委

工业和信息化部　财政部　民政部

国资委　能源局　全国总工会

2019年6月25日

国务院关于进一步做好稳就业工作的意见

国发〔2019〕28 号

各省、自治区、直辖市人民政府，国务院各部委、各直属机构：

就业是民生之本、财富之源。当前我国就业形势保持总体平稳，但国内外风险挑战增多，稳就业压力加大。为全力做好稳就业工作，现提出以下意见。

一　总体要求

以习近平新时代中国特色社会主义思想为指导，全面贯彻党的十九大和十九届二中、三中、四中全会精神，坚持把稳就业摆在更加突出位置，强化底线思维，做实就业优先政策，健全有利于更充分更高质量就业的促进机制，坚持创造更多就业岗位和稳定现有就业岗位并重，突出重点、统筹推进、精准施策，全力防范化解规模性失业风险，全力确保就业形势总体稳定。

二　支持企业稳定岗位

（一）加大援企稳岗力度。阶段性降低失业保险费率、工伤保险费率的政策，实施期限延长至 2021 年 4 月 30 日。参保企业面临暂时性生产经营困难且恢复有望、坚持不裁员或少裁员的失业保险稳岗返还政策，以及困难企业开展职工在岗培训的补贴政策，实施期限均延长至 2020 年 12 月 31 日。

（二）加强对企业金融支持。落实普惠金融定向降准政策，释放的资金重点支持民营企业和小微企业融资。鼓励银行完善金融服务民营企业和小微企业的绩效考核激励机制，增加制造业中小微企业中长期贷款和信用贷款。对扩大小微企业融资担保业务规模、降低小微企业融资担保费率等政策性引导较强的地方进行奖补。发挥各级政府中小企业工作领导小组的协调作用，支持中小企业发展，增加就业。发挥各级金融监管机构作用，鼓励银行为重点企业制定专门信贷计划，对遇到暂时困难但符合授信条件的企业，不得盲目抽贷、断贷。

（三）引导企业开拓国内市场。完善省际间信息沟通、收益分享等机制，鼓励中西部和东北地区各类产业园区与东部产业转出地区加强对接，及时掌握有转移意愿的企业清单。推广工业用地长期租赁、先租后让、租让结合和弹性年期供应方式，降低物流和用电用能成本，有条件的地区可加大标准厂房建设力度并提供租金优惠，推动制造业跨区域有序转移。搭建跨部门综合服务平台，加强企业产销融通对接，重点支持相关企业对接国内各大电商平台和各行业、各区域大宗采购项目，支持企业拓展国内市场销售渠道。

（四）规范企业裁员行为。支持企业与职工集体协商，采取协商薪酬、调整工时、轮岗轮休、在岗培训等措施，保留劳动关系。对拟进行经济性裁员的企业，指导其依法依规制定和实施职工安置方案，提前30日向工会或全体职工说明相关情况，依法依规支付经济补偿，偿还拖欠的职工工资，补缴欠缴的社会保险费。

三　开发更多就业岗位

（五）挖掘内需带动就业。实施社区生活服务业发展试点，开展家政服务业提质扩容“领跑者”行动试点工作，深入推进家政培训提升行动和家政服务领域信用建设专项行动。加强旅游公共设施建设，推进区域医疗中心建设，开展支持社会力量发展普惠托育服务专项行动。支持养老服务业发展，通过政府购买服务等方式，支持养老服务机构向重点人群提供服务。鼓励汽车、家电、消费电子产品更新消费，有力有序推进老旧汽车报废更新，鼓励限购城市优化机动车限购管理措施。培育国内服务外包市场，支持行政事业单位、国有企业采购专业服务。

（六）加大投资创造就业。合理扩大有效投资，适当降低部分基础设施等项目资本金比例，加快发行使用地方政府专项债券，确保精准投入补短板重点项目。实施城镇老旧小区改造、棚户区改造、农村危房改造等工程，支持城市停车场设施建设，加快国家物流枢纽网络建设。深入实施新一轮重大技术改造升级工程。

（七）稳定外贸扩大就业。研究适时进一步降低进口关税和制度性成本，扩大出口信用保险覆盖面、合理降低保费，确保审核办理正常退税平均时间在 10 个工作日以内。发挥行业协会、商会、中介机构等作用，引导企业增强议价能力，鼓励提供公益法律服务。建设国际营销服务体系，加快跨境电子商务综合试验区建设，做大做强外贸综合服务企业。

（八）培育壮大新动能拓展就业空间。加快 5G 商用发展步伐，深入推进战略性新兴产业集群发展工程，加强人工智能、工业互联网等领域基础设施投资和产业布局。支持科技型企业开展联合技术攻关，完善首台（套）重大技术装备示范应用扶持政策，支持科技型企业到海外投资。加快落实促进平台经济规范健康发展的指导意见，促进新产业新业态新模式快速发展。

四　促进劳动者多渠道就业创业

（九）鼓励企业吸纳就业。降低小微企业创业担保贷款申请条件，当年新招用符合条件人员占现有职工比例下调为 20%，职工超过 100 人的比例下调为 10%。对企业吸纳登记失业半年以上人员就业且签订 1 年以上劳动合同并按规定缴纳社会保险的，有条件的地区可给予一次性吸纳就业补贴，实施期限为 2020 年 1 月 1 日至 12 月 31 日。

（十）扶持创业带动就业。持续推进简政放权、放管结合、优化服务改革，进一步优化营商环境，鼓励和支持更多劳动者创业创新。加大创业担保贷款政策实施力度，建立信用乡村、信用园区、创业孵化示范载体推荐免担保机制。实施“双创”支撑平台项目，引导“双创”示范基地、专业化众创空间等优质孵化载体承担相关公共服务事务。鼓励支持返乡创业，年度新增建设用地计划指标优先保障县以下返乡创业用地，支持建设一批农民工返乡创业园、农村创新创业和返乡创业孵化实训基地，建设一批县级农村电商服务中心、物流配送中心和乡镇运输服务站。实施返乡创业能力提升行动，加强返乡创业重点人群、贫困村创业致富带头人、农村电商人才等培训培育。对返乡农民工首次创业且正常经营1年以上的，有条件的地区可给予一次性创业补贴。

（十一）支持灵活就业和新就业形态。支持劳动者通过临时性、非全日制、季节性、弹性工作等灵活多样形式实现就业。研究完善支持灵活就业的政策措施，明确灵活就业、新就业形态人员劳动用工、就业服务、权益保障办法，启动新就业形态人员职业伤害保障试点，抓紧清理取消不合理限制灵活就业的规定。对就业困难人员享受灵活就业社会保险补贴政策期满仍未实现稳定就业的，政策享受期限可延长1年，实施期限为2020年1月1日至12月31日。

（十二）加强托底安置就业。加大对就业困难人员的就业援助力度，鼓励围绕补齐民生短板拓展公益性岗位。对从事公益性岗位政策期满仍未实现稳定就业的，政策享受期限可延长1年，实施期限为2020年1月1日至12月31日。在农村中小型基础设施建设、农村危房改造中实施以工代赈，组织建档立卡贫困人口参与工程项目建设。

（十三）稳定高校毕业生等青年就业。继续组织实施农村教师特岗计划、“三支一扶”计划等基层服务项目。公开招聘一批乡村教师、医生、社会工作者充实基层服务力量。扩大征集应届高校毕业生入伍规模。扩大就业见习规模，适当提高补贴标准，支持企业开发更多见习岗位。

五　大规模开展职业技能培训

（十四）大力推进职业技能提升行动。落实完善职业技能提升行动政策措施，按规定给予职业培训补贴和生活费补贴。针对不同对象开展精准培训，全面开展企业职工技能提升培训或转岗转业培训，组织失业人员参加技能培训或创业培训，实施农民工、高校毕业生、退役军人、建档立卡贫困人口、残疾人等重点群体专项培训计划。支持职业院校（含技工院校）积极承担相应培训任务。

（十五）扩大技能人才培养培训规模。推进落实职业院校奖助学金调整政策，扩大高职院校奖助学金覆盖面、提高补助标准，设立中等职业教育国家奖学金。推进各地技师学院、技工学校纳入职业教育统一招生平台。组织城乡未继续升学的初高中毕业生、20 岁以下有意愿的登记失业人员参加劳动预备制培训，按规定给予培训补贴，对其中的农村学员和困难家庭成员给予生活费补贴，实施期限为 2020 年 1 月 1 日至 12 月 31 日。

（十六）加强职业培训基础能力建设。启动国家产教融合建设试点，加强公共实训基地和产教融合实训基地建设。支持各类企业和职业院校（含技工院校）合作建设职工培训中心、企业大学和继续教育基地，鼓励设备设施、教学师资、课程教材等培训资源共建共享。实施新职业开发计划，加大职业技能标准和职业培训包开发力度，建立急需紧缺职业目录编制发布制度。

六　做实就业创业服务

（十七）推进就业服务全覆盖。劳动年龄内、有劳动能力、有就业要求、处于失业状态的城乡劳动者可在常住地进行失业登记，申请享受基本公共就业服务。健全就业信息监测系统，开放线上失业登记入口，实现失业人员基本信息、求职意愿和就业服务跨地区共享。加强重大项目、重大工程、专项治理对就业影响跟踪应对，对涉及企业关停并转的，主管部门要及时将企业信息提供给当地人力资源社会保障部门；对可能造成规模性失业的，要同步制定应对措施。

（十八）加强岗位信息归集提供。政府投资项目产生的岗位信息、各方面开发的公益性岗位信息，在本单位网站和同级人力资源社会保障部门网站公开发布。健全岗位信息公共发布平台，市级以上公共就业人才服务机构要在2020年3月底前实现岗位信息在线发布，并向省级、国家级归集，加快实现公共机构岗位信息区域和全国公开发布。

（十九）强化常态化管理服务。实施基层公共就业服务经办能力提升计划，建立登记失业人员定期联系和分级分类服务制度，每月至少进行1次跟踪调查，定期提供职业介绍、职业指导、创业服务，推介就业创业政策和职业培训项目，对其中的就业困难人员提供就业援助。加强重点企业跟踪服务，提供用工指导、政策咨询、劳动关系协调等服务和指导。公共就业人才服务机构、经营性人力资源服务机构和行业协会提供上述服务的，有条件的地区可根据服务人数、成效和成本等，对其给予就业创业服务补助。

七　做好基本生活保障

（二十）更好发挥失业保险作用。对符合领取失业保险金条件的人员，及时发放失业保险金。对领取失业保险金期满仍未就业且距离法定退休年龄不足1年的人员，可继续发放失业保险金直至法定退休年龄。对失业保险金发放出现缺口的地区，采取失业保险调剂金调剂、地方财政补贴等方式予以支持。

（二十一）做好困难人员生活保障。对符合条件的生活困难下岗失业人员，发放临时生活补助。对生活困难的失业人员及家庭，按规定纳入最低生活保障、临时救助等社会救助范围。对实现就业的低保对象，可通过“低保渐退”等措施，增强其就业意愿和就业稳定性。

八　加强组织保障

（二十二）完善工作组织协调机制。县级以上地方政府要切实履行稳就业主体责任，建立政府负责人牵头、相关部门共同参与的工作组织领导机制，明确目标任务、工作责任和督促落实机制，统筹领导和推进本地区稳就业工作和规模性失业风险应对处置，压实促进就业工作责任。

（二十三）完善资金投入保障机制。积极投入就业补助资金，统筹用好失业保险基金、工业企业结构调整专项奖补资金等，用于企业稳定岗位、鼓励就业创业、保障基本生活等稳就业支出。有条件的地方可设立就业风险储备金，用于应对突发性、规模性失业风险。

（二十四）完善就业形势监测机制。持续抓好就业常规统计，提升数据质量和时效性，多维度开展重点区域、重点群体、重点行业、重点企业就业监测。加强移动通信、铁路运输、社保缴纳、招聘求职等大数据比对分析，健全多方参与的就业形势研判机制。

（二十五）完善突发事件处置机制。各地区要第一时间处置因规模性失业引发的群体性突发事件，防止矛盾激化和事态扩大。处置过程中，当地政府可根据需要与可能、统筹不同群体就业需求，依法依规制定临时性应对措施。

（二十六）完善舆论宣传引导机制。大力宣传党中央、国务院稳就业决策部署和支持就业创业政策措施，引导广大劳动者树立正确的劳动观、价值观，选树一批促进就业创业工作典型经验、典型人物，发掘一批在中西部和东北地区、艰苦边远地区、城乡基层就业创业的先进典型，及时开展表彰激励。牢牢把握信息发布和舆论引导主动权，做好舆情监测研判，建立重大舆情沟通协调和应急处置机制，消除误传误解，稳定社会预期。

国务院

2019 年 12 月 13 日

人力资源社会保障部　财政部关于建立城乡居民基本养老保险待遇确定和基础养老金正常调整机制的指导意见

人社部发〔2018〕21号

各省、自治区、直辖市及新疆生产建设兵团人力资源社会保障厅（局）、财政厅（局），各计划单列市人力资源社会保障局、财政局：

党中央、国务院高度重视城乡社会保障体系建设，2014年在全国建立了统一的城乡居民基本养老保险制度，在保障城乡老年居民基本生活、调节收入分配、促进社会和谐稳定等方面发挥了积极作用。同时，还存在着保障水平较低、待遇确定和正常调整机制尚未健全、缴费激励约束机制不强等问题。根据中央关于改革和完善基本养老保险制度的要求，为进一步完善城乡居民基本养老保险制度，经党中央、国务院同意，现就建立城乡居民基本养老保险待遇确定和基础养老金正常调整机制提出以下意见。

一　总体要求

全面贯彻党的十九大精神，以习近平新时代中国特色社会主义思想为指导，紧紧围绕统筹推进“五位一体”总体布局和协调推进“四个全面”战略布局，牢固树立和贯彻落实新发展理念，坚持以人民为中心的发展思想，按照兜底线、织密网、建机制的要求，建立激励约束有效、筹资权责清晰、保障水平适度的城乡居民基本养老保险待遇确定和基础养老金正常调整机制，推动城乡居民基本养老保险待遇水平随经济发展而逐步提高，确保参保居民共享经济社会发展成果，促进城乡居民基本养老保险制度健康发展，不断增强参保居民的获得感、幸福感、安全感。

二　主要任务

（一）完善待遇确定机制。城乡居民基本养老保险待遇由基础养老金和个人账户养老金构成。基础养老金由中央和地方确定标准并全额支付给符合领取条件的参保人；个人账户养老金由个人账户全部储存额除以计发系数确定。明确各级人民政府、集体经济组织和参保居民等各方面的责任。中央根据全国城乡居民人均可支配收入和财力状况等因素，合理确定全国基础养老金最低标准。地方应当根据当地实际提高基础养老金标准，对65岁及以上参保城乡老年居民予以适当倾斜；对长期缴费、超过最低缴费年限的，应适当加发年限基础养老金。各地提高基础养老金和加发年限基础养老金标准所需资金由地方负担。引导激励符合条件的城乡居民早参保、多缴费，增加个人账户资金积累，优化养老保险待遇结构，提高待遇水平。

（二）建立基础养老金正常调整机制。人力资源社会保障部会同财政部，统筹考虑城乡居民收入增长、物价变动和职工基本养老保险等其他社会保障标准调整情况，适时提出城乡居民全国基础养老金最低标准调整方案，报请党中央和国务院确定。地方基础养老金的调整，应由当地人力资源社会保障部门会同财政部门提出方案，报请同级党委和政府确定。

（三）建立个人缴费档次标准调整机制。各地要根据城乡居民收入增长情况，合理确定和调整城乡居民基本养老保险缴费档次标准，供城乡居民选择。最高缴费档次标准原则上不超过当地灵活就业人员参加职工基本养老保险的年缴费额。对重度残疾人等缴费困难群体，可保留现行最低缴费档次标准。

（四）建立缴费补贴调整机制。各地要建立城乡居民基本养老保险缴费补贴动态调整机制，根据经济发展、个人缴费标准提高和财力状况，合理调整缴费补贴水平，对选择较高档次缴费的人员可适当增加缴费补贴，引导城乡居民选择高档次标准缴费。鼓励集体经济组织提高缴费补助，鼓励其他社会组织、公益慈善组织、个人为参保人缴费加大资助。

（五）实现个人账户基金保值增值。各地要按照《国务院关于印发基本养老保险基金投资管理办法的通知》（国发〔2015〕48号）要求和规定，开展城乡居民基本养老保险基金委托投资，实现基金保值增值，提高个人账户养老金水平和基金支付能力。

三 工作要求

（一）加强组织领导。建立城乡居民基本养老保险待遇确定和基础养老金正常调整机制是党中央、国务院部署的重要任务，是基本养老保险制度改革的重要内容，关系到广大城乡居民的切身利益，各级人力资源社会保障部门、财政部门要高度重视，加强组织领导，明确部门责任，切实把政策落实到位。

（二）完善机制建设。各地要根据本指导意见的精神，逐项落实各项政策，尽力而为，量力而行，建立和完善适合本地区情况的城乡居民基本养老保险待遇确定和基础养老金调整机制。

（三）强化部门协同。各地人力资源社会保障部门、财政部门要切实履行职责，加强协调配合，精心制定工作方案，共同做好基础养老金、个人缴费档次标准、政府补贴标准等测算和调整工作，相关标准和政策报上级人力资源社会保障部门和财政部门备案。

（四）做好政策宣传。要采取多种方式全面准确解读政策，正确引导社会舆论，让参保居民形成合理的预期。

人力资源社会保障部 财政部

2018年3月26日

人力资源社会保障部　最高人民法院
中华全国总工会　中华全国工商业联合会
中国企业联合会/中国企业家协会
关于实施“护薪”行动全力做好拖欠
农民工工资争议处理工作的通知

人社部发〔2019〕80号

各省、自治区、直辖市人力资源社会保障厅（局）、高级人民法院、总工会、工商业联合会、企业联合会/企业家协会，新疆生产建设兵团人力资源社会保障局、新疆维吾尔自治区高级人民法院生产建设兵团分院、工会、工商业联合会、企业联合会/企业家协会：

为根治拖欠农民工工资问题，切实解决劳动争议处理过程中调解结案难、调查取证难、裁审衔接难等问题，完善协商、调解、仲裁、诉讼相互协调、有序衔接的多元处理机制，依法保障农民工劳动报酬权益，决定实施“护薪”行动。现就有关事项通知如下：

一　进一步做好拖欠农民工工资争议预防协商工作

（一）加强拖欠农民工工资争议预防工作。创新发展“枫桥经验”，加大农民工工资支付法律法规宣传力度，增强用人单位法治意识和农民工依法维权意识。推动用人单位加强对农民工的人文关怀，做好农民工心理疏导工作。指导企业与农民工建立多种形式的对话沟通机制。推行劳动争议仲裁建议书、司法建议书制度，积极引导用人单位依法履行按时足额支付农民工工资义务。

（二）引导用人单位与农民工通过协商解决争议。指导用人单位完善协商规则，积极探索建立内部申诉和协商回应制度。对出现拖欠农民工工资争议的用人单位，积极引导争议双方当事人开展协商，达成和解。工会组织要切实发挥在争议协商中的作用，有效维护农民工合法权益。

二 进一步加强拖欠农民工工资争议调解工作

（一）充分发挥基层劳动争议调解组织作用。积极引导农民工通过调解方式解决争议。指导企业劳动争议调解委员会、乡镇（街道）和工会、行业商（协）会设立的劳动争议调解组织积极参与拖欠农民工工资争议调解工作。根据案件实际情况，提出灵活有效的调解意见，引导当事人选择一次性支付、分期支付等调解方案。加强乡镇（街道）劳动争议调解组织的队伍建设和基础保障，充分发挥其在劳动争议调解中的主渠道作用。

（二）加强调解与仲裁、诉讼衔接。建立健全劳动争议调解组织与劳动人事争议仲裁委员会（以下简称仲裁委员会）信息互通机制。调解成功的案件，调解组织要结合实际引导当事人进行仲裁审查确认。符合受理条件的，仲裁委员会要当场受理，并自受理之日起三个工作日内完成审查工作；调解不成的案件，调解组织要及时引导当事人进入仲裁程序，可探索建立代收仲裁申请制度。依法落实支付令规定，农民工与用人单位因支付拖欠工资达成调解协议，用人单位在协议约定期限内不履行的，农民工可持调解协议书依法向人民法院申请支付令，人民法院要依法发出支付令。

（三）妥善调处拖欠农民工工资重大集体劳动争议。各地人力资源社会保障部门要制订拖欠农民工工资重大集体劳动争议处理应急工作预案，明确应急措施、程序和保障等基本要求。发生拖欠农民工工资集体劳动争议时，人力资源社会保障部门要会同工会、企业代表组织及时介入，主动约谈用人单位，依法促成和解或调解解决。要吸收擅长处理劳动争议的律师、专家学者等社会力量参与调解。

三　进一步提高拖欠农民工工资争议仲裁质效

（一）集中办结超审限拖欠农民工工资争议仲裁案件。各地人力资源社会保障部门要制订工作方案，组织辖区内仲裁委员会对 2019 年 7 月 31 日以前超审限未办结的拖欠农民工工资争议案件进行全面摸底排查，组织精干力量采取优先调解、优先开庭、优先裁决等措施加快办理。要通过倒排时间表、记账销号等方式加强督查督办，在保证办案质量的前提下，于 2019 年 9 月 30 日前全部办结，基本杜绝拖欠农民工工资争议案件超审限现象。各地要在 10 月 15 日前，将仲裁机构处理超审限拖欠农民工工资争议案件情况统计表报送人力资源社会保障部调解仲裁管理司。

（二）畅通拖欠农民工工资争议仲裁“绿色通道”。仲裁委员会要对拖欠农民工工资争议实行全程优先处理，对符合立案条件的，当天申请，当天立案，并在三个工作日内将仲裁庭组成人员、答辩、举证、开庭等事项一次性通知当事人。加强庭前调解，可设置专门庭前调解机构、配备专门调解人员，立案时同步开展调解。落实简易处理规定，对简单小额案件实行速裁制，有条件的地区可设置专门速裁庭。仲裁庭可通过经与被申请人协商同意缩短或者取消答辩期、采用简便方式送达有关仲裁文书等措施，将审限缩短至三十日内。

（三）增强拖欠农民工工资争议仲裁处理效果。对农民工因客观原因不能自行收集的证据，仲裁委员会可根据农民工的申请依法主动予以收集。对同时涉及拖欠工资和其他仲裁请求的案件，可引导农民工就工资请求先行调解，依法发挥终局裁决、先行裁决、先予执行等制度效能，提高拖欠农民工工资争议案件仲裁终结率。严格落实集体劳动争议仲裁处理的组庭、送达等规定，稳妥处理拖欠农民工工资重大集体劳动争议。对涉及劳动者人数较多、涉及金额较大、社会影响较广的案件，仲裁机构负责人要挂牌督办。

（四）加强拖欠农民工工资争议仲裁与诉讼衔接。人力资源社会保障部门要会同人民法院共同研究拖欠农民工工资争议处理的重点问题，形成类案指导口径，统一裁审法律适用标准。人民法院在审理拖欠农民工工资争议案件中，对仲裁庭已依法质询、质证的证据，除当事人有相反证据足以推翻的以外，可不再予以当庭质证；当事人在仲裁程序中已自认的事实，在审理中又予以否认的，人民法院一般不予支持；对当事人在仲裁程序中未依法提交或拒不提交的证据，除该证据与案件基本事实有关，人民法院可不予采纳。有条件的地区，仲裁委员会与人民法院可根据案件仲裁和审理需要，建立相互协助查证制度，以便及时调取、查证相关证据材料。积极推动和落实仲裁委员会与人民法院之间的案件保全、执行联动等裁审衔接工作机制建设，确定专人负责，做好案件材料传递、信息互通等工作。

四 进一步强化拖欠农民工工资争议案件审判执行工作

（一）完善拖欠农民工工资争议案件审理机制。各级人民法院要畅通立案“绿色通道”，及时审查受理拖欠农民工工资争议案件。农民工以用人单位的工资欠条为证据直接向人民法院起诉，诉讼请求不涉及劳动关系其他争议的，可视为拖欠劳动报酬纠纷，按照普通民事案件受理。审理中，根据诚实信用、公平原则合理分配举证责任，对符合法定条件的，人民法院要主动依职权调查。要积极运用和解、调解等方式，充分发挥简易程序和小额速裁机制及时、简便、快捷的功能，降低诉讼成本、提高诉讼效率、减少矛盾冲突、切实维护农民工的合法权益。同时，对符合先予执行法定条件的，要及时裁定先予执行。

（二）加大拖欠农民工工资争议案件执行力度。各级人民法院要将拖欠农民工工资争议案件作为重点民生案件纳入速执程序，优先安排人力、物力，用足、用尽执行措施。要规范裁审执行程序衔接，积极会同各级人力资源社会保障部门，进一步强化拖欠农民工工资争议案件仲裁裁决书、调解书的执行力度。对被执行人确无履行能力、农民工确有生活困难的，要根据当地司法救助规定，及时给予执行救助。

（三）落实拖欠农民工工资争议案件保全规定。切实落实最高人民法院有关办理财产保全案件的司法解释规定，对农民工追索工资案件申请财产保全的，一般不应要求担保；对当事人没有提出申请，但存在因用人单位转移、隐匿财产等可能导致仲裁裁决、判决等难以执行的，人民法院可依职权采取保全措施；对农民工在仲裁阶段提出财产保全申请的，人民法院要依法快速审查并及时作出裁定。

五　工作要求

（一）提高政治站位。做好拖欠农民工工资争议处理工作，关系到人民群众的切身利益，关系到社会和谐稳定，是实现社会公平正义的必然要求。要坚持人民立场，坚持人民主体地位，始终把人民放在心中最高的位置，深刻认识做好拖欠农民工工资争议处理工作的极端重要性和紧迫性，将其作为树牢“四个意识”、做到“两个维护”的重要检验和一项重大政治任务来抓，进一步压紧压实责任，强化组织保障，持续依法推进，确保政治效果、法律效果与社会效果相统一。要区分情况、分类指导，对用人单位法治意识不强的，加强教育引导；对因经营困难导致拖欠农民工工资的，要将稳就业、稳企业与根治拖欠农民工工资问题有效结合；对因政府部门或国有企业拖欠工程款引发拖欠农民工工资争议的，要协调有关部门推动问题解决。

（二）加强预警监测。深入研判拖欠农民工工资争议处理的工作形势，密切关注宏观经济环境变化、新业态新模式发展等对拖欠农民工工资争议处理工作的影响，主动采取应对措施，加强风险防控。拖欠农民工工资争议多发高发地区的乡镇（街道）劳动争议调解组织要对企业进行动态监测，定期开展预警排查，存在引发群体性事件风险的，要及时向所在县（市、区）人力资源社会保障部门报告，积极采取措施防范化解。

（三）健全协同机制。根据劳动争议仲裁、劳动保障监察职责特点和优势，按照有利于及时有效维护农民工合法权益原则，引导农民工依法理性选择维权方式。仲裁机构要与劳动保障监察机构加强协调配合，完善信息共享、事实互认、情况会商、协调处置等联动工作机制，有条件的地区可实行一站受理、首问负责、分类处理等制度。进一步加强人力资源社会保障部门、人民法院、工会、企业代表组织间的沟通协调，形成齐抓共管、各负其责、互动有力的工作局面，适时对辖区内相关部门的职能发挥、工作机制落实等情况开展监督检查。

（四）做好便民服务。要积极推行流动仲裁、巡回审判等改革举措，方便农民工就近就地维权。加强“互联网＋调解仲裁”服务平台建设，发挥人民法院互联网诉讼服务优势，加强线上线下服务对接，更好为农民工提供“零跑腿”、“网上办”等服务。进一步加强调解仲裁行风建设，加快建设现代化诉讼服务体系，不断创新服务方式、提高服务水平，为农民工提供更加公开透明、高效便捷的维权服务。

（五）加强宣传引导。加强正面宣传和舆论引导，重点宣传拖欠农民工工资争议处理工作经验做法，特别是做好典型案例宣传，发挥“处理一案、警示一片”作用，为做好拖欠农民工工资争议处理工作营造良好的舆论氛围。

人力资源社会保障部
最高人民法院
中华全国总工会
中华全国工商业联合会
中国企业联合会/中国企业家协会
2019 年 7 月 26 日

人力资源社会保障部办公厅关于在全国推广使用“互联网+调解”服务平台的通知

人社厅函〔2019〕144号

各省、自治区、直辖市及新疆生产建设兵团人力资源社会保障厅（局）：

开展“互联网+调解”工作，是推进“互联网+人社”工作的具体举措，对于提高劳动人事争议调解工作效率、减少群众跑腿次数、加强人社系统行风建设具有重要意义。按照《“互联网+调解仲裁”2020行动实施计划》（人社厅发〔2018〕83号）的部署，我部组织开发了“互联网+调解”服务平台（以下简称调解服务平台），在北京等七省（市）先行试点的基础上，决定在全国推广使用调解服务平台，现就有关事项通知如下：

一　总体要求

以习近平新时代中国特色社会主义思想为指导，促进信息化技术与调解工作深度融合。以推广使用调解服务平台为抓手，探索“互联网+调解”工作规律，改进调解服务方式，规范调解工作程序，提高调解工作效能，加强基层调解组织建设，切实发挥调解的基础性、前端性作用，为当事人提供高效便捷调解服务，让群众少跑腿。

二　主要功能

调解服务平台分为前台、后台操作模式，前台为劳动者和用人单位提供公共服务，后台为调解组织和调解员提供管理服务。主要功能有：

（一）公共服务功能。为当事人提供调解在线申请、相关法律政策和案件处理进展查询等服务，实现劳动人事争议调解“马上办、网上办、就近办”。

（二）规范管理功能。通过调解服务平台，为调解员提供规范的案件办理流程、调解文书模板、相关法律法规和案例库等办案辅助服务。各级调解仲裁机构可通过后台掌握调解组织和调解员基本信息，加强对调解组织和调解员队伍的管理。

（三）统计分析功能。调解仲裁机构可通过调解服务平台实时掌握辖区内在线调解案件情况，并可对案件总量、案件类型、涉及行业等数据进行统计分析。

三　方法步骤

按照全面覆盖、逐步推进、急用先行的原则，2019 年年底前，案件量较多的县（市、区）调解组织和乡镇（街道）调解组织要使用调解服务平台；2020 年年底前，所有县（市、区）调解组织和乡镇（街道）调解组织都要使用调解服务平台。各地可根据实际，将企业调解委员会、行业性区域性调解组织、事业单位人事争议调解组织纳入调解服务平台使用范围。已自行开发调解服务平台的地区，要对其系统软件进行修改完善，并与全国统一软件衔接。调解服务平台具体操作手册将以电子版形式另行下发。

四　工作要求

（一）加强组织领导。各地要高度重视调解服务平台推广使用工作，落实工作力量，制定推广使用工作方案，明确任务、明确措施、明确责任、明确要求。

（二）精心部署实施。各地要指派专人负责此项工作，熟练掌握调解服务平台操作使用方法，加强业务骨干培训。要准确录入调解组织和调解员信息，建立调解组织和调解员名册制度。要及时总结推广使用工作中的经验做法，不断拓展和完善调解服务平台功能。

（三）强化引导宣传。各地要充分利用各种传媒，创新宣传方式，加大宣传力度，提高当事人对调解服务平台的知晓度。积极引导当事人通过线上方式申请解决争议案件，不断提高调解服务平台使用率。对于当事人直接到调解组织申请调解的，也要通过调解服务平台进行登记，依托平台调处争议案件，形成良好的“互联网 + 调解”工作氛围。

请各省（自治区、直辖市）将推广使用调解服务平台工作情况于每年年底前报送部调解仲裁管理司。在使用调解服务平台过程中如遇问题，请及时与部调解仲裁管理司、信息中心联系。

人力资源社会保障部办公厅

2019 年 8 月 16 日

图书在版编目(CIP)数据

中国职工状况研究报告．2020／燕晓飞主编．--北京：社会科学文献出版社，2020.12
ISBN 978-7-5201-7144-1

Ⅰ．①中…　Ⅱ．①燕…　Ⅲ．①职工构成-研究报告-中国-2020　Ⅳ．①D412.7

中国版本图书馆CIP数据核字（2020）第263748号

中国职工状况研究报告（2020）

主　　编／燕晓飞
副 主 编／信卫平

出 版 人／王利民
组稿编辑／任文武
责任编辑／高振华
文稿编辑／李艳芳

出　　版／社会科学文献出版社·城市和绿色发展分社（010）59367143
地址：北京市北三环中路甲29号院华龙大厦　邮编：100029
网址：www.ssap.com.cn
发　　行／市场营销中心（010）59367081　59367083
印　　装／三河市尚艺印装有限公司

规　　格／开　本：787mm×1092mm　1/16
印　张：25.75　字　数：392千字
版　　次／2020年12月第1版　2020年12月第1次印刷
书　　号／ISBN 978-7-5201-7144-1
定　　价／98.00元